A.A.V.V.

LA BIBBIA
della cucina vegetariana
CUCCHIAIO VERDE

DEMETRA

Fotografie: Arc-en-ciel (VR)
Illustrazioni: ClaudioBighignoli
Redazione: Matilde Parona, Silvana Franconeri

LA BIBBIA DELLA CUCINA VEGETARIANA
CUCCHIAIO VERDE
3ª edizione marzo 1999

Via Strà, 167 - S.S. 11
37030 Colognola ai Colli (VR)
Tel. 045 6174111 - Fax 045 6174100

La stesura del *"Cucchiaio verde"* è stata resa possibile dall'unione di sette valide mani.

Paolo Pigozzi, medico iscritto alla Società Italiana di Medicina Psicosomatica, esperto di alimentazione naturale e che si occupa di iridologia, medicine naturali (fitoterapia, idro-fangoterapia) e bioterapie. Ha curato la parte introduttiva ("Curarsi con il cibo"), ha suggerito le ricette delle insalate e dei piatti unici, ha supervisionato l'intera opera.

Walter Pedrotti, prolifico autore di ricettari di alimentazione vegetariana, ha curato con perizia le parti dedicate ai cereali, alle verdure cotte, alle alghe, ai formaggi e alle uova.

Giancarla Tisselli, presidente dell'Associazione Naturista Ravvennate da tempo divulgatrice di temi di alimentazione naturale, ha redatte le ricette concernenti i capitoli "Minestre e zuppe" e "I legumi".

Marta Fisher, da sempre attenta praticante di cucina naturale, ha raccolto, sperimentato e quindi a noi suggerito le ricette sui dolci.

Claudio Bighignoli ha trasmesso la sua esperienza culinaria attraverso le ricette sul pane, sui piatti a base di pane e contribuendo al capitolo sui legumi per la parte dedicata alla soia e ai suoi derivati.

Grazie all'esperienza di **Giancarlo Vincenzi** sono state redatte le utili ricette delle tisane. Suo è anche il capitolo dedicato alle salse e ai sughi.

Paolo Berni, ultimo ma non meno importante, ha curato le ricette a base di germogli, permettendo la confezione di piatti completi e sani grazie alla sua conoscenza delle principali componenti dell'alimentazione umana.

CURARSI CON IL CIBO

Iddio disse ancora:

"Ecco, io vi dò ogni pianta che fa seme, su tutta la superficie della terra e ogni albero fruttifero, che fa seme: questi vi serviranno per cibo".

Genesi

Noi non siamo nati soltanto dalla nostra madre, anche la terra è nostra madre, che penetra in noi giorno dopo giorno con ogni boccone che noi mangiamo.

Paracelso

No gh'è erba che varda in su che no la gabia la so virtù.

Proverbio veneto

L'equilibrio fra l'uomo e la natura è ormai al limite della rottura. Non solo sono ormai evidenti a tutti i danni che un progresso dissennato e la sete di profitto hanno provocato all'ambiente (mare inquinato, acquedotti chiusi, foreste in agonia...), ma anche la ricerca scientifica ha ormai reso chiaro lo stretto legame che corre fra l'alimentazione odierna (chimica-industriale) e le malattie più comuni del nostro tempo (cancro, infarto, arteriosclerosi, diabete, obesità...).
Sia l'agricoltura moderna sia l'industria alimentare hanno una grande responsabilità nell'aver determinato e nel mantenere questo stato di cose.
Per poter sopravvivere, noi e i nostri figli, è tempo di cambiare: i cibi devono essere integrali e biologici, la carne deve ritornare ad essere consumata occasionalmente, gli alimenti troppo trasformati e denaturati devono essere abbandonati.
La sapienza tradizionale, anche in questo campo, aveva elaborato un modo di alimentarsi straordinariamente in linea con molte delle acquisizioni della moderna dietologia.
Si tratta ora di recuperare questa ricchezza e di diffonderla, prima che vada definitivamente e tragicamente perduta.

ERRORI DELL'ALIMENTAZIONE ODIERNA

Vi è ormai ampio accordo nel mondo scientifico sul fatto che le malattie oggi più frequenti siano in rapporto con il tipo di alimentazione maggiormente diffuso.
Negli ultimi decenni la nostra alimentazione è cambiata, in senso quantitativo e qualitativo, così velocemente da non lasciare il tempo al nostro organismo di adattarvisi: il risultato sono le malattie cronico-degenerative che costituiscono oggi la principale causa di malessere e di morte (cancro, malattie metaboliche e cardiocircolatorie, artrosi, malattie autoimmunitarie...).
Le caratteristiche di questo modo di mangiare si possono così riassumere:

Eccesso calorico

Consumiamo circa 1000 calorie in più rispetto al nostro fabbisogno giornaliero (3400 invece di 2400-2500), pur conducendo un tipo di vita sostanzialmente sedentario: infatti l'uso dell'automobile, dell'ascensore, delle sega elettrica e perfino dello spazzolino da denti elettrico aumenta sì l'inquinamento chimico, acustico e magnetico dell'ambiente in cui viviamo, ma non contribuisce certamente a far aumentare il dispendio calorico giornaliero.
Il risultato dell'eccesso calorico porta dritto dritto al sovrappeso e all'obesità. Queste condizioni, di grande rilevanza non solo perchè l'immagine accettata socialmente oggi non prevede la "pancetta", ma soprattutto perchè interessano almeno il 30% degli adulti, sono legate a loro volta ad altre situazioni morbose: dal diabete all'ipertensione, da alcuni tumori alle patologie scheletriche...
Quali le possibili cause di questo vero e proprio flagello sanitario (ed anche economico se pensiamo che giornalmente in Italia, con il surplus calorico consumato, potremmo nutrire gratis ben 14 milioni di persone)?
In questo senso la ricerca valorizza, giustamente, fattori di ordine psicologico come **stati di ansia e di insoddisfazione, carenze affettive, insicurezze:** sono condizioni estremamente comuni e diffuse nella nostra società, per compensare le quali si tende a mangiare di più, soprattutto dolci (sono o non sono le pasticcerie i negozi "emergenti" nelle nostre città?).

D'altra parte questo meccanismo, applicato spesso anche nell'età adulta, è stato appreso e inculcato fin dalla più tenera età: quante volte i genitori allungano la caramella, il biscotto, il pezzo di pane, il succhiotto al bambino che piange?
In realtà, in quel momento, il bambino sta esprimendo un disagio, una sofferenza, la cui origine può essere diversissima: il troppo caldo o il troppo freddo, la voglia di carezze o l'irritazione provocata dalle feci, la necessità di riposare o, al contrario, di giocare...
Se l'adulto non è attento, non cerca di capire, ma risponde sempre nello stesso modo (un modo per così dire "alimentare"), il bambino imparerà che agli "stress" si potrà rispondere, in modo semplice ed efficace, mangiando (ovviamente soprattutto dolci).
Queste osservazioni non esauriscono la vasta gamma delle motivazioni dell'obesità: ve ne sono altre due che meritano qualche considerazione.
Innanzitutto mangiamo troppo perchè mangiamo troppo in fretta e, in secondo luogo, mangiamo troppo perchè ci alimentiamo con cibi molto poveri dal punto di vista qualitativo.
È evidente che il mangiare adagio, masticando bene, permette al meccanismo della sazietà di regolare e di limitare l'introduzione del cibo nel nostro organismo. Infatti la sazietà dipende da stimoli complessi e diversificati di ordine meccanico (a partenza dallo stomaco e dalla bocca), di ordine chimico (come il livello di glucosio nel sangue) e di ordine termico (in dipendenza cioè del raggiungimento della temperatura ideale del corpo) che si integrano fra di loro nel cervello dando quel senso di benessere che avvertiamo ad un certo momento del pasto: proseguendo a mangiare, l'introduzione di cibo diventa sempre più motivo di malessere fino ad arrivare, se necessario, alla nausea e al vomito.
È chiaro che un meccanismo siffatto ha bisogno di tempo (qualche minuto) per essere attivato: è proprio questo intervallo di tempo che fa la differenza, se pensiamo che in cinque minuti, masticando bene, si possono introdurre cibi per circa 100 calorie, mentre mangiando in fretta si può introdurre cibo anche per 300-400 calorie. Ripetendosi questa situazione per due volte al giorno, per 365 giorni all'anno, i pur efficienti meccanismi di autoregolazione metabolica non riescono più a mantenere il peso corporeo nei giusti limiti e si inizia il triste cammino che porta al sovrappeso e poi all'obesità.
La seconda motivazione sopra ricordata **(mangiamo troppo perchè il nostro cibo è povero qualitativamente)** non è di so-

lito citata negli ormai numerosi studi sull'obesità e le sue complicanze, ma è probabilmente, oggi, una delle più importanti.
Le esigenze fisiologiche dell'organismo, per quello che riguarda la nutrizione, non sono soddisfatte solo da zuccheri (o glucidi), grassi e proteine, cioè da quelle sostanze che danno calorie, ma anche dall'apporto adeguato di altri fattori vitali (cioè strettamente legati alla possibilità che l'organismo resti vivo e in salute) presenti nel cibo. Questi fattori sono costituiti da vitamine, minerali presenti in quantità ridotta (oligoelementi), biostimoline, amminoacidi essenziali, acidi grassi essenziali, flora batterica propria dei cibi stessi.
Il tipo di agricoltura e di allevamento oggi diffusi, con l'impiego massiccio di prodotti chimici, danno come risultato alimenti già poveri all'origine degli elementi sopra ricordati.
Questi stessi alimenti poi, prima di arrivare sulla tavola di casa, sono sempre più spesso sottoposti a trattamenti tecnologici di trasformazione, raffinazione e conservazione che li impoveriscono ulteriormente.
A questo punto la necessità, per coloro che si cibano prevalentemente di alimenti "tecnologici", di aumentarne l'introduzione per compensare la "fame" di elementi vitali di cui l'organismo ha estremo bisogno.
È chiaro che questo si traduce in un surplus calorico che faciliterà il sovrappeso e l'obesità.
In effetti succede molto spesso che mangiando in modo più naturale (cioè consumando una maggior quantità di frutta, verdure crude e cereali integrali e biologici) la quantità di cibo necessaria per raggiungere la sazietà si riduce spontaneamente contribuendo così a risolvere, per chi ce l'ha, il problema del peso eccessivo.

Ridotto apporto di fibre grezze
Delle cosiddette fibre grezze il mondo scientifico si è cominciato ad interessare agli inizi degli anni 70, quando lo scienziato inglese Burkitt, in seguito a ricerche da lui condotte in Africa, scoprì che parecchie malattie diffuse nel mondo occidentale (appendicite, diverticoli del colon, stitichezza, emorroidi, tumori del grosso intestino...) erano praticamente assenti nelle popolazioni indigene. **Burkitt correlò questa diversità con la dieta, particolarmente ricca di grassi e proteine animali** quella dei paesi industrializzati, povera di questi nutrienti ma con moltissime fibre vegetali quella degli africani.
Ad esempio, la quantità giornaliera di feci evacuate risultò essere di circa 100-200 g in Europa e negli Stati Uniti, mentre

nelle regioni non urbanizzate dell'Africa raggiungeva facilmente i 500-600 g.
Con studi e ricerche successivi si delineò sempre più chiaramente il ruolo di questa componente dei cibi vegetali, fino ad allora ritenuta inutile e quindi eliminata con i processi di raffinazione (la storia si ripete: quando non si capisce la funzione di qualcosa, la si toglie! È successo così con la crusca, ma anche con le tonsille e con l'appendice...).
Il consumo prevalente di cereali raffinati, poveri di fibre, e la presenza eccessiva nella dieta di proteine e grassi animali (carne, ma anche burro, uova e formaggi) sono ormai chiaramente collegati all'imperversare di malattie come infarto, ipertensione arteriosa, diabete, tumori dell'intestino, stitichezza, varici, emorroidi, flebiti, trombosi, emorragie cerebrali... È invece certo che la presenza di una buona quantità di fibre vegetali nell'alimentazione (fibre che negli ultimi 100 anni sono diminuite di quattro volte) aiuterà a prevenire e a ridurre molte patologie (tabella 1).

Quantità di fibre in porzioni medie di alcuni alimenti *(Tabella 1)*

ALIMENTI	**FIBRE** *(in grammi)*
Mela	7,0
Pane integrale	5,5
Patata	5,4
Mandorle	5,0
Fagioli	4,5
Mais	4,0
Piselli	3,8
Lenticchie	3,7
Prugne	3,5
Arancia	3,0
Broccoli	2,5
Uvetta	2,5
Orzo	2,3
Albicocca	2,0
Noci	1,7
Cavolo	1,5
Pomodoro	1,4
Riso integrale	1,4
Sedano	1,2
Pesca	1,0

In particolare, i meccanismi attraverso i quali le fibre grezze aiutano a prevenire diversi disturbi possono essere così tratteggiati:

— **peso eccessivo:** se la dieta è ricca di fibre, il senso di sazietà interviene precocemente e si mangia quindi di meno, con riduzione dell'apporto calorico complessivo;

— **aumento dei grassi nel sangue:** la presenza dei cereali integrali nella dieta favorisce l'abbassamento del colesterolo nel sangue e, nello stesso tempo, fa aumentare una particolare frazione delle proteine del sangue (HDL o lipoproteine ad alta densità) che ha il compito di rimuovere il colesterolo in eccesso, mantenendo così pulite le pareti delle arterie. A questo risultato è possibile arrivare attraverso molti meccanismi, ma due sono chiariti: la presenza nella dieta di alimenti vegetali porta di conseguenza a ridurre l'apporto di prodotti ricchi di grassi animali, e, secondariamente, le fibre, nell'intestino, legano alcuni nutrienti come i grassi rendendone più difficile e ridotto l'assorbimento;

— **pressione del sangue eccessiva (ipertensione):** il meccanismo non è ancora chiaro, ma ormai parecchi studi confermano che l'arricchimento della dieta "normale" con alimenti ricchi di fibre porta ad un, sia pure modesto, abbassamento della pressione arteriosa. I vantaggi sono evidenti se pensiamo alle complicazioni legate ad una pressione sanguigna superiore ai valori normali: emorragie cerebrali, infarti, insufficienze renali...;

— **cancro:** è soprattutto il cancro del colon che da parte di numerose e autorevoli ricerche è messo in rapporto con l'assenza o la riduzione delle fibre nella dieta. Questo non toglie che si stia intravvedendo il ruolo delle fibre vegetali anche nella prevenzione degli altri tumori. Sembra che l'effetto sia il risultato di un'azione delle fibre a più livelli:

- il volume delle feci è maggiore e conseguentemente le sostanze cancerogene, contenute nei cibi o prodotte nell'intestino, sono più dilute e meno in contatto con la parete colica;
- la velocità con cui le feci sono espulse è rapida, riducendosi così il contatto tra la parete intestinale e i materiali tossici;
- la presenza delle fibre rende difficile il moltiplicarsi nell'intestino di batteri anaerobi, in grado di trasformare gli acidi biliari (una componente della bile) in un potente cancerogeno: il 3-metilcolantrene. Al contrario, lo sviluppo dei batteri anaerobi è particolarmente favorito da una dieta

ricca in proteine e grassi animali;

— **diabete:** è una malattia sempre più diffusa, sia pure in forme diverse di gravità che richiedono terapie di vario tipo ed intensità. Esiste il, per fortuna raro, diabete "giovanile" che richiede necessariamente l'insulina, ma anche il diabete "dell'adulto" che molto spesso è in rapporto a sovrappeso ed obesità e che si accompagna a complicazioni cardiocircolatorie (queste ultime, in effetti, costituiscono la principale causa di morte per i diabetici).

Il diabete "dell'adulto" può essere prevenuto e curato con una dieta ricca di fibre, ma anche quello "giovanile" può ridurre il suo fabbisogno di insulina aumentando la quantità di alimenti vegetali, ricchi di fibre e di zuccheri complessi. Questa alimentazione favorisce, tra l'altro, la diminuzione dei grassi nel sangue che si traduce in una minore incidenza delle complicazioni circolatorie. Gli alimenti ricchi di fibre come i cereali integrali e i legumi vengono digeriti ed assorbiti più lentamente rispetto ai cibi raffinati: il livello di glucosio nel sangue, anche dopo un pasto, non sarà mai molto alto e non richiederà quindi al pancreas una forte produzione di insulina. Questo ormone infatti è in grado di far penetrare il glucosio nelle cellule, abbassandone così il livello nel sangue;

— **stitichezza:** questa vera e propria condizione morbosa, spesso sottovalutata da chi ne soffre (e dal medico curante) colpisce gli abitanti dei cosiddetti "paesi civilizzati" senza distinzione di età e di sesso. Le cause sono indubbiamente più di una (tabella 2) ma tutte riconducibili ad abitudini igieniche e di vita scorrette, nonchè ad una dieta pressochè priva di fibre grezze.

Cause della stitichezza *(Tabella 2)*

- *dieta scorretta, povera di scorie*
- *alimentazione scarsa, specialmente negli anziani*
- *scarsa assunzione di liquidi*
- *mancata risposta allo stimolo, per esigenze sociali*
- *servizi igienici inadeguati, con presenza del "water closet" in luogo del bagno "alla turca"*
- *ridotta attività fisica*
- *uso di farmaci quali antiacidi, analgesici, preparati di ferro, antipertensivi, sedativi, tranquillanti, antidepressivi, lassativi.*

Le fibre infatti, non venendo digerite, rimangono nell'intestino e fanno aumentare il volume e la morbidezza delle feci. A questo risultato concorre anche l'acqua trattenuta nell'intestino dalle fibre stesse che garantisce altresì la possibilità di un adeguato sviluppo della flora batterica intestinale, sviluppo indispensabile per una defecazione regolare e soddisfacente.

Eccesso di proteine e di grassi animali, di zucchero e di sale

Nei secoli passati si è forse sofferto per carenze alimentari di vario genere, ma non c'è dubbio che oggi, nei paesi industrializzati, il problema sia, al contrario, come fronteggiare molte patologie che traggono origine da una dieta eccessivamente ricca di alimenti animali, di zucchero e di sale. È sufficiente osservare con attenzione la tabella 3 per rendersi conto del cambiamento quantitativo intervenuto negli ultimi decenni: il consumo della carne si è quadruplicato, quello dei grassi di condimento è aumentato di quasi tre volte, il latte e i suoi derivati sono almeno raddoppiati e il consumo dello zuchero è addirittura aumentato di cinque o sei volte. volte.

Di fronte a variazioni di questa portata, il nostro organismo ha reagito con un incremento notevolissimo delle malattie cardiocircolatorie (la cardiopatia coronarica è responsabile in Italia di almeno 80.000 morti all'anno), delle malattie metaboliche e degli stessi tumori.

Che le premesse per l'esplosione in età adulta di queste patologie siano state poste già nei primi mesi (o addirittura giorni) di vita è confermato da molte e autorevoli ricerche. **Numerosi studi hanno rivelato la presenza di infiltrazioni di grasso nelle arterie dei bambini allattati artificialmente:** è noto che i latti artificiali e le farine lattee contengono fino a 20-25 g per litro di proteine, quando il latte materno non supera i 9 g per litro (con una media di 7 g per litro di proteine realmente assorbite ed utilizzate).

Altrettanto numerose e non meno autorevoli ricerche sono ormai in grado di confermare **una correlazione fra il consumo di latticini e di carne e l'incidenza dei tumori della mammella e dell'utero.**

Ma da dove provengono i tanto vituperati grassi animali, e in particolare il colesterolo, se quest'ultimo è ormai fornito giornalmente alla nostra dieta solo per il 6% da burro, lardo o strutto, cioè dai classici grassi animali di condimento? (tabella 4).

Variazioni dei consumi alimentari in Italia *(Tabella 3)*

(Consumi nel 1952-54 = 100)

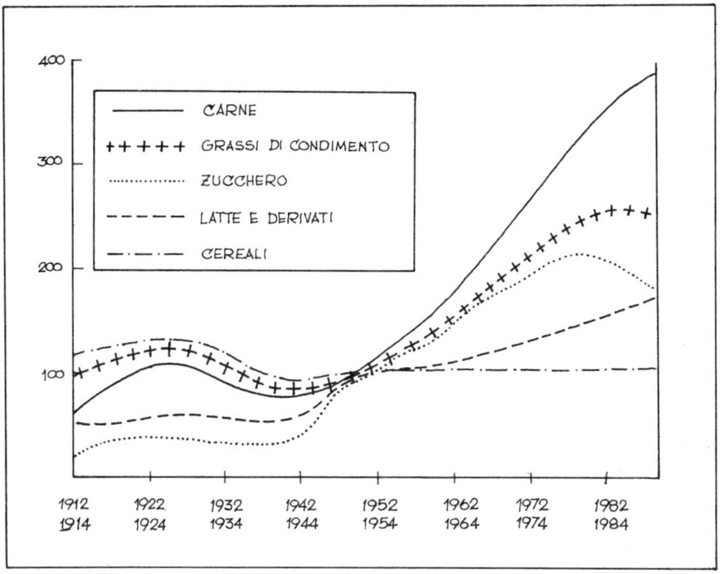

(tratta da: Il Medico d'Italia n. 46/86)

Colesterolo nella dieta media giornaliera *(Tabella 4)*

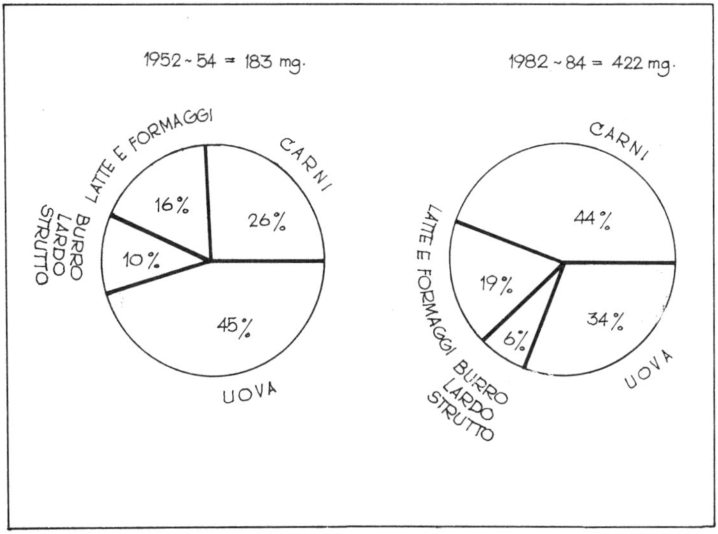

(tratta da: Il Medico d'Italia n. 46/86)

In realtà la maggior quantità di grassi è "nascosta" e fa parte integrante di alimenti molto comuni sulle nostre tavole come carne, insaccati, uova, latte e formaggi, cioccolato e dolci in genere.
Sembra a questo punto demenziale il tentativo da parte degli organismi governativi di far ulteriormente crescere il consumo di latte e derivati (notoriamente ricchi di colesterolo e proteine animali) anche attraverso una ben orchestrata campagna pubblicitaria. In realtà questo sforzo sembra rispondere più all'esigenza di smaltire le enormi scorte accumulate nei frigoriferi della Comunità Economica Europea: nel 1986 si trovavano immagazzinate circa 1.300.000 tonnellate di burro (età media: 16 mesi) con una spesa di 7.000 miliardi per la sola conservazione!
A proposito di campagne pubblicitarie inutili, dannose, false e con obiettivi non dichiarati, anche se evidenti, non si può non ricordare quella sullo zucchero.
Lo zucchero o saccarosio è composto di due zuccheri semplici: glucosio e fruttosio. Il saccarosio è estratto dalla barbabietola o dalla canna da zucchero, raffinato con procedimenti chimici complessi, in modo da allontanarne tutte le "impurità" (costituite come al solito da sostanze preziosissime: vitamine, sali minerali, proteine, altri zuccheri...) ed ottenere così il prodotto bianco che tutti conosciamo (tabella 5). **A questo punto lo zucchero è diventato apportatore di calorie pure ("calorie nude"), senza quegli elementi che possono favorire la loro utilizzazione da parte dell'organismo** come, ad esempio, le vitamine del gruppo B o gli enzimi.
Il consumo dello zucchero, comparso per la prima volta sulle tavole intorno al 1700 (prima di questa data infatti il consumo di alimenti dolcificati era estremamente ridotto e si ricorreva eventualmente a frutta o miele), è andato gradualmente aumentando per poi letteralmente esplodere negli ultimi decenni: il consumo medio per abitante negli anni 80 è di circa 20 kg a testa all'anno.
Ovviamente questi 20 kg non vanno tutti a finire nella tazzina del caffè, ma si ritrovano più spesso nascosti in cibi di uso comune: nei prodotti da forno (biscotti, brioches...), nelle bevande gasate (anche in quelle "amare"), nei succhi di frutta industriali, nelle marmellate (fino al 70%!), nei dentifrici (ma non è lo zucchero il maggior imputato nell'origine della carie?), nelle coserve e nello scatolame, nei farmaci (leggere le etichette per credere) e, ovviamente, nei dolci di ogni genere.

Lavorazione industriale dello zucchero *(Tabella 5)*

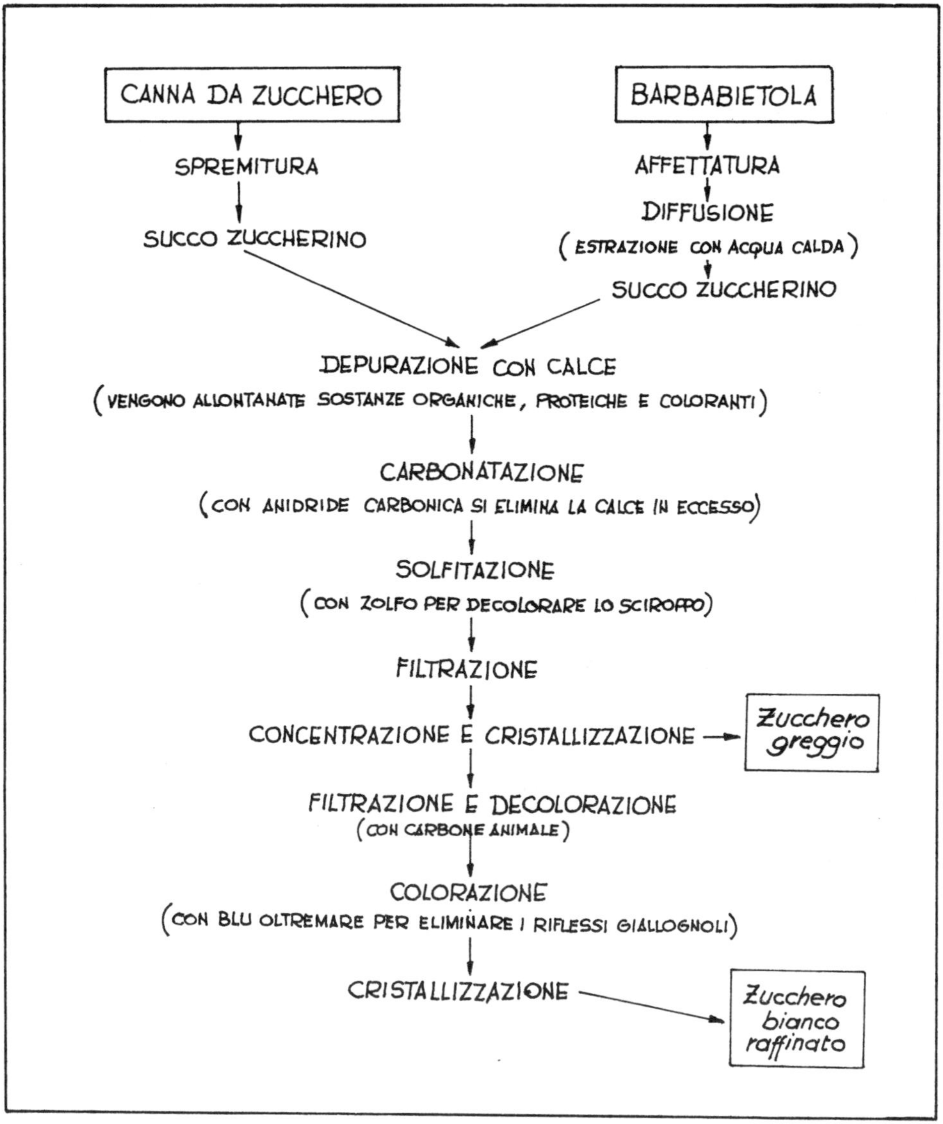

È evidente che anche il cosiddetto ZUCCHERO GREGGIO, quello scuro, è il risultato di interventi industriali piuttosto spinti che lo rendono comunque un alimento povero di vitamine, minerali e proteine, nemmeno confrontabile con la ricchezza del miele.

L'uso dello zucchero è collegato ormai da tempo a parecchie patologie, all'obesità innanzitutto. Infatti essendo lo zucchero praticamente energia in forma pura, se non è utilizzato immediatamente (come succede nella vita sedentaria), si deposita sotto forma di grasso nel fegato e nei tessuti di riserva, sotto la pelle. Lo zucchero predispone inoltre all'arteriosclerosi in quanto i grassi del sangue in eccesso si depositano all'interno dei vasi sanguigni, determinando l'inizio del processo di indurimento.
Lo zucchero è determinante nel favorire uno scompenso del pancreas, la ghiandola che produce l'insulina. Ogni volta che nella dieta è presente zucchero, il pancreas è costretto ad uno sforzo notevole per produrre l'insulina necessaria a far sì che lo zucchero mangiato sia utilizzato dalle cellule. A lungo andare il pancreas per così dire si "esaurisce" e le sue risorse funzionali diventano insufficienti alle esigenze organiche: ecco allora comparire il diabete mellito, caratterizzato dalla presenza di una quantità eccessiva di glucosio (uno dei due costituenti dello zucchero) nel sangue e nelle urine.
La carie dentaria, patologia che ormai affligge la quasi totalità della popolazione in età scolare, è da sempre collegata al consumo dello zucchero. Infatti la presenza di questa sostanza nella bocca favorisce lo sviluppo di particolari condizioni biochimiche che, a loro volta, provocano l'indebolimento e poi la rottura dello smalto che ricopre il dente. È per questo che non sarà mai raccomandato a sufficienza di lavarsi i denti dopo aver mangiato, soprattutto se il pasto era composto da cibi dolci o raffinati: in questi ultimi infatti la scarsità delle fibre non riesce a svolgere quell'azione meccanica di pulizia necessaria per ridurre al minimo i residui di cibo che rimangono fra un dente e l'altro.
D'altra parte si può anche osservare che mai come in questi tempi è stata diffusa l'abitudine ad una corretta igiene orale; non sembra però che questo provvedimento sia stato sufficiente per arginare l'epidemia di carie dentaria che ci affligge. Esiste infatti un'altra conseguenza del consumo di zucchero: essendo costituito da calorie nude lo zucchero sottrae vitamine, enzimi, sali minerali, indispensabili per la sua digestione, assimilazione ed utilizzazione, alle riserve dell'organismo, che ne risulterà impoverito. Questo è particolarmente vero per il calcio (ed ecco la tendenza alla decalcificazione e all'indebolimento delle ossa e dei denti) e per le vitamine del gruppo B, vitamine utilizzate dal fegato per la trasformazione del cibo digerito in sostanze più pregiate, utilizzabili diret-

tamente dal corpo.

Lo zucchero, in definitiva, non potrebbe neppure essere definito alimento, ma più correttamente "non alimento": dal suo consumo abituale infatti non ne deriva un rafforzamento, bensì un indebolimento dell'organismo e delle sue difese nei confronti delle malattie.

Forse non è a tutti noto che il sale da cucina usualmente adoperato per insaporire i cibi non è solo, come dovrebbe essere, il risultato dell'evaporazione dell'acqua di mare, ma è invece ottenuto dopo successivi e ripetuti lavaggi per allontanare quegli elementi (minerali, metalli...) ritenuti a torto inquinanti il sale stesso.

Infatti nell'acqua di mare (tabella 6) sono presenti una varietà notevolissima di elementi chimici, sia pure in quantità, per alcuni, veramente ridotta. Ma è pure noto che nelle sostanze naturali la presenza anche di quantità minime di un elemento (detto allora oligoelemento) riesce ad esplicare una attività biologica, spesso in presenza di altrettanto piccole quantità di elementi diversi.

Il sale marino non raffinato, detto anche commercialmente sale marino integrale, costituisce quindi una miniera straordinaria e perfettamente bilanciata di oligoelementi, indispensabili per il corretto svolgersi delle reazioni metaboliche organiche. Ad esempio: per la produzione di emoglobina, una proteina contenuta nei globuli rossi del sangue e capace di legare e trasportare l'ossigeno, è necessaria la presenza del ferro; il ferro, a sua volta, sarà facilmente utilizzato solo in presenza di quantità minori di rame; l'azione del rame sarà po-

Presenza di elementi minerali nell'acqua di mare (g/100) ***(Tabella. 6)***

Cloro	*1,93*	*Fluoro*	*0,0001*
Sodio	*1,07*	*Rubidio*	*0,00002*
Magnesio	*0,13*	*Litio*	*0,000007*
Zolfo	*0,09*	*Zinco*	*0,000007*
Calcio	*0,042*	*Fosforo*	*0,000006*
Potassio	*0,037*	*Iodio*	*0,000005*
Bromo	*0,006*	*Arsenico*	*0,000002*
Carbonio	*0,002*	*Rame*	*0,000001*
Stronzio	*0,001*	*Cesio*	*0,0000002*
Boro	*0,01*	*Argento*	*0,00000003*
Silicio	*0,0001*	*Oro*	*0,000000001*

tenziata da ancor più piccole quantità di cobalto; l'attività di quest'ultimo sarà resa possibile dal manganese in dosi ancora più ridotte... Se manca un anello di questa catena, probabilmente ancora più lunga e complessa, la produzione di emoglobina sarà scarsa, anche in presenza di quantità sufficienti di ferro.
Il sale marino integrale è quindi la fonte più pratica e naturale per mantenere o ristabilire un equilibrio degli elementi minerali nel nostro organismo.
Ma il consumo di sale marino integrale al posto del sale raffinato s'impone per un'altra serie di considerazioni.
Attualmente il consumo di sale (anche 30 g al giorno a testa) è sicuramente eccessivo rispetto alle dosi consigliate dall'Organizzazione Mondiale della Sanità (non più di 5 g al giorno), dosi da non superare per non incappare in alcune patologie, ormai chiaramente in rapporto con l'eccesso di sale nella dieta: l'ipertensione e le sue complicazioni innanzitutto.
Come già ricordato per lo zucchero, il sale consumato giornalmente non è solo quello aggiunto volontariamente ai cibi preparati in casa, ma la quantità maggiore è consumato a nostra insaputa con alimenti quali insaccati e carni conservate in genre, formaggi (specialemnte se stagionati), scatolame, bevande industriali, prodotti da forno (grissini, biscotti...) e così via.
L'eccesso di sale raffinato (praticamente cloruro di sodio al 99,9%) contribuisce all'irrigidimento delle arterie e provoca una forte ritenzione di acqua: questi due fattori sono alla base dell'aumento della pressione arteriosa, che a sua volta determinerà altre conseguenze come insufficienza renale, emorragie (temibili quelle cerebrali), difficoltà cardiache...
L'abitudine al consumo eccessivo di sale si contrae certamente fin da piccoli quando il gusto dei cibi è sistematicamente coperto dalla presenza del sale: questa aggiunta corrisponde in realtà molto più alle esigenze degli adulti (''ma come farà a mangiare questa pappa che non sa di niente?'') che a reali necessità del piccolo, per il quale una carota o un pezzo di zucca sono di per sè sapori nuovi e deliziosi.
Il sale marino integrale, per la sua ricchezza in elementi minerali, aggiunge sapidità ai cibi con dosi certamente più ridotte rispetto al sale raffinato. Questo cambiamento nelle abitudini culinarie ed alimentari contribuirà certamente, assieme ad una rieducazione del gusto, a ridurre sensibilmente la quantità di cloruro di sodio presente nella dieta.

Presenza di cibi artificiali, di additivi alimentari e residui di coltivazione

Non c'è dubbio che sulla nostra tavola sono comparsi (e compaiono in misura sempre maggiore) alimenti molto lontani, non solo dal luogo di produzione, ma anche da una composizione equilibrata dei loro costituenti.
Le cause di questo fenomeno che ha gravi ripercussioni sulla salute dell'uomo sono essenzialmente due.
L'agricoltura e l'allevamento moderni hanno come scopo non la produzione di cibi salutari e gustosi, ma bensì il massimo reddito dell'agricoltore e dell'allevatore. Per realizzare questo obiettivo non si ha nessuno scrupolo nell'utilizzare sostanze chimiche completamente estranee al ciclo biologico della pianta e dell'animale, con conseguenze disastrose sull'equilibrio biologico del terreno. Sostanze come i pesticidi o i diserbanti rimangono come residui nei cibi, dando luogo a fenomeni di tossicità cronica (anche se un recente rapporto delle Nazioni Unite valuta in circa due milioni le persone avvelenate ogni anno nel mondo dai pesticidi).
Questi effetti non sono ben calcolabili e neppure conosciuti del tutto, ma sicuramente, attraverso l'induzione di mutazioni genetiche (cioè nel patrimonio che costituisce la "memoria" delle cellule) queste sostanze provocano sia la morte della cellula stessa, sia la sua trasformazione in cellula tumorale: non è certamente un caso che nella inquinatissima Emilia Romagna, l'Istituto Oncologico Romagnolo si muova da anni per dimostrare una correlazione fra tumori e pesticidi.
D'altra parte non è pensabile che lo stesso sistema ecologico (comprendente uomo, flora, fauna, acque superficiali e profonde...) riesca a sopportare senza danni una quantità di circa 1.500.000 quintali di sostanze chimiche utilizzate in agricoltura nel 1985 (equivalenti a circa 10 kg di pesticidi per ettaro coltivato).
Questo modo di produrre dà come risultato non solo cibi inquinati, ma anche scadenti dal punto di vista organolettico (chi non rimpiange le mele, le fragole, le carote... "di una volta?") e, infine, poveri di sostanze nutritive, specialmente in vitamine e sali minerali la frutta e la verdura e in proteine i cereali: non a caso i fornai devono arricchire le farine nostrane, ormai povere di glutine (la proteina del frumento che permette una buona lievitazione), con farine Manitoba, provenienti da una varietà speciale di frumento canadese.
I trattamenti tecnologici di conservazione e di raffinazione, ai quali ormai sembrano non poter sfuggire i cibi presenti sulle

nostre tavole, incidono profondamente sulla qualità nutrizionale degli alimenti. Ogni intervento sul cibo fresco, specialmente la sterilizzazione al calore o con raggi gamma, porta a profonde modificazioni nel contenuto di vitamine, enzimi e batteri che vengono ridotti o inattivati.
Spesso il prodotto che noi mangiamo è il risultato della separazione dei diversi componenti del cibo naturale, cioè come la natura lo propone.
L'assunzione separata di uno dei componenti si traduce sempre in un danno per la salute. Ad esempio, il burro (i grassi separati dal latte) è più facilmente responsabile di alterazioni metaboliche e circolatorie (ipercolesterolemia, arteriosclerosi) che non il latte intero; lo zucchero raffinato, rispetto ad un prodotto più equilibrato e completo come la melassa o il miele, è indicato come uno dei responsabili principali per malattie come il diabete e le patologie cardiocircolatorie.
Le vitamine (soprattutto il gruppo B) e i minerali che vengono tolti raffinando i cereali integrali ed eliminando così il germe e le parti più esterne del chicco, sono fattori vitali indispensabili per la corretta utilizzazione e trasformazione in energia dei cereali stessi. Il cereale raffinato quindi (ma potremmo dire così per qualsiasi cibo manipolato, raffinato, sterilizzato) non solo non potrà essere utilizzato appieno dall'organismo, ma, proprio per queste sue carenze in sostanze vitali, impoverirà l'organismo stesso di questi elementi indispensabili per un corretto metabolismo.
Gli interventi tecnologici sugli alimenti non danno come risultato solo un cibo "impoverito" di vitamine, di enzimi, di oligoelementi, ma anche un cibo "arricchito" di sostanze chimiche di vario genere e funzione: si tratta dei famosi additivi alimentari.
Sono classificati dalla nostra legislazione in numerosi gruppi (tabella 7), ma hanno sostanzialmente due tipi di funzioni: da

Gli additivi alimentari *(Tabella 7)*

— conservanti	— antiagglomeranti
— antiossidanti	— antischiumogeni
— acidificanti	— emulsionanti
— aromatizzanti artificiali	— lieviti
— addensanti	— sostanze per trattamenti di superficie
— stabilizzanti	
— gelificanti	— coloranti

un lato **gli additivi che aiutano a conservare inalterate nel tempo le caratteristiche del cibo,** impedendo le proliferazioni batteriche e fungine, oppure la stessa azione ossidante della luce e dell'aria; dall'altro **gli additivi con funzione puramente "cosmetica",** che servono cioè "per impartire ai cibi, oppure per esaltarne favorevolmente, particolari caratteristiche di aspetto, di sapore, di odore o di consistenza" (D.M. 31/3/65).
Vediamone alcuni del primo gruppo, i più usati:
— **anidride solforosa** (E 220): presente nella birra, nei sottaceti, nei succhi di frutta, nella frutta secca, nel vino, nelle marmellate. È un ottimo conservante e "sbiancante" (evita infatti l'imbrunimento), ma è sicuramente tossico. È facile superare la dose giornaliera ammissibile consumando, per esempio, anche solo un quartino di vino bianco;
— **difenile** (E 230): utilizzato per trattare in superficie gli agrumi. La sua tossicità è controversa, ma è bene essere molto prudenti;
— **nitrito di sodio** (E 250): aggiunto alle carni, specialmente se conservate, per mantenerne il colore rosso vivo. Combinandosi con le ammine, sostanze presenti in quasi tutti i cibi e in molti farmaci, dà origine alle nitrosammine, potenti cancerogeni;
— **nisina**: antibiotico usato soprattutto nei formaggi. Come tutti gli antibiotici, specialmente se assunti a piccole dosi, provoca lo sviluppo di batteri antibiotico-resistenti e altera la flora simbiotica intestinale;
— **gallato di ottile** (E 311) **e butilidrossianisolo** (E 320): aggiunti a patate fritte, olii di semi, dolci vari, mantengono la "freschezza" del cibo. Sono composti artificiali che il nostro organismo non è in grado di metabolizzare e perciò di eliminare. Tendono quindi ad accumularsi nei tessuti grassi del corpo con conseguenze ancora non ben studiate.
Del secondo gruppo di additivi (quelli con spiccata funzione "cosmetica") fanno parte: gelificanti, stabilizzanti, addensanti, emulsionanti, coloranti, aromatizzanti.
Ricordiamo i più comuni:
— **acido alginico** (E 400): estratto da alghe marine, è aggiunto a formaggi fusi, gelati, budini, creme, salse, per la sua capacità di trattenere l'acqua. Oltre a rendere morbido il prodotto, serve anche per poter vendere al prezzo del formaggio la molta acqua contenuta;
— **polifosfati** (E 450): hanno le medesime caratteristiche tecniche dell'acido alginico e sono aggiunti allo stesso tipo di alimenti. Hanno la spiacevole proprietà di legarsi stabilmen-

te, rendendoli difficilmente assorbibili, ad alcuni minerali come ad esempio il calcio: possono quindi contribuire al manifestarsi del rachitismo nei bambini e della decalcificazione ossea negli anziani;
— **mono e digliceridi degli acidi grassi alimentari** (E 471): sono estremamente diffusi (dolci, biscotti, gelati, creme, pane...) e servono per mantenere l'aspetto "fresco" e appena sfornato a prodotti confezionati anche mesi prima. I possibili danni derivati da un loro uso continuativo non sono ancora stati indagati;
— **aromi naturali**: sono estratti con varie metodiche da foglie, fiori, radici, semi di piante e costituiscono un ricco "bouquet" a disposizione dell'uomo da tempo immemorabile per rendere più appetitosi i suoi cibi. I più comuni sono di semplice uso quotidiano: rosmarino, salvia, alloro, prezzemolo, cumino...
Ma non sempre gli aromi sono prodotti con i classici metodi estrazione distillazione, spremitura, macerazione...: per ragioni economiche l'industria chimica può produrre in laboratorio, sinteticamente, queste sostanze potendole poi, per legge, chiamare sempre "aromi naturali"! È questo un paradosso (una truffa?) tutto italiano: infatti lo stesso prodotto se è commerciato in Italia può vantarsi sull'etichetta di essere aromatizzato con aromi "naturali", ma se è venduto all'estero deve dichiarare in modo più veritiero che contiene aromi artificiali. Ma esistono anche per la nostra legge gli
— **aromi artificiali**: sono quegli aromi che non hanno una struttura chimica (una molecola) riscontrabile in natura. È chiaro che questi sono i più truffaldini (si può infatti dichiarare di produrre una caramella all'arancia o al limone senza che questi frutti o i loro estratti siano mai entrati in fabbrica) e anche i più pericolosi: quando introduciamo nel nostro organismo sostanze non presenti in natura, molto spesso queste non possono essere eliminate e tendono ad accumularsi nel corpo, con conseguenze non ancora chiare ma probabilmente dannose;
— **esaltatori d'aroma**: sono sostanze in grado di rendere più evidente un determinato sapore; il più famoso è il glutammato di sodio, molto usato in Estremo Oriente, ma presente anche nei dadi per brodo e in moltissimi cibi pronti o precotti. L'innocuità di questa sostanza è molto controversa: il glutammato è responsabile della cosiddetta "sindrome da ristorante cinese", un insieme di sintomi come mal di testa, nausea, contrazioni muscolari dolorose che colpisce i grossi consu-

matori di questa sostanza come appunto i cinesi. Nonostante ciò la legge italiana non obbliga nemmeno la sua dichiarazione sull'etichetta. Gli esaltatori d'aroma sono considerati infatti ingredienti "naturali" degli alimenti e non rientrano quindi negli aromatizzanti il cui impiego è regolato per legge.
In definitiva gli additivi alimentari sono sostanze la cui innocuità, per gran parte di essi, è ancora tutta da provare (mentre per alcuni la dannosità è un dato certo).
Il loro impiego potrebbe essere molto limitato o addirittura abolito da parte dell'industria con semplici, ma forse un po' più costosi, provvedimenti:

- migliorando le tecnologie: maggior pulizia dell'ambiente e dei macchinari, confezionamento con materiali più adatti;
- migliorando la qualità della materia prima;
- evitando interventi aggressivi sul cibo come deodorazione, decolorazione, deacidificazione... che alterano le normali capacità difensive dei prodotti;
- evitando la produzione di cibi "artificiali", ottenuti cioè ricomponendo e miscelando elementi chimici diversi per ottenere prodotti che non hanno nessun rapporto con la natura e che devono essere quindi aromatizzati, emulsionati, stabilizzati, conservati. È il caso, ad esempio, delle bevande gasate, delle margarine, delle creme e delle salse pronte.

COS'È UN ALIMENTO NATURALE

Può sembrare estremamente difficile, ed in effetti a volte lo è, riuscire a districarsi fra la miriade di prodotti che portano in etichetta parole come "naturale" e "integrale". Aggettivi di questo tipo, in questo momento, favoriscono indubbiamente un'immagine commercialmente valida ed accattivante. È bene quindi chiarire cosa significa alimento naturale.

Un alimento naturale è innanzitutto integrale (o integro): è un alimento, cioè, che si presenta così come la natura lo propone, completo di tutte le sue parti che risultino commestibili. Alimenti integrali sono quindi la frutta e le verdure fresche, i legumi, i cereali integrali (completi di crusca e di germe), il sale marino integrale, l'uovo, la frutta oleosa (noci, nocciole, mandorle...) ovviamente privata del guscio legnoso, e così via.

Una caratteristica di questi alimenti è che possono essere mangiati e utilizzati dal nostro organismo con poche e semplici manipolazioni (ad esempio: cottura con acqua) o addirittura crudi. In questo modo la loro capacità di darci forza, vigore, salute, nutrimento è ancora, giustappunto, integra.

Gli alimenti, al contrario, non naturali (e quindi non integrali) sono spesso eccessivamente impoveriti di vitamine, di sali minerali, di fibre grezze, di enzimi, di flora batterica ad opera di ripetute e profonde manipolazioni necessarie per la loro preparazione e il loro confezionamento.

Ci possiamo riferire alla frutta sciroppata, ai succhi di frutta, ai legumi in scatola, al riso brillato, alla farina bianca (tipo OO) e, in generale, ai cibi con questi prodotti confezionati.

La questione non sta tanto nella carenza di questa o quella vitamina, di questo o quell'elemento minerale (infatti non basta aggiungere crusca alla farina raffinata per ottenere la farina integrale), ma nel fatto che **un prodotto naturale costituisce un "insieme" la cui azione nel nostro organismo è molto maggiore della somma delle attività di tutti i suoi costituenti.**

Per capirci meglio è utile un esempio concreto: quando, qualche decennio fa, in Indocina, si ebbero moltissimi casi di beriberi (una grave malattia caratterizzata da disturbi circolatori, gonfiori alle gambe e al viso, paralisi e contrazioni muscolari, insufficienza cardiaca), i medici francesi riuscirono ad averne ragione molto più facilmente somministrando riso integrale piuttosto che la sola vitamina B_1. Questo non è per negare

le effettive proprietà della vitamina B_1 (detta appunto antiberiberica), ma per sottolineare il fatto che la sua azione è sicuramente potenziata da altri elementi (come il manganese e probabilmente altri ancora) che con essa interagiscono, nelle proporzioni contenute nel riso integrale.
Si possono fare altri esempi di questo potenziamento reciproco: la vitamina D è efficace nel combattere il rachitismo e nel favorire quindi la calcificazione della ossa solo se associata a sufficienti quantità di proteine, di vitamina C, B_1, A, nonchè di fluoro, magnesio, rame e fosforo; la vitamina B_{12}, potente fattore antianemico, è in grado di esplicare appieno le sue proprietà solo in presenza di tracce di manganese e rame; da ultimo, il già ricordato potenziamento dell'azione del ferro con piccole quantità di rame, cobalto e manganese.
Sarà allora più chiara l'inutilità di operazioni, molto frequenti nell'industria alimentare o nel commercio, come l'aggiunta di crusca alle farine tipo 00 per ottenere farine "integrali" o l'integrazione con vitamine liposolubili degli olii di semi rettificati (cioè deodorati, deacidificati, decolorati) per poterli etichettare come olii "dietetici vitaminizzati".
Dal consumo di questi prodotti trattati "cosmeticamente" non ne verrà nessun reale vantaggio all'organismo (ma piuttosto un danno... al portafoglio!).
Un alimento naturale sarà non solo integrale, ma anche proveniente da coltivazioni biologiche, cioè coltivazioni caratterizzate dall'impiego di concimi organici e di preparazioni naturali (decotti e macerati di erbe appropriate, alghe e minerali polverizzati...) e dall'esclusione di concimi chimici, diserbanti e anticrittogamici tossici.
Analogamente, anche i prodotti animali (carne, latte e derivati, uova, miele) possono essere ottenuti con metodi biologici, cioè escludendo forzature nella crescita con ormoni nonchè l'eccessiva somministrazione di farmaci agli animali.
Già ci siamo soffermati sul grave problema dei residui tossici di coltivazione e di allevamento presenti nei cibi odierni. Per certi versi si è già oltre la fase della protesta: infatti gli agricoltori che hanno superato il sistema "chimico" e che hanno introdotto nel loro lavoro il metodo biologico-biodinamico sono ormai numerosi; la distribuzione di questi prodotti, veramente sani e salutari, è abbastanza diffusa e capillare: esiste una coscienza e una richiesta così forte in tal senso che anche l'aspetto del margine economico per gli agricoltori biologici è un problema in gran parte risolto.

Malattie più comuni in rapporto con errori nell'alimentazione ***(Tabella 9)***

(è ovvio che tutte le malattie riconoscono anche altre cause, non solo quelle alimentari)

cibi poveri di scorie	stitichezza — riassorbimento di scorie tossiche — affaticamento epatico e renale appendicite colite — difficoltà digestive — malassorbimento di sostanze nutritive diverticolosi e diverticolite del colon emorroidi e vene varicose — flebiti — trombosi ragadi anali — dolore alla defecazione — stitichezza ipercolesterolemia — arteriosclerosi e ipertensione calcoli della cistifellea ritardo del senso di sazietà → obesità
eccesso di grassi animali e proteine animali	stitichezza e sue complicazioni eccesso di calorie — obesità — malattie cardiocircolatorie ipercolesterolemia — malattie cardiocircolatorie tumori della mammella, del colon, della prostata insufficienza renale iperuricemia e gotta
eccesso di sale raffinato	ipertensione — emorragia cerebrale, insufficienza renale, infarto cardiaco... carenza di oligoelementi — difficoltà metaboliche — indebolimento organico — maggiore sensibilità alle malattie
eccesso di zucchero raffinato	obesità ipercolesterolemia — arteriosclerosi carenze vitaminiche e minerali — indebolimento del sistema difensivo organico — maggiore sensibilità alle malattie diabete carie
eccesso di cibi sterilizzati	impoverimento della flora batterica intestinale — maggior sensibilità alle patologie
eccesso di residui chimici nei cibi	insufficiente impegno depurativo del fegato e dei reni — intossicazione — indebolimento organico mutazioni genetiche — possibili tumori
eccesso di calorie	cancro al seno, all'utero, all'intestino arteriosclerosi obesità — diabete, ipertensione, calcoli alla cistifellea, artrosi ...

LE COMBINAZIONI ALIMENTARI

Capita molto di frequente che persone che si "convertono" per motivi vari (di salute soprattutto), all'alimentazione naturale vedano continuare, magari solo un po' attenuati, i loro disturbi e per questo si scoraggiano e magari ritornano alle loro precedenti dannose abitudini.
Si pensa infatti che sia sufficiente ridimensionare o eliminare il consumo della carne, sostituire i cereali raffinati con quelli integrali, eliminare lo zucchero a favore del miele, non consumare cibi artificiali o denaturati per veder risolvere come d'incanto i gonfiori addominali, le digestioni lunghe e difficili, la stitichezza, i bruciori di stomaco, le emorroidi... Non si tiene, in definitiva, conto delle regole delle compatibilità o combinazioni alimentari, regole che sono fondate sulla fisiologia della digestione e sulle ricerche ed esperienze di igienisti come H. Shelton, D. Merien e altri. Il problema nasce dal fatto che **non tutti gli alimenti sono digeriti negli stessi tempi e con le stesse modalità.**
Nella bocca, nello stomaco e nell'intestino sono presenti sostanze particolari, gli enzimi, che regolano le reazioni chimiche di divisione fra i diversi costituenti dei cibi e rendono in pratica possibile la digestione.
Questi enzimi sono molti, e sono molti appunto perchè sono specifici, cioè riescono ad agire ognuno solamente su un particolare legame chimico: in pratica ogni tipo di cibo (prevalentemente proteico o prevalentemente amidaceo...) ha un enzima o un gruppo di enzimi specifici. Avremo così le amilasi che agiscono sugli amidi, le proteasi che digeriscono le proteine, le lipasi che rompono le catene dei grassi, e così via. È inoltre importante, come vedremo meglio, il grado di acidità dell'ambiente (la bocca, lo stomaco...) dove avviene la reazione: alcuni enzimi lavorano meglio in ambiente alcalino (ad esempio la ptialina), altri in ambiente acido (ad esempio la pepsina). Passiamo ora in rassegna alcune combinazioni fra diversi cibi che sono di più difficile digestione e che quindi sarà opportuno evitare più accuratamente.
— **Associazione di cibi proteici con cibi amidacei:** la digestione dei cibi amidacei (cereali e loro derivati: pane, pasta, biscotti...; legumi) inizia in bocca, dove una corretta e prolungata masticazione fa si che la ptialina (enzima saliva-

Associazioni alimentari *(Tabella 10)*

Alimenti	Associazione ottimale	Associazione tollerabile	Associazione da escludere
Carni, pesce, uova	Tutti gli ortaggi, tranne alcuni amidacei	Piccole quantità di patate	Tra di loro e con la frutta
Latte	—	Con il pane	Tutti gli alimenti e la frutta in genere
Formaggio	Verdure o ortaggi	Con il pane e la zucca	Tutte le proteine e la frutta
Yogurth	—	Futta acida	Altri alimenti proteici
Legumi	Verdure e ortaggi non amidacei	Con i cereali	La frutta e altri alimenti proteici
Cereali	Verdure o ortaggi	Frutta dolce e altri alimenti proteici	Frutta, pane
Frutta acida	Altra frutta acida, frutta oleosa	In alcune preparazioni gastronomiche di carni e pesci e con lo yogurth	Tutta l'altra frutta e altri alimenti
Frutta semiacida	Altra frutta semiacida	—	Tutta l'altra frutta e altri alimenti
Frutta dolce	Altra frutta dolce	In alcune preparazioni (torte) con i cereali	Tutta l'altra frutta e altri alimenti
Frutta oleosa	Frutta acida, verdure e ortaggi	—	Altri tipi di frutta e alimenti proteici
Ortaggi e verdure	Tra loro e con proteine, grassi e glicidi	—	Frutta non oleosa
Patate	Ortaggi e verdure eccetto i legumi	Uova-carne	Frutta, cereali, latte e formaggi
Pomodori	Verdure, ortaggi e alimenti proteici eccetto latte e formaggi	Carboidrati	Latte, formaggi, frutta semiacida e dolce

Tratta da AA.VV. - Alimentazione: una scienza - CLESAV - Milano 1983

re) possa iniziare la digestione dell'amido trasformandolo in composti zuccherini più semplici. Quando questo boccone sarà deglutito, lo stomaco inizierà a produrre un succo gastrico debolmente acido, in modo che la ptialina (attiva solo in ambiente alcalino e resa inattiva dall'acidità) possa continuare ancora il suo lavoro almeno per altre due ore; solo a questo punto il succo gastrico diventerà acido per permettere la digestione della componente proteica dei cereali (presente specialmente nei cereali integrali) e dei legumi.
In un modo e in un ambiente diverso procede invece la digestione dei cibi proteici (carne, formaggi, noci, mandorle, uova, pesce): durante la masticazione, che dovrà essere comunque accurata perchè questo faciliterà in ogni caso la successiva azione enzimatica, non inizia alcun processo digestivo, ma sarà solo nello stomaco che un enzima specifico (il pepsinogeno) sarà reso attivo dall'acido cloridrico del succo gastrico e diventerà pepsina, in grado di iniziare la digestione proteica.
Mangiando quindi assieme, o in rapida successione, i cereali (specialmente la pasta) con cibi proteici (specialmente la carne) si ha una secrezione precoce di succo gastrico fortemente acido che renderà impossibile l'attività della ptialina salivare e quindi estremamente difficoltosa la digestione dei cereali. Una parziale eccezione è costituita dal pane integrale, biologico e lievitato naturalmente con pastella acida (non con lievito di birra): questo tipo di lavorazione, piuttosto lunga (la lievitazione avviene in tempi successivi e può durare anche 24 o 36 ore) permette una parziale ma effettiva pre-digestione degli amidi della farina ad opera dei batteri e degli enzimi del lievito. Il pane quindi, se ottenuto con questa tecnica, è un alimento di più facile digestione rispetto alla pasta e quindi la combinazione di pane e un cibo proteico (il classico panino!), specialmente se accompagnato da verdure crude, potrà essere ben digerito da un organismo in normali condizioni di salute.
— **Associazione di diversi cibi proteici:** è molto frequente che nello stesso pasto siano presenti due o più cibi che contengono proteine concentrate. Questo fatto dipende in parte da abitudini voluttuarie (il pezzetto di formaggio alla fine del pasto) e in parte dal ricorso, eccessivamente frequente, a ricette elaborate e complesse, con le quali si cerca spesso di supplire ad una scarsa qualità (anche organolettica) del cibo aggiungendo sistematicamente formaggi, salse a base di uova e così via.

CONTENUTO IN PROTEINE DI DIVERSI ALIMENTI

(Tabella 11) (g/100 di prodotto edibile)

uovo di gallina	12,6	lenticchie secche	25
formaggio fresco	16—25	piselli freschi	7
formaggio stagionato	25—42	piselli secchi	21,70
noci	15,80	fave fresche	5,40
mandorle	16	fave secche	27,20
nocciole	13	soia secca	40
pinoli	29,60	pesce	15—27
fagioli freschi	6,40	carne di manzo magra	20,70
fagioli secchi	23,60	petto di pollo	17—20
ceci secchi	21,80		

Il nostro stomaco è in grado di produrre succhi gastrici in tempi diversi e con composizioni diverse, in relazione alle diverse proteine da digerire. Ad esempio: il succo gastrico per la carne è fortemente acido fin dall'inizio, mentre quello per il latte è acido solo verso la fine della digestione. E così si potrebbe dire per le uova, per le noci, per il pesce, tanto da poter parlare effettivamente di un "succo gastrico della carne", un "succo gastrico del formaggio" ecc.

A questo proposito, una combinazione particolarmente nociva sembra quella della carne o del pesce con il latte (come ad esempio l'abitudine di pasteggiare bevendo, all'americana, un bicchierone di latte), non solo per i motivi già ricordati, ma anche per le particolari caratteristiche del latte. Il latte, infatti, a contatto con l'acidità dello stomaco, coagula in grumi e fiocchi (più o meno grandi, in relazione al modo con cui lo si è inghiottito) che possono racchiudere all'interno frammenti di carne. Questi frammenti, non venendo in contatto con il succo gastrico, non vengono digeriti e rischiano di passare inalterati nel successivo tratto intestinale.

— **Associazione di bevande o cibi acidi con cibi amidacei:** il limone, l'aceto, la frutta acida come l'ananas, le ciliegie, le fragole, i succhi di frutta, le bevande gasate sono tutti cibi capaci di inattivare la ptialina, l'enzima salivare responsabile della digestione degli amidi, in grado di lavorare bene solo in ambiente alcalino (contrario quindi all'acido).

— **Associazione di bevande o cibi acidi con cibi proteici:** dalle osservazioni precedenti sembrerebbe che la presenza di cibi a reazione acida possa facilitare la formazione di un ambiente acido nello stomaco, in grado quindi di favorire il lavoro digestivo della pepsina. In realtà poichè la secrezione di acido cloridrico è regolata nello stomaco da un meccanismo particolare, per cui, se lo stomaco è già acido, l'acido cloridrico non è secreto, i cibi acidi rischiano effettivamente di rendere più difficile l'attivazione del pepsinogeno (forma inattiva dell'enzima) in pepsina (forma attiva): infatti solo l'acido cloridrico prodotto dallo stomaco è in grado di operare questa trasformazione.

— **Associazione di zucchero e frutta sia con cibi amidacei che con cibi proteici:** gli zuccheri come il saccarosio (il comune zucchero da cucina) hanno una struttura più semplice degli amidi e non vengono attaccati dalla ptialina, l'enzima salivare specifico per gli amidi.La ptialina, infatti, quando si mangiano dolci, è presente solo in quantità ridotta nella saliva secreta, rendendo in questo modo difficile la contemporanea digestione degli amidi. Inoltre gli alimenti dolci (lo zucchero, ma anche il miele) hanno azione inibitrice sia sulla secrezione gastrica che sulla mobilità dello stomaco, rendendo in questo modo difficile anche la digestione delle proteine. La frutta merita un'osservazione particolare: la sua composizione molto semplice fa sì che non sia necessario nessun specifico intervento digestivo nella bocca e nemmeno nello stomaco; gli zuccheri semplici della frutta, infatti, vengono in gran parte assorbiti direttamente nell'intestino tenue. Se la frutta è mangiata da sola, i suoi tempi digestivi sono oltremodo rapidi; se, al contrario, è assunta dopo altri cibi, siano essi proteici, amidacei o grassi (ad esempio alla fine di un normale pasto) dovrà necessariamente stazionare per un tempo più o meno lungo nello stomaco. Essendo lo stomaco un ambiente caldo ed umido, gli zuccheri della frutta saranno facilmente preda di reazioni fermentative, reazioni che coinvolgeranno anche il resto del cibo.

— **Associazione di grassi con cibi proteici:** poichè sappiamo dalla fisiologia che le sostanze grasse (burro, panna e, in misura molto minore, l'olio) inibiscono la secrezione acida dello stomaco e ne rallentano molto la motilità, mangiare carne o formaggi o uova con panna o verdure fritte o abbondante burro significa, se non impedire, quantomeno rallentare molto la digestione. È comunque bene sapere, a questo proposito, che il consumo di abbondanti verdure crude neutralizza in buona parte l'effetto inibitorio dei grassi sulla digestione. Dalla presenza di errate associazioni fra i diversi cibi (molto frequente nelle nostre abitudini alimentari: pensiamo al pasto normale composto di un primo piatto di cereali, un secondo piatto a base di proteine, frutta e spesso anche il dolce) deriva facilmente una digestione lunga e difficoltosa che non sempre riesce ad essere completata.

I residui di cibo non ben digeriti innescano inevitabilmente dei processi di fermentazione e di putrefazione, durante i quali si sviluppano gas e altre sostanze tossiche come indolo, furolo, ammoniaca, acido acetico, acido lattico, ecc. Queste sostanze sono poi assorbite in misura più o meno consistente, in realzione anche alla presenza o meno di stitichezza: la conseguenza sarà l'indebolimento delle difese organiche e un impiego eccessivo degli organi deputati all'alimentazione delle scorie, fegato e reni innanzi tutto.

La presenza stessa delle fermentazioni, oltre che un maggior impegno digestivo, favorisce un **aumento della temperatura dentro l'intestino** e una maggiore congestione sanguigna di quest'organo: questo rappresenta un fattore sfavorevole per lo sviluppo della normale flora batterica intestinale e, al contrario, un elemento favorente il **moltiplicarsi di germi patogeni.**

Gli elementi sopra ricordati (digestione laboriosa e difficile, indebolimento e intossicazione organica, sviluppo di germi patogeni) determinano la presenza di disturbi più propriamente "digestivi" come cefalea e sonnolenza post-prandiale, bocca impastata, eruttazioni acide, gonfiore addominale, stitichezza, diarrea..., ma anche lo scatenarsi di patologie a distanza come tonsilliti, raffreddori, faringiti, otiti, vaginiti, cistiti.

Può sembrare, a questo punto, estremamente complesso e laborioso mettere assieme un pasto tenendo conto delle diverse compatibilità fra i cibi. Si impone in effetti una soluzione che possa conciliare diverse esigenze:

- che sia semplice;
- che mantenga un equilibrio soprattutto nell'apporto di vitamine e sali minerali;
- che non sia eccessivamente ricco di calorie, ma ugualmente saziante;
- che sia soddisfacente al gusto.

Innanzi tutto si separerà il primo piatto dal secondo piatto, mangiandoli in pasti diversi, con contorni abbondanti di verdure crude, che favoriscono sempre la digestione ed eventualmente anche di verdure cotte.

Si eviterà di terminare il pasto con la frutta e il dolce ed anche la presenza di bevande andrà limitata a favore dell'acqua, assunta a piccoli sorsi. Il vino, genuino, potrà essere tollerato occasionalmente, accompagnando il consumo della carne o del pesce.

Si tratta in definitiva di preparare un piatto unico o "monopiatto" che andrà assunto in quantità saziante, senza che per questo l'impegno digestivo debba poi essere eccessivo.

L'orientamento in questo senso della moderna dietologia non fa altro che confermare e dare fondamento scientifico ad un modo di mangiare caratteristico della gente semplice, della stragrande maggioranza della popolazione, che è stato stravolto solo negli ultimi decenni quando, per esigenze di emulazione sociale e per le maggiori disponibilità economiche, si è fatto diventare quotidiano un certo modo di mangiare come il pasto pluriportate che è certamente più gratificante ma anche di indubbio impegno digestivo e che inizialmente era limitato alle feste o a qualche particolare ricorrenza.

Uno schema orientativo, che tiene conto anche della necessità della prima colazione e dell'introduzione di alimenti come frutta e yogurt, improponibili nei pasti principali, può essere il seguente:

— **prima colazione:** senza essere monotona o ripetitiva, dovrebbe servire per compensare eventuali eccessi o difetti dell'alimentazione del giorno precedente. È particolarmente importante "ascoltarsi" in modo da poter valutare, anche con l'aiuto dell'istinto, quale sia il cibo migliore per noi in quel momento. Possibili alternative (l'una esclude l'altra) sono:

- frutta fresca di stagione (in particolare agrumi, anche spremuti);
- yogurt naturale, senza aggiunta di frutta o miele;
- caffè d'orzo o altri infusi graditi (tiglio, menta, karkadè...) dolcificati con miele per accompagnare il consumo di cereali integrali (pane tostato, biscotti, fiocchi di avena e di orzo...);

— **a metà mattino:** particolarmente per i ragazzi è importante evitare il consumo di panini o di merendine che impegnano l'apparato digerente fino all'ora del pranzo e anche oltre, spiegando così la frequente inappetenza al momento del pasto. Una valida alternativa è costituita dalla frutta fresca;

— **pranzo:** dopo un antipasto di verdure crude miste (almeno di tre tipi, per garantirsi una sufficiente e indispensabile varietà di apporti nutritivi), condite con olio extra vergine di oliva, pochissimo sale marino integrale e abbondanti e varie erbe aromatiche, ci si servirà una porzione saziante di quello che è usualmente definito "primo piatto", cioè cereali. Saranno cereali integrali, escludendo nel condimento il ragù di carne o la presenza eccessiva e invadente del formaggio, e spaziando dal riso alla pasta, dal miglio al grano saraceno, dai fiocchi di avena o di orzo al cus-cus, dal mais alla segale. Contrariamente alle nostre radicatissime abitudini (siamo pur sempre italiani), si cercherà un più giusto equilibrio a favore dei cereali in chicco o in fiocchi, ridimensionando, anche se non eliminando, l'onnipresente pasta. Questa infatti difficilmente è prodotta (per motivi tecnici) con il cereale veramente integrale e per di più, a causa dei processi di ossidazione, non conserva più gli stessi principi vitali del chicco. Secondo la voglia e la stagione, ci potranno essere anche dei contorni di verdure cotte per completare questo pasto, peraltro già perfettamente bilanciato;

— **a metà pomeriggio:** per gli adulti potrà costituire un piacevole intermezzo il poter mangiare ancora frutta fresca; per i ragazzi la frutta fresca può andare benissimo d'estate, ma nella stagione fredda a volte potranno preferire fichi secchi, datteri, castagne bollite o arrosto, patate dolci, pane e miele, nocciole... L'importante è che ogni alimento sia consumato in alternativa agli altri;

— **cena:** potrà essere riservata al consumo di un cibo proteico, badando di alternare alimenti di derivazione animale con altri di derivazione vegetale. Infatti le proteine vegetali nulla hanno da invidiare a quelle animali, quando invece l'abuso di queste ultime è fin dagli anni '20 messo sotto accusa in quanto fattore favorente alcune malattie come l'ipercolesterolemia, l'arteriosclerosi e l'ipertensione arteriosa. È importante a questo punto stendere un elenco degli alimenti proteici a disposizione per uscire dal solito, consolidato e monotono "proteine = carne": gli alimenti a disposizione sono ben di più e andranno vantaggiosamente alternati in una dieta che voglia essere equilibrata e salutare.

La scelta (l'una esclude l'altra, per i motivi già ricordati) potrà essere fatta tra:

- uova, cotte senza grassi e preferibilmente "à la coque"; infatti il tempo di digestione per queste è di novanta minuti, di due ore per le uova crude (l'albume crudo è molto indigesto), di tre ore per le uova sode o fritte;
- formaggi, preferibilmente freschi; i formaggi stagionati e fermentati sono troppo ricchi in proteine, grassi e sali minerali e dal loro frequente consumo ne deriva un affatica-

mento notevole per la funzione epatica e renale. Si potrà quindi scegliere tra formaggi quali mozzarella, casatella, ricotta, stracchino, caciotta, caprino...;

- frutta oleosa (noci, mandorle, nocciole, pinoli), da mangiarsi, lo ricordiamo, in alternativa e non come aggiunta ad altri cibi proteici;
- legumi (fagioli, lenticchie, ceci, piselli, fave, soia), in una quantità mai eccessivamente abbondante, specialmente per chi non svolge una intensa attività fisica;
- pesce, non fritto ma cotto senza uso di grassi (a vapore, lessato, al cartoccio...);
- carne, preferibilmente pollo, tacchino o coniglio in quanto contengono una quantità più ridotta di grassi rispetto alle carni rosse come il manzo (1% di petto di pollo contro 5,50% per il manzo magro) e non sono, come queste ultime, implicate nell'origine di diversi tumori.

Anche nel pasto serale andrà particolarmente curata la presenza di contorni di verdure crude di stagione.

Il pane integrale, se consumato in quantità modesta, è utile specialmente la sera per completare il pasto; se è, al contrario, consumato in quantità più consistente può costituire da solo (con i soliti contorni di verdure crude e cotte) un eccellente pasto, completo ed equilibrato.

Parlando di pane integrale, ci si riferisce ovviamente ad un pane prodotto con farina integrale e biologica, macinata a pietra, lievitato naturalmente, di forma rotonda di almeno uno o due chili di peso e cotto, quando è possibile, in forno a legna.

Linee guida per una alimentazione corretta, utile sia in senso preventivo che terapeutico. *(Tabella 12)*

Riduzione drastica delle proteine animali (come la carne, le uova, i formaggi) che saranno presenti in un solo pasto durante la giornata e alternate con alimenti di origine vegetale di buon contenuto proteico come i legumi (fagioli, lenticchie, ceci, piselli, fave) e la frutta oleosa (mandorle, noci, nocciole...)

Riduzione drastica dei grassi animali a favore dell'olio extra vergine d'oliva, da usare crudo.

Introduzione dei cereali completi (riso integrale, fiocchi di avena, miglio, semolini, pasta scura...) per sostituire l'uso dei cereali raffinati, cioè privati del germe e della crusca, ma anche impoveriti nel contenuto proteico e minerale.

Eliminazione il più possibile accurata di tutti i cibi contenenti additivi, conservanti, coloranti (sostanze di cui è nota la tossicità acuta, ma i cui danni sono soprattutto di tipo cronico) e conseguente ricerca di alimenti prodotti con metodi biologici e lavorati con sistemi naturali.

Consumo quotidiano e abbondante di verdure crude di stagione, preferibilmente come antipasto, a pranzo e a cena.

Utilizzo del sale marino integrale al posto del sale raffinato e contemporaneo abbandono della pessima abitudine di coprire i gusti del cibo con una eccessiva salatura, per riscoprire il sapore "al naturale" degli alimenti.

Rispetto delle combinazioni alimentari nella composizione dei pasti.

FRUTTA E VERDURA

Generalità

I vegetali sono sempre stati non solo la fonte più importante del nutrimento per gli uomini, ma anche i principali ed efficaci medicinali con i quali curare le malattie. Infatti già Ippocrate, grandissimo medico greco, diceva: "Il cibo sia la tua medicina e la tua medicina sia il cibo".

Questo di fatto accadeva fino a 50-60 anni fa, quando la ricerca farmacologica e conseguentemente la terapia imboccarono decisamente la strada della chimica.

Le conseguenze di questo cambio di direzione sono sotto gli occhi di tutti: è veramente difficile, a volte, intravvedere i vantaggi della terapia farmacologica, tanti e gravi sono gli svantaggi. I danni iatrogeni (cioè provocati dalla stessa cura) sono spesso maggiori dei danni provocati dalla malattia stessa.

Questo non significa rifiutare sempre e comunque il farmaco di sintesi chimica: significa semplicemente affermare con forza che l'uso odierno dei farmaci è esorbitante, non adeguato, superficiale e spesso inutile.

Quasi sempre i medici (ma anche i malati: sono spesso loro a richiedere insistentemente l'antibiotico o l'antipiretico!) ignorano le potenzialità terapeutiche della carota, dell'aglio, del prezzemolo, del limone, del cavolo, del tarassaco...

L'azione terapeutica dei vegetali non è addebitabile ad uno o all'altro dei componenti, estratto o isolato dal resto: come in erboristeria, anche nella trofoterapia (cioè terapia con il cibo) **è piuttosto l'intero ortaggio o il frutto nella sua integrità ad esercitare un effetto positivo sull'organismo.**

Sarà quindi dal consumo quotidiano e abbondante di frutta e verdura che noi troveremo beneficio, piuttosto che dall'assunzione di estratti o principi vari (olio di carota, perle di aglio, estratto di mirtillo...).

Il succo di frutta e verdura (non quello prodotto industrialmente, ma semplicemente ottenuto in casa, qualche secondo prima di consumarlo, con una centrifuga), essendo un alimento liquido e povero di fibre grezze può essere effettivamente utile in alcune occasioni: per iniziare lo svezzamento del bambino, per persone che si sottopongono a regimi dietetici particolari (digiuno attenuato), per coloro che soffrono di malattie come colite e gastrite (in occasione di crisi acute), quando

è comunque necessario per motivi terapeutici aumentare molto il consumo di particolari vegetali (carote, verze, mele...), aumento che sarebbe incompatibile con una digestione rapida e senza sforzo.
Negli altri casi è bene che la frutta e la verdura vengano mangiate "integrali", ben masticate e insalivate.
È particolarmente importante che frutta e verdura consumate siano di provenienza biologica, siano cioè il risultato di coltivazioni esenti da concimi chimici, diserbanti e anticrittogamici, tanto più che, assieme ai cereali integrali, dovrebbero costituire, in una alimentazione corretta, il cibo presente in quantità maggiore.
Il consumo di frutta e verdura deve essere attento ad alcune avvertenze che, se non rispettate, rischiano di vanificare i vantaggi attesi o di rendere addirittura nocivi questi alimenti.
— **Evitare il consumo di frutta e verdura fuori stagione:** oggi le cosiddette primizie non esistono quasi più; a forza di anticipare con serre, fitoormoni, sviluppo di nuove varietà il momento della maturazione e del raccolto e con l'aiuto del trasporto aereo, è oggi possibile trovare dal fruttivendolo tutte o quasi tutte le varietà di frutta e verdura in qualsiasi periodo dell'anno.
Al di là del fatto che è così scomparso il piacere di consumare le fragole in primavera e l'uva in autunno, i pomodori in estate e le verze in inverno, due considerazioni si impongono.
La prima riguarda il fatto che la maturazione delle specie vegetali avviene nel periodo dell'anno durante il quale il nostro organismo è in grado di trarre il massimo vantaggio dal loro consumo: ad esempio i meloni, le angurie, i cetrioli, ricchi d'acqua, maturano nei mesi estivi ed aiutano in quel periodo il nostro organismo a bilanciare la disidratazione provocata dai caldissimi raggi solari; all'opposto, le castagne, le nocciole, le noci, le olive vengono a maturazione in autunno, quando del loro maggior apporto calorico l'organismo ha bisogno per prepararsi adeguatamente alla rigidezza del clima invernale.
La seconda considerazione riguarda il fatto che le piante selezionate e fortemente stimolate nel loro ciclo vegetativo perchè producano anche in periodi normalmente dedicati al riposo biologico **sono necessariamente piante più deboli, più facilmente preda di parassiti e di varie malattie.** Questo significa molto semplicemente che saranno piante sottoposte più frequentemente a trattamenti disinfestanti e che i residui di questi prodotti chimici saranno più cospicui in questi ortaggi e frutti, piuttosto che in quelli di stagione.

— **Evitare cotture inopportune:** infatti l'azione del calore altera la composizione dei vegetali, riducendo o eliminando del tutto la presenza di vitamine e sali minerali; anche gli enzimi (sostanze importantissime che permettono il realizzarsi delle reazioni metaboliche) e la flora batterica saranno inattivati rendendo frutta e ortaggi cotti se non più indigesti (a volte succede anche questo: ad esempio con il cavolo) certamente molto meno adatti per servire come alimenti preventivi e terapeutici.
Se per la frutta il problema non si pone (è difficile che un frutto mangiato cotto non sia mai stato mangiato anche crudo), per quanto riguarda le verdure vi sono a volte resistenze (per lo più psicologiche) molto forti per accettare che alcuni ortaggi tradizionalmente consumati solo cotti si possano e si debbano mangiare crudi. Le obiezioni riguardano per lo più la digeribilità, quando è invece dimostrato (provare per credere) che, in seguito ad una buona masticazione, sono molto più digeribili crudi che cotti tutti i seguenti ortaggi: spinaci, porri, peperoni, cavolfiori, sedano rapa, carciofi, verze e cavoli cappucci, zucchini, rape rosse, ma naturalmente anche finocchi, carote, sedano a coste, radicchio, pomodori...
Quando, a volte, per ragioni che riguardano più le nostre voglie che la nostra salute, è necessario cuocere le verdure, eviteremo la pentola a pressione (la temperatura oltre i 100°C altera più profondamente l'alimento) ed anche la bollitura in molta acqua. **Sarà da preferire invece la cottura delle verdure a vapore** (avendo poi cura di riutilizzare la poca acqua che rimane, molto ricca di minerali, per confezionare minestre o risotti) o stufate, in modo che la dispersione delle vitamine e dei minerali sia contenuta e limitata il più possibile. La cottura, in ogni caso, non dovrà essere prolungata, ma sufficiente semplicemente per ammorbidire le verdure: i vantaggi saranno non solo per il gusto (molto migliore che non nelle verdure "snervate" dalla lunga cottura) ma evidentemente anche per le qualità terapeutiche, maggiormente conservate.
— **Evitare manipolazioni profonde,** come affettare, grattugiare, spremere molto tempo prima del consumo. L'ossigeno e la luce sono infatti due potenti agenti ossidanti, in grado cioè di rendere inattive sostanze come le vitamine e di alterare il gusto o semplicemente l'aspetto (anche l'occhio vuole la sua parte!) del cibo: avete presente la mela grattugiata da qualche minuto o il pomodoro tagliato da ore che vi servono in trattoria?

— **Consumare la frutta da sola, lontano dai pasti:** per i motivi già ricordati (vedi le combinazioni alimentari), per utilizzare convenientemente le proprietà benefiche della frutta è importante che la sua digestione non sia resa difficile o ritardata dalla contemporanea presenza di altri cibi nello stomaco. Sempre dalla corretta interpretazione delle diverse combinazioni fra i cibi deriva anche la necessità di non consumare nello stesso pasto la frutta acidula assieme ad altri tipi di frutta.

— **Consumare le verdure crude all'inizio del pasto,** come è infatti consigliato da tutte le scuole naturiste e vegetariane. Effettivamente questo modo di mangiare presenta parecchi vantaggi: innanzi tutto le verdure crude che riusciamo a mangiare sono in quantità maggiore e questo significa più vitamine, più minerali, più fibre grezze, più acqua biologica; secondariamente è più facile raggiungere un piacevole senso di sazietà con una quantità più limitata del cibo che farà seguito alle verdure (questo fatto è particolarmente interessante per coloro che vogliono ridurre il loro peso); in terzo luogo la motilità gastrica e intestinale (e quindi la digestione) è particolarmente stimolata da alimenti ricchi di fibre e poveri di grassi come appunto le verdure crude.

È bene che l'insalata cruda sia il più possibile mista, sia cioè composta da almeno tre o quattro tipi di verdure diverse. Questo fa sì che, non essendovi incompatibilità digestive fra le diverse verdure, si possano utilizzare e integrare al meglio le varie e complementari caratteristiche terapeutiche degli ortaggi.

In particolare, poichè le verdure commestibili sono in realtà, di volta in volta, la radice, il fusto, la foglia, il fiore o il frutto della pianta, è importante che ogni volta, nel nostro piatto, siano presenti più d'una di queste parti. Potremo quindi scegliere, ad esempio, tra possibili combinazioni quali:

- radice (carota), foglia (lattuga), fiore (cavolfiore);
- fusto (sedano a coste), foglia (radicchio), fiore (carciofo);
- radice (rapanello), foglia (spinaci), frutto (pomodoro);
- foglia (cicoria), frutto (zucchino), radice (rapa rossa) e molte altre ancora.

La composizione della frutta e della verdura

Ci occuperemo ancora assieme della frutta e della verdura, anche se mantengono caratteristiche diverse sia dal punto di vista organolettico (sapore, odore, consistenza), sia nella loro utilizzazione pratica durante la giornata, perchè sono unite

dalla funzione che svolgono nel nostro organismo: **sono alimenti fondamentali soprattutto per il mantenimento dell'equilibrio acido-basico del sangue,** per lo stimolo attuato nei confronti di tutte le reazioni metaboliche, per la capacità, in definitiva, di essere il "lubrificante" più che il combustibile del "motore" organico.
La funzione energetica è soprattutto compito di altri cibi come i cereali, anche se frutta e verdura contribuiscono in parte con il loro contenuto a volte cospicuo di zuccheri, mentre invece la funzione costruttiva è demandata prevalentemente ai cibi proteici come uova, formaggi,carne, pesce, legumi...
La frutta e la verdura servono quindi, in linea generale, come elementi equilibranti, rafforzanti, che migliorano la capacità dell'organismo di resistere alle malattie o di riacquistare la salute, se questa è già compromessa.
Da questo deriva la loro importanza e la necessità che siano presenti sulla tavola giornalmente, in buona quantità e assunti con gli accorgimenti già segnalati.
Passiamo ora in rassegna i principali costituenti di questi alimenti.

Acqua

Quella contenuta nei vegetali è un'acqua "biologica", all'interno cioè di strutture viventi (e quindi dotata, secondo recenti ricerche, di proprietà molecolari particolari non ancora del tutto chiarite); è questa un'acqua preziosa per il nostro organismo anche in considerazione del fatto che, in media, il corpo umano è costituito per ben il 70%, appunto, d'acqua.
Nessuna reazione chimica nel nostro organismo (e ne avvengono milioni ogni ora) potrebbe svolgersi in assenza di acqua. Infatti è molto più facile morire per carenza d'acqua che per mancanza di cibo solido.
Il contenuto d'acqua in frutta e verdura è, in genere, particolarmente elevato (anche fino al 95% nelle angurie), ma presenta tutta una vasta gamma di valori, fino ad arrivare al 4% nelle noci.

Proteine

La loro presenza è decisamente scarsa o addirittura assente, fatta eccezione per noci, mandorle, nocciole e pinoli che costituiscono, da questo punto di vista, una valida alternativa ai cibi proteici di derivazione animale.

Grassi

Anche questi nutrienti sono assenti negli alimenti in questione, eccezion fatta ancora per la frutta oleosa che ne risulta particolarmente ricca. Sono grassi vegetali molto preziosi per la presenza di acidi grassi polinsaturi: i grassi con questa struttura sono in grado di abbassare notevolmente la quantità di colesterolo nel sangue.

Zuccheri

Detti anche glucidi, sono contenuti nella frutta e nella verdura in forme diverse: zuccheri propriamente detti (monosaccaridi come il fruttosio e il glucosio, disaccaridi come il saccarosio), amidi (una forma di zucchero particolarmente complessa che caratterizza patate, castagne, ma anche cereali e legumi) e infine anche cellulosa e pectina. Le cellulose derivano dalla membrana di rivestimento delle cellule vegetali, le pectine costituiscono una sorta di "cemento", posto fra cellula e cellula, che consolida la struttura del vegetale. Sia le cellulose sia le pectine non sono attaccabili dalle funzioni digestive e attraversano indisturbate tutto l'apparato digerente. Svolgono peraltro una funzione estremamente importante: assorbono e trattengono acqua, determinando la formazione di una massa fecale voluminosa, morbida e perciò facilmente e rapidamente eliminabile.

Elementi minerali

La frutta è uno degli alimenti più ricchi di potassio, mentre, al contrario, è povera in sodio. Gli ortaggi-frutto (pomodori, cetrioli, peperoni, zucchini, zucche...) sono anch'essi particolarmente ricchi in potassio, gli ortaggi-foglia e fiore (lattuga, radicchio, verze, spinaci, carciofi, cavolfiori, cavolini di Bruxelles...) contengono una buona percentuale di ferro.

Molti altri minerali sono contenuti, in quantità più modeste, in questi alimenti (calcio, fosforo, magnesio, zolfo...), ognuno con specifiche funzioni nel mantenimento dell'equilibrio organico. **Esiste però un ulteriore 0,02% (una quantità, quindi, pari a due millesimi!) di sostanza costituito dai cosiddetti oligoelementi:** sono elementi minerali presenti in quantità ridottissima, ma che svolgono una azione fondamentale nel favorire lo svolgersi della vita organica. Rendono, ad esempio, possibile l'attività degli enzimi oppure attivano una vitamina, un ormone, ecc. Si tratta, in particolare, di arsenico, fluoro, iodio, alluminio, cobalto, boro, bromo, stagno, rame, molibdeno, manganese, piombo, zinco, titanio, vanadio. Le loro funzioni sono comunque ancora in larga parte sconosciute (un tempo erano considerati delle impurezze!), ma sicuramente qualsiasi malattia presuppone un loro squilibrio.

Acidi organici

Caratterizzano la frutta acidula (vedi) nonchè parecchie verdure (cetrioli, pomodori, carote, sedano, barbabietole rosse, cavoli...).Si tratta soprattutto degli acidi citrico, malico e tartarico.
Quando sono assorbiti dall'intestino passano nel sangue. Qui si degradano facilmente ad opera dell'ossigeno, dando origine ad acido carbonico. Quest'ultimo, a sua volta, combinandosi con il sodio e con il potassio del sangue, forma carbonati e bicarbonati. Questo complesso è anche detto "riserva alcalina" in quanto la sua funzione è quella di neutralizzare (tamponare) le sostanze acide che in varie malattie si trovano formate nel sangue.
In realtà in quasi tutti gli stati morbosi il sangue tende a deviare verso l'acidità: la funzione terapeutica e preventiva della frutta e della verdura acidula è dunque importantissima.
Vale la pena di ricordare, per chi non l'avesse ancora bene in mente, che **le straordinarie proprietà di frutta e verdura acidule sono strettamente legate al loro consumo come alimenti crudi.** Infatti la vitamina C, di cui sono ricchissimi, viene distrutta pressochè totalmente dal calore, mentre gli acidi organici in parte si volatilizzano e in parte si disperdono durante la cottura.

Vitamine

La scoperta delle vitamine risale alla fine del secolo scorso. È stata, ancora una volta, la riconferma del valore dell'integralità dell'alimento. Si nutrivano infatti degli animali con proteine, grassi, zuccheri, sale e acqua: questi erano infatti i costituenti conosciuti allora degli alimenti. Gli animali nutriti in questo modo si ammalavano, non si riproducevano, morivano. Al contrario, gli animali nutriti con uova, latte, frutta e verdura erano in ottima salute.
Dovevano allora esistere nei cibi una o più sostanze, sia pure in dosi minime, che con la loro presenza rendevano possibile la salute e la vita.
Le vitamine sinora scoperte sono individuate, oltre che con un nome, anche con una lettera dell'alfabeto (e così infatti sono più note).
Abbiamo allora la vitamina A, il complesso B (B_1, B_2, B_3, B_5,

B_6, B_8, B_9, B_{12}), la vitamina C e la C_2, la vitamina D, la vitamina E, la vitamina F, e, da ultima, la vitamina K. Nulla vieta che l'elenco possa continuare in futuro quando, con ricerche e tecniche più sofisticate, si sarà in grado di riconoscere ancora altri fattori vitali sicuramente presenti negli alimenti. Per il momento il consiglio resta quello di sempre: assumere gli alimenti nella loro integralità.

La presenza delle vitamine negli ortaggi e nella frutta (sono questi gli alimenti che ne contengono di più) è estremamente variabile e dipende da svariati fattori:

- caratteristiche del terreno;
- metodi di coltivazione (biologici o chimici);
- grado di maturazione;
- tempo trascorso dalla raccolta;
- modalità di conservazione;
- metodo di cottura.

I valori massimi saranno propri di vegetali biologici, al giusto punto di maturazione, appena raccolti e comunque conservati in ambiente fresco e buio, mangiati crudi.

Passiamo ora in rassegna alcuni tipi di frutta e di verdura. Essendo impossibile esaminarli tutti, la scelta è stata guidata dalla facile reperibilità e dalle virtù terapeutiche particolarmente spiccate. Sono state evitate, di proposito e per i motivi già ricordati, frutta e verdure esotiche.

Classificazione della frutta *(Tabella 13)*

Frutta acidula
Caratterizzata dall'abbondante presenza di acidi organici (acido citrico, malico e tartarico): agrumi, albicocche, ciliegie, fragole, lamponi, mele, pere, prugne, susine, uva.

Frutta zuccherina
Così denominata per la consistente presenza di zuccheri: banane, cachi, angurie, datteri, fichi, fichi d'India, meloni.

Frutta farinosa
È ricca di amidi, zuccheri più complessi: castagne.

Frutta oleosa
Caratterizzata dall'abbondante presenza di grassi: arachidi, noci, nocciole, mandorle, pinoli, olive.

FRUTTA

Albicocca (Prunus Armeniaca)
Caratterizzata dalla ricchezza in vitamina A (100 g di albicocche fresche coprono il 50% del fabbisogno giornaliero), è un frutto nutritivo e con spiccate virtù antianemiche. Se consumata allo stato fresco è utile per aiutare a risolvere una diarrea; al contrario, se mangiata allo stato secco risulta lassativa (è molto ricca di cellulosa).

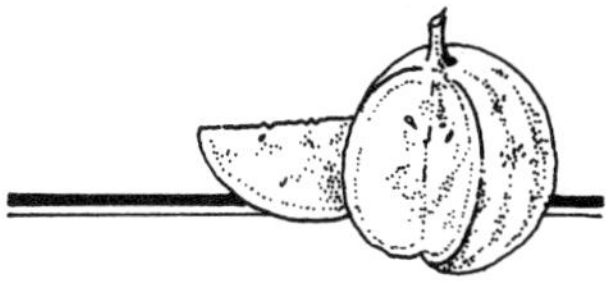

Anguria (Cucurbita Citrullus)
È un frutto il cui consumo è limitato ai mesi estivi. Per le sue note caratteristiche ha un effetto reidratante e diuretico molto spiccato. Aiuta piacevolmente a sopportare meglio gli ardori del sole di luglio e agosto, ma non è da trascurare la sua azione depurativa del sangue. Perchè sia digeribile, va mangiata come tutta la frutta rigorosamente lontana dai pasti.

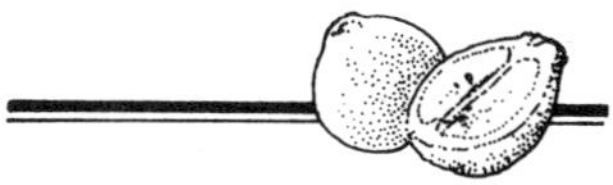

Arancia (Citrus Aurantium Dulcis)
Frutto prezioso, solare, ricco in vitamina C ed A, è indicato a tutti, ma particolarmente nei casi di demineralizzazione, febbre, ipercolesterolemia, tendenza alle emorragie. È spesso assunto in succo, utile effettivamente in alcuni casi, ma è molto meglio mangiarla, masticandola bene.
A qualcuno risulta indigesta: in quel caso si possono consumare altri agrumi (ad esempio il pompelmo) che hanno caratteristiche simili.

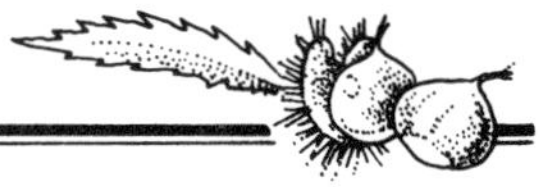

Castagna (Castanea Sativa)
Per la sua composizione, molto simile a quella del frumento, dovrebbe essere inserita nel capitolo dei cereali.
In effetti fino a qualche decennio fa costituiva l'alimento quotidiano, nella stagione invernale, per le popolazioni dei nostri monti.

È molto ricca non solo, ovviamente, di amidi ma anche di proteine, grassi e di molti minerali. Il suo contenuto in vitamina C sorprende: essendo la presenza di questo elemento solitamente associata al sapore acido, non si sospetta che la castangna ne contenga la stessa quantità del limone (l'inevitabile cottura ridimensionerà poi questa ricchezza). Le sue caratteristiche la rendono un frutto adatto a tutti, ma in parti-

colare a coloro che soffrono per stanchezze fisiche e intellettuali, ai bambini in crescita, agli anziani.
Nella stagione invernale il suo consumo è bene che sia rivalutato: la castagna dovrebbe quindi comparire (arrosto, lessata, in purea, come castagnaccio) come eccellente pranzo o cena. Per essere ben digerita non deve essere accompagnata da nessun altro cibo.

Ciliegia (Prunus Avium)

È un frutto disintossicante per la sua grande attività diuretica e lassativa. Molto ricca di minerali e di acidi organici, è un valido ausilio nei casi di demineralizzazione e di dolori articolari. Vale sempre la pena, nel periodo di piena maturazione, fare per uno o due giorni una alimentazione esclusivamente a base di ciliegie: si eliminano in questo modo le ultime scorie dall'organismo, prima della grande stagione estiva.

Fico (Ficus Carica)

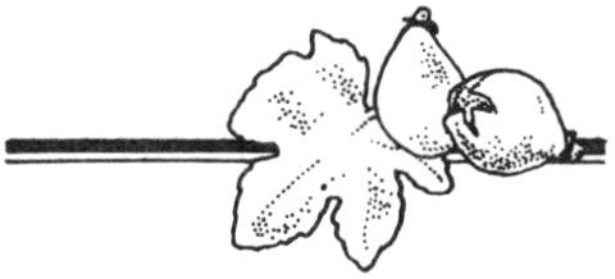

Allo stato fresco ha valore per la sua digeribilità e, ricco di proprietà emollienti ed espettoranti, per l'azione benefica svolta in malattie come gastriti, coliti, stitichezze, bronchiti, tossi, catarri.
Allo stato secco, pur conservando intatte le proprietà del frutto fresco, assume maggiormente caratteristiche di ordine nutritivo. Infatti se 100 g di fico fresco sviluppano 80-100 calorie, 100 g di fico secco arrivano fino a 300 calorie (non a caso, assieme alle mandorle, all'uvetta e alle nocciole, costituiva un tempo l'elemosina più gradita dai frati questuanti).

Fragola (Fragaria Vesca)

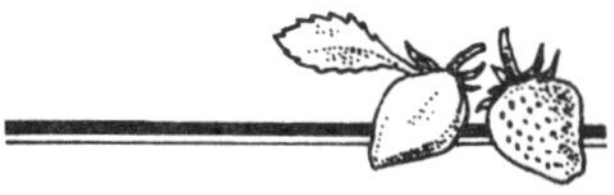

Altro frutto con potente azione disintossicante, agisce con forza, stimolandole, sulle funzioni del fegato e dei reni. Non solo, ma poichè coinvolge in questo processo depurativo anche gli altri organi che concorrono a questo obiettivo (vie respiratorie e pelle), può a volte determinare reazioni cosiddette allergiche.
Questi fenomeni sono in realtà da interpretare come crisi dovute alla energica espulsione di sostanze tossiche: l'organismo, in questi casi, va aiutato limitando l'apporto delle fragole e incrementando, invece, il consumo di altra frutta con analoghi poteri depurativi, ad esempio le ciliegie.

Limone (Citrus Limonum)

È da considerare, sia per le sue innumerevoli proprietà, sia per alcune controindicazioni, più un farmaco che un alimento vero e proprio. Tra la frutta acidula, e tra gli agrumi in particolare, è quello che presenta in modo più spiccato le caratteristiche di questi alimenti.

È dunque battericida, antisettico, antireumatico, antiurico e antigottoso, antisclerotico (elimina gli indurimenti nel corpo, specialmente nei vasi sanguigni) antidiabetico, antiputrefattivo, diuretico, dimagrante, antiacido per la sua particolare ricchezza in acidi organici, antiemorragico, antidiarroico (ma non provoca mai la stitichezza), ipotensivo. Il consumo abbondante e giornaliero di limone è controindicato alle persone magre, poco "materiali", poco "pesanti". Costoro beneficieranno piuttosto del pompelmo.

Si consuma sotto forma di succo, preferibilmente al mattino a digiuno, diluito con acqua o, meglio, con succo di altri agrumi.

Mela (Malus Communis)

È uno dei tre frutti (assieme al limone e all'uva) usatissimi nella medicina popolare e tradizionale. Le sue proprietà e le sue indicazioni sono così vaste e numerose che coprono praticamente tutto l'arco delle patologie: è veramente un alimento-medicamento universale.

Perfino i macrobiotici, che in genere vedono come il fumo negli occhi la frutta fresca, la considerano un frutto equilibrato. È indicata a tutti: dai bambini (è il frutto con cui si inizia lo svezzamento) agli anziani (è un potente ringiovanente dell'organismo).

Vediamo in estrema sintesi le sue proprietà: fortifica il sistema nervoso, regola il metabolismo, combatte l'acidità gastrica, stimola la regolarità della funzione intestinale (è quindi antidiarroica e lassativa), abbassa il colesterolo nel sangue, è antianemica, diuretica, elimina gli acidi urici, limita l'ipertensione, coadiuva il trattamento del diabete (è infatti ipoglicemizzante) e altro ancora.

Anche la mela è un frutto adattissimo per costituire l'unico cibo per uno o più giorni (anche una settimana), durante i quali ottenere una sicura azione depurativa dell'organismo. Può essere usata con estrema tranquillità, anche in dosi molto consistenti in quanto non dà mai origine a crisi depurative molto energiche (con orticaria, diarree...) come, ad esempio, le fragole, le ciliegie, gli agrumi o l'uva. La sua azione è potente ma nel contempo dolce.

Melone (Cucumis Melo)

Utile soprattutto per le sue proprietà rinfrescanti e diuretiche. È indicato anche in caso di stitichezza, specialmente se accompagnata da emorroidi.

Perchè l'organismo lo possa veramente utilizzare e il suo consumo sia accompagnato dai vantaggi descritti, occorre evitare quell'ignobile intruglio costituito dal classico "prosciutto e melone". Questo modo di mangiare il melone (o il prosciutto?) garantisce molto spesso gonfiori gastrici e intestinali, eruttazioni, digestioni lunghe e difficili..., la scelta migliore è quindi quella di fare un pasto di solo melone.

Pera (Pirus Communis)

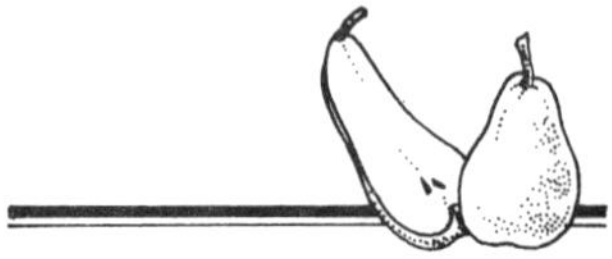

Con caratteristiche soprattutto rinfrescanti, se ben matura è un ottimo lassativo. Non è equilibrata come la mela e il suo consumo è bene che sia quindi più saltuario.

Pesca (Prunus Persica)

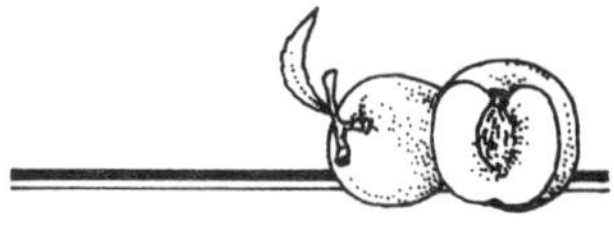

È, come gran parte della frutta estiva, diuretica e lassativa. Queste due proprietà sono sempre il segno di un'azione depurativa che si manifesta proprio con l'incremento della funzionalità dei reni e dell'intestino.

Pompelmo (Citrus Decumana)

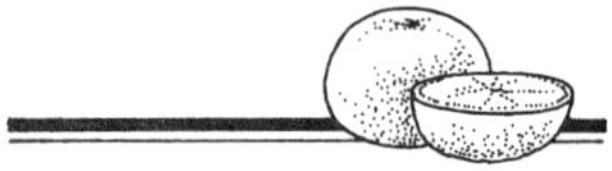

Agrume dal sapore caratteristico (è un insieme di acido, amaro e dolce), presenta le medesime proprietà degli altri agrumi. Può venire utilizzato nei casi in cui il limone è controindicato (vedi) oppure quando l'arancia dà fenomeni di intolleranza. Agisce sul fegato, con una efficace azione drenante le vie biliari.

Prugna (Prunus Domestica)

È un frutto molto amato, allo stato secco, da coloro che soffrono di stitichezza: cinque o sei prugne secche, a bagno dalla sera prima in una tazza d'acqua, consumate con la loro acqua il mattino successivo, costituiscono un eccellente e innocuo lassativo (per migliorarne l'efficacia è a volte necessario aggiungere nella stessa tazza uno o due cucchiai di semi di lino).

Anche come frutto fresco non è da sottovalutare: è uno stimolante nervoso, un diuretico, decongestiona il fegato ed è indicatissimo in caso di stanchezze dovute a lavoro fisico o intellettuale.

Uva (Vitis Vinifera)
Ultimo elemento del terzetto di ampia e sicura tradizione terapeutica (uva, mela, limone), l'uva è un frutto quasi "perfetto". Le sue proprietà terapeutiche sono sfruttate da millenni: si hanno notizie dell'ampeloterapia (cioè cura dell'uva) fin dai tempi degli antichi romani.
In effetti la sua composizione è del tutto particolare: si può paragonare benissimo al latte di donna (tabella 14).
Per le sue caratteristiche, si presta in modo eccellente ad una cura disintossicante e ricostituente nello stesso tempo.
La cura dell'uva va fatta avendo la possibilità di cogliere il frutto poco prima di mangiarlo (è molto meno efficace l'uva già raccolta da qualche giorno). Si può sostituire gradatamente un pasto dopo l'altro con sola uva, fino ad un consumo massimo di due o tre kg al giorno; dopo uno o due giorni, durante i quali ci si alimenta esclusivamente con uva, si introducono gradatamente i cibi in precedenza tralasciati, iniziando con verdure fresche e cereali e lasciando per ultimi quelli ricchi in proteine e grassi.
È importante, per evitare spiacevoli fatti fermentativi intestinali, che i pasti siano sempre composti di sola uva.
Quando il consumo inizia a diventare consistente, le scorze degli acini e i semi (vinaccioli) dell'uva possono irritare la mucosa del colon: è opportuno allora consumare l'uva molto lentamente sputando semi e bucce oppure, molto meglio, bere il succo ottenuto con la centrifuga.
I vantaggi che derivano dalla cura dell'uva, ma anche dal suo normale consumo stagionale, sono legati alle sue proprietà: disintossicante, energetica per muscoli e sistema nervoso, rimineralizzante, decongestionante del fegato, rinfrescante, diuretica, lassativa...

Paragone tra il latte di donna e il succo d'uva
Tabella 14

	Latte di donna (g %)	**Succo d'uva (g %)**
ACQUA	87	75-83
MATERIE AZOTATE	01-1,5	1,7
MINERALI	0,4	1,3
ZUCCHERO	11	12-30

Tratta da: Valnet J., Cura delle malattie con ortaggi, frutta e cereali, Martello-Giunti Editore, Firenze, 1976

Classificazione delle verdure e loro proprietà generali *(Tabella 15)*

Gigliace: aglio, asparago, cipolla, porro.
Stimolano il sistema nervoso centrale, proteggono le arterie, agiscono beneficamente sull'apparato respiratorio e renale.

Crucifere: cavolo (verza, cappuccio, cavolfiore, cavolini di Bruxelles...), rafano, rapa, ravanello, rucola.
Attivano i processi metabolici di costruzione (sono particolarmente indicate nell'infanzia, nell'adolescenza, nella cicatrizzazione dei tessuti).

Composite: carciofo, cicoria, lattuga, tarassaco.
Tonificano la funzione respiratoria e cardiaca, effettuano una pulizia e un drenaggio dei vasi sanguigni, dell'apparato digerente, del fegato e delle vie biliari.

Chenopodiacee e Cucurbitacee: barbabietola rossa, spinaci, coste, zucca, zucchini, cetriolo.
Esercitano un'azione sedativa sul sistema nervoso, rinfrescano l'intestino con effetto antifermentativo e lassativo.

Ombrellifere: carota, finocchio, prezzemolo, sedano.
Stimolano la funzionalità degli emuntori naturali (fegato, reni, vie respiratorie, intestino), combattono le fermentazioni e putrefazioni intestinali.

Solanacee: patata, pomodoro, melanzana, peperone.
Appartengono ad una famiglia vegetale che comprende moltissime piante velenose: tabacco, belladonna, giusquiamo, stramonio... Contengono alcaloidi che agiscono sul sistema nervoso centrale e sono quindi da usare con alcune cautele ed avvertenze.

VERDURA

Aglio (Allium Sativum)

Pianta straordinaria dalle innumerevoli proprietà benefiche (gli Egiziani la adoravano come una divinità), è stata utilizzata da sempre per le sue caratteristiche.
Essendo un alimento-medicamento, non dovrebbe mai mancare sulla tavola, sia per una efficace azione terapeutica, sia in funzione preventiva nei confronti di molte malattie come le infezioni generali, intestinali e delle vie respiratorie, in caso di ipertensione, arteriosclerosi e contro i parassiti intestinali; l'aglio è inoltre un buon diuretico e, per la sua capacità di stimolare la secrezione dei succhi gastrici, facilita molto la digestione, specialmente dei cibi proteici. Proprio questa particolarità lo controindica ai sofferenti di ulcera gastrica o duodenale.

Asparago (Asparagus Officinalis)
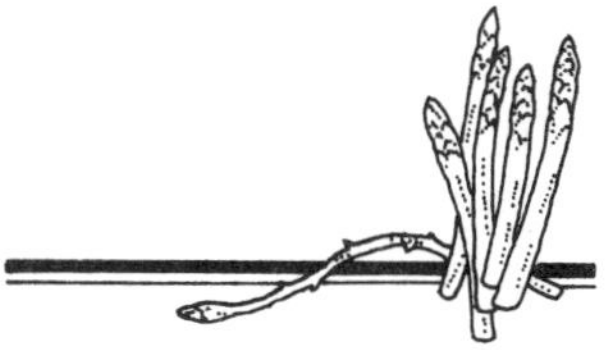
Deliziosi germogli consumati in primavera, svolgono una efficace (anche troppo!) azione di drenaggio renale. Potrebbero quindi essere utili nelle malattie del rene (insufficienza renale, calcoli renali...) ma, essendo la loro azione troppo drastica, sono controindicati a tutti i malati, in particolare a quelli renali. Perchè siano ben digeribili è importante non irrorarli contemporaneamente con burro, uova e formaggio, ma con uno solo dei tre condimenti.

Barbabietola rossa (Beta Rubra)
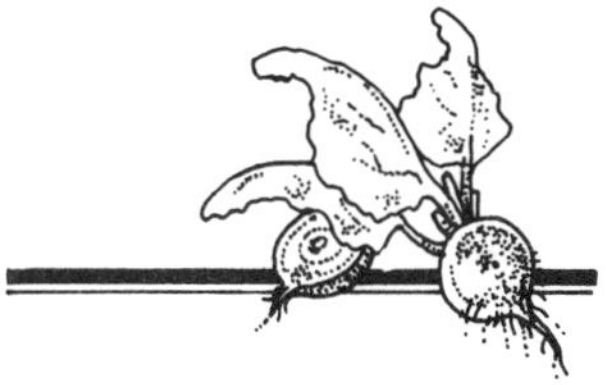
Come tutte le radici, è molto ricca di sali minerali. È indicata quindi in tutti i casi di demineralizzazione, nelle cure ricostituenti ma anche, per le sue proprietà sedative, ai soggetti nervosi.
Purtroppo viene consumata quasi sempre cotta (in realtà, per chi non possiede un orticello, è pressochè impossibile reperirla sul mercato non lessata) mentre invece andrebbe mangiata cruda, grattugiata in un'insalata mista.

Carciofo (Cynara Scolymus)

I principi attivi sono maggiormente concentrati nelle foglie (amarissime) e nel gambo (duro e legnoso), ma anche i fiori immaturi (la parte commestibile) mantengono, se pur attenuate, le proprietà caratteristiche.
Il carciofo agisce soprattutto sul fegato e sui reni, miglioran-

do la loro funzionalità ed ottenendo quindi una depurazione del sangue, un abbassamento del colesterolo e l'eliminazione dell'urea e degli acidi urici. Cotto perde quasi totalmente queste proprietà e va quindi consumato preferibilmente crudo (la parte centrale è tenera e molto digeribile). Le donne che stanno allattando devono astenersene perchè ostacola la produzione del latte.

Carota (Daucus Carota)

È un ortaggio che non dovrebbe mai mancare sulla tavola, sia perchè si può facilmente trovare in ogni periodo dell'anno, sia perchè annovera proprietà veramente utili. Stimola la formazione dei globuli rossi, attiva le difese organiche, agisce beneficamente sullo stomaco (in caso di gastriti e di ulcere) e sull'intestino, sia nelle diarree (specialmente infantili) che nelle stitichezze, favorisce la funzionalità epatobiliare, è utile nel migliorare tutte le affezioni cutanee e nel prevenire l'invecchiamento. Per ultima, ma non per importanza, ricordiamo l'efficace azione anticancro, specialmente nei confronti del cancro bronchiale (i fumatori, se non vogliono smettere di fumare, dovrebbero almeno consumare giornalmente grandi quantità di carote e di alimenti ricchi in vitamina A). La carota va consumata cruda, semplicemente spazzolata sotto l'acqua corrente, mischiata ad un'insalata mista, oppure sotto forma di succo nei casi in cui si consiglia un consumo consistente (gastriti e ulcere, coliti, stitichezze, eczemi).
È il primo ortaggio da introdurre nella dieta del bambino, sia confezionando brodi e minestre, sia in succo centrifugato.

Cavolo (Brassica Oleracea)

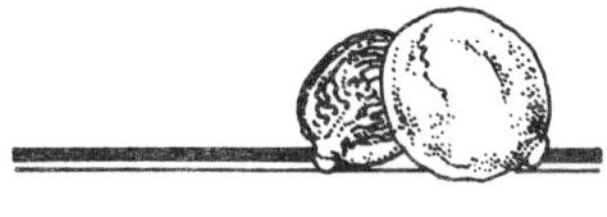

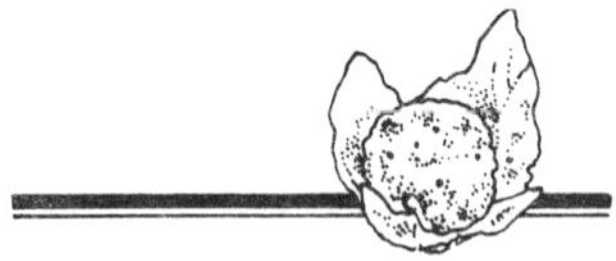

Altro alimento-medicina di tradizione antichissima, oggi rivalutato scientificamente dal medico francese J. Valnet. Esistono diverse varietà di questa crucifera: cavolo cappuccio, cavolo verza, cavolo rosso, cavolfiore, cavolo rapa, cavolini di Bruxelles, ma le loro proprietà in gran parte coincidono. Le indicazioni di questo ortaggio sono così vaste che coprono letteralmente, tutte le patologie. Può essere usato per via interna o anche esternamente. L'utilità maggiore l'abbiamo impiegandolo in caso di infiammazione delle vie respiratorie (dal raffreddore alla bronchite, dalla tonsillite alla laringite), nell'artrosi, nelle gastriti e ulcere gastriche e duodenali, in caso di coliti e coliti ulcerose, nelle stanchezze eccessive, contro l'acne e le dermatosi in genere, in caso di insufficienze epatiche e renali, nella stitichezza.

Contrariamente alle abitudini di molti che, ad esempio, mangiano la verza rigorosamente cruda ma ritengono un obbrobrio i cavolini di Bruxelles finemente affettati in insalata mista, tutti i cavoli sono non solo terapeuticamente validi ma anche più digeribili se mangiati crudi. Infatti la cottura in acqua disperde molte delle proprietà benefiche e la frequente associazione con carne o grassi animali rende questi vegetali veramente indigesti.

È molto meglio mangiarli come antipasto crudo assieme ad altre verdure. In alcuni casi (ulcere, coliti, insufficienze epatiche e renali) è indicato berne anche il succo (almeno due bicchieri al giorno), diluito, per attenuarne il sapore non gradevolissimo, con succo di carote e di finocchio.

Cetriolo (Cucumis Sativus)

È composto prevalentemente di acqua (oltre il 95%) e quindi la sua azione non potrà che essere rinfrescante e diuretica. È adatto per essere consumato, finemente affettato con la sua buccia, assieme ad altri ortaggi nelle insalatone miste estive. A qualche persona è molto indigesto. Qualcun altro lo mangia cotto... Tutti i gusti sono gusti!

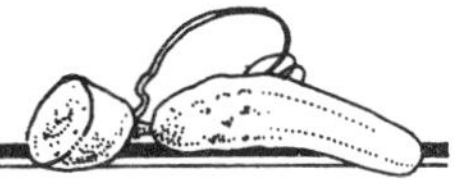

Cicoria e radicchi (Cichorium Intybus)

Esistono la cicoria selvatica e molte altre varietà coltivate: radicchio di Verona e di Treviso, indivia, catalogna, scarola, cicoria di Bruxelles...

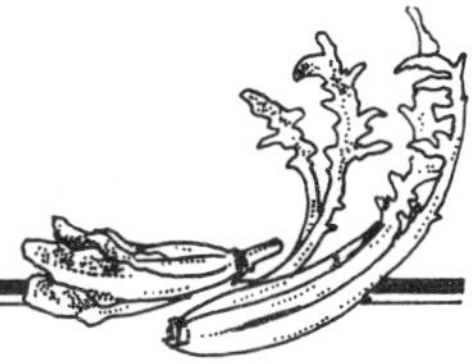

Sono tutte piante ricche in minerali, con proprietà toniche e digestive dovute al sapore amaro. Stimolano la secrezione della bile e l'eliminazione dell'urina e perciò favoriscono la depurazione sanguigna. Per l'azione di stimolo epatico e per l'apporto discreto di cellulosa svolgono una efficace azione coadiuvante nel risolvere la stitichezza.

Cipolla (Allium Coepa)

Ecco un altro degli alimenti-medicina che, non a caso, sono usati da millenni nella pratica terapeutica popolare. Le sue virtù sono paragonabili a quelle dell'aglio (appartengono ambedue alla famiglia delle gigliacee), ma presenta caratteristiche e peculiarità proprie. Oltre che un potente stimolante di tutte le funzioni organiche, la cipolla è antianemica e antibatterica, stimola la funzionalità renale favorendo l'eliminazione delle scorie azotate, mantiene l'elasticità arteriosa, combatte i vermi intestinali. Il suo consumo è particolarmente consigliato ai diabetici in quanto riesce ad abbassare efficacemente il livello di glucosio del sangue (è ipoglicemizzante). Le cipolle integrano benissimo, crude, tutte le insalate miste in qualsiasi periodo dell'anno e costituiscono altresì la base per ottenere ottime minestre, saporiti minestroni e risotti (dal punto di vista terapeutico queste preparazioni non sono altro che dei decotti di varie verdure ed erbe aromatiche...).

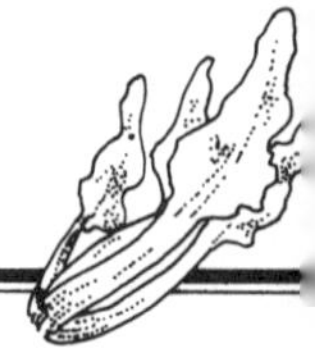

Coste e bietole (Beta Vulgaris Cycla)
Vantano particolarmente proprietà rinfrescanti, diuretiche e lassative. Sono ortaggi che si mangiano generalmente cotti, buttando, con l'acqua di cottura, molte delle possibilità terapeutiche. Al contrario, le foglie più piccole e tenere possono vantaggiosamente entrare a far parte delle insalate miste crude che precedono il pasto.

Finocchio (Foeniculum Vulgare)
Ortaggio che a molti non piace per il suo caratteristico sapore di anice (è detto infatti anche anice dolce), è particolarmente apprezzato da coloro che intraprendono una dieta dimagrante: sviluppa solo 46 calorie per 100 g! Rende più facile la digestione (azione eupeptica) e aiuta la produzione del latte (donandogli un piacevole sapore dolce) nelle donne che allattano.

Lattuga (Lactuca Sativa)
Vegetale coltivato in moltissime varietà, costituisce un ulteriore esempio di come gli ortaggi diano un contributo importante al funzionamento dell'organismo e al suo benessere al di là dell'apporto di proteine, grassi e zuccheri. Infatti le calorie di 100 g di lattuga sono appena 20. Nonostante ciò anche la lattuga vanta nobili tradizioni sia culinarie che terapeutiche. Il suo lattice biancastro ha proprietà sedative e calmanti: particolarmente utile sarà quindi offrire ai bambini irrequieti, nella cena serale, un bel piattino di lattuga cruda. Agisce inoltre positivamente sul fegato e sui reni, come d'altra parte tutte le composite, di cui la lattuga conserva, seppur attenuate, le proprietà.

Melanzana (Solanum Melongena)
Ortaggio controverso, come tutte le solanacee: alcuni decantano le sue proprietà colagoghe e coleretiche (aumenta la produzione e l'eliminazione della bile da parte del fegato) nonchè diuretiche; altri invece attirano soprattutto l'attenzione sul fatto che la melanzana contiene un alcaloide velenoso, la sola-

nina, che agisce deprimendo la funzionalità del sistema nervoso centrale. Poichè la solanina è in buona parte inattivata dal calore, le melanzane vanno consumate solo cotte (stufate o alla griglia), magari dopo averle fatte spurgare per qualche ora, tagliate a fette e cosparse di sale. Questa operazione tradizionale risponde in effetti alla necessità di equilibrare in qualche modo un ortaggio che lascia qualche perplessità e il cui consumo è bene sia saltuario e rigorosamente limitato alla stagione estiva.

Patata (Solanum Tuberosum)

È certamente un vegetale che al giorno d'oggi è usato per l'alimentazione in modo eccessivo (sostituendo in pratica il ben più prezioso cereale) e cucinato spesso in modo tale da renderlo di per sè dannoso (patate fritte).
Appartiene alle solanacee e contiene il già ricordato alcaloide tossico, soprattutto quando il tubero è verde oppure germogliato. Quindi non si devono mai consumare le patate che presentano queste caratteristiche!
Sono particolarmente attenti a questi aspetti del problema i seguaci di G. Ohsawa (macrobiotici) e di R. Steiner (antroposofi). Le scuole naturiste, pur non esaltando questo alimento e non ritenendolo pari ad altri come il limone, l'aglio, la cipolla, la mela, la carota, lo utilizzano tuttavia in alcune patologie con ottimi risultati. La patata cotta, specialmente se costituisce l'unico amido del pasto (evitando quindi di mangiare nello stesso momento anche cereali e legumi) e se non è associata a cibi proteici, ma accompagnata invece da abbondanti verdure crude, è un alimento energetico e disinfiammante dell'apparato digerente; favorisce inoltre la formazione e l'espulsione di feci abbondanti e morbide ed è utile quindi in presenza di emorroidi. Ma è il succo centrifugato della patata cruda che merita qualche attenzione perchè il suo uso (tre bicchieri al giorno, mescolato a succo di carote e di verza, prima dei pasti) è veramente insostituibile in caso di gastriti, di ulcere dello stomaco e del duodeno, di coliti, specialmente se ulcerose.

Peperone (Capsicum Annuum)

Molto modesto il suo apporto nutritivo, è utile soprattutto per l'alto contenuto in vitamina C. Quando però è consumato cotto questo elemento scompare. Rimane comunque un eccellente accompagnamento estivo per i cereali, specialmente il riso. Risulta per molti indigesto e, consumato crudo, esercita una azione stimolante sulla secrezione gastrica: sarà quindi utile per coloro che desiderano incrementare la produzione di succhi digestivi, mentre rimane controindicato ai sofferenti di gastriti e ulcere. La varietà piccante è descritta nel capitoletto "Le piante aromatiche".

Pomodoro (Lycopersicum Esculentum)

Ultimo rappresentante delle solanacee (com'è difficile parlare di questi ortaggi! Se si decantano le loro virtù si arrabbiano i macrobiotici, se se ne sconsiglia il consumo insorgono i naturisti e tutti gli amici napoletani...), vi è chi lo considera un frutto e chi, la maggioranza, lo tratta come una verdura. È comunque rinfrescante, diuretico, antiinfettivo (è molto ricco di vitamina C e vitamina A), favorisce l'evacuazione delle feci, è utile per allontanare dal corpo gli acidi urici, è un buon rimineralizzante. È un ortaggio tipicamente estivo e il suo consumo, allo stato fresco andrà rigorosamente limitato a questa stagione.
Tradizionalmente il pomodoro è accompagnato sempre (è ancora un tentativo di riequilibrare?) da erbe aromatiche ed amare (basilico, aglio, cipolla, rucola, origano...) che indubbiamente ne favoriscono la digestione.
Il cosiddetto "pomodoro da insalata", cioè praticamente il pomodoro non ancora maturo, non va mai consumato: contiene infatti ancora notevoli quantitativi di solanina.
Che dire della salsa di pomodoro con la quale è abitudine condire la pasta in qualsiasi periodo dell'anno? Va innanzi tutto ricordato che il pomodoro più è cotto meno è digeribile: nella preparazione della salsa i tempi di cottura vanno quindi estremamente ridotti. È importante inoltre non limitarsi, nell'allestire il condimento per la pasta, alla solita salsa di pomodoro: le possibilità possono e debbono essere diverse. Dalle semplici erbe aromatiche (basilico, maggiorana, menta, timo, cerfoglio, melissa, erba cipollina, prezzemolo...) accostate magari all'aglio e legate con un buon olio extra vergine di oliva, alle verdure più varie (broccoli, cime di rapa, carciofi, melanzane, zucchini, cipolle, carote...) adeguatamente acconciate, la varietà è veramente infinita.
Si tratta solo di far funzionare la fantasia (o di sfogliare qualche buon libro di ricette!).

Porro (Allium Porrum)

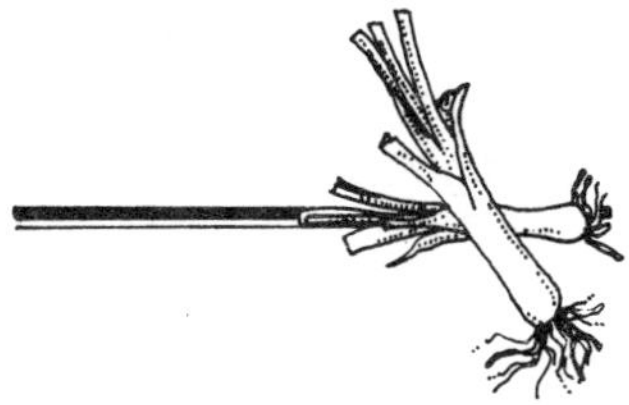

Molto vicino alla cipolla, sia come collocazione botanica (appartiene alla famiglia delle gigliacee), sia come proprietà terapeutiche, il porro è in genere consumato cotto, specialmente come ingrediente importante in minestre o zuppe.
Pochi sanno invece che può anche essere consumato crudo, affettato sottilmente nella solita insalata mista. Anzi, è proprio così che le sue virtù saranno adeguatamente sfruttate. Risulta essere un tonico generale, rimineralizzante, antisettico, antianemico; ma la sua caratteristica principale è quella di favorire le eliminazioni sia intestinali (per Valnet è una efficiente "scopa") sia urinarie (è un ottimo diuretico).

Prezzemolo (Petroselinum Sativum)

Più che un alimento andrebbe considerato un farmaco tante e tali sono le sue proprietà. Il contenuto in vitamina C e in vitamina A, a parità di peso, è tra i più alti nel mondo vegetale, il suo apporto in minerali è notevole. È utile come depurativo del sangue e antianemico; favorisce la contrazione della muscolatura liscia: risolve quindi ingorghi biliari e atonie intestinali. Questa stimolazione viene esercitata anche sulle fibre muscolari uterine e quindi le donne in gravidanza devono farne un uso moderato. Inoltre, poichè ostacola la regolare secrezione del latte, è controindicato anche alle madri che allattano. Va utilizzato spesso, a piccole dosi, e assolutamente crudo.

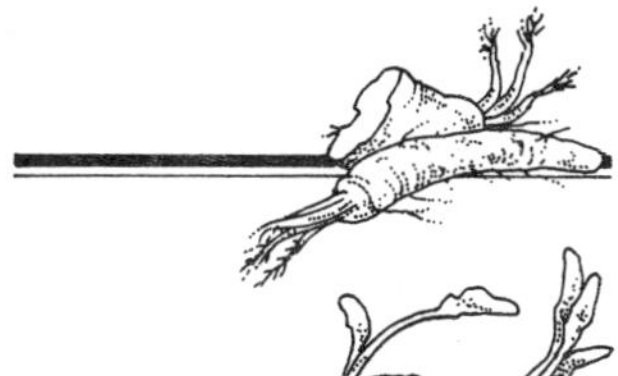

Rafano nero (Raphanus Niger)
Ravanello rosa (Raphanus Sativus)

Ambedue con le stesse caratteristiche terapeutiche, differiscono per il colore della scorza.
Il rafano nero, dal sapore più deciso, è anche più valido come risolutore degli "ingorghi", dei ristagni e degli accumuli. Provoca infatti lo svuotamento della cistifellea, un accentuarsi della funzione depurativa renale, è un efficace antitosse utile durante bronchiti catarrali. È in grado di risolvere un mal di testa congestizio (sono quelli che accompagnano i raffreddori e le sinusiti).
Il ravanello rosa, affettato sopra una verde insalata, darà una nota di piacevole colore; anche il rafano nero potrà insaporire degli ortaggi crudi misti, ma qualche amatore lo gusta anche da solo, affettato e condito con olio extra vergine di oliva, sale e un pizzico di pepe.
In caso di calcoli alla colecisti o di insufficienza epatica è indica-

to anche il consumo del succo (specialmente della varietà nera): è sufficiente mezzo bicchiere prima dei due pasti principali.

Rapa (Brassica Napus)

Ancora una crucifera, di solito mangiata cotta. È un ortaggio poco considerato, anzi a volte disprezzato. In realtà, come molte radici, è un buon rivitalizzante, diuretico (indicato nelle calcolosi renali, nella gotta e nell'obesità), pettorale (per indicare l'azione benefica in caso di bronchiti, tossi, mal di gola). Anche la rapa è ancor più salutare se consumata cruda, assieme ad altri ortaggi.

Rucola (Eruca Sativa)

Sia selvatica (con un aroma più deciso) che coltivata (dal gusto più dolce) è una pianta dalle spiccate funzioni digestive e tonificanti generali. È apprezzata nel periodo caldo, mescolata ai pomodori o alle insalate estive, in genere molto acquose, per la nota calda e penetrante con la quale migliora la loro digeribilità.

Sedano (Apium Graveolens)

Comune sia nella varietà a coste sia in quella a rapa. Quest'ultima, con caratteristiche organolettiche sue proprie, si presenta più valida dal punto di vista terapeutico. Il sedano è un buon tonico generale, rimineralizzante, svolge un'efficace azione di drenaggio renale, sul fegato e sulle vie respiratorie: si rivelerà utilissimo quindi in caso di calcoli urinari, obesità, gotta, insufficienze epatiche (anche con ittero), bronchiti e tracheiti. Per cure intensive è indicata anche l'assunzione del succo (in particolare, lo ricordiamo, della varietà a rapa) nella dose di mezzo bicchiere prima dei due pasti principali.

Spinacio (Spinacia Oleracea)

È un vegetale certamente sopravvalutato nelle sue qualità rinforzanti, specialmente quando è consumato cotto. In realtà è proprio cotto che lo spinacio lascia perplessi: riducendosi di volume con la cottura, se ne possono consumare grosse quantità senza accorgersene. Essendo molto ricco di minerali (che non vanno perduti poichè in genere gli spinaci sono cotti senza acqua) rischia di appesantire molto la funzione renale: è infatti controindicato per chi ha sofferto di calcoli renali (specialmente se composti di ossalato). Il suo utilizzo migliore, proprio per sfruttare al massimo le sue qualità rimineralizzanti, è quello di inserire qualche foglia cruda nelle insalate miste.

Tarassaco (Taraxacum Officinale)

È così importante nella terapeutica popolare e le sue indicazioni coprono un arco così vasto di patologie che si parla perfino di "tarassacoterapia". Effettivamente i nostri vecchi, nei campi o nei prati della periferia, quando questa era più collegata alla campagna che non ora, raccoglievano, specialmente in primavera, le giovani piante del tarassaco. In genere venivano poi mangiate cotte, salvo le più piccole e le più tenere che rinforzavano le prime insalatine della stagione. Si operava in questo modo un rinnovamento dei fluidi organici (sangue e linfa) agendo sul fegato e sui reni, in sintonia con la forza della natura che nello stesso periodo risveglia e rinnova i fluidi vitali delle piante.
Il tarassaco è in effetti indicato nei casi di congestione e insufficienza epatica, in caso di calcoli della cistifellea e del rene, nell'ipercolesterolemia, nella stitichezza (specialmente se complicata da emorroidi), nelle malattie della pelle (dal semplice foruncolo agli eczemi più gravi), nelle insufficienze renali, nell'anemia e nelle stanchezze ad essa collegate e perfino nell'obesità. È veramente una pianta straordinaria il cui uso va rivalutato, sia cotta che cruda, cogliendo magari l'occasione per passare all'aria aperta la prima mezza giornata di primavera.

Zucca (Cucurbita Maxima)

Piacevole nel suo colore giallo, ricorda durante il freddo inverno i calori estivi e i colori autunnali. Ha proprietà sedative, rinfrescanti, lassative, diuretiche e antiinfiammatorie intestinali. Il suo abbinamento più tradizionale e più apprezzato è nel classicissimo riso (integrale) e zucca, ma può validamente concorrere con altri ortaggi nell'ottenere eccellenti minestre e, grattugiata a mo' di carota, può perfino essere consumata cruda nell'insalata (in quest'ultimo caso la sua qualità deve essere ottima, perchè altrimenti il suo sapore è veramente insipido).

Zucchino (Cucurbita Pepo)

Gli zucchini sono in pratica delle zucche ancora immature e perciò ricchissime d'acqua (c'è chi li considera in effetti più delle bevande che del cibo solido). Specialmente lessati (a parte il sapore delizioso) non conservano gran che delle loro proprietà, analoghe, ma attenuate, a quelle della zucca. Quindi, o si consumano crudi, grattuggiati, o si fanno stufati (trifolati, come si dice) con aglio e cipolla.

LE PIANTE AROMATICHE

Sono caratterizzate dal possedere un odore e un gusto particolari che si trasmettono al cibo cui sono associate.
In genere utilizzate in piccola quantità, non per questo sono meno importanti. Rendono il cibo più digeribile e, caratteristica particolarmente importante un tempo quando non esistevano frigoriferi, favoriscono la sua conservazione. Ancora oggi i pescivendoli coprono con alloro e prezzemolo la loro merce e in molte case si inserisce l'alloro nei contenitori del riso.
Alcune delle piante che ricorderemo sono poco o per nulla usate: è importante rivalutare in cucina il ruolo degli aromi, sia per scoprire nuovi sapori, sia per l'azione benefica esercitata sul nostro organismo.
Gli aromi, in genere, vanno utilizzati freschi (per quasi tutti è possibile anche la coltivazione in vaso, sul terrazzo) e, specialmente i più delicati, **vanno aggiunti al cibo negli ultimi secondi di cottura: gli olii essenziali, responsabili in gran parte delle caratteristiche di queste piante si disperdono facilmente con l'azione del calore.**
Rimane comunque valida l'abitudine di arricchire anche le insalate miste crude con qualche tenera foglia di maggiorana, origano, basilico, menta, santoreggia, timo... essendo questo il modo migliore per approfittare delle loro straordinarie proprietà.
Alcune piante aromatiche sono già state ricordate nel capitolo sugli ortaggi.

Alloro (Laurus Nobilis)
Fortificante, antisettico, digestivo; da utilizzare in tutte le minestre di cereali e nella cottura dei legumi.

Anice verde (Pimpinella Anisum)
Antispasmodico, carminativo (favorisce l'espulsione dei gas dallo stomaco e dall'intestino), stimolante generale e sedativo nello stesso tempo. Favorisce la lattazione. Da utilizzare durante il confezionamento del pane e dei dolci oppure come infuso dopo i pasti.

Basilico (Ocymum Basilicum)

Stimolante delle surrenali (le ghiandole "antistress"), digestivo, risolve gli spasmi dell'apparato digerente. Da usare crudo su qualsiasi cibo (anche nella salsa di pomodoro è bene metterlo solo alla fine della cottura).

Cannella (Cinnamomum Zeylanicum)

Potente stimolante della funzione respiratoria e cardiocircolatoria, buon antisettico e disinfettante, eccellente digestivo. Da utilizzare sistematicamente su frutta cotta, dolci e anche, con un po' di attenzione, su preparazioni salate.

Cerfoglio (Anthriscus Cerefolium)

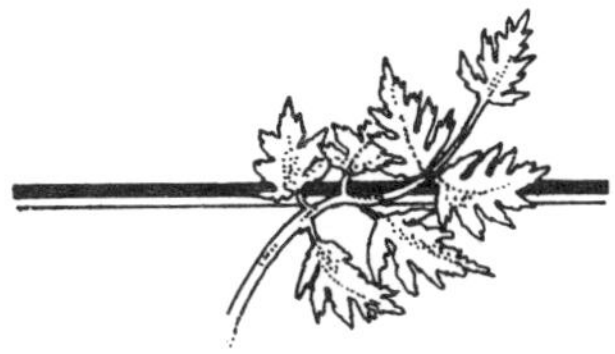

Buon depurativo e tonificante del fegato, è pure diuretico e digestivo. Come il prezzemolo ostacola la produzione di latte. Va usato crudo nelle insalate miste o come ingrediente indispensabile per ottenere deliziose salsine.

Chiodo di garofano (Eugenia Caryophillata)

Antisettico, potente digestivo, tonificante (specialmente nei casi di stanchezze fisiche e psichiche con difficoltà nella memoria); si usa, come la cannella, prevalentemente sui dolci e frutta cotta. Durante gli ultimi mesi di gravidanza è utile inserirlo più spesso anche nelle minestre (rinforza e dà tono alle fibre muscolari uterine).

Ginepro (Juniperus Communis)

Tonico di tutte le funzioni organiche (nervosa, respiratoria, digestiva, endocrina...), antisettico, diuretico, perfino antidiabetico. Si utilizzano le bacche per aromatizzare soprattutto verdure stufate invernali (cavoli) oppure in infuso.

Maggiorana (Origanum Majorana)

Simile all'origano, ma dal sapore più dolce è essenzialmente antispastica (cioè provoca il rilassamento della muscolatura, soprattutto digestiva e respiratoria) e sedativa, ma nello stesso tempo fortificante. Si usa su minestre e verdure stufate, ma anche cruda sulle insalate.

Melissa (Melissa Officinalis)

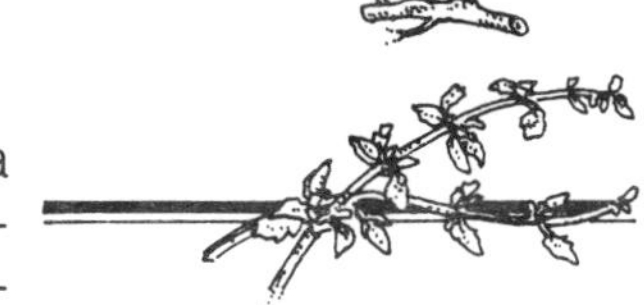

Antispasmodica, digestiva, calmante; utile nel mal di testa da indigestione e nelle mestruazioni dolorose. Si prepara in infuso da bere dopo i pasti oppure, per chi lo desidera (le foglie fresche sono un po' pelose) si inserisce nell'insalata.

Menta (Mentha Piperita)
Tonificante generale, distensiva del sistema nervoso, antifermentativa intestinale, carminativa, antispastica. Da usarsi cruda nelle insalate miste, sugli zucchini trifolati, come infuso digestivo.

Noce moscata (Miristica Fragrans)
Potente antisettico generale e dell'intestino in particolare, stimolante del sistema nervoso (ad alte dosi è stupefacente). Dona un gradevole aroma a risotti, purée di patate o di zucca, salse.

Origano (Origanum Vulgare)
Sedativo, antispastico dell'apparato digerente, antisettico, favorisce mestruazioni non dolorose. Da utilizzare a piacere su cibi crudi e cotti. In infuso è piuttosto sgradevole.

Peperoncino rosso (Capsicum Annuum)
Stimolante gastrico, antifermentativo intestinale, molto ricco di vitamina C, il suo uso deve essere moderato, specialmente in caso di gastriti, di infiammazioni delle vie urinarie e di emorroidi. A dire il vero, vi è anche chi ne consiglia un consumo massiccio proprio in queste patologie! Il modo migliore per utilizzarlo è, macinato in polvere finissima, aggiungerlo crudo alle vivande (classicamente sulla pasta, ma in genere sui cibi grassi o di digestione complessa).

Rosmarino (Rosmarinus Officinalis)
Stimolante generale e surrenale, antisettico respiratorio, colagogo e coleretico (agisce sul fegato favorendo la produzione e l'eliminazione della bile), digestivo, indicato nella ipotensione e nelle cadute del tono fisico e psichico. Il suo uso in cucina è così comune che non ha bisogno di ulteriori indicazioni. È particolarmente gradevole in infuso, associato a camomilla e liquirizia.

Salvia (Salvia Officinalis)
Stimolante generale molto simile al rosmarino (si utilizzano frequentemente assieme), digestiva, diuretica, antisettica, favorisce le mestruazioni, innalza la pressione sanguigna. Da utilizzare sempre e largamente in tutti i piatti cotti.

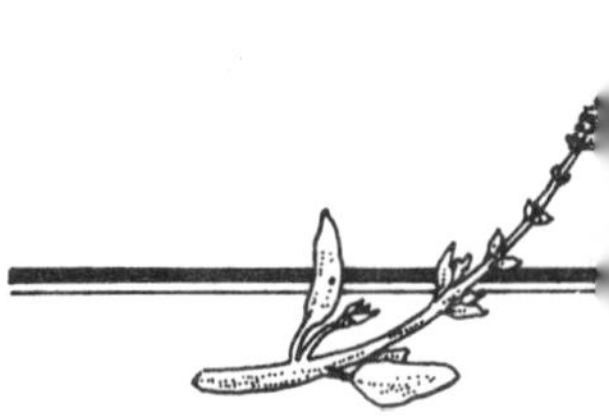

Santoreggia (Satureja Montana)
Dal sapore leggermente pepato, è stimolante sul piano fisico e mentale, antisettica e digestiva. Ottima in salse, frittate e su verdure crude.

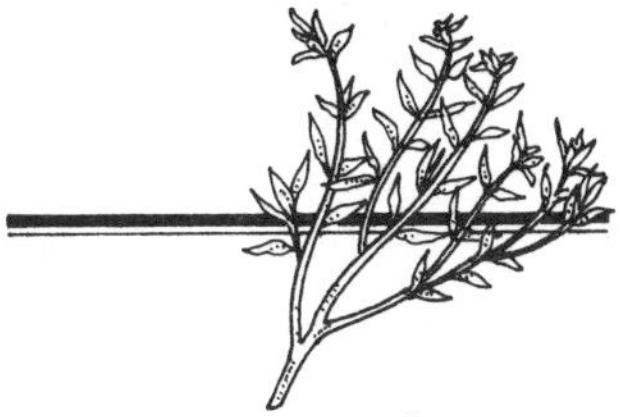

Timo (Thymus Vulgaris)
Stimolante generale, antisettico potente (sia intestinale che polmonare e urinario), eccellente nella patologia da raffreddamento (raffreddore, influenza, mal di gola...) con buone proprietà digestive, favorisce le mestruazioni. Si usa in tutti i piatti cotti (ottimo su legumi o patate), ma anche crudo, come integrazione di salse a base di prezzemolo o basilico. Molto indicato l'infuso, leggero, dopo i pasti.

Zafferano (Crocus Sativus)
Oggigiorno è usato in cucina più per il suo sapore e colore che per le sue proprietà medicinali. È infatti molto costoso e in terapia se ne dovrebbe usare anche un grammo al giorno! È comunque un eccellente sedativo ed emmenagogo: utile quindi agli ansiosi, agli eccitati, a coloro che soffrono per le digestioni difficili ed in caso di mestruazioni dolorose.
L'utilizzo classico, per gli italiani, è nel risotto alla milanese, ma non sono da dimenticare anche alcune ricette di pasta e broccoli alle quali lo zafferano dà una nota di piacevole raffinatezza.

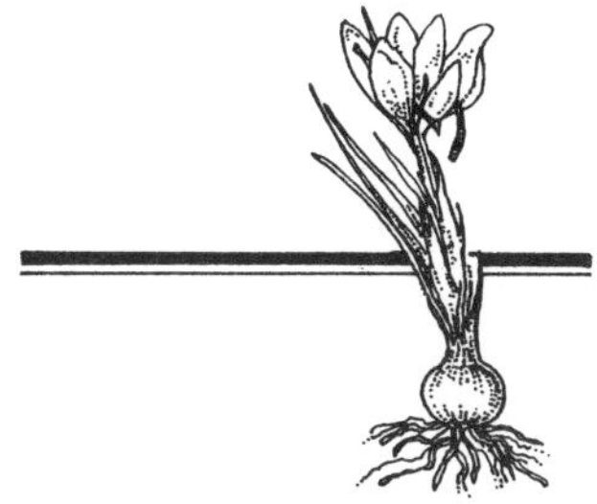

I CEREALI

Della famiglia delle graminacee, i cereali conosciuti (ma alcuni poco usati dalle nostre parti) sono: riso, frumento, orzo, avena, segala, mais, miglio e grano saraceno. Quest'ultimo appartiene in realtà alla famiglia delle poligonacee (il chicco infatti ha una struttura vagamente piramidale), ma è considerato e utilizzato come un cereale.
Sono sempre stati la base dell'alimentazione umana da migliaia di anni e solo negli ultimi decenni la loro importanza è diminuita a favore di alimenti "più ricchi" come la carne, le uova, il formaggio.
I cereali consumati oggi, inoltre, sono impoveriti di molti dei loro principi nutritivi come proteine, grassi, sali minerali, fibre vegetali e restano costituiti prevalentemente da amidi: ne risulta un cibo che è spesso all'origine delle diverse malattie tipiche del nostro tempo (vedi capitolo "Errori dell'alimentazione odierna"). A questo risultato si è giunti gradatamente a partire dall'anno 1880. Intorno a quella data, infatti, iniziarono ad essere attivi per la macinazione dei cereali i mulini a cilindri d'acciaio rotanti che permettevano (contrariamente ai mulini con macine tradizionali a pietra) una agevole separazione dei diversi componenti del chicco (tabella 16).
Diventò a quel punto più facile ed economicamente conveniente la produzione e la commercializzazione di quelle farine "bianche" (raffinate) che in tempi precedenti erano costose e quindi riservate a persone di particolare disponibilità economica o usate solo in determinate ricorrenze.
Il cereale integrale è un alimento ricco in amido, quell'elemento dal quale il nostro organismo trae più facilmente l'energia necessaria alle sue funzioni. **Il cereale costituisce quindi quello che viene a volte definito "piatto di forza o di resistenza"** per indicare che è soprattutto dal consumo dei cereali che deriva all'organismo la capacità di sostenere sforzi fisici prolungati e intensi (e non dal consumo di bistecche che, casomai, svolgono tutt'altra funzione).
Ma del cereale integrale fanno anche parte proteine, concentrate soprattutto nello strato più esterno del chicco (e quindi perse per almeno il 50% durante la raffinazione), proteine che con la loro presenza consentono di ridurre la quota di proteine animali necessarie per coprire il fabbisogno giornaliero.

Sezione di un chicco di grano *(Tabella 16)*

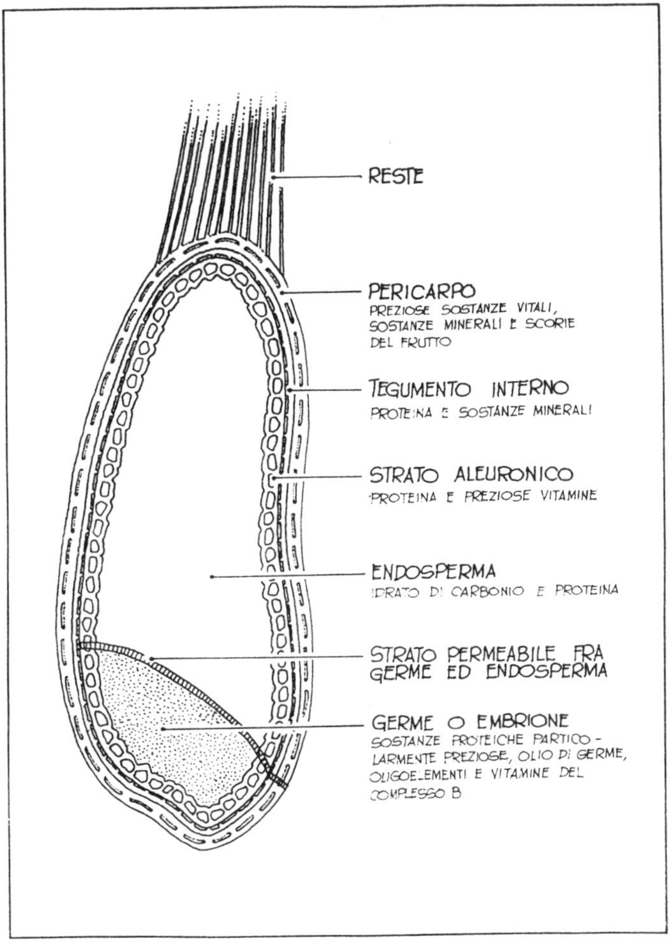

Completano la composizione di questo alimento così ricco (se integrale): vitamine (soprattutto il gruppo B e la vitamina E) contenute specialmente nel germe; grassi polinsaturi racchiusi sempre nel germe, particolarmente preziosi perchè in grado di controllare, riducendolo, il livello di colesterolo nel sangue e di prevenire la formazione di placche di grasso sulla parete interna dei vasi arteriosi; sali minerali (calcio, ferro, fosforo) che con la raffinazione si riducono di 4-8 volte e gli oligoelementi che addirittura spariscono totalmente nelle farine bianche. A questo punto è facile capire come mai intere civiltà si siano sviluppate consumando frumento o riso o mi-

glio o avena, quando invece il panino o i grissini che noi ora mangiamo non solo non ci sostengono, ma al contrario ci indeboliscono e ci rendono più predisposti alle malattie.
Il cereale va riportato, nelle sue varie forme (chicco, fiocchi, farina e prodotti derivati: pane, pasta, grissini...), più abbondantemente sulle tavole fino ad arrivare a costituire il 40-50% del cibo giornaliero, riducendo nel contempo la presenza delle proteine di derivazione animale.
Si ritornerebbe così a mangiare "pane e companatico" e non, come oggi, il "companatico" accompagnato da una fetta biscottata o un grissino...!

Avena (Avena Sativa)

Cereale "nordico" per le sue proprietà energetiche, nella nostra cultura è sempre stato ritenuto cibo per i cavalli. In realtà, sia sotto forma di fiocchi nelle minestre, che in farina per arricchire pane e paste confezionate in casa, è un cereale riscaldante, fortemente ricostituente, con proprietà diuretiche e lassative. Stimola la tiroide ed esercita una azione ipertensiva. È, complessivamente, un cereale un po' "focoso" ed è quindi controindicato a coloro che soffrono di ipertiroidismo, ai soggetti nervosi e molto magri, a coloro che soffrono molto il caldo. Essendo ricca in proteine, l'avena deve essere consumata con moderazione da coloro che soffrono di uricemia e gotta.

Frumento duro (Triticum Durum)
Frumento tenero (Triticum Vulgare)

Il frumento o grano è il cibo per eccellenza di tutta l'area mediterranea. Costituiva, con il vino e l'olio, l'offerta rituale per gli ebrei (in ebraico il termine "frumento" contiene la stessa radice di concetti come alleanza, benedizione, scelta, elezione, tutte parole che richiamano il rapporto tra il popolo e Dio).
Le due varietà principali (il frumento duro e quello tenero) difficilmente sono utilizzate in chicco, anche se quello tenero, previo un ammollo di almeno 12 ore, può essere cucinato come il riso. La maggior parte del frumento è consumato sotto forma di pane o pasta e oggi anche, purtroppo, come biscotti, grissini, e dolci lievitati di tipo industriale che tanto contribuiscono al malessere odierno.
Un modo particolare di consumare il frumento è quello di farlo germogliare (vedi il capitoletto sui germogli).
Il consumo regolare di frumento è così diffuso e giornaliero che non sono pienamente apprezzati gli effetti benefici di que-

sto cereale: è infatti rimineralizzante, antianemico, antiarteriosclerotico, utile nelle magrezze, nelle stitichezze, nelle coliti, indispensabile per la crescita regolare ed equilibrata dei bambini.

Pane

Purtroppo il pane oggi in commercio è un prodotto di scarso valore alimentare, squilibrato nei suoi componenti, povero di sostanze nutritive, devitalizzato.
È importante tornare a consumare un buon pane integrale, un pane che abbia queste caratteristiche:
— **confezionato con farina integrale, macinata a pietra:** non sembri strano e tedioso l'insistere su questo punto. Infatti le farine con cui è usualmente prodotto il cosiddetto "pane integrale" sono in realtà molto spesso farine raffinate a cui è stata aggiunta in una certa proporzione crusca, cruschello, tritello... cioè qualcuno dei "sottoprodotti" ottenuti durante il processo di macinazione. Non si aggiunge poi mai il germe (la parte forse più importante).
Le farine così ricostituite non hanno neanche lontanamente la ricchezza delle farine ottenute con macinazione a pietra, le uniche veramente integrali.
Tra l'altro, la macinazione a pietra, essendo più lenta, riscalda meno la farina rispetto alla macinazione a cilindri, rispettando maggiormente l'integrità del contenuto in vitamine e in grassi insaturi del germe, elementi questi facilmente inattivati oltre che dalla luce e dall'ossigeno, anche dal calore;
— **a lievitazione naturale:** per lievitazione naturale si intende quella serie di trasformazioni subite dall'impasto di farina ed acqua, ad opera dei saccaromiceti (funghi microscopici) presenti nella farina macinata di fresco. Questa lievitazione, molto lenta (dura anche un giorno intero), garantisce un pane profumato, che si conserva bene anche per 10 e più giorni, un pane nel quale è stato reso inattivo l'acido fitico, una sostanza presente nella crusca e capace, legandosi a elementi come ferro e calcio, di formare composti non assorbibili.
L'acido fitico è stato accusato, tempo fa, di contribuire al malassorbimento di calcio e ferro; in effetti questo si verifica quando il pane che si mangia è lievitato con lievito di birra (il processo è troppo rapido e non permette l'inattivazione dell'acido fitico) o addirittura con lieviti chimici (che non operano nessuna trasformazione dell'impasto ma semplicemente lo fanno "gonfiare" sviluppando anidride carbonica). Tra l'altro, questo stesso ostacolo all'assorbimento di minerali è pre-

sente quando si assume la crusca da sola per risolvere la stitichezza; è molto meglio che la crusca sia assunta non separata dal cibo che la contiene (il pane, nel nostro caso): l'organismo ne trarrà molto più vantaggio.

— **cotto in forme rotonde, di almeno un chilo di peso:** a parte il fatto che tutti i pani tradizionali sono rotondi e confezionati in pezzature consistenti, non sembri questo fatto semplicemente una esigenza dettata dalla praticità. I motivi sono ben altri. Alla fine della lievitazione, prima della cottura, il pane è molto ricco di saccaromiceti ed enzimi, elementi preziosissimi per la nostra salute, ma anche molto sensibili alle alte temperature. Se la forma del pane è rotonda e di un certo volume, al centro rimane una zona ("pulcino") che non raggiunge durante la cottura le temperature elevate alle quali è sottoposta, ad esempio, la crosta. Nel "pulcino" rimangono vitali i saccaromiceti che, se il pane è consumato dopo uno o due giorni dalla cottura, avranno tutto il tempo per ricolonizzare la forma. A questo punto il nostro pane, anche se cotto, sarà ancora un alimento vitale, ricchissimo in flora batterica e in elementi enzimatici.

Grano saraceno (Polygonum Fagopyrum)

Specie vegetale originaria dall'Asia, si è diffusa anche nel Nord Europa e nelle regioni montuose. Oggi la sua coltivazione è estremamente ridotta ed è limitata ad alcune aree (Trentino, Valtellina...) dove costituisce un prodotto tipico. Con la farina, ricca di proteine e di grassi, si confeziona una polenta dal caratteristico aspetto grigiastro (eventualmente anche mescolata a farina di mais); con la stessa farina si produce un tipo di pasta, i pizzoccheri, che, conditi con verdure e aromi vari, costituiscono un robusto e nutriente piatto unico invernale. Il grano saraceno è infatti un cereale più adatto al consumo invernale, buon fortificante, rimineralizzante, da consigliare nell'accrescimento e durante l'allattamento. Protegge e rinforza il sistema dei vasi sanguigni, conservandone l'elasticità e prevenendo le emorragie.

Mais (Zea Mays)

Originaria del Messico, questa pianta era per quelle popolazioni il simbolo del Sole, del Mondo e dell'Uomo: si comprende bene come il mais dovesse essere alla base di quella civiltà. In modo forse meno poetico, ma altrettanto reale e più drammatico, il mais è stato anche per le nostre popolazioni padane e pedemontane molte volte l'unico alimento. Si è voluto così

attribuire a questo cereale (un po' meno proteico, è vero, del frumento o dell'avena) la responsabilità di malattie e malnutrizioni che affliggevano queste popolazioni. In realtà era piuttosto la carenza di vitamine assunte con frutta e verdura che provocava questo stato di cose.
Questo cereale (a parte gli allegri pop-corn) è in gran parte consumato sotto forma di farina utile per confezionare polente e, in minima parte, per ottenere dolci particolari.
Ha caratteristiche contrarie all'avena: rallenta la funzionalità tiroidea e quindi il ritmo del metabolismo e del ricambio. Un suo consumo regolare sarà indicato, quindi, alle persone eccitabili, nervose, che soffrono di ipertiroidismo; i flemmatici, invece, ne consumeranno più di rado.
Contenendo grassi in misura discreta, la farina integrale di mais va incontro abbastanza rapidamente a processi di ossidazione che ne alterano il gusto. Quindi per ottenere delle ottime polente integrali, è necessario che la farina gialla sia macinata di fresco.

Miglio (Panicum Miliaceum)
È un cereale ritenuto buono solo per l'alimentazione degli uccelli, ma sul quale, in realtà, basano la propria alimentazione milioni di africani e di orientali; anche noi lo abbiamo usato per secoli. Per l'alimentazione umana il miglio è decorticato ed assume quel caldo colore dorato che gli è caratteristico.
È particolarmente indicato alle persone che svolgono lavori intellettuali molto faticosi ed impegnativi e alle donne in gravidanza; per la sua ottima digeribilità è utile nell'alimentazione dei bambini, degli anziani (specialmente con problemi di dentizione) e dei convalescenti.

Orzo (Hordeum Vulgare)
È classicamente un cereale "rinfrescante": significa che, oltre ad essere un buon alimento, energetico e di facile digestione, svolge una importante azione terapeutica in tutte le infiammazioni respiratorie, intestinali e delle vie urinarie. Le sue virtù sono ampiamente e da lunghissimo tempo sfruttate dalla medicina popolare e tradizionale (non per nulla già Ippocrate consigliava l'orzo a tutti i suoi pazienti) in tutti i casi di bronchite, enterite, diarrea e cistite. È ovvio che le caratteristiche migliori sono proprie dell'orzo integrale (commercializzato come "orzo mondo") e non dell'orzo raffinato, detto anche "orzo perlato".

La bevanda ottenuta con l'orzo torrefatto e macinato (il famoso "caffè d'orzo") è salutare, diuretica e disintossicante e può essere data anche ai bambini molto piccoli.

Riso (Oryza Sativa)

Per gli orientali è di origine divina; da noi, eccezion fatta per le popolazioni della pianura padana, è un cereale piuttosto sottovalutato. Il riso comunemente in commercio (riso brillato) ha subito progressivi e pesanti trattamenti che lo hanno impoverito di proteine, sali minerali, grassi e fibra grezza ed arricchito, se così si può dire, con olio di vaselina e talco o glucosio. Ne risulta un alimento non solo scarso di sostanze nutrienti, ma che impoverisce l'organismo di vitamine (specialmente del gruppo B) necessarie alla sua utilizzazione; inoltre le sostanze con cui il riso è trattato sono pericolose: l'olio di vaselina è un derivato dal petrolio e il talco ha una struttura molto simile all'amianto, un minerale in grado di provocare tumori pleurici e gastrici.

Il riso da consumare è solo il riso integrale (commercialmente definito come "sbramato di risone"), cioè quello che ha perso solo la lolla, la parte più esterna non commestibile del chicco.

Questo riso è un ottimo alimento energetico, di facile digeribilità, favorisce l'abbassamento della pressione sanguigna elevata, è utilissimo nei casi di colite e di fermentazione intestinale, nell'insufficienza renale e nell'obesità.

È indicato a tutti e, dopo il frumento, è per noi il cereale più equilibrato. Può essere usato come primo cereale da introdurre nello svezzamento per le sue elevate caratteristiche di digeribilità e per il fatto di essere privo di glutine, una proteina che può a volte determinare fenomeni di intolleranza nei primi mesi di vita.

Segala (Secale Cereale)

Nel Medio Evo la sua coltivazione, in Europa, era più importante di quella del frumento. Attualmente la sua diffusione è ancora larga nelle regioni nordiche.

Contiene più proteine degli altri cereali (quasi il 17%) e più crusca. Se ne consiglia il consumo (come farina aggiunta a quella di frumento per confezionare il pane, oppure sotto forma di fiocchi) nei casi di magrezza, arteriosclerosi, ipertensione, stitichezza. Gli obesi e coloro che trattengono facilmente i liquidi ne devono consumare più saltuariamente.

I GRASSI

Si possono definire "grassi" quelle sostanze alimentari, di provenienza sia animale che vegetale, che risultano composte in modo consistente da lipidi. Questi ultimi, a loro volta, sono costituiti da glicerina e da acidi grassi.
Nel nostro organismo svolgono una **funzione energetica** (un grammo di grasso fornisce 9 calorie, mentre un grammo di proteine o di zuccheri ne fornisce solo 4), una **funzione strutturale** (costituiscono cioè parti del corpo: dalla parete cellulare fino al rivestimento del sistema nervoso) e fungono inoltre da **ottimo isolante** per impedire la dispersione del calore dal nostro corpo. È infatti per questo che le persone obese sudano spesso: lo strato di grasso, sotto la pelle, impedisce che il calore prodotto con il movimento possa essere disperso facilmente e l'organismo deve far ricorso ad un sistema più efficace come la sudorazione.
Una distinzione fondamentale, tra le tante, può essere fatta tra grassi di origine animale e grassi di origine vegetale. I primi, di origine animale, devono le loro caratteristiche organolettiche (sapore, aspetto...) e la loro azione specifica nell'organismo al fatto di essere costituiti prevalentemente da acidi grassi saturi; i secondi, di origine vegetale, devono le loro qualità alla presenza di acidi grassi monoinsaturi e polinsaturi (tabella 17).
Nell'organismo, gli acidi grassi saturi tendono ad elevare il livello di colesterolo nel sangue e comunque ad innescare quei processi metabolici che poi sfociano nell'arteriosclerosi e nelle sue complicazioni (infarto cardiaco, emorragia cerebrale, ipertensione arteriosa...).
Al contrario, gli acidi grassi polinsaturi tendono ad abbassare il livello del colesterolo, aiutando così a prevenire le temibili patologie appena ricordate.
Da ultimo, gli acidi grassi monoinsaturi non elevano nè abbassano il livello di colesterolo totale del sangue e si è quindi pensato per lungo tempo che la loro utilità nella prevenzione delle malattie cardiovascolari fosse limitata. Ricerche più attente hanno poi dimostrato che l'olio extra vergine di oliva (composto prevalentemente di acido oleico, monoinsaturo) non abbassa il colesterolo totale, ma aumenta la presenza nel sangue di alcune particolari proteine, dette HDL, che so-

Gli acidi grassi *(Tabella 17)*

Le caratteristiche che differenziano un grasso alimentare dall'altro (ad esempio il burro dall'olio) derivano dalla percentuale dei diversi acidi grassi contenuti. Gli acidi grassi, infatti, si dividono in tre gruppi chimici:

- **acidi grassi saturi**
  (ac. butirrico, ac. capronico, ac. caprilico...)

- **acidi grassi monoinsaturi**
  (ac. miristoleico, ac. palmitoleico, ac. oleico...)

- **acidi grassi poliinsaturi**
  (ac. linoleico, ac. linolenico, ac. arachidonico...)

I termini "saturo", "monoinsaturo" e "polinsaturo" significano che gli atomi di carbonio che entrano a far parte della catena degli acidi grassi sono uniti fra loro da legami più o meno stabili.
Negli acidi grassi saturi gli atomi di carbonio sono legati l'uno all'altro da legami stabili e forti.
In quelli monoinsaturi, è presente un solo legame instabile, debole.
Negli acidi grassi poliinsaturi questi legami instabili sono due o più.
La maggiore o minore stabilità dei legami fra i diversi atomi di carbonio determina la maggiore o minore stabilità dell'acido grasso che li contiene.
La presenza di legami insaturi, deboli, fa si che quell'acido grasso sia più sensibile alla presenza di ossigeno, luce o calore: questi fattori sono in grado di favorire la decomposizione del grasso, di iniziare un processo di irrancidimento che rende il grasso stesso di sapore e odore acre e sgradevole

no in grado di impedire la deposizione di colesterolo sulla parete interna dei vasi sanguigni e di avviarlo all'eliminazione. Gli acidi grassi monoinsaturi sono quindi particolarmente preziosi, specialmente da quando si sono meglio approfonditi gli studi sugli effetti nell'organismo di alte dosi di acidi grassi polinsaturi (contenuti negli olii di semi). Questi ultimi, infatti, somministrati ad alte dosi per prevenire o combattere l'arteriosclerosi, sono in grado di favorire l'invecchiamento precoce, la formazione di calcoli nella cistifellea e, addirittura, lo sviluppo dei tumori.

Si calcola che, nell'alimentazione usuale, almeno il 50% dei grassi introdotti non provenga dai condimenti aggiunti, ma proprio da quel grasso "nascosto", contenuto in vari alimenti, ma invisibile ad occhio nudo.

Infatti carne, latte e formaggi, uova, pesce, semi oleosi (noci, mandorle, nocciole, pinoli, arachidi, olive) e legumi contengono in notevole quantità sostanze grasse. Tuttavia sono utilizzati normalmente come cibi proteici e sotto questo capitolo sono quindi esaminati.

Passiamo ora in rassegna i cosiddetti grassi di condimento, alcuni di derivazione animale (burro, lardo e strutto), altri di derivazione vegetale (olio di oliva, olii di semi), altri ancora di composizione mista (margarina).

Burro

È costituito dalla sostanza grassa del latte che, in seguito all'affioramento spontaneo oppure con la centrifugazione viene separata dalle altre componenti. In seguito, specialmente nel procedimento industriale, questa "crema di latte" viene pastorizzata, arricchita con fermenti selezionati (che trasformano il lattosio in acido lattico, donando un particolare aroma al burro) e successivamente sbattuta e lavata per favorire il compattamento dei globuli di grasso e l'eliminazione del lattosio residuo e delle eventuali proteine che pregiudicherebbero una buona conservabilità del prodotto. Per poter essere comunque adeguatamente protetto dalle alterazioni provocate dalla luce, dall'ossigeno e dal calore il burro è anche addizionato con conservanti.

È costituito per l'84% di grassi (e di questi il 70% sono acidi grassi saturi) e quindi fornisce molte calorie: circa 750 ogni 100 grammi. È inoltre molto ricco di colesterolo: ne contiene fino a 250 mg per 100 grammi.

Queste sue caratteristiche ne fanno un alimento che deve essere consumato con cautela e in dosi limitate.

Il burro deve essere sempre consumato crudo (inizia a sviluppare sostanze tossiche come l'acroleina già quando è riscaldato a 200°C): coloro che soffrono di qualsiasi malattia, ma soprattutto in caso di obesità, insufficienza epatica, malattie cardiovascolari, ipertensione, non lo devono usare. Il suo consumo è tollerato nei bambini (mai, comunque, prima dell'anno di età!), ma è assolutamente da proscrivere nelle persone oltre i 50 anni.

Lardo e Strutto

Il lardo è lo strato di grasso presente sotto la pelle del maiale. Per favorirne la conservazione è abbondantemente salato.
Lo strutto, ottenuto sottoponendo all'azione del calore (fuoco diretto o vapore) le parti di scarto del maiale ricche di grasso, ma non altrimenti utilizzabili, presenta le stesse caratteristiche nutrizionali del lardo. Sono particolarmente ricchi di acidi grassi saturi e, sia crudi che cotti, sono di difficile digestione. Sono controindicati in ogni caso ed in ogni età.

Olio di oliva

L'albero dell'olivo e l'olio estratto dal suo frutto sono elementi antichissimi e, con la vite ed il frumento, hanno accompagnato nel suo nascere ed evolversi la cività mediterranea. Sono molto ricchi dal punto di vista simbolico: l'unzione con olio di oliva conferiva autorità, potenza e gloria; in Grecia l'olivo era sacro ed erano puniti coloro che ne danneggiavano qualche pianta. Ancora oggi un ramo di olivo nelle case è simbolo di pace, fecondità, purificazione e vittoria sul male.
Oggi, purtroppo, abbiamo bisogno di un minimo di informazione per scegliere con cognizione tra le molte etichette con cui questo alimento è posto in commercio.
A causa di una legge complessa e poco chiara è infatti possibile vendere prodotti ampiamente manipolati e profondamente alterati, potendoli pur sempre chiamare "olio di oliva" (tabella 18).
In realtà, come risulta da una attenta lettura della legge, **il solo olio degno di questo nome è l'olio extra vergine di oliva,** sia perchè è stato ottenuto con semplice spremitura meccanica delle olive, sia perchè non ha subito nessun processo fisico o chimico tale da alterarne il meraviglioso equilibrio; l'olio extra vergine di oliva gode inoltre di una acidità non superiore all'1%, a garanzia degli ottimi caratteri organolettici (cioè del sapore, odore, colore...).
Come già accennato, **l'olio extra vergine di oliva ha una com-**

posizione in acidi grassi particolarmente equilibrata: accanto ad un 18% di grassi saturi (ci vogliono anche questi!) ed a un 6-9% di grassi polinsaturi (è la stessa percentuale contenuta nel latte materno e risulta la più equilibrata per un uso continuativo) esiste una grossa percentuale (60-80%) di acido oleico, un acido grasso monoinsaturo, particolarmente resistente nei confronti delle aggressioni portate all'olio da luce, calore ed ossigeno.
L'olio contiene inoltre la vitamina A e la vitamina E (o tocoferolo), potente fattore antiossidante che dà un notevole contributo alla stabilità e alla resistenza all'irrancidimento. L'uso regolare dell'olio extra vergine di oliva come unico grasso

CLASSIFICAZIONE DEGLI OLII DI OLIVA E DEGLI OLII DI SANSA DI OLIVA *(decreto n. 509 del 31 ottobre 1987)*

- Olio extra vergine di oliva: olio di oliva vergine (ottenuto soltanto mediante processi meccanici o altri processi fisici in condizioni, segnatamente termiche, che non causano alterazioni dell'olio, e che non ha subito alcun trattamento diverso dal lavaggio, dalla decantazione, dalla centrifugazione; sono esclusi olii ottenuti mediante solvente o con processi di riestrerificazione e qualsiasi miscela con olii di altra natura) di gusto assolutamente perfetto, la cui acidità espressa in acido oleico non può eccedere 1 g per 100 g.
- Olio di oliva vergine: olio di oliva vergine di gusto perfetto, la cui acidità espressa in acido oleico non può eccedere 2 g per 100 g.
- Olio di oliva vergine corrente: olio vergine di gusto perfetto, la cui acidità espressa in acido oleico non può eccedere 2 g per 100 g.
- Olio di oliva vergine corrente: olio di oliva vergine di gusto buono, la cui acidità espressa in acido oleico non può eccedere 3,3 g per 100 g.
- Olio di oliva vergine lampante: olio di oliva vergine di gusto imperfetto, la cui acidità espressa in acido oleico non può eccedere 0,5 g per 100 g.
- Olio di oliva: olio di oliva ottenuto da un taglio di olio di oliva raffinato e di olii di oliva vergini diversi dall'olio lampante, la cui acidità espressa in acido oleico non può eccedere 1,5 g per 100 g.
- Olio di sansa di oliva greggio: olio ottenuto mediante trattamento al solvente di sansa di oliva, esclusi gli olii ottenuti con processi di riesterificazione e qualsiasi miscela con olii di altra natura.
- Olio di sansa di oliva raffinato: olio ottenuto dalla raffinazione di olio greggio di sansa di oliva, la cui acidità espressa in acido oleico non può eccedere 0,5 per 100 g.
- Olio di sansa di oliva: olio ottenuto da un taglio di olio di sansa di oliva raffinato e di olii di oliva vergini diversi dall'olio lampante, la cui acidità espressa in acido oleico non può eccedere 1,5 g per 100 g.

Degli olii compresi in questa classificazione è possibile commercializzarne solo quattro e precisamente: olio extra vergine d'oliva, olio di oliva vergine, olio di oliva, olio di sansa di oliva.
Risulta evidente che la legge garantisce la provenienza dalla sola spremitura delle olive solo per l'olio extra vergine e per l'olio vergine; tra questi due, il migliore dal punto di vista organolettico (cioè odore, sapore...) è sicuramente l'olio extra vergine, ed a questo ci si dovrebbe riferire parlando genericamente di olio di oliva.

di condimento previene e favorisce la terapia di molte affezioni: dalle gastriti alle insufficienze epatiche, dai calcoli biliari alla stitichezza. L'unica avvertenza importante è quella di **consumare l'olio extra vergine di oliva sempre ed esclusivamente crudo;** l'olio cotto, infatti, è modificato così profondamente nella sua struttura, nelle sue proprietà terapeutiche e nella sua digeribilità da renderlo controindicato a tutti e particolarmente ai malati e ai bambini.

Olio di semi

Il consumo degli olii di semi, ricavati cioè da semi o frutti oleosi come arachide, mais, girasole, soia, vinacciolo (il piccolo seme dell'uva), colza, ma anche da semi di papavero, di tè, di tabacco, di pomodoro, è enormemente aumentato in questo secolo grazie ad una campagna pubblicitaria falsa, ricca di sciocchezze e calunnie, e tesa ad affermare un'immagine degli olii di semi come più leggeri, più digeribili, più adatti alla frittura degli altri grassi tradizionali, ed in particolare dell'olio di oliva.
Vale la pena di rispondere punto per punto a queste affermazioni.
È falso che l'olio di semi sia più leggero e meno grasso: sviluppa infatti 930 calorie per 100 g, quando l'olio di oliva ne dà 901 per 100 g.
È falso che l'olio di semi sia più digeribile: infatti se la digeribilità dell'olio di oliva è uguale a 100, quella dell'olio di girasole è 83, dell'olio di arachidi 81, dell'olio di sesamo 57, dell'olio di mais 36.
È falso che l'olio di semi sia più adatto alla frittura: infatti la sua particolare ricchezza in acidi grassi polinsaturi (che a motivo dei legami deboli contenuti sono molto sensibili all'azione del calore) determina, molto più che nell'olio di oliva, la formazione durante la cottura di sostanze tossiche, irritanti e cancerogene.
Poichè i semi da cui sono estratti gli olii in questione non contengono, come invece l'oliva, le "cellule oleifere" (cioè cellule al cui interno è inserita una goccia di grasso), non basta la sola spremitura per ottenere una quantità di olio che sia economicamente conveniente. Si è quindi sviluppata una tecnologia di estrazione che vede nell'uso sistematico dei solventi dei grassi il cardine fondamentale (tabella 19).
I solventi usati (esano, etere, benzina, trielina...) sono poi fatti evaporare, ma delle tracce rimangono sicuramente nel prodotto finale.

Rese in olio dei diversi semi oleosi *(Tabella 19)* (percentuale)

	estrazione con solvente	estrazione per pressione
Arachidi	43	41
Colza	38	36
Girasole	39	37
Sesamo	46	44
Soia	17	15

Gli olii di semi sono poi sottoposti, dopo l'estrazione, a trattamenti con alcali per ridurne l'eccessiva acidità, a procedimenti di decolorazione e di deodorazione attraverso l'uso di filtri a carboni attivi e di vapore a 170-180°C. Questi trattamenti piuttosto spinti ci danno un prodotto incolore, inodore, insapore (adatto quindi all'immagine di "leggerezza" che questi olii hanno), ma anche impoverito di vitamine e di elementi antiossidanti.
Da qui la necessità, prevista dalla legge, dell'aggiunta di antimicrobici (acido sorbico e sodio sorbato) e di antiossidanti (ascorbile palmitato, butilidrossianisolo, gallato di ottile, tocoferolo) sulla cui innoquità per l'organismo umano ci sono parecchi e pesanti dubbi.
È evidente a questo punto che **l'uso degli olii di semi non ha nessuna ragione d'essere: sono prodotti da non utilizzare mai, nè crudi nè tantomeno cotti.**
Come fare, allora, per approffittare delle effettive proprietà benefiche dei semi oleosi e, in particolare, degli acidi grassi polinsaturi in essi contenuti? La cosa più semplice è quella di mangiarsi direttamente i semi (quelli di girasole sono ottimi!) o utilizzare per la nostra alimentazione le farine integrali ottenute dalla loro macinazione (la farina integrale di mais ne è un esempio).

Margarina

Per la legislazione italiana, si possono fabbricare le margarine con tutti i tipi di grassi, sia di origine animale che vegeta-

le, fatta eccezione per il burro e il grasso di maiale.
Si sono quindi usati, e si usano, grassi i più diversi: dagli olii di semi (inclusi quelli di palma e palmisto) al grasso di bue e di montone fino all'olio estratto dalla balena e dalla foca. Per rendere solidi grassi che non lo sono (gli olii di semi, in genere, hanno un punto di solidificazione intorno ai 2-4 °C) è stato messo a punto un procedimento chimico-industriale detto idrogenazione.
L'idrogenazione consite nel saturare con idrogeno, a temperature di 110-190 °C e in presenza di nichel polverizzato, gli acidi grassi polinsaturi caratteristici degli olii vegetali: si provoca in questo modo una solidificazione del prodotto, ma anche la formazione di **grassi con struttura chimica particolare (transaturi), estranei alla composizione del nostro organismo e la cui nocività non è ancora stata esclusa.**
Per migliorare l'aspetto della margarina e per facilitarne la conservazione la legge prevede anche in questo caso l'aggiunta di una serie di additivi (principalmente emulsionanti e conservanti). Il risultato è un prodotto, sia per le materie prime utilizzate sia per la tecnologia di fabbricazione, decisamente scadente e sconsigliabile.
L'uso della margarina al posto del burro e dell'olio di semi al posto di quello di oliva si è imposto e si mantiene esclusivamente per l'intensa campagna e pressione pubblicitaria: in mancanza di questa, non c'è dubbio che il consumo di alimenti così scadenti anche dal punto di vista organolettico, si ridimensionerebbe in modo molto rapido.

GLI ALIMENTI PROTEICI

Le proteine sono l'elemento biochimico principale che costituisce la struttura dell'organismo.
La loro funzione è quella di fornire il "materiale da costruzione" per il nostro corpo; si dimentica spesso però che le proteine possono svolgere anche una funzione energetica (anche se con qualche sforzo da parte del fegato e con la produzione di qualche scoria in più rispetto agli zuccheri); le proteine infine giocano un ruolo fondamentale anche nel favorire il funzionamento del metabolismo: gli enzimi, senza i quali le reazioni chimiche dell'organismo non potrebbero avvenire, sono proteine, ormoni come l'insulina sono proteine...
Le proteine esistenti sono molte e diverse per funzione e struttura; tutte sono però costituite da una ventina di amminoacidi che, variamente alternati e ripetuti anche per migliaia di volte, sono alla base delle loro diverse caratteristiche. Gli amminoacidi sono quindi una sorta di "mattoncini", i costituenti elementari, delle proteine. Di questa ventina, otto sono detti "essenziali" perchè devono essere introdotti nel nostro organismo già preformati. Gli altri amminoacidi, al contrario, se non sono presenti nei cibi, possono essere costruiti dall'organismo a partire dalle altre sostanze nutritive e sono detti per questo "non essenziali".
Dalla presenza o meno soprattutto degli amminoacidi essenziali deriva il concetto di "**valore biologico" delle proteine: questo valore esprime in pratica la possibilità che le proteine di un determinato cibo siano utilizzate adeguatamente dal nostro organismo.**
Facendo un elenco, in ordine decrescente, dei cibi proteici secondo il loro valore biologico si dovrà iniziare dall'uovo, per proseguire poi con latte, yogurt, formaggio, carne, pesce e, infine, legumi e cereali (come già visto, nella forma integrale contengono in media circa il 10% di proteine).
Il fabbisogno giornaliero di proteine è attualmente indicato in 1 g per chilo di peso corporeo al giorno per una persona adulta (per i bambini di circa 5-6 anni il fabbisogno è il doppio e poi va calando con il passare degli anni).
Alcuni autorevoli studi internazionali ritengono peraltro che sia sufficiente, sempre per l'adulto, mezzo grammo per chilo di peso. Prendendo per buono il fabbisogno maggiore, ne

deriva che **una persona adulta dovrà consumare giornalmente non più di 60-70 g di proteine.** Questo limite è largamente superato se teniamo presente che la razione media giornaliera di carne è di circa 200 g, che da soli valgono già 40 g di proteine. Se poi si aggiungono il latte, una piccola porzione di formaggio o un uovo e le proteine contenute in legumi e cereali arriviamo facilmente a più di 100 g di proteine al giorno, una quantità decisamente eccessiva.
Le conseguenze sulla nostra salute dell'eccesso proteico (specialmente se di derivazione animale) sono già state ricordate, ma è bene riassumerle brevemente: ipercolesterolemia e arteriosclerosi, infarto cardiaco, insufficienza renale ed epatica, iperuricemia, cancro intestinale e al seno.
Il problema per noi, oggi, non è tanto quello di garantire una copertura del fabbisogno proteico, ma semmai è il contrario: organizzare una dieta, un regime alimentare che riporti ai valori consigliati l'introduzione di proteine.

Carne

Il consumo della carne nei paesi occidentali industrializzati è notevolmente aumentato negli ultimi anni fino a valori che, almeno nel caso dell'Italia, non avevano mai trovato riscontro nella storia. Nelle nostre regioni, infatti, da un consumo di 20-30 chilogrammi di carne e pesce a testa all'anno (quantità che rimane pressochè invariata dal periodo in cui iniziano le statistiche, l'anno 1860, fino al 1950) si passa rapidamente, in poco più di 30 anni, a quantitativi che si assestano sugli 80 chilogrammi a testa all'anno.
Una variazione così consistente (quasi tre volte) non può non aver provocato conseguenze negative e spiacevoli sul nostro organismo. Infatti il tempo che l'organismo umano impiega per adattarsi alle variazioni della dieta si calcola in migliaia di anni piuttosto che in pochi lustri.
Le conseguenze del non adattamento sono sotto gli occhi di tutti (e sono ormai confermate da autorevoli e ripetute ricerche scientifiche): le malattie cardiovascolari, molti tumori, parecchie malattie degenerative, la gran parte, insomma, delle più frequenti cause di morte sono al giorno d'oggi legate anche ad una alimentazione troppo ricca di carne.
Anche se oggi sembra che l'uomo sia diventato un carnivoro, ad alcune attente osservazioni di anatomia balza agli occhi la sua struttura di animale più adatto a cibarsi di vegetali (frutta, radici, foglie e semi).

La dentatura dell'uomo, con i canini poco sviluppati, differisce moltissimo da quella dei carnivori, i cui canini sono invece molto lunghi, affilati e si incrociano a fauci chiuse: ne risultano degli strumenti formidabili per bloccare la preda e successivamente sbranarla.
Lo stesso **movimento laterale della mandibola dell'uomo,** adatto per sfruttare al meglio la possibilità di triturare con i molari noci, mandorle e vegetali in genere, non è presente nei carnivori, che non masticano la carne, ma la strappano a grossi brandelli che poi lo stomaco provvederà a digerire.
La stessa **lunghezza dell'intestino** ci differenzia dai carnivori, che lo posseggono molto più corto: infatti i residui della carne, se non espulsi rapidamente, sono decomposti dalla flora batterica intestinale e, attraverso reazioni putrefattive, danno origine a sostanze tossiche come ammoniaca, scatolo, indolo e altre ancora.
L'uomo inoltre non è provvisto di artigli per ghermire la preda, nè di una vista o udito così acuti come i carnivori e nemmeno la sua muscolatura gli consentirebbe di fare balzi o di correre così velocemente e a lungo tanto da poter raggiungere un qualsiasi animale. I veri carnivori si arrangiano molto bene in tutte queste operazioni quando l'uomo invece deve necessariamente far ricorso ad armi o strumenti adeguati. Era molto più semplice per i nostri progenitori, anche se probabilmente erano molto più agili di noi, limitarsi a raccogliere e a mangiare prevalentemente vegetali: frutta, radici, germogli, foglie commestibili; solo occasionalmente questa dieta vegetariana poteva essere integrata da piccoli animali, uova o grosse prede di più difficile cattura. Ancora oggi la dieta della stragrande maggioranza della popolazione mondiale è tendenzialmente vegetariana e il consumo di carne rappresenta più l'eccezione che la regola. D'altra parte la stessa Organizzazione Mondiale della Sanità, insieme alla FAO (Organizzazione delle Nazioni Unite per l'agricoltura e l'alimentazione) e all'UNESCO (Organizzazione delle Nazioni Unite per l'educazione, la scienza e la cultura), afferma testualmente:
"È falso che le diete vegetariane indeboliscano il fisico e non favoriscano la crescita. Una alimentazione vegetariana ben equilibrata può sviluppare i muscoli, produrre energia e forza più di un'alimentazione a base di prodotti animali. È sufficiente che i cibi vegetali vengano consumati in quantità appropriate. È falso che la maggior parte dei sistemi di alimentazione dei paesi in via di sviluppo manchino di proteine. Tranne poche eccezioni, la malnutrizione è causata solo da una

alimentazione insufficiente. Infatti nella maggior parte del mondo l'alimentazione tradizionale, se la quantità è sufficiente, fornisce tutte le proteine necessarie per un perfetto equilibrio dell'organismo...

Alcuni concetti sono, a questo punto, sufficientemente chiari:

- l'uomo non è un carnivoro;
- una alimentazione vegetariana, se sufficiente come quantità e varia nella qualità, è perfettamente in grado di assicurare la salute e l'equilibrio organico;
- il consumo eccessivo di carne, al contrario, è legato a filo doppio alle malattie che più frequentemente portano a morte nel nostro tempo.

La carne è composta fondamentalmente da acqua, proteine, grassi e minerali essendo i glicidi (o zuccheri) scarsamente rappresentati (solo la carne di cavallo,dal caratteristico sapore dolciastro, ne contiene una certa quantità).

La presenza di acqua, variabile tra il 70 e l'80%, è maggiore nelle carni di animali giovani e provenienti dagli allevamenti (polli novelli, vitelli...), è più ridotta nelle carni di animali vecchi e nella selvaggina.

Le proteine della carne, il cui grado di utilizzazione nel nostro organismo è pari a quello delle proteine del frumento e dell'avena, ma inferiore a quello delle proteine dell'uovo e dei latticini, sono presenti in una quantità che varia dal 16 al 22%, in relazione all'età dell'animale e al contenuto in grasso. La possibilità che queste proteine vengano digerite facilmente dipende in larga parte dal metodo di cottura: una alta temperatura, caratteristica di preparazioni come arrosti o fritture, altera profondamente la struttura proteica, dando origine a sostanze tossiche e cancerogene e rendendo comunque la carne di difficile digestione.

Al contrario, temperature di cottura più basse, come quelle impiegate per ottenere stufati, brasati o lessi, garantiscono una migliore digeribilità.

La presenza del grasso nella carne è variabile non solo in rapporto ai diversi tipi di animali, ma anche, per quelli di taglia elevata, in relazione alle parti anatomiche di provenienza. Non è possibile dare un valore medio che sia indicativo: si va da un 2-3% di grassi con buona composizione (molti acidi grassi polinsaturi e pochissimo colesterolo) nel pollo e nel coniglio, fino al 35-40% del bue e del maiale.

I ruminanti, a differenza degli altri animali, danno carni che contengono grassi costituiti per la quasi totalità da acidi grassi saturi (più implicati nella genesi di ipercolesterolemia e arte-

riosclerosi) in quanto i batteri presenti nel rumine saturano tutti i grassi ingeriti. Sono quindi queste le carni il cui consumo deve essere più saltuario.
I sali minerali sono presenti in misura ridottissima (solamente l'1%): è discreto solo l'apporto di ferro e fosforo. Le vitamine, nella carne, sono contenute in quantità scarsamente significative, ad eccezione di quelle del gruppo B presenti soprattutto nel fegato, un organo che un tempo poteva anche avere una sua importanza nutritivo-terapeutica (in caso di anemia veniva somministrato crudo!), ma che attualmente, a causa dei metodi di allevamento, risulta l'organo più inquinato.
Questi finora descritti sono i costituenti "ufficiali" della carne. **In realtà in una bistecca o in un petto di pollo sono contenuti anche i residui di quei farmaci,** come ormoni femminili (cancerogeni) o antitiroidei, che sono utilizzati con tutti i crismi della legalità all'estero (su animali poi importati in Italia) e in modo fraudolento dai nostri allevatori per far aumentare più velocemente il contenuto di acqua e di grasso (e quindi il peso) negli animali.
Le condizioni di salute di questi animali (alimentati con mangimi e non con cibo fresco, ridotti all'immobilità per evitare che perdano peso, in condizioni di sovraffollamento...) sono precarie ed esiste spesso la necessità dell'intervento del veterinario con uso (o abuso) di sostanze antibiotiche per curare o più spesso per tentare di prevenire le malattie: infatti gli antibiotici sono contenuti nei mangimi e sono quindi presenti nell'alimentazione di tutti gli animali, che usufruiscono così di una sorta di "ombrello" che li ripara dalle malattie. Le loro carni, e soprattutto il fegato, sono quindi ricche dei residui di questi farmaci, residui che vengono introdotti con le carni anche nel nostro organismo.
Le conseguenze della presenza massiccia di farmaci nella carne sono gravi: sviluppo di caratteri fisici femminili nei maschietti, aumento della frequenza dei tumori, innesco di reazioni allergiche ad antibiotici, stimolo alla crescita di batteri antibiotico-resistenti, impoverimento della flora batterica intestinale, impegno eccessivo di organi depuratori e detossicanti come fegato e reni.
Non solo la carne è oggi consumata in quantità eccessiva, ma quella disponibile attualmente è quindi anche un alimento estremamente inquinato e pericoloso per la salute.
Le norme per un suo ragionevole utilizzo (chi desidera diventare vegetariano lo può fare tranquillamente con grandi van-

taggi per la sua salute fisica e mentale) possono essere queste:

- **ricercare carne proveniente da animali allevati naturalmente, non in modo industriale;**
- **ridurne il consumo ad una sola volta alla settimana (ricordando che carne è anche il prosciutto o la carne in scatola...);**
- **non accompagnare il consumo di cibi incompatibili dal punto di vista digestivo (gli altri cibi proteici e i "primi piatti");**
- **evitare la cottura ad alte temperature (la carne di manzo comincia a sviluppare sostanze cancerogene già a 70 °C);**
- **favorirne la digestione con abbondanti insalate miste di verdure crude (non con patate fritte!);**
- **non introdurla precocemente nella dieta dei bambini: semmai va data solo dopo i due anni di età e comunque dopo l'introduzione di formaggi, uova e pesce.**

Gli ammalati di qualsiasi genere se ne devono astenere, almeno finchè non è terminata la fase acuta della malattia. In particolare esistono alcune categorie di malati che dovrebbero diventare vegetariani (o quasi): i sofferenti di artrosi, artrite e gotta, gli ulcerosi, coloro che soffrono di stitichezza, gli ipertesi, i malati epatici e renali, i malati di cancro.

Anche le persone oltre i 50 anni dovrebbero diventare tendenzialmente vegetariane e limitare il consumo della carne a qualche occasione veramente sporadica.

Ancora alcune brevi parole, necessarie per sconsigliare il consumo dei salumi e della carne in scatola.

I salumi, per ottenere i quali viene utilizzata la carne di suino da sola oppure miscelata con quella bovina ed equina (il tutto deve risultare dal sigillo metallico che, per legge, accompagna questi prodotti), possono essere crudi (salsiccia, salame, prosciutto crudo, coppa, pancetta...) o cotti (prosciutto cotto, mortadella di Bologna, würstel...), ma in ogni caso sono abbondantemente addizionati con sostanze conservanti e "cosmetiche". In particolare si utilizzano sale, nitriti e nitrati di sodio e di potassio, polifosfati, acido ascorbico e tocoferoli. Sulla tossicità della maggior parte di queste sostanze ci siamo già soffermati. I salumi sono prodotti, nati inizialmente per conservare la carne dopo l'uccisione dell'animale, il cui consumo abituale è da sconsigliare in modo categorico, sia per la ricordata maggior quantità di sostanze chimiche contenute, sia perchè, specialmente i salumi macinati, vengono prodotti spesso con parti di scarto (cotenne, tendini, cartilagini...) o con visceri non commerciabili (uteri, reni...). **La carne in scatola** è prodotta in genere con carne congelata, di

animali vecchi o non adatti per essere inseriti nel mercato. Dopo la cottura, la carne è additivata con aromi vari, sale, nitriti e nitrati per conservare il colore rosso (infatti il lesso casalingo è di colore marron-grigio, mai rosato!) e successivamente inscatolata.
La legge italiana non prevede il contenuto minimo di carne nella scatola:in realtà si aggira in media attorno al 40%. Il rimanente è costituito da acqua e gelatina, una sostanza ottenuta bollendo per lungo tempo le parti dell'animale ricche di collagene (tendini, cartilagini, ecc.). Il prodotto inscatolato è poi sterilizzato per permetterne una prolungata conservazione.
Da queste brevissime note dovrebbe essere evidente a tutti che la carne in scatola è un prodotto da non usare mai perchè è poco nutriente, è molto additivato, è un alimento sterile e, infine, è anche proporzionalmente molto più costoso della carne fresca.

Pesce

Di mare o di acqua dolce, il pesce è in genere un alimento meno inquinato della carne. Tuttavia anche i prodotti ittici non sfuggono alla regola generale per cui sembra che il nostro cibo debba ormai contenere sempre anche sostanze estranee e tossiche.
In particolare esistono due tipi di inquinamento. Il primo, di tipo batterico, può interessare i mitili o cozze; questi animali, filtrando attraverso le branchie grandi quantità d'acqua, possono trattenere microrganismi patogeni e trasmettere quindi all'uomo (solo però se consumati crudi) malattie infettive come il colera, l'epatite virale o il tifo. In realtà questo pericolo è attualmente molto limitato in quanto questi molluschi, prima di essere immessi al consumo, devono effettuare un periodo di quarantena in acque controllate dal punto di vista batteriologico.
Molto più grave è il secondo tipo di inquinamento, dovuto alla presenza nel mare di metalli tossici come mercurio, rame, piombo, cadmio... Queste sostanze vengono concentrate in misura sempre maggiore passando dai pesci di piccola taglia ai più grossi predatori come il tonno o il pesce spada.
Ovviamente **più il mare è chiuso e poco profondo e più numerose sono le industrie chimiche che vi riversano i loro scarichi, maggiore sarà in tutti i pesci il livello di inquinamento.**
In questo senso il nostro Mediterraneo (e in particolare l'Adriatico) hanno un triste primato.
A parte queste perplessità (ovviamente da non sottovaluta-

Pesci elencati secondo il contenuto in grassi (g/100) ***(Tabella 20)***

Grassi		Magri	
Anguilla	23,7	Cavedano	2,8
Capitone	21,5	Merluzzo	2,6
Anguilla di mare	18,7	Acciuga	2,6
Salmone	11,2	Vongola	2,5
Sgombro	11,1	Cozza	2,0
		Aragosta	1,9
Semigrassi		Sogliola	1,7
Tonno	8,0	Calamaro	1,7
Triglia	7,0	Tinca	1,6
Carpa	7,0	Spigola	1,5
Cefalo	6,8	Scorfano	1,4
Sardina	5,2	Seppia	1,4
Pesce spada	4,0	Rombo	1,3
Dentice	3,6	Palombo	1,2
Barbo	3,1	Orata	1,0
Trota	3,0	Gambero	0,9
		Scampo	0,9
		Cernia	0,7
		Luccio	0,7

re), **il pesce è comunque un alimento di discreto valore, soprattutto per il suo particolare contenuto in grassi, costituiti in buona parte da acidi grassi polinsaturi.** Questi ultimi sono in grado di diminuire la quantità di colesterolo nel sangue e di prevenire quindi l'arteriosclerosi e le sue complicazioni. La quantità del grasso varia nei diversi pesci (tabella 20) e fa variare, in conseguenza, anche la digeribilità (minore nei pesci più grassi).
Il contenuto proteico è generalmente buono e varia dal 12-14% fino anche al 30%; il valore biologico è molto simile a quello della carne.
Le vitamine contenute nei pesci sono essenzialmente il gruppo B, la vitamina A e la vitamina D. Gli elementi minerali più rappresentati sono il sodio, il fosforo, il calcio, lo iodio, il fluoro, mentre il ferro è apprezzabile solo in alcuni molluschi.
Requisito essenziale del pesce è la sua freschezza; essendo

esperti, la si può apprezzare valutando l'odore, la consistenza, l'aspetto delle squame, della pelle, dell'occhio ed osservando ancora altri parametri che sarebbe lungo qui elencare. In realtà molto spesso si acquista pesce congelato, la cui qualità è in effetti paragonabile al pesce fresco. **Occorre solo fare attenzione a non acquistare pesce scongelato come pesce fresco: il pericolo di intossicazione è in questo caso molto forte.**
Il metodo migliore per cuocere il pesce è lessarlo in acqua (con aromi) oppure a vapore; la frittura, al contrario, lo rende un alimento indigesto, molto ricco di grassi alterati dal calore e perciò controindicato a tutti. Il pesce, inoltre, è controindicato a coloro che soffrono di malattie allergiche e, per la sua ricchezza in purine, anche agli iperuricemici e ai gottosi.

Uovo

Con la parola uovo senza altra specificazione si intende l'uovo prodotto dalla gallina; se l'uovo è prodotto da altri animali (oca, anitra, tacchina, faraona...) è indicata anche la specie.
L'uovo è costituito da una sola enorme cellula che contiene tutto il necessario per dare origine ad una nuova vita. Infatti dentro il guscio, l'involucro esterno composto in buona parte di carbonato di calcio, si distinguono due sostanze diverse: l'albume e il tuorlo.
Il primo è costituito da acqua e da proteine. Una di queste (l'ovoalbumina), se somministrata ai bambini sotto l'anno di età, è in grado di determinare fenomeni allergici come prurito, orticaria, vomito, diarrea.
L'uovo quindi non va mai somministrato ai bambini molto piccoli. Una parziale e sporadica eccezione può essere fatta per il tuorlo crudo, tenendo però presente la sua ricchezza in grassi. Il tuorlo infatti è ricco in proteine, ma ancor più in grassi. Questi ultimi sono costituiti da colesterolo (circa 200-250 mg per 100 g), da una buona quantità (circa il 65%) di preziosi acidi grassi insaturi e da un 30% di grassi saturi.
Le proteine del tuorlo sono ad altissimo valore biologico (si considera praticamente che nessun'altra proteina presente nei cibi possa essere utilizzata così completamente e senza scarto come quelle dell'uovo), specialmente se consumate assieme all'albume: anche in questo caso consumare l'alimento nella sua integralità è meglio!
L'uovo contiene molti minerali e specialmente calcio, ferro, potassio, fosforo, ma anche cobalto e rame.
Le vitamine maggiormente presenti sono la vitamina A (lega-

ta spesso agli alimenti colorati vivacemente in giallo o rosso), le vitamine B_1 e B_2, la vitamina PP e la biotina. Quest'ultima non può essere utilizzata dall'organismo se l'uovo è assunto crudo in quanto una proteina dell'albume, l'avidina, è in grado di inattivarla. La cottura dell'albume, oltre a renderlo di più facile digestione, fa perdere all'avidina questa specificità.
La digeribilità dell'uovo è tanto maggiore quanto più l'uovo è fresco (cioè deposto da non più di una settimana e conservato in frigorifero a una temperatura massima di 4°C), ma dipende in buona misura anche dal metodo di cottura. **L'uovo più digeribile è quello cotto senza grassi, con l'albume rappreso e il tuorlo morbido:** per la digestione dell'uovo "à la coque" o "in camicia" bastano 90 minuti, un tempo addirittura minore di quello necessario per la digestione delle uova crude (due ore).
Quando le uova invece sono cotte a lungo o fritte con grassi allora non solo la digestione sarà molto lunga (anche tre ore), ma risulteranno altresì molto impegnative e dannose per la funzione epatica e pancreatica.
L'uovo quindi per la sua digeribilità (se cotto adeguatamente) e per la sua ricchezza in preziose sostanze nutritive è un alimento adatto e consigliato a tutti, sani e malati.
Un'unica eccezione va fatta: **coloro che soffrono per la presenza di calcoli nelle vie biliari non lo devono consumare** in quanto la sua ingestione può determinare una energica e molto dolorosa contrazione della colecisti. **Le altre controindicazioni che tradizionalmente si pongono (colite, insufficienza epatica, arteriosclerosi, ipercolesterolemia...) non hanno motivo d'essere.**
Il tuorlo dell'uovo, infatti, contiene una sostanza, la colina, che ha la capacità di garantire un corretto ed efficiente lavoro epatico, nonchè di prevenire la degenerazione grassa del fegato stesso. Lo stesso colesterolo del tuorlo è bilanciato nella sua tendenza aterogena dalla presenza abbondante della lecitina, sostanza che, come è noto, "pulisce" e mantiene libere dai depositi di grasso le arterie.
Ovviamente è necessario non eccedere nel consumo: per una persona adulta bastano 3-4 uova alla settimana, per i bambini non più di un uovo ogni 7 giorni.

Latte

La parola latte è usata per indicare sempre e solamente il latte di mucca: per riferirsi al latte di altri mammiferi la legge italia-

na dispone che sia necessaria l'indicazione dell'animale di provenienza. Avremo allora il latte di capra, il latte di pecora, il latte di bufala e così via.
Per il neonato dei mammiferi, il latte della propria madre è sicuramente l'alimento migliore, il più completo, quello che garantirà in modo adeguato il suo sviluppo, dalla nascita fino all'età in cui sarà in grado di mangiare il cibo degli adulti. Da questo momento in poi, se non in casi eccezionali ed in carenza di altri alimenti, i mammiferi non si cibano più di latte; per l'adulto, infatti, il latte non è quell'alimento completo che spesso si sente decantare: un uomo dovrebbe consumare in un giorno, per coprire il suo fabbisogno di sostanze nutritive, oltre 4 litri di latte!

Ogni specie produce un latte con caratteristiche particolari, adatte allo sviluppo dei propri piccoli.

Confrontando i due latti per noi più importanti (quello vaccino e quello materno) balzano agli occhi molte e sostanziali differenze (tabella 21).
È evidente il maggior contenuto proteico e minerale del latte di mucca, più adatto ai ritmi di sviluppo e alla stazza del vitello e che ci spiega meglio come mai quei bambini grandi consumatori di latte e di latticini siano poi quelli più "rotondi", quelli che "crescono meglio" e più in fretta: non assomigliano un pochino proprio ai vitelli? Le proteine del siero (lattoferrina, immunoglobulina, lisozima) costituiscono nel latte di donna almeno il 50% delle proteine disponibili (contro un 15-20% nel latte vaccino): questo fatto è molto importante se pensiamo che la funzione di queste sostanze è quella di ga-

Composizione media del latte materno e del latte vaccino (grammi per litro) ***(Tabella 21)***

	latte materno	**latte vaccino**
Acqua	885	882
Proteine	9	35
Grassi	35	37
Zuccheri	70	48
Sali minerali	2	7

rantire una protezione anticorpale e una difesa nei confronti dei germi patogeni per il bambino (ecco perchè i bambini alimentati al seno si ammalano meno di quelli allattati artificialmente). Gli zuccheri sono rappresentati dal lattosio (un disaccaride costituito da glucosio e galattosio) e, solo nel latte materno, anche da uno 0,8% di oligosaccaridi. Questi zuccheri, presenti come dice il nome in quantità ridotta, svolgono una importante azione di regolazione sulla fermentazione intestinale del lattosio. In loro assenza, questa si svolge spesso in modo eccessivo, determinando di conseguenza le famose coliche gassose (un evento pressochè sconosciuto ai bambini allattati al seno). Malgrado l'identità, solo apparente, del contenuto, il latte vaccino e quello di donna differiscono sostanzialmente anche nella qualità dei grassi.

Nel latte materno predominano nettamente gli acidi grassi insaturi (mentre nel latte vaccino sono maggioritari gli acidi grassi saturi) con vantaggi riguardanti la maggior digeribilità e la miglior protezione nei confronti dell'arteriosclerosi e dell'ipercolesterolemia.

I sali minerali del latte materno, ridotti in quantità assoluta per salvaguardare la funzionalità renale del neonato ancora immatura, sono tuttavia più assorbibili di quelli presenti nel latte vaccino. Nel latte sono presenti molte vitamine, ma alcune (la vitamina C, la vitamina A e la vitamina B) in misura scarsa. Tuttavia nel latte materno, che viene succhiato direttamente dal capezzolo e non subisce quindi aggressioni dalla luce e dall'ossigeno nè tantomeno dai trattamenti termici, la quantità è sufficiente per le esigenze umane.

Il latte, essendo un alimento facilmente inquinabile da microorganismi patogeni, sia all'origine sia dopo la mungitura, per poter essere commerciato deve essere sottoposto a trattamenti idonei a garantirne l'igienicità e la conservabilità. Questi interventi sono sostanzialmente due:

— **la pastorizzazione** che consiste nel riscaldare il latte alla temperatura di 72-80 °C per 15-20 secondi e nel successivo raffreddamento rapido. Con questo procedimento si distruggono tutti i germi patogeni, ma restano ancora vitali gli importanti batteri non patogeni.

Si ha comunque anche una perdita del 20% di vitamina C e del 10% di vitamine B_1 e B_{12}. Deve essere conservato in frigorifero e si mantiene inalterato, se chiuso nella sua confezione, per alcuni giorni. Va consumato a temperatura ambiente o leggermente intiepidito. **È da evitare invece la bollitura** che, oltre a impoverire ulteriormente il latte nel suo contenuto

vitaminico, lo priva anche di un 20% dei grassi e di un 15% delle proteine e del calcio, sequestrati nella pellicola che si forma in superficie e sulle pareti del recipiente;
— **la sterilizzazione** è il trattamento termico più radicale che distrugge tutta la flora batterica del latte.
I metodi usati sono diversi (temperatura di 120°C per 20-30 minuti, vapore a 150°C per 2-5 secondi) ma il risultato è il medesimo: si ottiene un prodotto (è lecito chiamarlo ancora latte?) che può essere conservato a temperatura ambiente, se il contenitore rimane chiuso, anche per 5-6 mesi, ma a prezzo di cospicue alterazioni.
Si riducono dal 30 al 100% le vitamine A, B_1, B_6, B_{12}, C, si coagulano e si denaturano le proteine che risultano di difficile assimilazione, il lattosio è parzialmente caramellizzato, scompaiono enzimi e anticorpi.
A causa di queste profonde alterazioni, questo latte è decisamente da sconsigliare, soprattutto se usato per l'alimentazione infantile.
Il latte in commercio subisce anche ulteriori manipolazioni: l'omogeneizzazione e la scrematura.
L'omogeneizzazione consiste nel far passare a pressione il latte attraverso piccolissimi ugelli in modo tale che i globuli di grasso di dimensioni maggiori si rompano: si aumenta in questo modo la digeribilità del latte e si impedisce che la crema affiori in superficie.
La scrematura consiste nell'allontanare dal latte i grassi che superano la percentuale fissata dalla legge:
- **il latte intero** deve contenere un minimo di 3,2% di grassi;
- **il latte parzialmente scremato** contiene da un minimo di 1% fino ad un massimo di 1,8% di grassi (ne sono stati asportati circa la metà);
- **il latte scremato** contiene un massimo di 0,5% di grassi (ne sono stati asportati circa l'85%).

L'eliminazione del grasso priva il latte anche delle vitamine liposolubili, in particolare delle vitamine A, E, D, K. Poichè in 250 g di latte intero i grassi sviluppano solamente 90 calorie, un riequilibrio calorico della dieta può probabilmente passare attraverso altre strade, piuttosto che attraverso il consumo di latte scremato.
Il latte è effettivamente un alimento prezioso, ma molto spesso il suo consumo è accompagnato da intolleranze e disturbi digestivi. Questo accade nei bambini a causa del manifestarsi di allergie alle proteine del latte: probabilmente, in questo caso, il latte è stato introdotto troppo precocemen-

te nell'alimentazione. Ma anche gli adulti soffrono spesso di gonfiori addominali o di diarree dopo aver consumato del latte: in questo caso la responsabilità è della mancanza o dell'insufficienza dell'enzima lattasi, necessario per la digestione del lattosio. Il lattosio non digerito fermenta facilmente e dà origine ai disturbi già ricordati.
Il consiglio, sia in un caso che nell'altro, è quello di passare al consumo del latte acido o yogurt che ben difficilmente darà luogo agli stessi fenomeni di intolleranza.

Yogurt

Ottenuto dal latte mediante l'inoculazione di batteri specifici come il Lactobacillus Bulgaricus e lo Streptococcus Thermophilus. **Questi batteri operano in pratica una predigestione sui più importanti costituenti del latte:** il lattosio viene trasformato in buona parte in acido lattico, le proteine sono parzialmente coagulate e anche i grassi sono molto più digeribili. Il contenuto vitaminico, e specialmente il complesso B, è notevolmente aumentato ad opera dei batteri, e così pure l'assorbimento intestinale del calcio, del fosforo e del magnesio è molto facilitato. Lo yogurt è quindi un alimento diverso dal latte (di cui conserva però tutti gli aspetti positivi), molto più ricco, più digeribile, con spiccate caratteristiche di regolazione sulla flora batterica intestinale. **È indicato in caso di qualsiasi malattia,** ma in particolare nelle gastriti e nelle ulcere, in caso di fermentazioni intestinali, nelle stitichezze e nelle diarree, nelle coliti in genere e nelle cure disintossicanti. È indispensabile durante e dopo una terapia antibiotica: lo yogurt infatti ricostruisce facilmente la flora batterica intestinale che è sempre danneggiata dall'uso di questi farmaci.
Per la sua elevata digeribilità e per la facile assimilazione dei suoi componenti può essere dato con vantaggio ai bambini (è un alimento con il quale è possibile iniziare lo svezzamento), agli anziani, alle donne in gravidanza.
Numerose ricerche mettono in rapporto il consumo regolare di yogurt con la prevenzione dell'invecchiamento, ma anche di gravi malattie come il cancro e l'arteriosclerosi.
È possibile trasformare il latte in yogurt con metodo casalingo (utilizzando una yogurtiera oppure attraverso la semplice inseminazione del latte con le colonie dei batteri adatti) o, in alternativa, acquistarlo già pronto. In questo caso è bene saper scegliere. Esistono in commercio dei prodotti confezionati in modo simile allo yogurt, ma che da questo differiscono

sostanzialmente. Sono infatti delle semplici creme di latte, variamente addizionate con frutta cotta, zucchero, coloranti... Il vero yogurt deve riportare sulla confezione la scritta "fermenti vivi".
Ma i trabocchetti non sono finiti. Molti yogurt messi in commercio sono addizionati con marmellata, frutta cotta, caffè, cacao...: tutte queste sostanze tendono ad accelerare molto i processi ossidativi che renderebbero lo yogurt non commerciabile. Da ciò la necessità di aggiungere in questi prodotti sostanze antiossidanti, ma anche aromatizzanti e, naturalmente, dolcificanti. Non solo, ma i batteri, in questo ambiente molto favorevole alla loro moltiplicazione, tenderebbero a far acidificare troppo il prodotto. È allora necessario stabilizzare con il calore lo yogurt, perdendo così in buona parte la vitalità che caratterizza questo prodotto.
In conclusione, **gli yogurt da preferire sono quelli naturali, senza aggiunte di nessun tipo.** Tra l'altro, la migliore utilizzazione dello yogurt da parte del nostro organismo avviene quando esso è mangiato da solo, lontano da altri cibi.

Formaggio

Come dice la legge, il formaggio è "il prodotto che si ricava dal latte intero o parzialmente o totalmente scremato, oppure dalla crema in seguito a coagulazione acida o presamica". La fabbricazione del formaggio richiede molti passaggi successivi (maturazione del latte, pastorizzazione, insemenzamento, riscaldamento, inserimento del coagulo, rottura della cagliata, cottura della cagliata, formatura, salatura, maturazione): dalla presenza dell'una o dall'assenza dell'altra di queste operazioni dipende il tipo di formaggio ottenuto e le sue qualità nutritivo-organolettiche.
Date le caratteristiche estremamente variabili dei formaggi prodotti (molto spesso hanno diffusione solo locale: si pensi che in Italia si producono oltre 400 qualità di formaggi!), tentare una classificazione è problematico. Nemmeno la legge è riuscita a sbrogliare la matassa quando, distinguendo tra formaggi grassi, semigrassi e magri, indica la percentuale del grasso sul peso secco (non calcolando quindi il contenuto d'acqua): è molto più utile calcolare la percentuale di grasso sul peso totale (tabella 22).
Altri criteri di classificazione (ma altrettanto inutili dal punto di vista della praticità) possono essere: la cottura della cagliata (formaggi crudi, semicotti, cotti), la consistenza (formaggi

Contenuto di grassi in vari formaggi (percentuale sul peso totale) ***(Tabella 22)***

Mascarpone	47	Fontina	27
Gorgonzola	31	Stracchino	25
Bel Paese	30	Parmig. Reggiano	25
Caciotta	29	Mozzarella	16
Provolone	29	Scamorza	10

a pasta pressata, dura, soda, molle, fresca), la velocità della maturazione (maturazione rapida, media, lenta), la presenza di muffe (formaggi erborinati), ecc. **Una distinzione più utile dal punto di vista nutrizionale sembra essere quella fra formaggi freschi e formaggi stagionati,** intendendo per freschi i formaggi che non superano i 30-40 giorni di stagionatura (crescenza, taleggio, italico, mozzarella, asiago giovane, scamorza, stracchino, caprino, caciotta, casatella...). Infatti in questi prodotti la presenza abbondante di acqua porta a ridurre la quota di sali, di grassi e di proteine, rendendoli formaggi meno "concentrati" di quelli a lunga stagionatura e quindi meno impegnativi per il fegato e per i reni. **I formaggi stagionati sono infatti controindicati ai malati di fegato e di insufficienza renale, agli artritici e ai gottosi, a coloro che soffrono di arteriosclerosi e di ipertensione:** la tirosina, un aminoacido contenuto nel formaggio, si trasforma, con la stagionatura, in quantità sempre più elevate di tiramina, una sostanza in grado di elevare la pressione arteriosa e di causare cefalee e palpitazioni cardiache. Le proteine dei formaggi sono di buona qualità, superiori a quelle della carne. I sali minerali maggiormente presenti sono calcio e fosforo, ma non sempre sono assorbiti in modo ottimale: il rapporto fra le loro quantità è sbilanciato a favore del fosforo, con formazione di fosfati di calcio, poco assimilabili. L'assorbimento del calcio è favorito dalla presenza di un pH intestinale lievemente acido (ottenibile con una dieta a prevalente contenuto vegetale), mentre è ostacolato da un pH alcalino (caratteristico di una alimentazione ricca di proteine animali). Una nota meritano due prodotti particolari: la ricotta e i "formaggini".
La ricotta è ottenuta facendo riscaldare nuovamente (ri-

cuocere) il siero del latte, rimasto una volta ottenuta la coagulazione della caseina. Le lattoalbumine del siero coagulano in fiocchi e, fatti scolare in cestelli, costituiscono la ricotta. Nella sua composizione manca quindi la caseina. È un alimento molto digeribile (fa eccezione la ricotta di pecora, notevolmente grassa), adatto anche ai bambini molto piccoli e dalle particolari proprietà antiinfiammatorie, evidenti soprattutto in caso di gastriti, ulcere gastriche e duodenali, enteriti e coliti.

I "formaggini", detti più propriamente formaggi fusi, sono ottenuti facendo fondere formaggi di scarto, con l'aggiunta di sali (citrati, polifosfati) con la funzione di trattenere l'acqua e di rendere quindi omogeneo e morbidamente spalmabile il prodotto finale. Sono poi sterilizzati al calore (120-140°C) per alcuni minuti e spesso addizionati con sostanze conservanti come l'antibiotico nisina o il sorbato di potassio. I polifosfati sono in grado di interferire con l'assorbimento del calcio e il consumo costante di questi formaggi può compromettere la regolarità del processo di calcificazione delle ossa. Ciò è particolarmente grave se pensiamo che questi prodotti sono stati appositamente pensati per bambini e anziani che, di fatto, ne sono i più grossi consumatori. **I formaggi fusi sono alimenti il cui consumo non trova giustificazione alcuna** e sono decisamente da abbandonare. Contrariamente all'abitudine diffusa di terminare il pasto mangiando un pezzetto di formaggio (svalutando così un alimento eccezionalmente ricco a mero complemento del piatto di carne), questo cibo va valorizzato facendolo diventare l'unica proteina del pasto, accompagnato dal pane integrale e, soprattutto, dalle solite e abbondanti verdure crude e cotte.

Frutta oleosa

Così denominati per il loro forte contenuto in grassi, questi semi apportano anche una buona quantità di ottime proteine (tabella 23). I grassi sono di tipo insaturo e quindi benefici per l'organismo. La ricchezza in vitamine e in elementi minerali li rende alimenti preziosi, a torto trascurati. Questi prodotti, infatti, godono di cattiva fama per la loro presunta difficoltà digestiva e sono, in genere, sconsigliati ai sofferenti di malattie epatiche. In realtà è proprio dal loro uso sconsiderato (inseriti alla fine di un pasto già abbondante e impegnativo, mangiati in quantità eccessiva...) che derivano questi problemi, non tanto dalle loro caratteristiche nutrizionali.

La frutta oleosa, in quantità non eccessiva e con gli adegua-

Composizione media percentuale di alcuni semi oleosi (Tabella 23)

	proteine	grassi	glucidi	calorie/100
Mandorle	19	51	11	570
Noci	16	63	11	670
Nocciole	13	62	13	640
Pinoli	30	48	12	580

ti contorni di verdure crude, è bene costituisca l'unica proteina del pasto: in questo modo, non solo sarà perfettamente digerita, ma potrà esplicare appieno le sue proprietà terapeutiche e nutritive.
Dopo queste considerazioni generali, ecco qualche breve notizia sulle caratteristiche peculiari dei più comuni semi oleosi.

Mandorla (Prunus Amygdalus)
Esiste nelle due varietà: dolce, commestibile e amara, che contiene acido cianidrico ed è perciò velenosa (è utilizzata, in ridottissime quantità, per confezionare dolci tipici come gli amaretti). La quantità di mandorle che è consigliabile mangiare giornalmente non deve superare le 15-20. È bene togliere la pellicina scura, molto ricca di tannini, prima di consumarle (l'operazione sarà facilitata se i semi saranno immersi per qualche minuto in acqua calda). La mandorla è molto energetica e rafforza il sistema nervoso: è indicata nei casi di stanchezze fisiche o intellettuali e soprattutto nel cosiddetto "esaurimento nervoso".
Il suo consumo regolare si rivela molto utile anche in corso di gravidanza o durante l'allattamento.
L'olio estratto dalla mandorla dolce costituisce, preso per bocca, un dolce lassativo; se è utilizzato per unzioni esterne gioverà nel caso di tutte le patologie cutanee, dalla semplice pelle un po' secca fino agli eczemi più complessi.

Nocciola (Corylus Avellana)
Tra i frutti oleosi è il più digeribile, nonostante sia il più ricco di grassi e di proteine: è quindi doppiamente consigliabile. Dovrebbero farne grande uso (sempre con le avvertenze con-

sigliate) i ragazzi e gli adolescenti, gli anziani e gli sportivi. La quantità giornaliera non dovrebbe superare anche in questo caso le 20 nocciole. Purtroppo, specialmente i ragazzi, consumano le nocciole non nella loro forma naturale, ma come ingrediente di ignobili creme spalmabili, costituite soprattutto da zucchero, cacao, grassi di dubbia origine e, naturalmente, da vari additivi. Sono alimenti il cui uso è decisamente da abbandonare.

Noce (Juglans Regia)
Oltre alle ovvie proprietà energetiche e nutrizionali, la sua ricchezza in minerali le consente di svolgere una azione importante nel coadiuvare la terapia di malattie del sistema nervoso e dell'apparato scheletrico. I grassi delle noci (per 85% sono acidi grassi polinsaturi) sono molto efficaci nel ridurre il colesterolo sanguigno, più ancora degli olii di girasole e di mais.

Pinolo (Pinus Pinea)
Attualmente utilizzato prevalentemente per confezionare dolci particolari, il consumo di questo piccolo seme andrebbe rivalutato. È molto nutritivo (contiene quasi il 50% di grassi), tonifica il sistema nervoso e protegge le vie respiratorie, specialmente in caso di bronchiti e di broncopolmoniti. Purtroppo la sua ricchezza in acidi grassi polinsaturi ne favorisce un rapido irrancidimento che dona al pinolo in commercio un sapore spesso acre e sgradevole. Questo fatto ne limita l'utilizzazione, ma avendo la possibilità di raccoglierlo fresco, è bene approfittarne.

Legumi

Con il termine di legumi si intendono i semi di alcune piante, le Papilionacee, particolarmente importanti dal punto di vista nutrizionale. In particolare, quelli maggiormente consumati nel nostro Paese (con ampie variazioni regionali) sono i fagioli, le lenticchie, i piselli, i ceci e le fave. A questi dobbiamo aggiungere la soia che si sta imponendo al consumo, ma più come alimenti da essa derivati che come semplice fagiolo. Vengono consumati, in genere, a partire dallo stato secco; alcuni come i fagioli, i piselli e le fave sono consumati anche allo stato fresco. La loro composizione è variabile (tabella 24), ma in genere è possibile considerarli alimenti ricchi in proteine di buona qualità (sono stati per molto tempo l'alimento proteico principale, specialmente per le popolazioni

Composizione media percentuale di alcuni legumi *(Tabella 24)*

	proteine	grassi	amidi
Ceci secchi	21	5	50
Fagioli freschi	9	1,4	21
Fagioli secchi	21	2,5	48,5
Lenticchie secche	23	2,5	51
Fave fresche	5	0,5	51
Fave secche	21	3	53
Piselli freschi	6,5	0,4	11
Piselli secchi	19	3,8	54
Soia secca	40	18	28

con minori disponibilità economiche), in grassi di tipo insaturo e in amidi. Sono anche un'ottima fonte di fibre grezze, a differenza di altri cibi proteici di derivazione animale (carne, pesce, uova, latte e formaggi) che ne sono completamente privi. Per queste loro caratteristiche possono diventare particolarmente utili in malattie quali il diabete, l'ipercolesterolemia e l'arteriosclerosi. Poichè, allo stato secco, sono particolarmente ricche di purine, **il loro consumo deve essere limitato nelle persone sofferenti per artrite e artrosi, calcolosi renale, gotta, iperuricemia e, in generale, in coloro che non svolgono intensa attività fisica.** I legumi secchi, prima della cottura, vanno messi in ammollo per 12-24 ore, cambiando l'acqua un paio di volte; questa operazione è necessaria non solo per permetterne una cottura rapida, ma soprattutto perchè in questo modo molti dei fattori antivitali (acido fitico, fattori antivitaminici...) presenti nei legumi migrano dai semi nell'acqua: **l'acqua dell'ammollo non va, quindi, mai riutilizzata!**
Durante la cottura è buona abitudine usare in abbondanza erbe aromatiche scegliendole fra le più gradite ed adatte: alloro, rosmarino, salvia, finocchio, aglio, timo...
In questo modo i legumi saranno più digeribili (oltre che più buoni!) e si eviteranno in buona parte i disturbi intestinali le-

gati alla loro ingestione, fermentazioni e putrefazioni innanzitutto. Ancora due consigli: nel pasto in cui sono presenti i legumi è necessario (vedi le compatibilità alimentari) evitare la contemporanea assunzione di carne, uova, formaggi o semi oleosi; l'aggiunta del sale va fatta solo a cottura completata, per evitare gli spiacevoli e indesiderati indurimenti della buccia. Non è necessario, come è stato fatto per altri alimenti, prendere in considerazione i legumi uno per uno, in quanto le loro caratteristiche nutrizionali sono pressochè sovrapponibili.

GLI ALIMENTI RIVITALIZZANTI

Sono alimenti da usarsi non tanto per il loro apporto nutrizionale (si assumono infatti in modestissime quantità e, in genere, in modo non continuativo), ma soprattutto per la caratteristica capacità di stimolare la forza vitale organica. Il lievito di birra e i prodotti delle api (miele, polline, pappa reale) hanno infatti una azione preventiva e terapeutica che va ben al di là del contenuto, pur cospicuo, di amminoacidi essenziali, di vitamine, di sali minerali, di oligoelementi. Costituiscono veri e propri medicamenti e per questo vanno usati in dosi e con frequenze opportune. La loro necessità si rivela maggiore oggi che qualche anno fa: infatti nel passato la qualità del cibo (animale o vegetale che fosse), la qualità dell'aria, i ritmi di vita e il tipo di lavoro permettevano una maggior assunzione di vitamine e di sali minerali nonchè un maggior scambio energetico fra uomo e natura. Il vantaggio maggiore dall'uso di questi alimenti-medicamenti lo traggono principalmente i bambini, gli anziani, gli ammalati e i convalescenti, le donne in gravidanza e durante l'allattamento, gli sportivi e coloro che si sottopongono a sforzi fisici e psichici notevoli.

Lievito di birra

È un fungo (Saccharomyces Cerevisiae) che vive su materie zuccherine come la melassa o i cereali germogliati. È utilizzato per la panificazione (ed in questo caso si tratta di lieviti

Composizione media del lievito di birra (per 100 grammi) *(Tabella 25)*

Acqua	g. 22	Calcio	mg. 210	Vit. B_1	mg. 15
Proteine	g. 39	Ferro	mg. 17	Vit. B_2	mg. 4
Grassi	g. 1	Sodio	mg. 121	Vit. PP	mg. 38
Zuccheri	g. 38	Potas.	mg. 1700	Vit. D	mg. 1

"alti", con attività ottimale a 18°C) oppure per la fabbricazione della birra (lieviti "bassi", attivi a 5-6 °C). **Proprio questi ultimi, seccati, vengono usati in terapia.** Il lievito è un alimento ricchissimo (tabella 25) in proteine (fornite di tutti gli amminoacidi essenziali), ma soprattutto di vitamine, in particolare il complesso B. **Svolge una azione ricostituente generale,** è antianemico, disintossicante (favorendo l'attività epatica), migliora la digestione limitando le reazioni putrefattive intestinali.È particolarmente indicato in tutti i casi di infiammazione del sistema nervoso e di malattie della pelle.
In commercio il lievito si trova sotto forma di polvere (che può essere sciolta in acqua o cosparsa su verdure o minestre) oppure in compresse. La dose per un adulto è di un cucchiaio di polvere (oppure 3 compresse) prima di pranzo e altrettanto prima di cena. Per i bambini la dose sarà proporzionalmente ridotta. È in genere opportuno interrompere la assunzione per otto o dieci giorni ogni mese.

Miele

È il prodotto della trasformazione, da parte delle api, del nettare e del polline dei fiori nonchè della melata di foglie e rami di alcune piante come il frassino, la betulla, il pino, il tiglio...
La melata, a sua volta, è costituita dall'elaborazione della linfa delle piante, succhiata da alcuni insetti in grado, con il loro apparato buccale, di perforare le pareti resistenti della corteccia o delle foglie.
La composizione e le proprietà del miele variano in rapporto a molti fattori, ma soprattutto in relazione alle piante di provenienza, al terreno su cui queste crescono, alle condizioni meteorologiche ecc.
Tutti i mieli sono comunque composti di acqua (16-20%), di zuccheri (glucosio 31%, fruttosio 38%, polisaccaridi 10%), di proteine e sostanze azotate (1%, con amminoacidi essenziali), di acidi organici (0,3%) responsabili della tipica reazione acida del miele, di minerali (0,3%) come calcio, ferro, magnesio, manganese, rame, fosforo, potassio, silicio, zolfo, di vitamine (tutto il gruppo B, idrosolubile), di enzimi e di sostanze diverse, in particolare fattori antibiotici e ormonali.
Gran parte di queste sostanze sono inattivate dalla luce e soprattutto dal calore: da qui la necessità di non riscaldare mai il miele oltre i 42 °C (a 75 °C il miele è completamente inattivato e risulta così poco più che una miscela di acqua e zuccheri).

Oltre che come dolcificante (fino al 1700 era l'unica sostanza concentrata di sapore dolce disponibile in cucina), il miele è sempre stato utilizzato soprattutto per sfruttare le sue straordinarie proprietà medicinali. È benefico per l'apparato digerente (nelle insufficienze digestive, nelle stitichezze, nelle ulcere gastriche e duodenali, nelle infezioni intestinali, nelle insufficienze epatiche), per l'apparato cardiovascolare (tonifica il cuore e provoca una vasodilatazione delle coronarie), per l'apparato respiratorio (nelle faringiti e laringiti, nei raffreddori e nelle bronchiti), per l'apparato urinario (nelle cistiti e prostatiti, ma anche nelle coliche renali).
L'uso del miele è possibile perfino per via esterna, come pomata, in caso di piaghe infette, ustioni, pruriti, dermatosi e nelle ferite: favorisce infatti una cicatrizzazione rapida e previene l'infezione. Il consumo di miele (come dolcificante in tisane o bevande oppure spalmato su fette di pane integrale) giova, ovviamente, anche alle persone sane in quanto migliora il rendimento fisico e intellettuale, rinforza la resistenza nei confronti delle malattie infettive, riduce i tempi di recupero dopo uno sforzo (tabella 26). Solamente i diabetici dovranno assumerlo con qualche attenzione. Giova ancora ripetere che per poter usufruire di tutte le caratteristiche benefiche di questo straordinario alimento (era l'ingrediente base dell'idromele, la bevanda che, nella tradizione celtica, dava l'immortalità) il miele deve essere "grezzo" o "vergine integrale", non deve aver subito, cioè, processi di riscaldamento tali da renderlo completamente inattivo.

Indicazioni caratteristiche di alcuni mieli monoflora *(Tabella 26)*

Miele di castagno: ricostituente, rimineralizzante

Miele di timo: infezioni respiratorie

Miele di eucalipto: infezioni respiratorie (specialmente con tosse)

Miele di rosmarino: insufficienze epatiche, colecistopatie

Miele di tiglio: eccitabilità nervosa, insonnia.

Polline

Ha l'aspetto inconfondibile di una polvere giallastra, appiccicosa, presente sui fiori. **Costituisce l'elemento fecondante delle piante e, proprio per questo, è ricchissimo di elementi indispensabili alla vita.** Infatti, nella sua composizione si notano proteine (circa il 20%) con buona presenza di amminoacidi essenziali, zuccheri (30%), grassi (5%), ma soprattutto vitamine (quasi tutte), sostenze minerali e oligoelementi, enzimi, sostanze ad attività antibiotica, ormonale e vasculoprotettrice. Il polline in commercio (è bene assicurarsi che non sia raccolto da più di un anno e sia stato tenuto al riparo dal calore, dalla luce e dall'umidità) si presenta come palline di 1-2 millimetri di diametro di vario colore (giallo, marrone, arancione): le api lo raccolgono e lo riducono a questa forma inserendolo nelle apposite tasche delle zampe posteriori. Il polline è un formidabile ricostituente, utile quindi per tutti, sani e ammalati. È certo però che le sue indicazioni sono più specifiche in alcune patologie: nelle epatiti acute e croniche, nell'arteriosclerosi e nell'ipercolesterolemia, negli stati di esaurimento psichico e di nervosismo, nell'inappetenza e nel dimagrimento eccessivo, nelle anemie, nei disturbi intestinali come coliti, diarree, stitichezze. Alcuni lo consigliano anche nelle infiammazioni prostatiche. **Migliora la risposta difensiva dell'organismo in qualsiasi infezione batterica o virale.**La dose consigliata per un adulto è di un cucchiaio di granuli al giorno, da assumere ben masticati oppure sciolti in qualche tisana tiepida, in ogni caso lontano dai pasti. Per i bambini è sufficiente la dose di un cucchiaino al giorno. Il polline va consumato a cicli di 2 o 3 mesi, specialmente in primavera e in autunno.

Pappa reale

È la secrezione delle ghiandole faringee delle giovani api operaie. Si presenta come una gelatina semifluida, di colore biancastro, tendente al giallo. L'odore e il sapore sono caratteristici: pungente il primo, acido aromatico il secondo. La pappa reale è il nutrimento fondamentale per le larve delle api: quelle che lo ricevono fino al quinto giorno resteranno api operaie; le larve che lo ricevono fino al decimo giorno si trasformeranno in api regine. Di queste ultime, la pappa reale rimarrà il nutrimento specifico per tutta la vita. Poichè gli effetti sulle api sono straordinari (le api operaie vivono 45 giorni, le api regine anche 4-5 anni; lo sviluppo dell'insetto richiede 22 giorni per l'operaia e solamente 16 giorni per la regina, con un incremento di peso, in questo breve periodo, di duemila volte), si è cercato di studiare la composizione chimica della pappa reale. Oltre ad elementi minerali come ferro, manganese, nichel, cobalto, silicio, cromo, oro, mercurio e altri, la pappa reale contiene zuccheri, grassi, ma soprattutto proteine e vitamine. Le proteine della pappa reale sono particolarmente ricche in amminoacidi essenziali; le vitamine presenti sono soprattutto il gruppo B, la vitamina C e la vitamina E. Ognuno di questi elementi (vitamine, amminoacidi, minerali) non spiega gli effetti straordinari della pappa reale, ma è probabilmente dal loro potenziamento reciproco (e dall'interazione con altre componenti non ancora conosciute) che derivano le proprietà di questa gelatina. **La pappa reale è indicata come sostanza "adattogena", che aiuta cioè l'organismo a mantenere l'equilibrio nonostante gli stress fisici e psichici molto frequenti nella vita odierna.** In particolare, trovano giovamento dall'uso di pappa reale i convalescenti, i depressi, gli inappetenti, gli ulcerosi e i gastritici, coloro che soffrono per carenza delle difese organiche, per disfunzioni epatiche o per malattie della pelle. La pappa reale va conservata in frigorifero (a temperatura ambiente perde molto facilmente le sue proprietà); le dosi consigliate sono una goccia al giorno, da assumersi al mattino a digiuno e posta sotto la lingua per favorirne il rapido assorbimento. Se ne consigliano cicli di 2-3 mesi, specialmente al cambio di stagione. La pappa reale è un prodotto facilmente sofisticabile ed è quindi indispensabile rivolgersi per l'acquisto a persone di sicura fiducia (meglio ancora se direttamente al produttore).

GLI ALIMENTI FERMENTATI

Di questi cibi, consumati da millenni, se ne parla, di solito, molto poco. Che la fermentazione provochi negli alimenti grosse e positive trasformazioni è provato dal fatto che questa tecnica è diffusa in tutto il mondo.
In Giappone si fa fermentare la soia, in altri paesi dell'Estremo Oriente si fermenta il pesce. I popoli dell'Europa del Nord e del mondo slavo utilizzano come cibo tradizionale le verdure fermentate (cavoli, barbabietole...) e lo yogurt. In Africa è il miglio fermentato che costituisce per molti un cibo basilare. Senza andare troppo lontano, anche i nostri alimenti tradizionali, il pane e il vino, sono ottenuti trasformando con la fermentazione il frumento e l'uva.
Qual'è, allora, il valore di questi cibi?

Come preparare in casa le verdure fermentate

Pulire accuratamente le verdure scelte (quelle che garantiscono una riuscita migliore sono i cavoli cappucci, i cetrioli, le rape, le barbabietole rosse, la zucca, le cipolle).

Affettarle finemente.

Riempire il contenitore con uno strato di due centimetri di verdure e distribuirvi sopra un pizzico di sale marino integrale (la proporzione è di 5 grammi per ogni chilo di verdura).

Fare altri strati con lo stesso metodo, premendo bene per far uscire tutta l'aria (la fermentazione deve avvenire in assenza di ossigeno).

Una volta riempito tutto il contenitore, mettere l'apposito coperchio a tenuta stagna per evitare il contatto con l'aria.

Dopo 2-3 settimane, se mantenute ad una temperatura di 10-15° C, le verdure sono pronte da mangiare.

Innanzitutto la fermentazione è un metodo ottimo ed economico per prolungare la conservabilità del cibo (e questo era particolarmente importante quando le tecniche conosciute e l'energia disponibile non permettevano, come oggi, di evitare facilmente il deterioramento del cibo).
Ma la fermentazione provoca anche importanti trasformazioni nel cibo, in parte già esaminate a proposito del pane e dello yogurt: distruzione di sostanze antinutritive (acido fitico, emoagglutinine...) aumento delle vitamine e degli enzimi (ne risultano cibi molto più digeribili) notevole presenza di flora batterica (importante per l'equilibrio intestinale). Per tutti questi motivi, è bene che i prodotti fermentati entrino giornalmente nella nostra alimentazione, dall'infanzia fino alla vecchiaia, potendo scegliere fra il pane, lo yogurt e le verdure lactofermentate (crauti, ma anche barbabietole rosse, cipolle, carote, zucca...) che è anche possibile preparare in casa utilizzando gli appositi contenitori in ceramica.
Come tutti gli alimenti molto vitali, anche i cibi fermentati non vanno mai cotti, ma mangiati crudi (le verdure lactofermentate possono, ad esempio, accompagnare in piccola quantità la porzione di cereali).

ALIMENTI SPECIALI

L'uso di alcuni alimenti speciali, di solito provenienti dalla tradizione giapponese, è ormai entrato nelle consuetudini vegetariane. Se è vero però che un'alimentazione equilibrata dovrebbe rivolgersi prevalentemente verso i prodotti della propria tradizione e della propria latitudine, l'invasione di cibi esotici è piuttosto fuori luogo. Mi limiterò dunque a prendere brevemente in considerazione solo alcuni degli alimenti più diffusi.

Il **gomasio** (o gomma-sio) è un condimento che si ottiene facendo tostare per pochi minuti i semi di sesamo, successivamente macinati e mescolati con sale marino integrale. La proporzione tra sale e sesamo può variare a seconda dei gusti e del bisogno: da 8 a 20 parti di sesamo per una parte di sale.
Il sesamo sembra sia uno dei primi semi oleosi coltivati dall'uomo; è ricco di proteine, sostanze grasse, minerali. Ha un benefico influsso sulla memoria e sulla lucidità di spirito e regola l'intestino. È ancor oggi abbastanza usato nella cucina tradizionale del Sud-Italia.

Il **tahin,** o burro di sesamo, è una pastina che potete preparare con semi di sesamo e sale, che farete tostare leggermente e macinerete con cura. Mescolerete poi con olio.
Si usa sul pane (tahin e miele è una delizia!) o nella preparazione di molti piatti.

Il **tamari** è una salsa liquida di soia, frumento, sale e acqua, fermentata per più di tre anni senza l'intervento di sostanze chimiche.
Si usa con moderazione su vegetali, cereali, legumi, preferibilmente in inverno, dato che è molto "yang". Considerato un buon integratore alimentare, sostituisce le proteine animali e il sale. È molto ricco di proteine, enzimi, vitamine, oligoelementi.

Lo **shoyu** è, come il tamari, una salsa ottenuta dalla fermentazione di soia, grano e sale. È però più leggero e può essere usato tutti i giorni per la preparazione di cereali, zuppe e salse.

Il **miso** è il prodotto di una fermentazione provocata da un fungo microscopico su un substrato-base di soia e sale, cui si aggiungono alcuni cereali, a seconda dei casi. Di solito è fatto maturare e lasciato a riposo per almeno due anni prima di essere usato.
È un alimento ad alto valore nutritivo; si usa soprattutto nelle

zuppe, come condimento sui cereali o spalmato sul pane (per colazioni energetiche). È consigliabile non riscaldarlo troppo o bollirlo, per evitare che perda parte del suo valore nutritivo. In Giappone si usano tipi di miso vari, diversi a seconda dei cereali con cui vengono preparati.
Il grano saraceno tostato, che viene chiamato **kasha** (o kacha), e una graminacea comunemente considerata tra i cereali e tra essi è il più yang.
È un tipico alimento invernale, ancora in uso in certe valli del Nord-Italia. Potete usarlo in chicchi (tostatelo da voi) o sotto forma di farina.
Le **umeboshi** sono una particolare varietà di prugne giapponesi che sono sottoposte ad una lunga fermentazione in presenza di sale marino.
Rafforzano le difese organiche, sono disintossicanti del fegato e riequilibratrici delle funzioni gastro-intestinali, data l'equilibrata costituzione di sostanza acida (yin) e alcalina (yang). Hanno un sapore molto forte, acido-salato. Possono essere mangiate crude, ma sono da preferire cotte.
L'**aceto di mele,** diluito o mescolato ai cibi ne esalta gli aromi senza coprirli. Ricco di potassio (utile per la crescita, il metabolismo, le funzioni nervose, ha un tasso di acidità che non lede la nostra salute ed è un ottimo integratore alimentare. Nella preparazione dei dolci ne favorisce la lievitazione, è un ottimo condimento per verdure crude e cotte, per minestre uova e moltissime altre pietanze.
Tra le bevande è da ricordare il **tè mu**, preparato mescolando 16 diverse erbe è stimolante e molto yang.
Il **tè bancha,** che viene raccolto dalla pianta dopo una maturazione di tre anni (non contiene caffeina, è disintossicante, tonificante, digestivo, contiene molto calcio ed è ottimo a fine pasto).
Lo **yannoh** è un sostituto del caffè, preparato con orzo, soya, ceci, riso, azuki. È conosciuto come caffè di cereali ed è ottimo per il sistema nervoso.
Non trovando lo yannoh si può ripiegare su un classico **caffè d'orzo,** anch'esso ottimo sostituto dell'abituale caffè.

Sintomi e malattie più comuni con l'indicazione degli alimenti consigliati

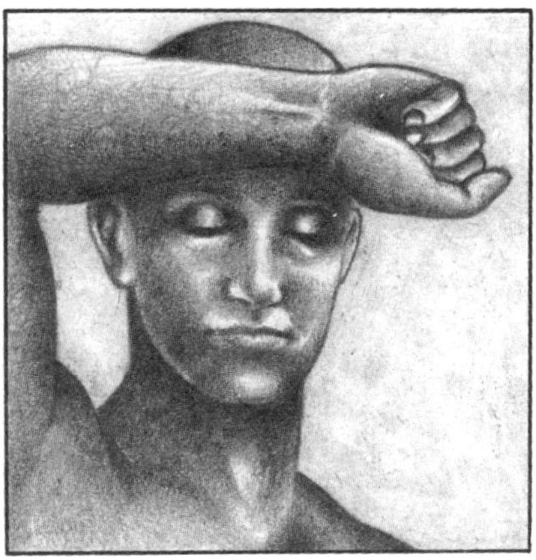

Acidità di stomaco: limone, menta.

Acne: carota, cavolo, lattuga, lievito di birra, pomodoro, rapa, tarassaco, yogurt.

Aerofagia: anice verde, finocchio, limone, maggiorana, menta, origano.

Anemia: aglio, albicocca, arancia, barbabietola, carota, castagna, cavolo, cicoria, crescione, germogli, frumento, lievito di birra, limone, mela, noce, oliva, polline, porro, prezzemolo, prugna, spinacio, tarassaco, uva.

Angina pectoris: aglio, carciofo, carota, cavolo, lievito di birra, mela, noce, segala, soia, yogurt.

Ansietà: albicocca, avena, barbabietola, cavolo, lattuga, maggiorana, origano, pesca, prezzemolo, soia.

Arteriosclerosi: aglio, carciofo, carota, cavolo, cipolla, ciliegia, fragola, frumento, lievito di birra, mela, noce, pomodoro, porro, prugna, segala, soia.

Artrite e Artrosi: aglio, asparago, carciofo, cavolo, cetriolo, cicoria, cipolla, ciliegia, fragola, limone, mela, pomodoro, pompelmo, porro, rafano nero, ravanello rosa, uva.

Astenia: aglio, albicocca, arancia, asparago, avena, cannella, carota, castagna, cavolo, chiodi di garofano, cicoria, cipolla, crescione, fagiolo, fico, fragola, frumento, germogli, ginepro, grano saraceno, limone, maggiorana, mandorla, mela, menta, miele, miglio, noce moscata, pappa reale, pinolo, polline, prezzemolo, prugna, riso, rosmarino, salvia, santoreggia, sedano, tarassaco, timo, uva.

Bronchite: aglio, carota, cavolo, cerfoglio, cipolla, crescione, fico, germogli, lattuga, mela, menta, miele, origano, orzo, pinolo, rafano nero, rosmarino, salvia, santoreggia, timo.

Calcolosi biliare: carciofo, carota, ciliegia, cipolla, crescione, fragola, limone, mela, melanzana, noce, oliva, rafano nero, ravanello rosa, rosmarino, tarassaco, uva.

Calcolosi urinaria: aglio, avena, carota, cavolo, ciliegia, crescione, finocchio, fragola, limone, mela, porro, prezzemolo, rafano nero, rapa, ravanello rosa, sedano, tarassaco.

Cancro: aglio, barbabietola rossa, carota, cavolo, cerfoglio, cipolla, crescione, germogli, mela, polline, prezzemolo, sedano.

Cefalea: basilico, cavolo, ciliegia, finocchio, limone, maggiorana, mela, menta, rafano nero, rosmarino.

Cirrosi epatica: cipolla, cavolo, ginepro, polline, rosmarino.

Cistite: aglio, carota, cavolo, cipolla, finocchio, ginepro, orzo, porro, rapa, timo, yogurt.

Colica epatica: (v. Calcolosi biliare)

Colite: aglio, basilico, cannella, carota, carciofo, cavolo, cicoria, cipolla, crauti, lievito di birra, mela, menta, miele, orzo, pomodoro, riso, rosmarino, tarassaco, timo, uva, yogurt, zucca, zucchino.

Decalcificazione: (v. Demineralizzazione)

Demineralizzazione: arancia, asparago, barbabietola rossa, carota, cavolo, ciliegia, fragola, frumento, germogli, lievito di birra, limone, mandorla, mela, orzo, polline, rafano nero, sedano, uva, yogurt.

Depressione nervosa: albicocca, cannella, cavolo, mela, menta, noce moscata, polline, pappa reale, prugna, rosmarino, salvia, sedano, timo.

Dermatosi: arancia, asparago, carota, cavolo, cerfoglio, cetriolo, crescione, fragola, lievito di birra, limone, mandorla, noce, oliva, polline, rafano nero, riso, salvia, tarassaco, uva, yogurt.

Diabete: asparago, avena, carciofo, cavolo, cece, cicoria, crescione, fagiolo, ginepro, lievito di birra, mela, nocciola, oliva, riso, salvia.

Diarrea: aglio, albicocca, cannella, carota, castagna, cavolo, chiodi di garofano, lievito di birra, limone, mela, menta, noce moscata, polline, riso, rosmarino, salvia, santoreggia, yogurt.

Digestione difficile: aglio, alloro, anice verde, basilico, cannella, chiodi di garofano, cicoria, cipolla, finocchio, ginepro, lievito di birra, limone, melanzana, menta, noce moscata, peperoncino rosso, pompelmo, prezzemolo, rafano nero, rosmarino, salvia, santoreggia, sedano, tarassaco, timo, yogurt, zucca.

Eczema: (v. Dermatosi)

Edema: aglio, cavolo, cerfoglio, cipolla, prezzemolo, rapa, uva.

Emicrania: (v. Cefalea)

Emorragia: arancia, carota, limone, polline.

Emorroidi: barbabietola rossa, castagna, cavolo, cerfoglio, cipolla, melone, patata, porro, salvia, tarassaco, yogurt.

Enterite: (v. Colite)

Faringite: aglio, cavolo, cipolla, limone, miele, polline.

Febbre: aglio, arancia, cannella, carota, cavolo, cetriolo, chiodi di garofano, cipolla, crauti, germogli, limone, menta, mela, miele, orzo, pompelmo, prezzemolo, timo, uva.

Fermentazioni intestinali: aglio, anice verde, basilico, cannella, carota, chiodi di garofano, ciliegia, cipolla, crauti, finocchio, lattuga, menta, peperoncino rosso, polline, prezzemolo, rafano nero, salvia, santoreggia, tarassaco, timo, yogurt.

Flebite: cavolo, limone.

Fragilità capillare: arancia, cavolo, grano saraceno, limone, peperone, peperoncino rosso, pompelmo, prezzemolo.

Gastrite: carota, cavolo, finocchio, fico, lattuga, limone, mela, miele, patata, salvia, yogurt, zucca.

Geloni: carota, cavolo, cerfoglio, cipolla, limone, sedano.

Gengivite: arancia, carota, cavolo, cipolla, fico, limone, sedano.

Gotta: aglio, asparago, basilico, carciofo, carota, cavolo, cerfoglio, cicoria, ciliegia, finocchio, fragola, ginepro, lattuga, limone, melone, oliva, pera, pomodoro, porro, prezzemolo, prugna, rafano nero, rapa, rosmarino, sedano, tarassaco, uva.

Herpes labiale: limone.

Inappetenza: aglio, albicocca, arancia, cicoria, crescione, finocchio, ginepro, limone, noce moscata, origano, pappa reale, polline, pompelmo, prezzemolo, rafano nero, salvia, sedano.

Infarto cardiaco: aglio, carota, cavolo, mela, segala, soia, yogurt.

Influenza: aglio, arancia, cannella, cavolo, cipolla, germogli, limone, menta, miele, pinolo, rosmarino, salvia, timo, yogurt.

Insonnia: albicocca, avena, basilico, cavolo, lattuga, maggiorana, mela, origano, pesca, zucca.

Insufficienza epatica: arancia, asparago, carciofo, carota, cavolo, cerfoglio, cicoria, ciliegia, crescione, fragola, lattuga, lievito di birra, limone, mela, melanzana, menta, noce, oliva, orzo, polline, pompelmo, prezzemolo, prugna, rafano nero, riso, rosmarino, salvia, sedano, tarassaco, timo, uva.

Insufficienza renale: aglio, anice verde, carciofo, cavolo, cerfoglio, cicoria, ciliegia, cipolla, crescione, finocchio, mela, melone, orzo, pera, pompelmo, pesca, porro, prezzemolo, rapa, riso, salvia, tarassaco, zucchino.

Ipercolesterolemia: aglio, carciofo, cece, limone, mais, mela, melanzana, noce, soia, tarassaco, yogurt.

Iperglicemia: (v. Diabete)

Ipertensione arteriosa: aglio, fragola, limone, magiorana, mela, oliva, riso, segala, soia, uva.

Ipertiroidismo: mais.

Iperuricemia: (v. Gotta)

Ipotensione arteriosa: avena, orzo, pappa reale, polline, rosmarino, salvia, timo.

Ittero: (v. Insufficienza epatica)

Laringite: aglio, cavolo, cerfoglio, cipolla, fico, limone, miele, salvia, sedano.

Malattie infettive: (v. Febbre)

Mal di testa: (v. Cefalea)

Mestruazioni dolorose: anice verde, cavolo, lattuga, menta, prezzemolo, rosmarino, salvia.

Meteorismo: aglio, anice verde, basilico, cannella, chiodi di garofano, cipolla, crauti, finocchio, lattuga, limone, maggiorana, menta, noce moscata, origano, peperoncino rosso, prezzemolo, rosmarino, salvia, santoreggia, timo, yogurt.

Obesità: ciliegia, cipolla, fragola, lattuga, limone, mela, patata, pompelmo, porro, prezzemolo, rapa, riso, sedano, tarassaco.

Oliguria: (v. Insufficienza renale)

Osteoporosi: (v. Demineralizzazione)

Palpitazione cardiaca: anice verde, lattuga, mandorla, menta, rosmarino.

Parassiti intestinali: aglio, cannella, carota, cavolo, cece, chiodi di garofano, cipolla, crescione, finocchio, limone, mela, menta, nocciola, noce, porro, prezzemolo, santoreggia, timo, zucca (semi).

Pertosse: aglio, basilico, cavolo, lattuga, origano, rafano nero, rosmarino, timo.

Putrefazioni intestinali: (v. Fermentazioni intestinali)

Rachitismo: aglio, albicocca, carota, cavolo, cipolla, formaggio, frumento, germogli, lievito di birra, noce, oliva, pinolo, polline, prezzemolo, rafano nero, salvia, spinacio, yogurt.

Raffreddore: (v. Bronchite e Influenza)

Reumatismo: (v. Artrite e Artrosi)

Salmonellosi: aglio, cannella, carota, cavolo, cipolla, lievito di birra, menta, riso, rosmarino, salvia, timo, yogurt.

Sciatica: (v. Artrite e Artrosi)

Scorbuto: arancia, carota, cavolo, cerfoglio, cipolla, crauti, crescione, germogli, limone, patata, polline, rafano nero, ravanello rosa, tarassaco.

Seborrea: cavolo, limone, rafano nero, rosmarino.

Senescenza: aglio, albicocca, arancio, carota, castagna, cavolo, ciliegia, cipolla, fico, germogli, limone, mela, nocciola, pappa reale, polline, pompelmo, segala, soia, yogurt.

Sinusite: aglio, cavolo, limone, menta, polline, pinolo, timo, yogurt.

Stanchezza: (v. Astenia)

Stitichezza: albicocca, arancia, carota, cavolo, cerfoglio, cicoria, ciliegia, cipolla, coste, fico, fragola, frumento, lattuga, lievito di birra, mandorla, mela, melanzana, melone, oliva, patata, pesca, polline, pomodoro, porro, prugna, riso, segala, tarassaco, uva, yogurt, zucca, zucchino.

Stomatite: (v. Gengivite)

Tenia: (v. Parassiti intestinali)

Tonsillite: aglio, cavolo, carota, cipolla, fico, limone, miele, polline, rapa, rosmarino, salvia, sedano, timo, yogurt.

Tosse: aglio, anice verde, basilico, carota, cavolo, cipolla, fico, lattuga, mandorla, miele, origano, pinolo, polline, rafano nero, rapa, salvia, sedano, timo.

Tracheite: (v. Tosse)

Tumore: (v. Cancro)

Ulcera gastrica o duodenale: carota, cavolo, limone, mela, patata, ricotta, salvia, yogurt.

Vene varicose: aglio, cavolo, limone, tarassaco.

Vermi: (v. Parassiti intestinali)

Vomito: anice, finocchio, melissa, menta.

Le ricette

PREMESSA ALLE RICETTE

Un libro quale il "Cucchiaio Verde", frutto del lavoro di sette diversi Autori, se guadagna in ricchezza dei contenuti, conserva una certa disarmonia nell'esposizione, ad esempio, delle più di 700 ricette raccolte. Quindi, se il nostro primo intento è stato quello di dare qualità ai contenuti in modo che risultino affidabili e aggiornati alle più nuove esigenze del pubblico, dall'altra abbiamo cercato di rendere omogeneo lo stile di esposizione senza nulla togliere alla personalità dell'Autore.

Il ricettario è stato suddiviso in capitoli, che si susseguono secondo un uso ideale delle pietanze. Dalle salse si passa quindi alle insalate, ai germogli, alle zuppe e ai cereali, alle verdure cotte e ai legumi, alle alghe, alle uova e ai funghi. Si propongono poi ricette per piatti unici, per pani e pizze, per dolci sani e gustosi. Si consigliano infine utili tisane - per rimediare tra l'altro anche ad eventuali problemi di digestione dovuta a troppa golosità.

Alcune delle ricette presentate avrebbero potuto rientrare in più capitoli o avrebbero addirittura voluto un capitolo proprio. Ad esempio la "Pasta e fagioli" poteva essere collocata sia tra "I cereali" (come poi è stato fatto) che tra "I legumi" o delle ricette dedicate al grano saraceno che pur non essendo un cereale è stato inserito tra quest'ultimi. In questi casi ci siamo affidati un po' all'ispirazione del momento e un po' abbiamo tenuto conto di abitudini consolidate (vedi grano saraceno).

Buona introduzione, o meglio, obbligatoria introduzione al ricettario è la parte "Curarsi con il cibo" che rende agevoli anche al neofita alcuni concetti base dell'alimentazione naturale e vegetariana oltre a spiegare l'origine e l'impiego di ingredienti sconosciuti alla cucina tradizionale. Data la presenza di questa completa prefazione, abbiamo ritenuto superfluo sottolineare ricetta per ricetta l'uso di prodotti naturali e integrali, l'impiego di erbe selvatiche raccolte in luoghi riparati da possibili fonti di inquinamento e così via.

Infine, per rendere più agevole l'utilizzo del ricettario abbiamo redatto un indice delle ricette in ordine alfabetico; questo, più che il semplice elenco, dei capitoli presenti, deve essere considerato come la chiave di lettura dell'opera.

Buon lavoro... e buon appetito!

Salse e sughi

SALSA ARCOBALENO

2 mele, 160 gr di noci, la buccia di due arance, 3 chiodi di garofano, 1 fetta di zucca, 45 gr di pangrattato, 1/2 l di vino rosso, un pizzico di cannella e un cucchiaio di miele.

Pestate i gherigli delle noci e aggiungete la scorza delle arance grattugiata, la zucca tagliata a pezzettini, le mele grattugiate, i chiodi di garofano, il pangrattato e il vino. Lasciate bollire per circa 25/30 minuti. Passate al setaccio la salsa e servitela dopo che si è raffreddata.

SALSA AGLI AROMI

4 pomodori, 2 spicchi d'aglio, 140 gr di olive snocciolate, basilico, sale, 1 cipolla, un pizzico di lavanda e di maggiorana, timo in polvere, alloro, sale e olio d'oliva.

Tritate i pomodori, l'aglio, le olive e la cipolla, mettete il tutto in una pentola e portate a cottura con un po' di olio. Salate e non dimenticate di aggiungere gli aromi.

SALSA AL BASILICO

2 spicchi d'aglio, 2 cucchiai di foglie di basilico tritato, sale, 1 dl di olio di oliva e 1 cucchiaio di pinoli.

Pestate l'aglio, il basilico e i pinoli in una scodella. Mescolate bene il tutto aggiungendo l'olio e il sale.

SALSA BESCIAMELLA

Dosi per 4 persone: 25 gr di burro, 2 cucchiai di farina di frumento, 1/2 l di latte.

Sciogliere il burro, aggiungere la farina dopo averla passata al setaccio e mescolare bene. Lentamente versare il latte caldo e continuare a mescolare finché il tutto non diventa ben denso. Insaporire con un pizzico di sale e, a gusto, noce moscata.

SALSA CITRONETTE

Olio, limone, sale, pepe.

In una ciotolina mettere sale a proprio gusto con una parte di succo di limone e sbattere bene fino a suo completo scioglimento. Aggiungere due parti di olio, amalgamare perfettamente e unire, al momento, il pepe macinato grossolanamente. Esiste una gustosa variante di questa salsa che prevede l'aggiunta di un cucchiaino di capperi ben tritati e di due cucchiaini di erba cipollina tritata finemente.

SALSA DI CARCIOFI

Dosi per 4 persone: 3 carciofi, 2 spicchi d'aglio, 1 pugno di prezzemolo, qualche fogliolina di menta, 1 tazza di brodo vegetale, 5 cucchiai di olio.

Pulite e affettate i carciofi avendo cura che le fettine siano ben sottili, mettetele in un tegame aggiungendo la tazza di brodo e l'aglio tritato. Portate a cottura i carciofi, quindi prendetene una parte e frullatela. Unite il tutto aggiungendo le foglioline di menta tritate e, infine, condite con l'olio.

SALSA AL CURRY

1 cucchiaino di curry o più a seconda dei vostri gusti, 2 cucchiai di farina d'orzo, 2 cucchiai di farina integrale da dolci, 35 gr di burro, 1/4 l di panna liquida, 1 cucchiaino d'olio, 1 cucchiaio di maggiorana, 1 mela, 1 piccola cipolla, 1/4 l di brodo vegetale.

Sbucciate la mela e tagliatela a fettine sottili che rosolerete insieme alla cipolla tritata in un tegame con un po' di olio e di burro.
Mettete da parte il tutto e con l'olio e il burro rimasti fate dorare il curry con le farine; successivamente aggiungete il brodo vegetale e il sale continuando a mescolare. A questo punto incorporatevi il soffritto che avete messo da parte, lasciando poi cuocere per 25 minuti circa a fuoco lento. Quando avrete tolto dal fuoco versate la panna liquida e la maggiorana tritata.

SALSA AL GORGONZOLA PICCANTE

80 gr di gorgonzola piccante, il succo di mezzo limone, 8-9 noci pestate, 1 cucchiaio di olio di sesamo e due yogurt.

Mescolate bene gli ingredienti in modo da ottenere una bella crema. La salsa è consigliata per accompagnare le verdure crude come il sedano, le carote, il finocchio.

MAIONESE AL BASILICO

4 tuorli d'uovo, olio di girasole, sale, basilico, il succo di un limone.

Sbattere con il frullino i tuorli, il basilico che avrete precedentemente tritato, il sale e il succo di limone. Aggiungete lentamente l'olio finché viene assorbito continuando a frullare. Ricordate che perché la maionese riesca l'olio e i tuorli devono essere a temperatura ambiente.

SALSA PER PASTASCIUTTA

4 pomodori, 1 cipolla grossa, olio d'oliva, sale, 3 gambi di sedano.

Tritate i pomodori, la cipolla, l'aglio e il sedano. Condite con l'olio e, dopo averlo fatto riposare, servite crudo sulla pasta calda.

SALSA NERINA

2 cucchiai di yogurt, 1/2 bicchiere d'olio d'oliva, 1 cucchiaio di senape bianca, il succo di 2 limoni, 2 cucchiai di prezzemolo tritato, 1 tuorlo di uovo sodo, 2 foglioline di menta e 2 di melissa, 1 mazzetto di erba cipollina, sale.

Tritate bene il prezzemolo, l'erba cipollina, le foglie di melissa e di menta e ponete il tutto in una terrina aggiungendo il tuorlo d'uovo sminuzzato, la senape bianca, il succo del limone mescolato con l'olio, lo yogurt e qualche cucchiaio d'acqua (1 o 2) per rendere la salsa fluida. Mescolate bene in modo da amalgamare gli ingredienti. Questa salsa è ottima per condire insalate di vario tipo.

SALSA DI OLIVE

300 gr di olive nere e olio di oliva.

Dopo aver tolto il nocciolo alle olive frullatele aggiungendo quanto basta di olio di oliva in modo da ottenere una cremina densa. È indicata per merende o come condimento per la pasta o le verdure.

SALSA AL TAMARI

Dosi per 4 persone: 4 cucchiai di tamari, 1/2 l di latte, 3 cucchiai di farina di frumento setacciata.

Sciogliere la farina nel latte e, continuando a mescolare, portare ad ebollizione. A questo punto insaporite il tamari.

PINZIMONIO

Olio, limone e sale.

Mescolare bene gli ingredienti tra di loro. Questa salsa, che è l'ideale condimento per le verdure crude, può presentarsi in diversi modi, arricchendosi, a seconda dei gusti di molti altri ingredienti. Ecco alcuni esempi. Olio, aglio, senape, rosmarino, limone e sale. Olio, origano, aglio, succo di pomodoro, peperoncino in polvere, sale. Olio, prezzemolo, aglio, menta, santoreggia, limone, sale. Olio, prezzemolo, lievito di birra in polvere o a scaglie, tamari, peperoncino in polvere. Olio, aglio, gomasio, prezzemolo, limone. E così via...

SALSA TZAZIKI

Dosi per 4 persone: 700 gr di yogurt, mezza cipolla, un cetriolo, qualche foglia di basilico, 2 spicchi d'aglio, una manciata di prezzemolo, alcune foglie di menta fresca.

Ridurre in poltiglia la cipolla e l'aglio, tritare il basilico, la menta e il prezzemolo. Tagliare il cetriolo a dadini. Mescolare il tutto e aggiungere lo yogurt. Otterrete una deliziosa salsa che è bene servire fresca.

SALSA DI ZUCCHINE E FUNGHI

300 gr di zucchine, 2 spicchi d'aglio, 25 gr di funghi secchi, mezzo cucchiaino di zenzero, 2 cucchiai di olio, 1 pugno di prezzemolo.

Tritate l'aglio, tagliate a pezzi i funghi dopo averli fatti rinvenire in acqua tiepida, tagliate a pezzetti le zucchine. Mettete il tutto in una pentola, aggiungendo mezza tazza d'acqua. Cuocere a fuoco lento per 15/20 minuti. Insaporite con l'aggiunta di zenzero e prezzemolo.

SUGO AL ROSMARINO

5 rametti di rosmarino, 12 gherigli di noci, 1 cucchiaio di farina, 1 cucchiaino di paprica forte, 1 cucchiaio di panna, 35 gr di burro, 1 cucchiaio e 1/2 l d'olio.

Lavare e tritare bene gli aghi di rosmarino. Rosolare in una pentola la farina con il burro e l'olio, unire il rosmarino e la paprica, ricordando di tenere il fuoco moderato. Aggiungere i gherigli delle noci finemente tritati, 4 cucchiai d'acqua e un pizzico di sale, cuocere ancora per 12-14 minuti circa. Spegnete e quando la salsa è tiepida aggiungere la panna.

SUGO DI CARCIOFI

7 carciofi, 3 spicchi d'aglio, 55 gr di capperi, 2 cucchiai di prezzemolo tritato, 3 cucchiai di pane grattugiato, 1 cucchiaino di origano, pepe, 55 gr di olive nere, 1 cucchiaino di tamari, 1/2 bicchiere d'olio.

Tritare l'aglio e rosolarlo nell'olio, aggiungere il prezzemolo e il pane grattugiato. Fate bollire dell'acqua, salatela e immergetevi per circa 10-12 minuti i carciofi. Una volta scolati, tritateli e metteteli nel soffritto. Aggiungete le olive snocciolate, i capperi precedentemente messi in ammollo nell'acqua, il pepe, il tamari, un po' di sale e un bicchiere di acqua. Cuocere per 30 minuti circa a fuoco lento. A cottura ultimata aggiungere l'origano. Con questo sugo si possono condire gnocchi e paste asciutte.

SUGO AI FUNGHI E PORRI

2 porri, 500 gr di funghi, 1 foglia di alloro, 1 chiodo di garofano, 1 pugno di prezzemolo e 4 cucchiai d'olio.

Affettate i funghi e i porri e metteteli in un tegame con la foglia d'alloro e il chiodo di garofano. Condite con l'olio e insaporite con il prezzemolo tritato. Fate cuocere circa 25-30 minuti. Questo sugo è ideale per pasta, tartine e cereali. Se vi piace potete ottenere un'ottima minestra aggiungendo acqua e dei pomodori tritati.

DADO VEGETALE

1 kg di cipolle, 1 kg di carote, 1/2 kg di sedano, 800 gr di prezzemolo, 400 gr di pomodori, 450 gr di fagiolini, 1/2 kg di zucchine, 200 gr di timo.

Tritare bene tutte le verdure e mescolarle con 1 kg di sale fino. Invasare, ricoprire con della carta pergamena e mettere infine un buon tappo.

SUGO DI POMODORO

1 cipolla, 2 spicchi d'aglio, 1 cucchiaio d'olio, 500 gr di polpa di pomodoro.

Fate appassire nell'olio la cipolla e l'aglio finemente tritati facendo attenzione che non friggano. Dopo 10-12 minuti unite il pomodoro e continuate la cottura per altri 15 minuti. A questa ricetta base si possono aggiungere, a seconda dei gusti, varie spezie, verdure, aromi.

SUGO FREDDO ALLA CUBANA

3 spicchi d'aglio, 2 avogado maturi, 2 limoni, qualche foglia di basilico, un pizzico di coriandolo, peperoncino in polvere, 1 bicchiere di olio di oliva, sale.

Frullate i vari ingredienti: la polpa di avogado che avrete prima tagliato a pezzetti, il coriandolo, l'aglio, il peperoncino, il basilico, il succo dei limoni e il sale. Otterrete una salsa omogenea indicata per accompagnare il pesce lesso, il riso, la pasta integrale e le verdure cotte.

RAGÙ VEGETALE

2 grosse cipolle, 2 carote, 2 coste di sedano, 150 gr di piselli freschi, 5 cucchiai d'olio e 1 cucchiaino di maggiorana e timo.

Tritare tutte le verdure e cuocerle nella loro acqua per 7-8 minuti. Aggiungere 1 bicchiere d'acqua e i piselli continuando la cottura per 20 minuti. Quando questa sarà ultimata, insaporire con l'olio, il timo e la maggiorana. Questo ragù è indicato per pasta e cereali.

SUGO DI VERDURE

4 carote, 1 kg di porri, 3/4 gambi di sedano, 400 gr di piselli freschi, noce moscata, acqua e olio quanto basta, 60 gr di burro, pepe verde, cumino in polvere e 4 foglie di alloro.

Tagliare a fettine le carote, i porri e il sedano e mettere il tutto in una pentola con le foglie di alloro e i piselli. Aggiungete 2 cucchiai d'olio, 2 bicchieri d'acqua, grattugiate un po' di noce moscata. Lasciate cuocere 3 ore circa a fuoco moderato.

SUGO AI TRE FORMAGGI

1 hg di gorgonzola dolce, 80 gr di gorgonzola piccante, 130 gr di formaggio grasso, 4 cucchiai di prezzemolo tritato, pepe, noce moscata.
Per la besciamella: *3 cucchiai di farina, 1/2 l di latte, 1 tuorlo d'uovo e 40 gr di burro.*

Con la farina e il latte fate una besciamella ricordando di tostare la farina e prima di togliere dal fuoco unite il burro, le spezie, il tuorlo d'uovo e i formaggi. Quando avrete ottenuto una crema omogenea spegnete e unite il prezzemolo.

SUGO AL PEPERONCINO

3 cucchiai di olio, 2 cucchiai di cipolla tritata, 2 cucchiai di peperoncino rosso tritato, 1 cucchiaio e mezzo d'aglio tritato, 1 cucchiaino di sale, 2 cucchiaini di zucchero, 4 cucchiai da tavola di polpa di pomodoro.

Rosolate in una pentola con l'olio la cipolla e l'aglio. Aggiungete il peperoncino, la polpa di pomodoro, il sale. Cuocete quindi a fuoco moderato per circa 15 minuti.

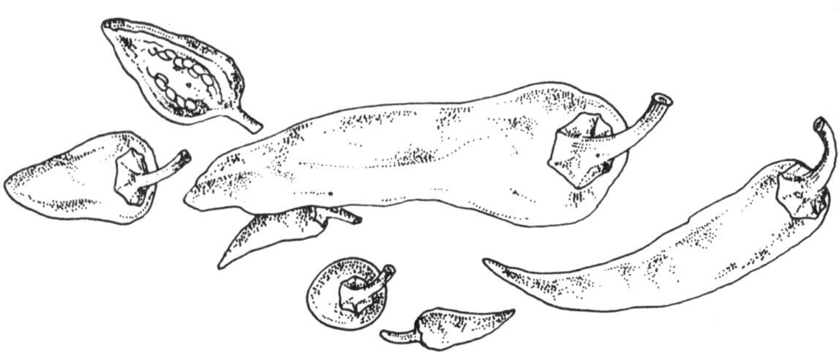

PESTO MATTO

7 cucchiai di pinoli, un mazzetto di salvia fresca, 9 cucchiai di grana grattugiato, 5 cucchiai di olio di oliva, sale.

Frullate insieme i pinoli, le foglie di salvia tritate, un pizzico di sale, l'olio e 2 o 3 cucchiai dell'acqua di cottura del riso. Aggiungete il grana e frullate ancora per un attimo in modo da ottenere una bella salsa cremosa.

SALSA PER INSALATA DI RISO

1 pomodoro, 1 cetriolo piccolo, una fettina di peperone, il succo di 1/2 limone, sale, 1 bicchiere di olio di oliva, 1 cucchiaio di purea di mandorle.

Frullate tutti gli ingredienti e conditevi il riso, che potrete poi decorare con uova sode, olive, o a piacere.

SALSA PER VERDURA CRUDA

5 cucchiai di olio di noci, 1 cucchiaio di olio di sesamo, 4 cucchiai di purea di nocciole, santoreggia, cerfoglio in polvere, sale, il succo di 1/2 limone, 1 cucchiaio di gomasio.

Frullate insieme tutti gli ingredienti.

SALSA AL SESAMO

5 cucchiai di purea di sesamo, coriandolo in polvere, erbe aromatiche in polvere, zafferano in polvere, prezzemolo in polvere, olio di nocciole e olio di girasole, sale.

Frullate il tutto e otterrete una cremosa salsa per condire riso e crauti.

Insalate e verdure crude

Le verdure crude, com'è noto, sono l'accompagnamento più adatto per i cereali o per i cibi proteici e, in effetti, molte delle seguenti ricette servono in modo eccellente come contorni.
Attenzione però! Alcune insalate descritte contengono già come ingrediente un cibo proteico (formaggio, uova, mandorle...): in questo caso l'insalata andrà considerata un piatto unico, da accompagnarsi soltanto con del buon pane integrale.
La presenza di condimenti acidi (aceto, meglio se di mele, o succo di limone) non va considerata obbligatoria e anzi, di norma, andrebbe limitata a pochissime gocce (vedi capitolo *"Le combinazioni alimentari"* pag. 29).
È ovvio, lo ripetiamo, che quando nelle ricette ricorrono gli ingredienti "olio" e "sale" deve intendersi solo ed esclusivamente "olio extra vergine d'oliva" e "sale marino integrale".

INSALATA DI SPINACI 1

Spinaci, qualche fungo, olio, gomasio, tamari, prezzemolo, aglio (se gradito).

Per la migliore riuscita di questo piatto, usare solamente spinaci freschissimi e di coltivazione biologica.
Mondare e lavare molto bene gli spinaci, scolarli delicatamente e metterli in una capace terrina. Pulire e affettare i funghi e unirli agli spinaci. Condire con olio, gomasio, tamari e prezzemolo tritato. Se piace, aggiungere mezzo spicchio d'aglio finissimamente tritato.

INSALATA DI SPINACI 2

Spinaci, ricotta, olio, succo di limone, sale.

Lavare molto bene (in "molte acque"...) gli spinaci, piuttosto giovani e teneri e asciugarli delicatamente. Tritateli grossolanamente e poneteli in una insalatiera. Condire con una salsa preparata stemperando della ricotta freschissima con olio e succo di limone. Aggiustare di sale e far riposare qualche minuto prima di gustarli.

INSALATA DI SPINACI 3

Spinaci, porro, olio, succo di limone, sale, pepe (se gradito).

Lavare molto bene gli spinaci, scolarli con molta delicatezza e metterli in una terrina. Affettare un porro a rondelle e unirlo agli spinaci. Condire con olio, succo di limone, sale. Chi lo desidera potrà completare con un pizzico di pepe macinato al momento.

INSALATA DI FAGIOLINI

Fagiolini verdi, cerfoglio, erba cipollina, prezzemolo, olive nere, aglio, olio, succo di limone, sale.

Pulire, lavare e cuocere al vapore i fagiolini. Lasciarli raffreddare. Metterli in una terrina e coprirli con un trito finissimo di cerfoglio, erba cipollina, prezzemolo, olive nere e aglio. Condire con olio, succo di limone e sale.

INSALATA DI INDIVIA BELGA

Indivia belga, formaggio emmenthal o fontina, prezzemolo, olio, succo di limone, sale, noce moscata.

L'indivia belga è in pratica un grosso germoglio ottenuto con la "forzatura" di una particolare specie di cicoria ("forzare", in questo caso, significa far produrre a una pianta nuovi germogli in condizioni controllate di temperatura e di luminosità). Affettare in sottili rondelle le indivie. Mescolarle con il formaggio tagliato a cubetti. Aggiungere del prezzemolo tritato e condire con olio, sale, succo di limone e una grattugiatina di noce moscata.

INSALATA DI CHICCHI DI MAIS

Mais in chicchi, peperoni rossi e verdi, cipolla fresca, olio, succo di limone, sale, peperoncino, origano.

Lasciare in ammollo il mais (cambiando l'acqua dopo 24 ore) per almeno due giorni. Lavarlo accuratamente, eliminando tutte le impurità e cuocerlo in acqua salata finché sarà tenero. Scolare i chicchi e farli raffreddare. Aggiungervi, a questo punto, i peperoni tagliati a dadini e la cipolla tritata.

Condire con olio, sale, succo di limone, origano e un pizzico di peperoncino in polvere. Mescolare bene e far riposare un quarto d'ora in frigorifero prima di servire.

FIORI DI CAVOLO CROCCANTI

Cavolfiore, tuorli d'uovo, olio, succo di limone, prezzemolo, aglio, passato di pomodoro, sale.

Pulire e dividere in piccoli mazzetti un bel cavolfiore. Lavarli rapidamente e lasciarli scolare. Iniziare a preparare la salsa mettendo i tuorli d'uovo in una scodella con un pizzico di sale. Con un cucchiaio di legno, mescolare sempre nella stessa direzione e con velocità costante, unendo l'olio poco alla volta, man mano che la maionese diventerà densa.

Aggiungere, infine, qualche goccia di succo di limone, prezzemolo e aglio tritati, qualche cappero e un bicchiere di passato denso di pomodoro. Mescolare delicatamente. Ognuno intingerà i pezzetti di cavolfiore in questa squisita salsa.

INSALATA SELVATICA

Lattuga, ravanelli, erbe selvatiche, fiori di tarassaco e di primula, olio, tamari.

Lavare, asciugare e unire alla lattuga e a qualche ravanello delle erbe selvatiche raccolte in campi non coltivati e lontani dal traffico automobilistico: tarassaco, rucola, crescione, cerfoglio, germogli di rovo e di luppolo, valerianella, menta, primula... Condire con olio e tamari. Decorare, dopo aver ben mescolato, con fiori di tarassaco e di primula.

ZUCCHINE IN SALSA

Zucchine, mandorle spellate, basilico, olio, succo di limone, tamari.

Affettare sottilmente le zucchine (sceglierle freschissime e, importante, piccole) e condirle con una salsa ottenuta frullando mandorle spellate, basilico, olio, succo di limone e tamari. Lasciar riposare qualche minuto in luogo fresco prima di servire.

INSALATA DI GERMOGLI DI SOIA

Germogli di soia, olio, tamari, succo di limone.

Lavare e sgocciolare i germogli di soia e condirli semplicemente con olio, tamari e succo di limone. È un'insalata molto indicata quando è particolarmente necessario rivitalizzare l'organismo.

POMODORI RIPIENI 1

Pomodori maturi, lattuga, cipolla, peperone, cetriolo, aglio, prezzemolo, uova sode, olio, sale.

Tagliare la parte superiore dei pomodori e togliere i semi. Tritare molto finemente le cipolle, il prezzemolo e l'aglio, aggiungere le uova sode sminuzzate, il peperone e il cetriolo a minuscoli dadini e amalgamare con l'olio. Regolare di sale e con questa salsa riempire i pomodori, che servirete freschi su un letto di lattuga verde.

POMODORI RIPIENI 2

Pomodori, lattuga, formaggio caprino, basilico, rosmarino, erba cipollina, origano, menta, aglio, olio, tamari.

Svuotare i pomodori, salarli e riempirli con del formaggio caprino amalgamato con un trito finissimo di basilico, rosmarino, erba cipollina e origano. Disporre i pomodori su un piatto guarnito con lattuga e coprirli con una salsa verde a base di olio, tamari, aglio e menta.

"CRUDITÉS" IN SALSA VERDE

Pomodori, cetrioli, cipolla, mollica di pane integrale, prezzemolo, basilico, menta, maggiorana, olio, sale.

Affettare i pomodori (recuperando a parte il loro sugo in una scodella) e i cetrioli in una terrina. Preparare la salsa, mettendo nel frullatore la mollica di pane, il sugo dei pomodori, il sale, le erbe aromatiche fresche e l'olio. Quando tutto sarà ben amalgamato, versare sulle verdure affettate e mescolare delicatamente.

INSALATA DI CETRIOLI 1

Cetrioli, yogurt, peperoncino in polvere, aglio, prezzemolo, basilico, sale.

Lavare bene i cetrioli, affettarli con la loro buccia e disporli in una insalatiera. Mescolare in una ciotola lo yogurt con gli aromi e il sale e usare questa originale salsa, molto "estiva", per condire i cetrioli. È una pietanza dal gusto tipicamente orientale.

INSALATA DI CETRIOLI 2

Cetrioli, aglio, olive nere, menta fresca, olio, succo di limone.

Lavare e affettare i cetrioli con la loro buccia. Tritare finemente l'aglio e spezzettare le foglie di menta. Snocciolare le olive e farle a tocchetti. Mescolare il tutto e condire con olio e succo di limone. Niente sale.

RAPE CRUDE IN INSALATA

Rape, aglio, prezzemolo, gomasio, olio.

Scegliere delle rape bianche fresche (altrimenti diventano coriacee e difficili da grattugiare e da masticare), spazzolarle sotto l'acqua corrente e grattugiarle più finemente possibile. Condire con olio e aglio tritato. Mescolare bene e, prima di servire, cospargere abbondantemente con prezzemolo e gomasio.

RADICCHIO ROSSO AI TRE (o più) FORMAGGI

Radicchio rosso di Verona, formaggi da taglio, olio, aglio.

Pulire e lavare accuratamente il radicchio, non sfogliandolo tutto, ma lasciandolo a piccoli mazzetti. Tagliare a dadini dei formaggi di media stagionatura (emmenthal, parmigiano, fontina, scamorza, caciotta...) e unirli alla verdura. Condire con olio e aglio tritato finemente. Non salare.

LAMELLE DI FINOCCHIO ALLE MANDORLE

Finocchio, cerfoglio, mandorle dolci spellate, olio, sale, succo di limone.

Affettare sottilmente il finocchio ben lavato e condirlo con cerfoglio tritato, olio, sale e qualche goccia di limone.

Prima di servire, unire al finocchio, dopo averle private della pellicola esterna, delle mandorle dolci ridotte a scaglie.

INSALATA PRIMAVERILE

Lattuga, rapanelli, foglie e fiori di borragine, menta, olio, sale.

Sfogliare e lavare bene della lattuga. Asciugarla delicatamente (le foglie si sciupano facilmente). Unirvi dei rapanelli a rondelle e delle foglie e fiori di borragine (pianta selvatica, ma coltivabile anche in un angolo del proprio orto o giardino, dai bei fiorellini azzurri e dal delicato sapore a metà fra il melone e il cetriolo). Condire con olio, sale e qualche foglia di menta.

INSALATA GRECA

Pomodori, cetrioli, peperoni, cipolla, olive nere, aglio, formaggio fresco, origano, olio, sale.

È un piatto che viene particolarmente valorizzato dalla presenza della "feta", tipico formaggio fresco greco. Ma non è detto che utilizzando una buona caciotta fresca, fatta col latte delle nostre pecore, il risultato sia inferiore. Affettare tutte le verdure, tagliare a dadini il formaggio. Condire con olio, sale e abbondante origano. Guarnire con le olive.

CAROTE IN SALSA BIANCA

Carote, yogurt, prezzemolo, menta, olio, succo di limone, sale.

Spazzolare le carote sotto l'acqua corrente, grattugiarle e condirle con olio, succo di limone e sale. Mescolare bene e lasciar insaporire qualche minuto. Preparare la salsa, mescolando lo yogurt con prezzemolo e menta tritati, e versarla sulle carote. Servire questo piatto ben fresco.

INSALATA AMARA

Tarassaco, cipollotto fresco (se gradito), olio, succo di limone, sale.

Il sapore di questa insalata è decisamente amaro, ma è un amaro, quello del tarassaco primaverile, che "addolcisce" il fegato reduce dagli strapazzi invernali. Approfittiamone quindi largamente! La preparazione è molto semplice, anche se un po' laboriosa: si tratta, infatti, di andare a raccogliere il tarassaco quando è ancora tenero, di pulirlo e di lavarlo. Non resta ora che condirlo con olio, sale e qualche goccia di succo di limone. Lasciar riposare pochi minuti prima di servire. Chi lo desidera, potrà aggiungere qualche rondella di cipollotto fresco.

SEDANO IN BIANCO

Sedano a coste, formaggio caprino fresco, scalogno, santoreggia, olio.

Procurarsi del sedano a coste larghe, ma non del tipo eccessivamente bianco (è quasi insapore). Pulirlo, lavarlo bene e tagliarlo in pezzi lunghi circa dieci centimetri. Riempire queste "barchette" con un composto ottenuto sbattendo a lungo il formaggio caprino con lo scalogno tritato, delle foglie di santoreggia fresca e dell'olio. Conservare in frigo almeno un'ora prima di servire.

VERDURE CRUDE IN PINZIMONIO

Verdura, olio, sale, limone.

È il modo più semplice per mangiare le verdure crude: qualsiasi ortaggio, ben pulito e tagliato in pezzi adeguati, va intinto, tenendolo con le mani, in questa salsa dalla composizione molto varia. (vedi pag. 129)

INSALATA DI CAROTE RINFORZATA

Carote, rapa, sedano di Verona, semi di girasole e di zucca, olio, aceto di mele, sale.

Lavare le carote, la rapa, il sedano di Verona. Sbucciare solo quest'ultimo e tagliare tutte le verdure a fiammifero. Aggiungere, come "rinforzo", una buona quantità di semi di girasole e di zucca già sbucciati. Condire con olio, poco aceto di mele e sale.

FUNGHI ALLA MODA PROVENZALE

Funghi champignons, pomodori, olive nere, tuorli d'uovo sodi, basilico, olio, succo di limone, sale.

Procurarsi dei bei funghi coltivati (o funghi di bosco se certi della loro sanità). Pulirli e affettarli in sottili lamelle. Unirvi dei pomodori maturi, ma con pasta soda, tagliati a dadini. Aggiungere le olive snocciolate, il basilico e condire con olio, succo di limone e sale. Prima di servire, cospargere i funghi con i tuorli d'uovo sodo sbriciolati.

FUNGHI IN INSALATA

Funghi champignons, aglio, olio, sale.

Lavare, asciugare e tagliare a sottili lamelle i funghi. Condirli con olio, sale e una scheggia d'aglio tritata. Lasciar riposare qualche minuto prima di servire.

TRIONFO DI RADICI

Carote, rape, barbabietole rosse, ravanelli, rafano nero, radice di cicoria, prezzemolo, aglio, olio, sale.

Tagliare a fettine sottili, dopo averle ben spazzolate, radici dolci (carote, rape bianche, barbabietole rosse...), piccanti (ravanelli, rafano nero...) e amare (cicoria) in modo che i rispettivi sapori si amalgamino gradevolmente, senza sovrapporsi. Aggiungere del prezzemolo e dell'aglio tritati e condirli con olio e sale.

INSALATA DOLCE D'INVERNO

Carote, finocchio, zucca, aglio, olio, tamari.

Pulire e lavare le carote, il finocchio e la zucca. Grattugiare le carote e la zucca, tagliare a sottili listarelle il finocchio. Condire con olio, aglio tritato e tamari.

INSALATA FORTE

Cipolle bianche fresche, capperi, prezzemolo, olio, succo di limone, sale.

Questa insalata, indicata a chi non teme il suo sapore deciso, si prepara con le prime cipolle primaverili (sono più acquose e più dolci). Affettare, quindi, le cipolle molto sottili, aggiungere qualche cappero e moltissimo prezzemolo tritato. Condire con olio, sale e qualche goccia di succo di limone. Per mitigarne il sapore, si può lasciar riposare questa insalata per 15-20 minuti prima di servire.

INSALATA DI POMODORI 1

Pomodori, prezzemolo, menta, maggiorana, aglio, olio, tamari.

Usare solo pomodori ben maturi, a polpa soda. Affettarli e cospargerli di prezzemolo, menta, maggiorana e aglio tritati. Condire con olio e tamari.

INSALATA DI POMODORI 2

Pomodori, rucola, olive, capperi sotto aceto, olio, sale.

Lavare accuratamente una abbondante quantità di rucola (se adoperate quella selvatica, diminuite la dose: è molto più saporita),spezzettarla, grossolanamente in una insalatiera. Affettarvi sopra i pomodori ben maturi. Aggiungere delle olive e dei capperi sotto aceto. Condire con olio e sale.

INSALATA DI POMODORI (piccante)

Pomodori, uova sode, prezzemolo, origano, peperoncino, olio, sale.

Affettare i pomodori, cospargerli con prezzemolo, origano, peperoncino in polvere e sale. Condire con olio. Mescolare bene. Attendere qualche minuto e, prima di servire, arricchire l'insalata con rondelle di uova sode.

INSALATA DI CARCIOFI 1

Carciofi, parmigiano, olio, sale, pepe.

Procurarsi dei carciofi con poco "pelo" all'interno, privarli delle foglie esterne più dure, accorciare adeguatamente le brattee rimaste. Con un coltello affilatissimo tagliare a fettine molto sottili il carciofo, condendo subito con limone per evitare l'imbrunimento. Completare il piatto con scaglie di parmigiano, olio, sale e un pizzico di pepe. Mescolare molto delicatamente e servire.

INSALATA DI CARCIOFI 2

Carciofi, sedano, olio, sale, succo di limone, pepe.

Tagliare a fiammifero ("julienne") dei fondi di carciofi e dei cuori di sedano, condendo immediatamente con olio, sale, qualche goccia di succo di limone e pepe.

INSALATA DI CARCIOFI 3

Carciofi, finocchi, cipollotti, olive nere, uova sode, olio, succo di limone, sale.

Preparare nel solito modo dei carciofi teneri e tagliarli a fettine sottili. Condirli con succo di limone per evitare che diventino scuri. Affettare sottilmente anche dei finocchi e dei cipollotti freschi. Aggiungere le olive nere. Condire con olio e sale. Lasciare riposare almeno mezz'ora e, prima di servire, guarnire con uova sode tagliate a spicchi.

INSALATA DELLA NONNA ANGELINA

Lattuga, carote, sedano rapa, capperi, uova sode, prezzemolo, olio, sale.

Lavare con cura tutte le verdure. Tagliare finemente l'insalata. Ridurre a fiammiferi ("julienne") sia le carote che il sedano. Mettere tutte le verdure in una terrina. Aggiungere qualche cappero sotto aceto. Passare le uova sode allo schiacciapatate: ne risulteranno dei vermicelli gialli che dovranno ricoprire completamente le verdure. Condire con olio, sale e prezzemolo. Mescolare alla presenza dei commensali.

INSALATA DEL FARAONE

Indivia, cipolla, miele, olio, aceto, sale, pepe, origano in polvere.

Dal gusto particolarissimo, questa insalata può non piacere a qualcuno, ma è almeno da provare. Lavare accuratamente l'indivia. Asciugarla delicatamente e porla in una insalatiera. Aggiungere la cipolla, non molto grande, finemente tritata e condire con l'olio. Mescolare, in una ciotolina, un cucchiaio di miele all'aceto, al sale e alle altre spezie.
Aggiungere anche questa miscela all'indivia e mescolare adagio.

INSALATA BALCANICA

Carciofi, pomodori, peperoni, cetrioli, cipolle, olive nere, olio, sale.

Mondare i carciofi dalle parti più dure e affettarli sottilissimi. Cospargerli immediatamente di limone per non vederli annerire. Tagliare a tocchetti tutte le altre verdure (le cipolle ad anelli) e aggiungerle ai carciofi. Condire con solo olio e sale. Guarnire con olive, rigorosamente nere.

INSALATA DI RUCOLA

Rucola, crescione, aglio, olio, sale.

Insalata decisamente "tonificante", di tradizione orientale. Lavare molto bene la rucola e il crescione. Aggiungervi l'aglio tritato finemente (diminuirne la quantità se la rucola è selvatica) e condire con olio e sale.

INSALATA DI GERMOGLI

Germogli di erba medica, ravanelli, pomodori, lattuga, peperone, cipolla, olio, succo di limone, tamari.

Aggiungere ai germogli di erba medica, ben lavati e scolati, dei ravanelli a rondelle, qualche pomodoro affettato, della lattuga strappata grossolanamente, un peperone tagliato a striscioline e un po' di cipolla tritata. Condire con olio, succo di limone e tamari.

Insalate particolari

Sono insalate da consumare in qualche occasione particolare (appunto!), quando si vuole stupire gli amici, quando si ha voglia di gusti nuovi... e strani. A causa della loro composizione, infatti, non sono adatte per il consumo giornaliero (frutta e verdura mescolate con uova, noci, panna... non sono così semplici da digerire).
Tuttavia.. semel in anno...

INSALATA SOLARE

Lattuga, pomodori, cipolle, arancia, pompelmo, prezzemolo, basilico, erba cipollina, olio, succo di limone, sale.

Lavare bene e scolare le foglie di lattuga. Disporle sul fondo di una insalatiera e tagliarvi sopra, a pezzetti, l'arancia e il pompelmo (ovviamente già sbucciati). Proseguire affettando i pomodori e le cipolle. Cospargere il tutto con prezzemolo, basilico ed erba cipollina tritati. Condire con olio, sale e succo di limone (poco).

CRAUTI CRUDI IN INSALATA

Crauti crudi, mele, carote, cipolla, prezzemolo, olio, bacche di ginepro.

Consumare crudi i crauti (cavoli affettati e fatti fermentare con aromi vari e sale) è il modo migliore per approfittare delle loro notevoli proprietà benefiche. Affettare sottilmente la cipolla, le mele (non sbucciate) e le carote e mescolarle ai crauti crudi. Aggiungere prezzemolo tritato. Condire con solo olio e qualche bacca di ginepro schiacciata.

INSALATA DEL NUOVO MONDO

Lattuga, sedano, patate, pomodori, mela, arance, uova sode, maionese, panna montata, succo di limone, sale, pepe.

L'elenco degli ingredienti è tipicamente "americano", un popolo al quale piacciono molto gli accostamenti, anche sfacciati, fra sapori diversi. Lavare, asciugare e tagliare la lattuga molto sottile. Tagliare a bastoncini il sedano, la mela e le patate lessate. Ridurre a spicchi i pomodori. Sbucciare le arance e separarne gli spicchi, possibilmente senza romperli. Mettere tutti gli ingredienti, così preparati, in una capace insalatiera e condire con la maionese diluita con qualche cucchiaio di panna montata, sale, pepe e succo di limone. Servire questo piatto ben freddo, decorando con uova sode a spicchi.

RADICCHIO AL POMPELMO

Radicchio rosso di Verona, pompelmo, foglie di menta, olio, sale.

Pulire, senza sfogliarli del tutto, dei cespi di radicchio di Verona. Lavarli bene e lasciarli sgocciolare. Unirli alle fette di pompelmo fatte a pezzetti e condire con olio, sale e foglie di menta spezzettate.

INSALATA DI SEDANO E MELA

Sedano rapa, mela, noci, maionese, panna liquida, succo di limone, sale.

Pelare e tagliare a bastoncino un bel sedano rapa croccante. Unirvi delle noci tritate grossolanamente e una mela grattugiata. Salare e condire con una maionese allungata con qualche cucchiaio di panna liquida e succo di limone.

INSALATA DI CAVOLO ROSSO

Cavolo rosso, mela, ricotta, panna, cipolla, prezzemolo, succo di limone.

Affettare sottilmente un cavolo rosso. Condirlo con una salsa ottenuta mescolando due parti di panna, una di ricotta, una di mela grattugiata, succo di limone, cipolla tritata e prezzemolo a piacere.

INSALATA DI POMPELMO

Pompelmi, pomodori, pera, formaggio (asiago, provolone, emmenthal...), menta, melissa, maionese, panna, sale, pepe.

Pelare i pompelmi, togliere le pellicine che separano gli spicchi l'uno dall'altro e raccogliere la polpa in una insalatiera. Unire la pera, sbucciata e tagliata, e i pomodori tagliati a dadini, le noci a pezzetti non troppo piccoli, le foglie di menta e di melissa. Prima di condire con sale, pepe, poca panna e maionese, aggiungere il formaggio tagliato a dadini. Lasciar riposare almeno un'ora in frigorifero prima di servire.

INSALATA DI ARANCE

Arance, cipolla, noci, semi di finocchio, prezzemolo, olio, succo di limone, tamari.

Sbucciare le arance e tagliarle a fette sottili. Metterle in una terrina assieme a noci spezzettate, semi di finocchio e prezzemolo tritato. Aggiungere ancora la cipolla tagliata a rondelle. Condire con olio, succo di limone e tamari. Far riposare qualche minuto prima di gustare.

Le erbe selvatiche

L' "uomo tecnologico" ha, tra le altre cose, perso quel senso istintivo e le conoscenze che lo portavano a scegliere, fra le centinaia a disposizione, proprio quelle erbe selvatiche nutrienti e commestibili o quelle utili in caso di malattia, scartando quelle inutili o velenose.
Tra l'altro, il solo fatto di andare, muniti di un coltellino e di una borsa di paglia o di iuta, alla ricerca delle erbe è già di per sé una medicina. A riguardo, è importante che le erbe vengano raccolte in campi non coltivati e lontani da traffico o fonti di inquinamento.
Le ricette che seguono vogliono essere uno stimolo in questo senso, che andrà sviluppato consultando e studiando pubblicazioni specifiche oppure, meglio, andando per prati con la propria nonna...

ZUPPA DI AGLIO ORSINO

30 bulbi di aglio orsino, cipolle, verza, prezzemolo, olio, sale, pane di segala.

Far stufare in pochissimo olio le cipolle affettate e i bulbi di aglio mondati della pellicina esterna e fatti a pezzi. Quando il tutto è leggermente dorato, aggiungere la verza a striscioline e coprire il tutto con acqua calda. Salare e far sobbollire finché la verza non sarà ben cotta. A questo punto aggiungere il prezzemolo tritato e versare in ciotole sul cui fondo avrete predisposto il pane di segala affettato. Condire con una croce d'olio.

RISOTTO AL LUPPOLO

Un bel mazzo di germogli di luppolo, riso, olio, sale.

Lavare il luppolo e farlo bollire in poca acqua salata per 5-6 minuti. Scolarlo e riutilizzare l'acqua per cucinare il riso. Aggiungere al riso, negli ultimi 10 minuti di cottura, i germogli di luppolo tritati. A cottura ultimata, condire con olio.

MINESTRA DI MALVA

Una grossa manciata di foglie e di giovani cime di malva a testa, riso, cipolla, carota, prezzemolo, olio, sale.

Mondare e lavare tutte le verdure. Tagliarle a pezzi grossolani e farle cuocere, ricoperte d'acqua, per trenta minuti.
Con un frullatore a immersione, ottenere una crema non molto liquida. Salare, aggiungere il prezzemolo tritato e il riso già cotto. Far sobbollire per qualche secondo e poi, prima di servire, condire con olio.

CREMA DI PARIETARIA

Cime e foglie tenere di parietaria, farina di frumento, olio, tamari.

Lavare bene la parietaria e farla cuocere per qualche minuto in poca acqua salata. Frullare il tutto in modo da ricavarne una purea. Preparare una besciamella mettendo qualche cucchiaio di farina con dell'olio in una pentola. Tostare a fuoco basso, senza far bruciare, aggiungendo acqua bollente poco per volta fino a ottenere una crema della densità voluta (per evitare la formazione di grumi è necessario mescolare energicamente). Unire la purea di parietaria alla besciamella e amalgamare bene questa crema, dal caratteristico colore verde, a fuoco lento per 5 minuti. Salare, condire con olio e servire.

POLENTA E TARASSACO

Tarassaco, farina di mais, parmigiano, aglio, olio, sale, pepe.

Lavare del tarassaco selvatico e metterlo a cuocere in acqua. Quando è tenero scolarlo, conservando l'acqua di cottura per poterla poi bere a tazzine: è un eccellente decotto depurativo. Passare il tarassacc in padella con pochissimo olio, insaporendo con aglio tritato, sale e pepe. Cucinare intanto una polentina di mais piuttosto morbida, versarla sui piatti e guarnire con abbondante tarassaco. Spolverare con parmigiano grattugiato e servire.

FRITTATA DI VITALBA

Germogli di vitalba, uova, olio, sale, pepe.

Lavare accuratamente i teneri germogli, scolarli e tritarli grossolanamente con la mezzaluna. Unirli alle uova sbattute, salare e pepare. Cuocere la frittata a fuoco lento in una padella unta con un cucchiaino d'olio.

PORTULACA IN INSALATA

Sommità tenere di portulaca, pomodori, cipolla bianca, olio, sale, pepe.

Ecco come riciclare una pianta che viene sistematicamente estirpata dagli orti come pianta infestante. Scegliere una buona quantità di tenere sommità di portulaca, lavarle e unirle al pomodoro a spicchi e alla cipolla a rondelle. Condire con olio, sale e pepe.

MINESTRONE DI ERBE SELVATICHE

Pantaggine, erbe selvatiche, patata, carota, prezzemolo, aglio orsino, olio, sale, pane.

Ecco un buon piatto, facile da preparare e il cui gusto cambia variando le proporzioni fra le diverse erbe.
Per incontrare il gusto di tutti, la pianta preponderante sarà la piantaggine; si uniranno poi poche foglie di margheritina, di salvia pratense, di malva, di primula, di borsa del pastore, di ortica, nonché qualche sommità di silene, di caglio e di luppolo. Far bollire le erbe con una patata e una carota. Passare tutto al frullatore e aggiungere prezzemolo e foglie fresche di aglio orsino tritati. Condire con olio e sale e servire con quadrucci di pane tostato.

NIDI DI FARINACCIO E ORTICA

Giovani germogli e foglie tenere di farinaccio e di ortica, uova, olio, aglio, sale, pepe.

Lavare e lessare in pochissima acqua le erbe selvatiche. Scolarle e passarle in una larga padella, unta di olio, con aglio, sale e pepe. Dopo qualche minuto, ricavare nelle verdure degli incavi e sgusciarvi dentro le uova. Coprire con un coperchio e lasciar cuocere a fuoco molto basso finché l'albume non si sia rappreso; il tuorlo, invece, dovrà risultare molto morbido. Servire immediatamente.

ORZOTTO AI GERMOGLI DI SILENE

Qualche manciata di germogli di silene, orzo mondo, cipolla, olio, sale.

Lavare, mettere in ammollo per almeno 12 ore e poi cucinare l'orzo a fuoco lento e in pentola coperta, curando le proporzioni fra orzo e acqua (una parte di orzo e tre parti d'acqua). Dopo circa 45 minuti di cottura, aggiungere all'orzo i germogli di silene, fatti precedentemente appassire, assieme a della cipolla tritata, in poco olio. Salare e proseguire la cottura ancora per altri 20 minuti. Spegnere il fuoco e lasciar riposare ancora qualche istante prima di servire.

I germogli

QUALI SEMI SCEGLIERE

Si possono far germogliare quasi tutti i tipi di semi, non c' è che l'imbarazzo della scelta.
I più indicati e sperimentati sono: frumento (o grano), soia verde (*mung*), soia rossa (*azuki*), erba medica, alfalfa (varietà di erba medica), miglio, ceci, crescione, fagiolo, fieno greco, grano saraceno, lenticchie, senape.
Ottimi sono anche i germogli dei semi di orzo mondo, zucca, riso, avena, segale, fava, sedano, ravanello, girasole, anice, finocchio, carvi, cumino, mais (o granoturco), piselli, cocomero, melone.
I ceci e la soia richiedono qualche cura in più perché, durante i primi giorni di germinazione è bene risciacquarli un maggior numero di volte (3-4 volte al giorno). Si eviti il consumo di semi germogliati di solanacee perché contengono sostanze velenose. Per esempio, i germogli di pomodoro contengono dosi non trascurabili di un alcaloide tossico detto licopersicina e i germogli di patata contengono l'alcaloide solanina, pure tossico.

MATERIALE OCCORRENTE

1) Semi (di un tipo o più tipi), nella quantità opportuna (1-2 cucchiai). Acquistare solo semi provenienti da coltivazioni biologiche e/o biodinamiche, effettuate cioè, senza ricorrere all'impiego di concimi chimici di sintesi, di diserbanti, di anticrittogamici e altri veleni; inoltre i semi non debbono aver subíto nessun trattamento chimico di conservazione per la semina e lo stoccaggio. Tali semi si possono acquistare direttamente da agricoltori di fiducia che producono con tecniche naturali oppure da gruppi e cooperative di consumatori di prodotti biologici e/o biodinamici che si organizzano per rifornirsi direttamente dai produttori o per ricevere - tramite spedizione - i prodotti. L'appartenenza del produttore e del trasformatore a un'organizzazione di agricoltura naturale è solitamente indicata sull'etichetta del prodotto ed è un indice di garanzia, in quanto il consumatore deve essere messo nella condizione di sapere se il prodotto da lui acquistato è biologico o meno, di conoscere le tecniche e i trattamenti adottati, oltre ovviamente, i modi di trasformazione.

TEST DI GERMOGLIAZIONE

I semi utilizzati per ottenere i germogli - se di qualità - devono avere un tasso di germogliazione non inferiore al 97-98%. Vale a dire che almeno 97-98 semi su 100 devono germogliare.
In pratica il test si esegue nel seguente modo:
- *si mettono a bagno nell'acqua, per 24 ore, cento semi;*
- *si dispongono in un recipiente (piattino, scatoletta, mezza capsula di Petri ecc.), sopra uno strato di ovatta inumidita;*
- *si copre l'imboccatura del recipiente con un telo a trama larga (o una garza fermata da un elastico) per permettere la circolazione dell'aria e si mantiere il tutto al buio e a media temperatura (15-25 °C).*

2) Un contenitore a scelta (barattolo o vaso di vetro, bottiglia di vetro a collo largo, vaso di coccio non verniciato o verniciato con sostanze atossiche, pirofila, piatto fondo, scolapasta in acciaio inox).
   Evitare nel modo più assoluto l'uso di contenitori di plastica e di metallo (ferro, rame, alluminio ecc.). A titolo informativo si fa presente che sul mercato si trovano determinati apparecchi costruiti allo scopo (*germogliatori*).
3) Tovagliolo di tela bianca a trama larga o garza a trama sottile.
4) Un colino e un elastico.

REGOLE BASE PER OTTENERE I GERMOGLI

Si descrivono di seguito tre semplici metodi di germogliazione.

Primo metodo.
Disporre su di un piatto la quantità di semi che si vuol far germogliare (20-50 grammi), scartare quelli rotti, bucati da parassiti e ammaccati, in quanto difficilmente potrebbero germogliare.
Mettere i semi in un colino e sciacquarli abbondantemente sotto il getto dell'acqua (possibilmente tiepida), per eliminare la polvere e altre eventuali impurità. Disporre i semi sul fondo largo di un barattolo o di un vaso di vetro. L'ampiezza del contenitore dev'essere sufficientemente grande da permettere all'aria di circolare e ai semi di aumentare 3-4 volte (e anche più) il loro volume; Mettere il contenitore sotto il rubinetto, far scorrere l'acqua dolcemente lasciando che fuoriesca per almeno un minuto: in questo modo i semi bucati, alterati, le pagliuzze ecc., vengono eliminati, mentre i semi integri rimangono sul fondo. Lasciare quindi una quantità di acqua tale da sovrastare di 4-5 dita lo strato di semi. Chiudere il recipiente con un tessuto bianco a trama larga (o garza) e fermare con un elastico. Lasciare a bagno, al buio (magari tenendo il barattolo nella credenza) e a temperatura media (15-25 °C) per 6-12 ore. Come si nota, il tempo di messa a bagno dei semi varia, ma ciò non deve stupire perché esso dipende dal tipo e dalla temperatura: più il seme è grosso più lungo sarà il tempo di ammollo. Così sono sufficienti sei ore per i semi di grano, di erba medica, di fieno greco ecc., mentre invece occorreranno 10-12 ore per fagioli, soia ecc. Per quanto riguarda la temperatura, più fa caldo prima il seme germoglierà e si svilupperà rapidamente (quelli che non germoglieranno marciranno più in fretta).
Il grano saraceno e la soia germogliano meglio con più calore, altri semi, quale l'erba medica, si comportano in modo opposto.
Tenendo presente queste condizioni essenziali, ciascuno troverà poi il proprio criterio per far germogliare i semi.

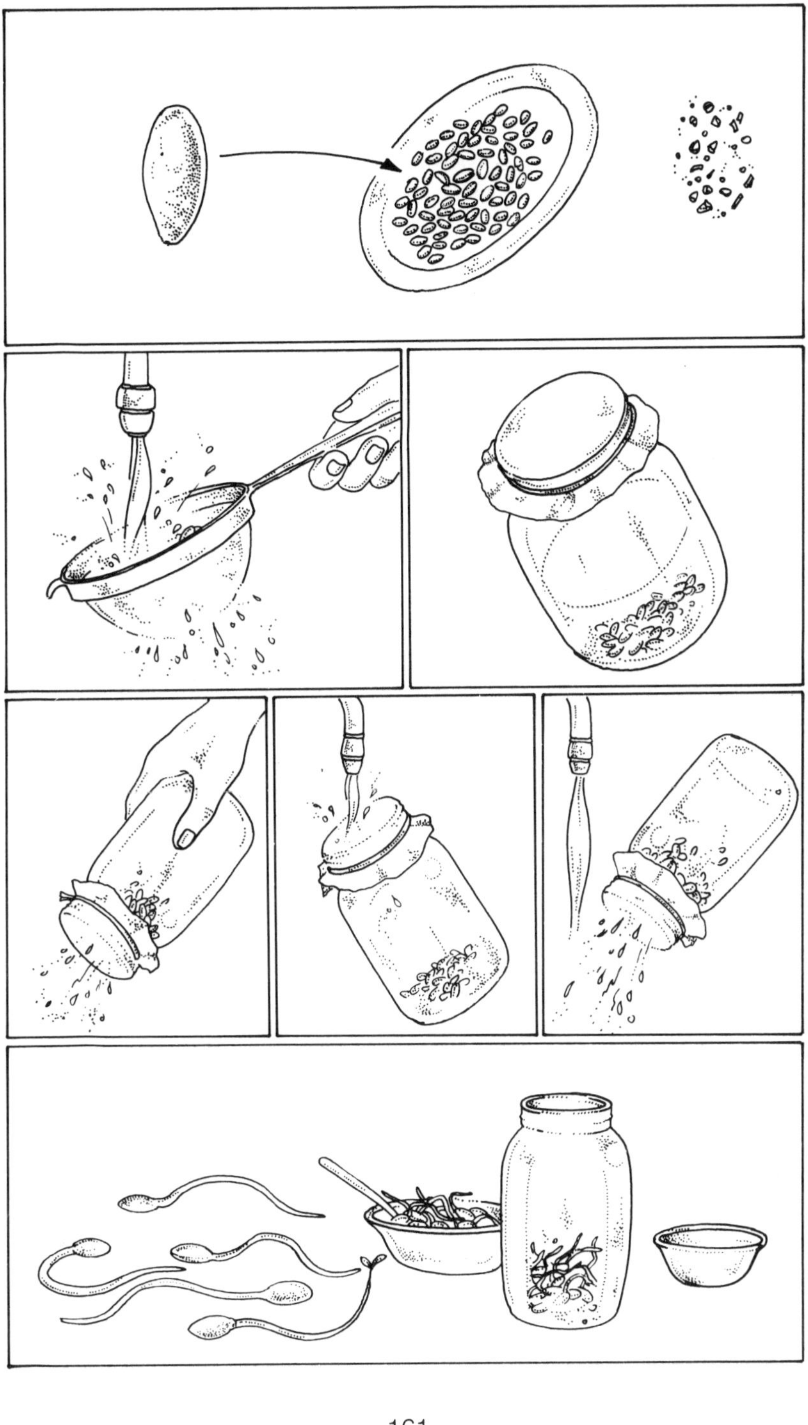

Trascorso l'intervallo di tempo della messa a bagno dei semi, inclinare o capovolgere il vaso in modo che scoli attraverso la tela tutta l'acqua di macerazione, quindi, subito dopo, sciacquare i semi con altra acqua, meglio se tiepida.
Per sciacquarli, si procede nel seguente modo: mettere direttamente l'imboccatura del vaso, su cui è fissato il telo a trama larga, sotto il getto d'acqua del rubinetto e poi capovolgere il vaso per scolare via, con cura, tutta l'acqua.
A tale scopo si può lasciare il vaso capovolto o in posizione leggermente inclinata in modo da permettere al residuo d'acqua di uscire attraverso la tela. I semi, in altre parole, debbono essere costantemente umidi ma non in ammollo!
Durante tutte le operazioni suddette e quelle che seguono non va tolta la tela che copre il recipiente.
Occorre sciacquare i semi almeno due volte al giorno, mattina e sera, per i primi 2-3 giorni (poi si possono sciacquare una sola volta) eccezione fatta per i semi di soia e di ceci, per i quali è bene eseguire tre o più risciacqui al giorno.
Dopo ogni risciacquo il vaso va riposto al buio, ad esempio in una credenza.
Proseguire i risciacqui per 3-5 giorni, finché i germogli avranno raggiunto i 3-4 cm di lunghezza.

I germogli

Prima di mangiare i germogli si consiglia di eseguire anche l'operazione che segue, allo scopo di arricchirli della preziosa clorofilla: esporre il barattolo contenente i germogli alla luce naturale. Il tempo di esposizione è di 7-8 ore se la luce naturale è indiretta. Se invece il barattolo viene esposto direttamente al sole, sono sufficienti meno ore, in quanto esiste il pericolo che i raggi solari possano disseccare le radichette. Si sviluperanno delle minuscole foglie verdi che andranno ad arricchire appunto i germogli della preziosissima clorofillla. Quelli non consumati subito possono essere conservati, per circa una settimana, in frigorifero.

Secondo metodo

Procedere secondo il metodo precedente sino alla fine della messa a bagno dei semi. A questo punto togliere il velo o la garza dall'imboccatura del vaso e versare il contenuto (germogli + acqua di macerazione) in un colino, in modo che scoli via l'acqua; spargere poi i semi sul fondo di un piatto.
Stendere sopra i semi un telo bianco bagnato e strizzato; coprire il tutto con un secondo piatto.
Sciacquare i semi due volte al giorno, trasferendoli in un colino e lavandoli sotto l'acqua corrente. Rimessi nel piatto, vanno ricoperti con il telo bagnato e, come già detto, "chiusi" con un altro piatto.

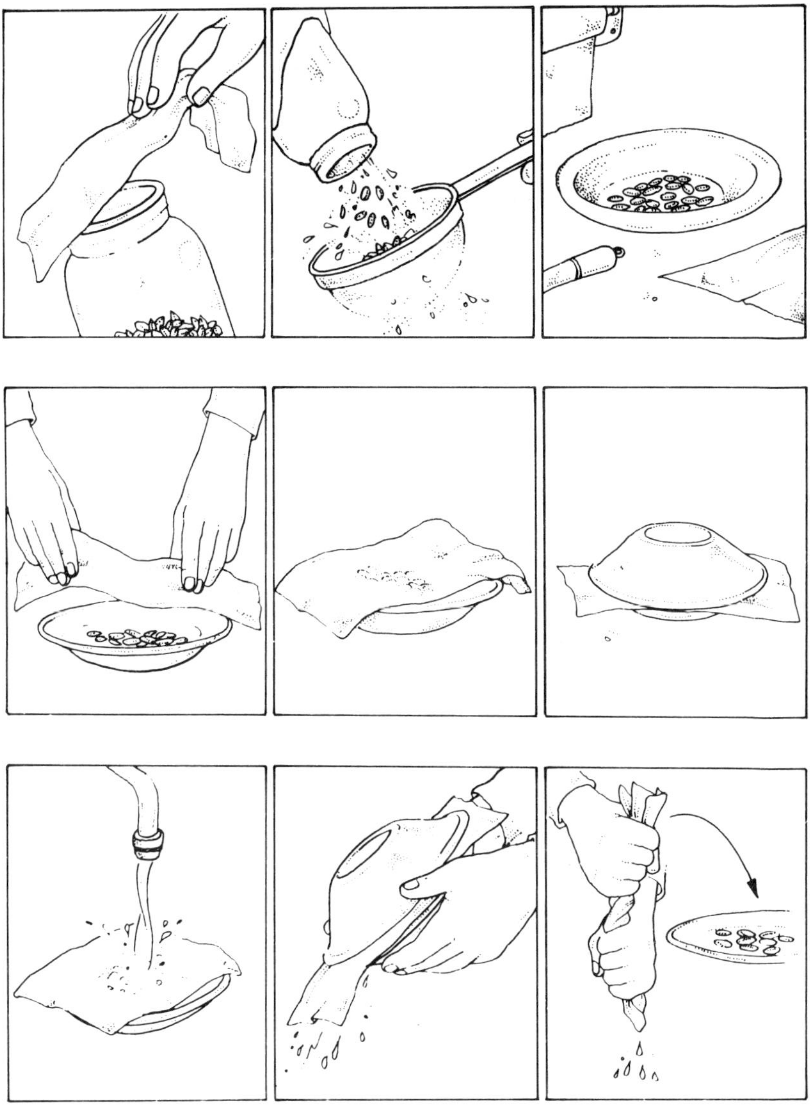

Più semplicemente si può effettuare il risciacquo in questo modo: si riempie d'acqua il piatto contenente i semi coperti col telo, dopodiché si scola coprendo con l'altro piatto in modo da lasciare una piccola fessura. Per finire si strizza bene il telo e lo si dispone sui semi.
Proseguire i risciacqui per 3-5 giorni finché i germogli avranno raggiunto la lunghezza di 3-4 centimetri.
Togliere il piatto usato come coperchio e il telo.

Terzo metodo

Fino alla fine della messa a bagno procedere come indicato dal primo metodo. Quindi disporre i semi in uno scolapasta in acciaio inox la cui superficie interna sia stata previamente ricoperta con un telo bianco a trama larga o con una garza. Coprire l'imboccatura dello scolapasta con dell'altro tessuto e bagnare il tutto sotto l'acqua corrente.
Ripetere l'operazione di risciacquo ogni giorno, finché, nel giro di 3-5 giorni, i germogli non abbiano raggiunto i 3-5 cm di lunghezza.

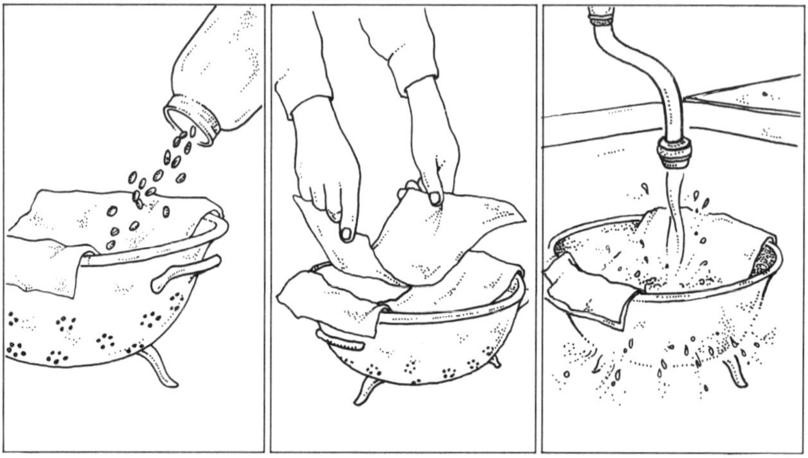

DOLCE DI FRAGOLE CON GERMOGLI DI FINOCCHIO E DI GIRASOLE

Una manciata di germogli di finocchio, una manciata di germogli di girasole, 400 gr di fragole, 100 gr di ricotta di mucca, 1 arancia, un cucchiaio di miele, un pizzico di cannella.

Frullare i germogli, schiacciare le fragole, mettere il tutto in un recipiente di vetro, indi aggiungere la ricotta, il succo d'arancia, il miele e la cannella. Amalgamare accuratamente e riporre in frigo per 15-20 minuti prima di servire.

COCKTAIL DI SUCCO DI POMODORO E GERMOGLI DI SEDANO

20 gr di germogli di sedano, 4 tazze di succo di pomodoro, una tazza di yogurt, un cucchiaio di prezzemolo tritato, un pizzico di gomasio.

Frullare i germogli, metterli in un mescolatore per cocktail ("shaker"), aggiungere dei cubetti di ghiaccio, lo yogurt, il succo di pomodoro e il gomasio. Chiudere il contenitore e agitare energicamente. Servire questa bevanda-alimento in bicchieri, versando su ogni porzione due-tre pizzichi di prezzemolo tritato.

MACEDONIA DI FRUTTA CON GERMOGLI DI MIGLIO, DI FINOCCHIO E DI GIRASOLE

10 gr di germogli di miglio, 10 gr di germogli di finocchio, 10 gr di germogli di girasole, una mela, una pera, 4 albicocche, una banana, una decina di fragole, un bicchiere di yogurt, un cucchiaio di miele, 4 noci.

Frullare assieme i germogli e le noci, affettare la mela, la pera, la banana e le albicocche; tagliare a metà le fragole. Mettere il tutto in un recipiente mentre, a parte, va stemperato il miele nello yogurt che andrà versato sopra il preparato. Lasciare raffreddare in frigorifero per circa 20 minuti. Servire come colazione o come merenda.

COPPA DI FRUTTA ESTIVA CON GERMOGLI DI FAVA

30 gr di germogli di fava, 5 gr di germogli di anice, 500 gr di pesche, 300 gr di fragoline di bosco, 100 gr di miele, un bicchiere di yogurt, il succo di 2 limoni.

Mettere in una ciotola i germogli frullati e le pesche lavate e tagliate a pezzetti. Aggiungere il miele, dopo averlo stemperato nel succo di limone. Lavare le fragoline in un po' di vino bianco e mischiarle al preparato unitamente a qualche fettina di buccia di limone. Coprire la ciotola e lasciarla in frigo per circa un'ora. Servire la frutta in quattro coppe versando su ognuna un po' di yogurt. In luogo delle fragoline si possono utilizzare altri frutti di bosco come more, lamponi, mirtilli...

MELONE CON GERMOGLI DI CARVI

50 gr di germogli di carvi, un melone, 100 gr di mirtilli, 100 gr di lamponi, 50 gr di miele, il succo di un limone.

Tagliare la calotta superiore di un melone e svuotarlo della polpa e dei semi (questi si possono conservare per ottenere dei germogli). Tagliare la polpa a dadini e metterla in una ciotola insieme ai mirtilli, ai lamponi, al miele stemperato nel succo di limone e ai germogli tritati. Mescolare il tutto e riempire la cavità del melone con questo composto. Lasciare in frigo per circa un'ora prima di servire.

INSALATA CON GERMOGLI VARI

Verdure fresche di stagione, una mozzarella, gherigli di noce, una manciata di germogli vari (soia verde, grano, mais ecc.), un cucchiaio di capperi, olio, sale.

Scegliere verdure fresche di stagione (sedano, carote, tarassaco ecc...). Mondarle, lavarle, sgocciolarle e sminuzzarle. Unirle, in una terrina, con la mozzarella tagliata a dadini, con i gherigli di noce pestati, con i germogli e i capperi. Condire con olio e sale.

ERBETTE CAMPESTRI CON GERMOGLI DI GRANO

2 manciate di germogli di frumento, erbette di stagione (recise con un coltellino, non strappate!) come: foglie tenere di tarassaco (dente di leone), di fragola, di mora, di viola, di ortiche, di parietaria (erba vetriola), di piantaggine, di crescione, di prezzemolo, di cerfoglio, di sedano selvatico, due manciate di fiori, salsa citronnette ai capperi ed erba cipollina.

Sistemare il misto di erbette in un'insalatiera, aggiungere i germogli interi di frumento, guarnire con fiori giovani di stagione (fiori gialli in boccio di dente di leone, fiori rossi di papavero) e condire con la salsa "citronnette". È un piatto estremamente salutare da consumare 2-3 volte l'anno (primavera-autunno).

INSALATA VITAMINIZZATA E PROTEIZZATA

Una manciata di germogli di fieno greco, una di germogli di girasole, 200 gr di funghi porcini sott'olio, 200 gr di olive nere, 2 patate lesse, 2 pomodori, un sedano bianco di Verona, 2 uova sode, senape, limone, menta fresca, olio, sale..

Affettare finemente i funghi, le olive snocciolate, il sedano, le patate e il pomodoro. Aggiungere i capperi (dopo averli lavati in aceto per pulirli dal sale) e i germogli di fieno greco e di girasole. A parte sciogliere un cucchiaio di senape, il succo di un limone, l'olio e versare il tutto sull'insalata. Lasciare riposare per 20 minuti rimestando un paio di volte. Servire l'insalata contornata con spicchi di uova sode e un pizzico di menta fresca tritata. Questa preparazione è un esempio particolarmente riuscito di piatto unico.

INSALATA CON GERMOGLI DI RISO

2 manciate di germogli di riso integrale, 2 pomodori maturi, 2 mazzetti di ravanelli, 2 sedani di Verona, un peperone giallo, un finocchio, 50 gr di olive nere, un cucchiaio di prezzemolo, uno di basilico, 10 gr di caprino fresco, olio, il succo di limone, sale q.b. .

Tagliare finemente i ravanelli, disporli in un colino, cospargerli di sale e lasciarli sgocciolare per circa mezz'ora. Affettare i pomodori, il sedano, il peperone e il finocchio. Mettere il tutto in una insalatiera assieme ai germogli, ai ravanelli, alle olive snocciolate, al prezzemolo e al basilico. Condire col succo di limone, l'olio e il sale. Guarnire con dadini di formaggio caprino.

INSALATA CON GERMOGLI DI FIENO GRECO E UVETTA

60 gr di germogli di fieno greco, 1/2 bicchiere di uvetta, una carota, una cipolla bianca, 1/2 sedano, una mela, olio, sale, il succo di un limone, qualche cucchiaio di salsa alla menta (vedi pag. 175).

Disporre in un'insalatiera i germogli e l'uvetta (previamente fatta rinvenire in un po' di acqua tiepida). Aggiungere, affettati finemente, la carota, la cipolla, il sedano e la mela. Condire con olio, sale, succo di limone e la salsa. È un'ottima e originale insalata.

INSALATA ALLE ARANCE CON GERMOGLI DI PISELLI

60 gr di germogli di piselli freschi, 2 arance gialle, 2 carote, 1 finocchio, prezzemolo, olio, sale.

Affettare le carote e il finocchio, disporre in un'insalatiera, aggiungere gli spicchi di arancia a pezzetti. Condire con un filo d'olio e un pizzico di sale, quindi spargere il prezzemolo finemente tritato e le olive snocciolate e spezzettate. Coprire il tutto con i germogli. Le arance gialle sono le più adatte per questo tipo di piatto poiché sono di sapore lievemente acidulo. Se l'arancia fosse troppo dolce, sarà buona norma unire qualche spicchio di limone a pezzetti.

INSALATA MISTA DI GERMOGLI DI FAGIOLO

Una manciata di germogli di fagiolo, 2 carote, una cipolla, 1 cetriolo, 1 pomodoro, qualche foglia di lattuga, 2-3 bulbi di erba cipollina, 4 noci, olio, limone.

Tagliare le carote e il cetriolo a fili sottili con l'apposita grattugia, tritare la cipolla e le noci, affettare il pomodoro e l'erba cipollina. Mettere il tutto in un'insalatiera e coprire con i germogli. Condire con olio e limone e guarnire con foglie di lattuga scegliendo, di questa, le foglie esterne più verdi e saporite, contrariamente a quanto si fa comunemente.

CAVOLO VITAMINIZZATO E PROTEIZZATO

Una manciata di germogli di erba medica, una di germogli di girasole, 400 gr di cavolo (cavolo verza, cavolo cappuccio o cavolfiore), una manciata di gherigli di noce, olio, sale, il succo di un limone.

Tagliare sottilmente il cavolo, unire i gherigli di noce spezzettati e i germogli di erba medica e di girasole. Condire con sale, succo di limone e, alla fine, olio. Mescolare e servire.

FINOCCHI CON GERMOGLI DI CRESCIONE E DI ORZO MONDO

Una manciata di germogli di crescione, una manciata di germogli di orzo mondo, 4 finocchi, un bicchiere di yogurt, 30 gr di parmigiano reggiano, cannella, noce moscata, olio, sale, peperoncino q.b.

Lavare il finocchio, tagliarlo a fette e disporlo in una pentola bassa. Coprire e cuocere per mezz'ora, evitando la fuoriuscita di vapore. Versare i finocchi in una zuppiera, unire lo yogurt, i germogli, la cannella sminuzzata finemente, la noce moscata grattugiata, il sale, il peperoncino e l'olio. Mescolare e servire spolverando con formaggio parmigiano reggiano grattugiato.

INSALATA DI RISO CON GERMOGLI DI SOIA VERDE

2 manciate di germogli di soia verde, 2 uova, 6 olive nere, un cucchiaio di capperi sotto sale, 2 etti di formaggio di monte (semistagionato), 2 bicchieri di riso, 4 bicchieri di acqua, sale, olio.

Portare l'acqua a ebollizione, salare e aggiungere il riso. Coprire e cuocere a fiamma bassa per 50 minuti senza mescolare. Lavare il riso e metterlo in una pentola di coccio (o in pentole con fondo in leghe speciali che cedano lentamente il calore) con acqua fredda (deve superare di 2-3 dita il livello del riso). Quando l'acqua bolle, coprire e cuocere a fiamma bassa per 45-60 minuti (senza mai mescolare). Verso fine cottura, aggiungere il sale. A cottura ultimata l'acqua dovrà essere stata assorbita per intero. Versare il riso leggermente al dente in un vassoio, lasciare raffreddare e guarnire con spicchi di uova sode, fettine di pomodoro, olive snocciolate, capperi, formaggio tagliato a cubetti. Ricoprire con i germogli di soia verde. Condire con un pizzico di sale, olio.

PUREA DI CEREALI CON GERMOGLI 1

20 gr di germogli di orzo mondo, 20 gr di germogli di lenticchie, 10 gr di fiocchi di frumento, 10 gr di fiocchi di segala, 10 gr di fiocchi di avena.

Mettere a macerare (anche in yogurt) per 12 ore i fiocchi. Aggiungere poi i germogli frullati. Condire con salsa di menta (vedi pag. 175).

PUREA DI CEREALI CON GERMOGLI 2

80 gr di germogli di girasole, 10 gr di germogli di sedano, 10 gr di germogli di finocchio, 10 gr di germogli di frumento, 10 gr di semi di orzo mondo o decorticato.

Pulire e lavare i semi di frumento e di orzo, indi macinarli o triturali con un macinacaffè in modo da ottenere una farina grossolana. Unire alla farina 4-5 cucchiai di brodo vegetale e mescolare finché non si ottiene una crema. Lasciare riposare 12 ore. Frullare i germogli e aggiungerli alla crema. Questa purea, preparata senza subire alcun trattamento, costituisce un'eccellente colazione mattutina per la sua ricchezza di "vitalie" (enzimi, vitamine, oligoelementi...)

CREMA DI GERMOGLI DI SOIA VERDE

4 tazze di germogli di soia verde, un bicchiere d'acqua, 7 bicchieri di latte, un cucchiaio di prezzemolo tritato, sale, olio.

Cuocere a fuoco molto basso per 10 minuti in acqua salata i germogli di soia. Quindi frullarli assieme al latte. Scaldare moderatamente la crema ottenuta, cospargerla di prezzemolo e condire con olio.

SPAGHETTI AI GERMOGLI 1

2 hg di germogli di soia verde, 3 hg di spaghetti, salsa di pomodoro, olio, sale, peperoncino in polvere, parmigiano reggiano.

Cuocere gli spaghetti in abbondante acqua salata. Un minuto prima che siano cotti aggiungere i germogli, scolare e condire con il pomodoro, l'olio, il formaggio e il peperoncino. Conservare l'acqua di cottura che potrà servire per preparare un'ottima minestra o una salsa molto legata.

SPAGHETTI AI GERMOGLI 2

250 gr di spaghetti, 250 gr di germogli di soia verde, olio, formaggio parmigiano reggiano.

Cuocere gli spaghetti in abbondante acqua salata. Due minuti prima che siano cotti, aggiungere i germogli e cuocere tutto assieme. Scolare, condire con olio e parmigiano grattugiato. Servire subito.

TARTINE CON FORMAGGIO VERDE E GERMOGLI DI FINOCCHIO

40 gr di germogli di finocchio, 200 gr di formaggio verde piccante, 100 gr di burro centrifugato, 100 gr di mascarpone, qualche foglia di menta o di basilico.

Schiacciare con una forchetta il formaggio verde, unire il burro e il mascarpone e amalgamare con cura. Aggiungere i germogli e le foglie di menta frullati e quando tutto sarà ben omogeneizzato formare, con l'impasto, un'unica palla che, coperta, si lascerà in frigo per 20 minuti. Si serve come antipasto spalmata su fette di pane integrale.

PALLINE DI FORMAGGIO CON GERMOGLI DI FIENO GRECO

40 gr di germogli di fieno greco, 200 gr di mascarpone, 100 gr di gorgonzola dolce, 200 gr di parmigiano reggiano grattugiato, 3 cucchiai di erba cipollina o di cipolla tritata, 10 noci tritate.

Frullare i germogli di fieno greco, unire i formaggi, l'erba cipollina e amalgamare tutto per bene. Mettere il composto in una ciotola di legno, coprire e lasciare in frigo per circa 12 ore. Formare delle palline e ricoprire completamente la superficie con le noci finemente tritate. Servire su fette di pane integrale. Al posto dei germogli di fieno greco possono venir usati anche quelli di riso.

SFORMATO DI PATATE CON GERMOGLI DI LENTICCHIE

Una manciata di germogli di lenticchie, 500 gr di patate, 60 gr di parmigiano reggiano, prezzemolo, basilico, cerfoglio, erba cipollina, sale, olio q.b.

Lessare le patate, tagliarle a fette e disporle in una pirofila precedentemente unta con un po' d'olio. Quindi mettere sopra le erbette tritate, il formaggio a scagliette e i germogli. Salare e passare in forno a calore medio per 15 minuti. Buoni risultati si ottengono anche utilizzando i germogli di orzo mondo.

PORRI GRATINATI CON GERMOGLI DI FINOCCHIO

Una manciata di germogli di finocchio, 8 porri di media grandezza, 50 gr di parmigiano reggiano, olio, sale, peperoncino, noce moscata q.b., 3-4 cucchiai di salsa besciamella.

Lavare bene i porri tenendo i bulbi all'insù, per evitare che l'eventuale terriccio delle foglie penetri nei bulbi stessi, indi cuocerli a vapore. Ungere il fondo di una pirofila da forno con qualche goccia di olio, disporre i porri uno vicino all'altro, ricoprire con i germogli, salare, aromatizzare, per ultimo, con peperoncino e noce moscata. Spargere il parmigiano reggiano grattugiato e ricoprire completamente con la salsa besciamella. Gratinare a forno medio per 15 minuti circa.

INSALATA DI POMODORI CON GERMOGLI DI FRUMENTO

20 gr di germogli di frumento, 4 pomodori tondi di media grandezza, prezzemolo, basilico, origano, aglio, menta, sale q.b., olio.

Tagliare i pomodori a fette uguali, di circa mezzo centimetro di spessore. Cospargere sulle fette nell'ordine: germogli di frumento, prezzemolo tritato, qualche foglia di basilico e di menta spezzettata, un pizzico di sale e olio.

FRITTATA CON GERMOGLI DI FRUMENTO

1 hg di germogli di frumento, 4 uova, 3 cucchiai di latte intero, 1/2 cucchiaino di semi di finocchio, 3 cucchiai di olio.

Sbattere le uova con una forchetta in modo che i tuorli e gli albumi siano appena amalgamati. Unire latte, sale, pepe e semi di finocchio. Scaldare l'olio in una padella, unire i germogli e cuocere mescolando continuamente per un minuto. Versare la miscela di uova sui germogli. Mescolare bene fino a quando si sarà rappresa. Girarla e farla cuocere anche sull'altra faccia. Servire indifferentemente calda o fredda.

POLPETTE DI MIGLIO CON GERMOGLI DI PISELLI

Un bicchiere di miglio decorticato, 3 bicchieri d'acqua, 1 uovo, 3-4 bicchieri di germogli di piselli (o soia verde, o soia rossa), 1/2 hg di parmigiano reggiano grattugiato, prezzemolo, aglio, peperoncino, sale, olio.

Cuocere il miglio in acqua per 15 minuti, avendo cura di mescolare per evitare la formazione di grumi. Togliere dal fuoco e unire al cereale: uovo, parmigiano, germogli, prezzemolo, aglio, peperoncino e sale. Formare delle polpette, infarinare e disporre su una pirofila previamente unta con qualche goccia di olio. Mettere in forno per 15 minuti e lasciare che si formi una crostina dorata.

GNOCCHI DI MIGLIO CON GERMOGLI

1 l di latte, 200 gr di miglio decorticato, 2 cucchiai di olio, un uovo, sale, pepe garofanato (pimento), 1/2 bicchiere di panna, paprica, 20 gr di burro centrifugato, 1 hg di parmigiano reggiano grattugiato, salvia, due manciate di germogli di fieno greco (o di piselli).

Scaldare il latte, aggiungere due cucchiai di olio, un pizzico di sale e di pepe. Versare il miglio, rimestare perché non si formino grumi e cuocere per 20 minuti. Unire l'uovo e mescolare finché non sarà del tutto incorporato. Stendere il tutto su un piano bagnato, livellarlo e lasciar raffreddare. Frullare i germogli. Prendere un cucchiaio di miglio e un po' di germogli e amalgamarli nel palmo della mano in modo da formare degli gnocchi della dimensione di una noce. Riporli in una pirofila da forno. Aromatizzare il burro scaldandolo dolcemente (ma senza friggerlo) con la salvia, la paprica, il sale e il pepe. Togliere dal fuoco, unire la panna e il formaggio, mescolare e versare questa salsa sopra gli gnocchi. Passare al forno per 10 minuti a calore moderato. Servire caldi.

CANNELLONI CON RIPIENO DI ORTICHE E GERMOGLI

Per il ripieno: *una manciata di germogli di soia verde, una manciata di germogli di miglio, una manciata di germogli di zucca, 1/2 kg di ortiche, 2 hg di ricotta di capra, noce moscata, sale q.b.*

Per i cannelloni: *125 gr di farina, 2 uova, 250 cc. di latte, 20 gr di burro centrifugato, 1/2 cucchiaino di sale.*

Per la salsa besciamella: *40 gr di farina, 40 gr di burro centrifugato, 1/2 l di latte, sale, pepe bianco, noce moscata.*

Lessare le ortiche per un paio di minuti e passarle al frullatore insieme ai germogli, alla ricotta, al sale e alla noce moscata.
Impastare la farina con le uova e, nel contempo, fare intiepidire il burro con il latte. Quando è sciolto, unirlo lentamente all'impasto mescolando continuamente. Salare e lasciar riposare per un'ora.
Scaldare una padella (ideale sarebbe quella da crepe) e versarvi un mestolino di pastella avendo cura di distribuirla uniformemente sul fondo. Lasciare che si rapprenda (è cotta quando cambia leggermente il colore) e stenderla su un canovaccio. Ripetere l'operazione fino a esaurimento dell'impasto.
Per la preparazione della salsa besciamella, portare il latte a ebollizione e fondervi il burro, mescolare rapidamente con la farina e, quando comincia il bollore, integrare con sale e noce moscata. Mettere il ripieno preparato inizialmente sulla pastella, avvolgere e spalmare un lembo con la besciamella per sigillare il cannellone. Stendere sul fondo di una pirofila da forno un po' di besciamella. Disporre i cannelloni e ricoprire con la besciamella rimasta. Tenere in forno per circa 30 minuti a calore medio.

MINESTRA DI CEREALI E LEGUMI

Germogli di riso, di piselli, di ceci o lenticchie, di fagioli, peperoncino, origano, prezzemolo, aglio, olio, sale.

Mettere a germinare, in un barattolo di vetro a fondo largo, un cucchiaio di ciascuno dei seguenti semi: riso, piselli, ceci o lenticchie, considerando i relativi tempi di ammollo e di germogliazione:

	Tempo di macerazione (ammollo)	Tempo di germinazione
Riso integrale	6 ore	3 giorni
Piselli	6 ore	3 giorni
Fagioli	12 ore	4 giorni
Lenticchie	12 ore	4 giorni

Condire con una salsa cruda composta da: peperoncino rosso piccante, origano, prezzemolo e aglio tritati e amalgamati con olio e sale.

STUFATO DI LENTICCHIE CON GERMOGLI DI AVENA

200 gr di lenticchie, 500 gr di germogli di avena, 1/2 l di brodo vegetale, 20 gr di farina, un pizzico di zenzero grattugiato, 2-3 foglie di alloro e di santoreggia, uno spicchio di aglio tritato, sale q.b., olio.

Cuocere le lenticchie nel brodo vegetale in una pentola di coccio con coperchio, a fiamma bassissima dopo il bollore. Il tempo di cottura è di circa un'ora e mezza. Negli ultimi minuti di cottura aggiungere alloro, zenzero e santoreggia. Salare, aggiungere la farina e i germogli di avena. Cuocere a fuoco moderato ancora per qualche minuto. Servire condito con olio e aglio tritato.

BRODO VEGETALE CON FRUMENTO GERMINATO

Un bicchiere di frumento germinato, 2 tazze di brodo vegetale.

Aggiungere al brodo vegetale la crema ottenuta frullando il frumento germinato (il germoglio è appena spuntato). Se si vuole aumentare il valore bionutrizionale del preparato, aggiungere due cucchiai di germe di grano secco e due cucchiaini di lievito alimentare (acquistabili nei negozi specializzati).

CREMA DI GERMOGLI DI FRUMENTO

4 tazze di germogli di frumento (o soia verde), 1 litro d'acqua, 750 cc. di latte intero, sale, prezzemolo.

Unire i germogli di frumento all'acqua e al sale in una casseruola. Cuocere a fiamma bassa per 8 minuti circa. Frullare e passare aggiungendo il latte. Scaldare il passato e servire con prezzemolo.

GNOCCHI DI PANE INTEGRALE E GERMOGLI DI ZUCCA

60 gr di germogli di zucca, 1 kg di foglie di tarassaco, 1/2 Kg di pane raffermo, 80-100 gr di farina, 1-2 uova, 4 cucchiai di olio, 1 bicchiere di latte, 1 tazza di succo di pomodoro, 3 cucchiai di parmigiano reggiano, sale q.b. .

Lasciare ammorbidire il pane spezzettato in una tazza d'acqua. Nel frattempo, pulire e cuocere il tarassaco (detto anche dente di leone, soffione, pisciacane, piscialetto ecc.). Scolarlo bene e tritarlo. Nella tazza contenente il pane ammorbidito mettere il tarassaco, le uova, i germogli tritati e versare, poco a poco, la farina fino a ottenere un impasto consistente ma morbido. Metterlo su una spianatoia e lavorarlo bene. Quando sarà liscio, ricavare dei bastoncini della grossezza di un dito medio. Tagliarli poi a pezzetti di circa 2 cm di lunghezza. Passarli uno alla volta sul retro di una grattugia infarinata schiacciandoli leggermente col pollice, con un movimento dall'alto verso il basso. Farli scivolare direttamente su una spianatoia (che dev'essere sempre infarinata), affinché gli gnocchi non si attacchino tra di loro.
A lavoro ultimato, versarli con delicatezza in abbondante acqua salata; non appena saliranno in superficie, estrarli con un mestolo forato, sgocciolarli bene e servirli caldi e conditi con sugo di pomodoro e parmigiano reggiano.

SALSA DI GERMOGLI PER INSALATE

2 manciate di germogli (grano, orzo, fieno greco...), un pizzico di sale, un cucchiaio di succo di limone e olio.

Frullare insieme tutti gli ingredienti. Usare questa salsa per condire insalate miste di verdure fresche e di stagione.

SALSA ALL'AMAREGGIOLA

2 hg di ricotta di capra, 50 gr di amareggiola (Chrysantemum partenium detto anche erba amara o erba madre), 6 bacche di ginepro, 6 ravanelli con la foglia, 20 gr di soia verde germogliata, un bicchiere di olio, sale q.b., peperoncino in polvere.

Frullare insieme tutti gli ingredienti avendo cura di versare, a filo, l'olio. L' amareggiola ha un sapore decisamente amaro, ma gradevole e aromatico, pertanto la dose si può aumentare o diminuire a piacere.

SALSA ALLA MENTA

2 hg di ricotta di capra, 50 gr di prezzemolo, 30 gr di menta verde, 20 gr di orzo mondo germogliato, un bicchiere di olio, sale, peperoncino in polvere.

Frullare gli ingredienti versando l'olio a filo molto lentamente. Questa salsa è particolarmente indicata per la pastasciutta, ma anche per tanti altri piatti, in quanto la menta ben si adatta a molti alimenti.

SALSA AL POMODORO

2 hg di ricotta di capra, 2 hg di passato di pomodoro, 20 gr di fieno greco germogliato, 10 olive nere, uno spicchio d'aglio, un bicchiere di olio, sale q.b., peperoncino.

Mettere nel frullatore la ricotta, il passato di pomodoro, i germogli, le olive snocciolate, l'aglio, il sale, il peperoncino. Frullare e nel frattempo versare l'olio a filo. Questa salsa si sposa ottimamente con gli spaghetti, soprattutto quelli integrali.

SALSA SECCA CON GERMOGLI DI FRUMENTO

2 hg di ricotta di capra, 1/2 hg di prezzemolo, 1 porro, 20 gr di frumento germogliato, 20 gr di mandorle, 20 gr di nocciole, un pizzico di santoreggia, un bicchiere di olio, sale q.b., peperoncino.

Mettere in un frullatore la ricotta, il prezzemolo, il porro, i germogli, la frutta secca, la santoreggia, il peperoncino. Salare e frullare, versando l'olio a filo come per la maionese. Questa salsa è ottima spalmata su fette di pane.

SALSA CON YOGURT

2 hg di ricotta di capra, un bicchiere di yogurt, 2 uova sode, un cucchiaio di erba cipollina (o uno spicchio d'aglio), sale q.b., 20 gr di soia verde germogliata.

Tritare finemente l'erba cipollina e i germogli, schiacciare le uova e aggiungere tutti gli altri ingredienti. Mescolare bene in modo da ottenere una crema omogenea. Ottima per accompagnare le verdure crude.

CREMA DI FIOCCHI DI AVENA E GERMOGLI DI MIGLIO

Cinque gr di germogli di miglio, 2 cucchiai di fiocchi d'avena, 2 noci tritate, 2 cucchiai di uva passa, un bicchiere di latte intero, 1/2 mela e 1/2 bicchiere di yogurt.

Questa crema rappresenta una sana ed equilibrata colazione per il bambino. Ammorbidire i fiocchi di avena e l'uva passa nel latte fresco per 10-12 ore. Per ragioni d'igiene è meglio tenere la ciotola in frigorifero. Aggiungere le noci e i germogli tritati, la mela tagliata a dadini (o grattugiata) e lo yogurt. Mescolare e servire.

PASSATO DI VERDURE CON GERMOGLI DI RISO

10 gr di germogli di riso, 1/2 tazza di passato di verdura, 1/2 tazza di brodo vegetale, 1/2 tazza di fiocchi d'orzo, un cucchiaio di parmigiano reggiano grattugiato, un cucchiaio di olio.

Lasciare macerare per alcune ore (o tutta la notte) i fiocchi d'orzo nel brodo vegetale. Aggiungere il passato di verdura e intiepidire. Unire i germogli di riso tritati e condire con olio e parmigiano reggiano. La minestra è una pappa energetica e nutriente per il bambino.

MELA CON GERMOGLI DI CECI

1 mela, 5 gr di germogli di ceci, 10 gr di uva passa, 2 cucchiai di yogurt, un biscotto integrale, un cucchiaio di miele.

Questa merenda "ricostituente" si prepara tagliando la calotta superiore della mela e svuotandola del torsolo. Frullare i germogli di ceci, sbriciolare il biscotto, stemperare il miele nello yogurt, unire l'uvetta lavata e amalgamare bene il tutto.
Riempire la cavità della mela con questo composto e chiudere con la calotta che precedentemente era stata tolta. La mela sarà così una bella sorpresa per il vostro bambino.

PAPPA PER BAMBINI SVEZZATI

Un cucchiaino di germogli di miglio, un cucchiaino di fiocchi di riso, 1 tazza d'acqua, 1/2 bicchiere di latte di mandorle dolci, un cucchiaino di miele, un cucchiaino di succo d' arancia.

Ammorbidire, in una tazza d'acqua per 4-5 ore i fiocchi di riso. Allungare poi con mezzo bicchiere di latte di mandorle dolci, aggiungere i germogli frullati, il miele e il succo d'arancia. Desiderandola tiepida, si può scaldare a bagnomaria, facendo attenzione a non superare i 40 °C, onde evitare di distruggere l'elevato potere bio-nutrizionale della pappa.

Zuppe e minestre

Le verdure non vanno mai cotte troppo a lungo, e anche nella preparazione di zuppe e minestre i tempi di cottura devono essere limitati in modo che non vadano perdute molte sostanze vitali. Questi piatti tipicamente invernali sono molto mineralizzanti, rinvigorenti e adatti anche agli organismi più delicati. Zuppe e minestre sono pietanze consigliabili anche d'estate sia calde che fredde. La loro preparazione è spesso assai veloce, quindi è preferibile consumarle appena cotte anziché riscaldarle successivamente.
Tra i molti ingredienti elencati nelle ricette, segnaliamo il miso, prodotto dalla fermentazione di soia e sale più un altro cereale (riso o orzo). Il miso esalta il sapore delle zuppe ed è consigliato perché migliora la resistenza alle malattie e per i suoi benefici effetti sull'intestino; va consumato in dose di circa un cucchiaino a porzione e non deve bollire perché oltre a perdere di efficacia, diventerebbe amaro.

ZUPPA DI MISO

Alga wakame o kombu (3 cm per ogni porzione), 1 carota, 1/2 cipolla, 3 ravanelli o 1 rapa bianca (con foglie), 1 foglia di cavolo o di verza, 1 tazza di acqua per persona, 1 cucchiaino di miso per persona, prezzemolo o un'altra erba aromatica cruda.

Tagliate le verdure a fettine; disponete nella pentola l'alga (precedentemente ammollata per 10 minuti) e le verdure nell'ordine sopra descritto. Aggiungete l'acqua con delicatezza per non sconvolgere gli strati delle verdure. Le foglie di ravanello o di rapa si aggiungono qualche minuto prima del termine di cottura (debbono restare verdi). Dopo 20 o 30 minuti di cottura abbassate il fuoco al minimo, togliete un mestolo di brodo e sciogliete a parte il miso, aggiungetelo alla zuppa, lasciate sobbollire per un minuto a pentola coperta, poi servite.
Guarnite con prezzemolo crudo o fettine sottilissime di cipolla, o altra erba aromatica cruda.

ZUPPA DI CECI

300 gr di ceci, 1/2 cipolla, 4 cm di alga kombu, 1 spicchio di aglio, un mazzetto di prezzemolo, 300 gr di pomodori maturi, 1 gambo di sedano, 1 piccolo cespo di indivia, olio, olio al peperoncino, sale.

Lasciate in ammollo i ceci per 24 ore con un pezzetto di alga kombu. In una pentola di coccio fate stufare con un cucchiaio di olio la cipolla, l'aglio e il prezzemolo tritati. Aggiungete poi i ceci scolati e l'alga, lasciateli insaporire qualche minuto mescolando. Ricoprite il tutto con un litro e tre quarti di acqua e salate. Intanto avrete pelato e tritato i pomodori e tagliuzzato l'indivia e il sedano. Aggiungeteli ora alla minestra e coprite.
Cuocere a fuoco basso per circa tre ore e mezza, senza togliere mai il coperchio.
Servite su crostoni di pane tostato con sopra un po' d'olio al peperoncino.

ZUPPA DI MISO AL TOFU

1 cipolla, 2 carote, un po' di verza, 1 rapa, un gambo di sedano, 1 porro, 1 tazza d'acqua, un cucchiaino di miso per persona, un po' di prezzemolo tritato, 3 cm di alga, una fettina di tofu secco per persona.

Pulite le verdure, affettate sottilmente la cipolla, tagliate la rapa e le carote a piccoli pezzi (possono essere tagliate in vari modi: a tocchetti, a rondelle, a fiammifero, o anche grattugiate), tagliate a pezzetti il gambo di sedano e fate saltare tutto in un tegame appena unto di olio per 5 minuti circa. Aggiungete poi l'alga ammollata, l'acqua e portate a ebollizione.
Abbassate allora la fiamma e continuate la cottura a fuoco lento e pentola coperta per 15 minuti. Dopo aver ammorbidito il tofu in acqua fredda per una decina di minuti, spezzatelo finemente e aggiungetelo alla zuppa che continuerà a bollire ancora per 15 minuti. Quando le verdure saranno cotte (ma ancora piuttosto al dente), aggiungete il miso stemperato in poco brodo di cottura. Dopo aver spento la fiamma, aggiungete il prezzemolo e lasciate riposare una decina di minuti.

ZUPPA DI CIPOLLE

4 cipolle bianche, 1 cucchiaio di olio di sesamo, 1 cucchiaio di farina, 1 cucchiaino di santoreggia, 1/2 l di brodo vegetale.

Tagliate quattro cipolle bianche a fettine sottili e ammorbiditele in un tegame con poco olio di sesamo e un cucchiaio di farina. Quando il tutto sarà dorato aggiungete brodo vegetale o brodo di legumi o acqua bollente, in cui sia stato comunque in infusione per 10 minuti un cucchiaino di santoreggia. Continuate la cottura per circa quindici minuti a pentola coperta e fuoco moderato.
Versare quindi la zuppa nei piatti, sul cui fondo siano stati messi pezzi di pane abbrustolito e cosparsi con una noce di burro.

ZUPPA D'AGLIO

2 spicchi di aglio, 2 uova, sale, prezzemolo, 1 cucchiaio di olio, 1 cucchiaio di farina, fette di pane raffermo.

Mettete gli spicchi d'aglio a cuocere in poca acqua salata e quando saranno ben cotti schiacciateli. A parte sbattete le uova assieme alla farina e versate il tutto nel brodo bollente.
Disponete nei piatti le fette di pane abbrustolite, quindi versatevi sopra la zuppa bollente e un pizzico di foglie di prezzemolo tritate.

RIBOLLITA

Fette di pane raffermo abbrustolito, 100 gr di fagioli bianchi, olio, 6/8 foglie di cavolo verza o cavolo nero, 1 grossa cipolla, 2 gambi di sedano, 1 carota grande, 2 spicchi d'aglio, prezzemolo.

Cuocete i fagioli. A parte ammorbidite la cipolla, tagliata a fettine sottili, in un tegame con il fondo unto, poi aggiungete la verza, il sedano e la carota tagliati a dadini e lasciate cuocere per almeno mezz'ora.
Passate con il passaverdure 3/4 dei fagioli, lasciando gli altri interi e aggiungete il tutto alle verdure stufate in modo da ottenere una zuppa piuttosto liquida. Lasciate cuocere ancora per 10 minuti e condite con olio d'oliva e un battuto di prezzemolo e aglio.
Versare la zuppa bollente nei piatti sul fondo dei quali avrete messo le fette di pane. Può essere consumata anche il giorno dopo, passandola in forno per 10 minuti.

ZUPPA DI FAVE

300 gr di fave secche ammollate, 1/2 kg di cicoria, 1 cipolla, 2 cucchiai di olio, 1 cucchiaio di prezzemolo.

Cuocete le fave per circa 40 minuti e lessate a parte la cicoria. In una pentola fate appassire le cipolle, aggiungete una parte di fave passate, la cicoria tritata e il resto delle fave intere. Fate cuocere per 5 minuti e una volta tolto dal fuoco aggiungete l'olio e il prezzemolo.

ZUPPA DI PISELLINI CON TUTTE LE BUCCE

1,5 kg di pisellini novelli, 1 cipolla, 1 cucchiaio di prezzemolo tritato, olio, sale.

Gettate i baccelli vuoti dei piselli in una pentola con abbondante acqua salata bollente; quando saranno teneri passateli al passaverdure. Intanto, in una pentola coperta stufate la cipolla affettata, aggiungete poi i piselli sgranati e quando saranno "appassiti" aggiungete il purè di baccelli con l'acqua in cui hanno bollito. Salate. Appena tolta la zuppa dal fuoco aggiungete il prezzemolo tritato. Servite su crostoni di pane.

ZUPPA D' AVENA

2 carote, 1 porro intero, 5 tazze di brodo di verdura, 2 cucchiai di shoyu, 1 tazza di fiocchi d'avena, prezzemolo.

Lavate le carote e tagliatele a dadini. Tagliate il porro in 2 nel senso della lunghezza e lavatelo bene. Tagliate sia la parte bianca che quella verde a fettine di 2 cm. Unite il porro alle carote e al brodo di verdura e fate cuocere il tutto 15 minuti. Aggiungete i fiocchi d'avena, lo shoyu e continuate la cottura per 10 minuti. Servite spolverando con un po' di prezzemolo tritato.

ZUPPA DI PORRI ALLE ERBE

Una testa di lattuga, una manciata di acetosella e una di cerfoglio, 3 porri medi compresa la parte verde, 4 foglie di basilico, 2 cucchiaini di kuzu, sale, tamari, pane di segale tostato o fiocchi.

Tagliate a fettine i porri, la lattuga e le altre erbe fateli saltare in un tegame unto con un po' di tamari, poi aggiungete l'acqua fredda (una tazza a persona) e poco sale.
Fate bollire per 40 minuti. Sciogliete il kuzu in mezzo bicchiere di acqua fredda e aggiungetelo alla zuppa mescolando continuamente. Fate bollire altri 5 minuti e servite su fette di pane di segale tostato o fiocchi.

ZUPPA DI ZUCCHINE

400 gr di zucchine, 2 o 3 piccoli funghi, 1 l di latte di soia diluito, un cucchiaio di kuzu, una cipolla, aglio, timo, prezzemolo, noce moscata, 1 cucchiaio di olio, fiocchi di mais.

Imbiondite la cipolla, l'aglio e il timo nell'olio, aggiungete i funghi tagliati a fettine sottilissime, fate saltare unendo le zucchine a tocchetti fini. Dopo 5 minuti versate il latte e fatelo bollire per 40 minuti. Sciogliete il kuzu in un po' di acqua fredda e versatelo mescolando continuamente. Continuate la cottura per 5 o 10 minuti rimestando.
Servite con fiocchi di mais spolverando con la noce moscata e il prezzemolo tritato finemente.

ZUPPA DI CIPOLLE AL GOMASIO

6 grosse cipolle, 200 gr di farina, 1,5 l di brodo vegetale o latte di soia diluito, olio, sale, gomasio.

Fate stufare le cipolle affettate finemente in un tegame coperto. Spolveratele con la farina e mescolate bene. Aggiungete il brodo vegetale caldo e salate. Cuocete a fuoco molto lento per circa 40 minuti, mescolando di tanto in tanto.
Servite su crostoni di pane e spolverate col gomasio.

ZUPPA DI MISO ALLE BIETOLE

5 cm di alga wakame, 40 gr di foglie di bietola, un bicchiere grande di latte di soia, tamari, un cucchiaio di miso.

Mettete in ammollo l'alga per farla rinvenire e, dopo averla rapidamente sciacquata sotto acqua corrente, tagliatela in piccoli pezzi. Riscaldate quindi il latte di soia e il brodo ottenuto aggiungendo un paio di cucchiai di tamari all'acqua di cottura di qualche verdura. Lavate le foglie di bietola, tagliatele sottili e aggiungetele al latte di soia insieme all'alga. Cuocete a fuoco lento per cinque minuti circa; aggiungete quindi il miso stemperato a parte. Spegnete il fuoco e servite ben caldo.

ZUPPA AL DRAGONCELLO

Una manciata di dragoncello, una cipolla, olio, 2 patate, 2 carote, 50 gr di cavolo, 50 gr di piselli, 1 l d'acqua, due cucchiai di pasta, una prugna umeboshi.

Tagliate a pezzetti le patate e la carota, spezzettate il cavolo. A parte tagliate la cipolla e appassitela nell'olio con il dragoncello; aggiungete l'acqua, la prugna e le altre verdure e lasciate passare a fuoco medio per quindici minuti. Unite alla minestra anche la pasta e, dopo averla cotta, arricchite con dragoncello fresco e servite.

ZUPPA DI CASTAGNE SECCHE

200 gr di castagne secche, 400 gr di porri, 1 l di brodo vegetale o latte di soia, 1 cucchiaino di semi di finocchio, 2 cucchiai di olio di sesamo.

Mettete a bagno per una notte le castagne secche. Portatele a ebollizione nel brodo vegetale o latte di soia e cuocetele per 40 minuti. Aggiungete i porri sminuzzati e continuate la cottura per 2 minuti. Fuori dal fuoco, aggiungete i semi di finocchio tritati e l'olio.

ZUPPA DI CUS-CUS E ZUCCA

200 gr di cus-cus, 300 gr di zucca, 3 foglie di cavolo cappuccio, 1 cipolla, rosmarino, 2 cucchiai di olio, 1 cucchiaio di tamari, sale.

Fate soffriggere la cipolla, tagliata a fettine, col rosmarino e tamari in un tegame appena unto. Tagliate la zucca a fettine molto sottili, tritate il cavolo e fate saltare il tutto assieme alla cipolla. Aggiungete 4 tazze di acqua, fate bollire per 20 o 30 minuti, poi versate il cus-cus e il sale e continuate l'ebollizione per altri 10 o 20 minuti. Servite con una spolveratina leggerissima di sale e un cucchiaio di olio.

ZUPPA LEGGERA DI FINOCCHI

2 finocchi, 1 zucchina, 2 carote, 1 cipolla, 1 patata, 2 cucchiai di olio, fette di pane tostato.

Tagliate grossolanamente tutte le verdure, fatele bollire per 30 minuti in 4 tazze di acqua leggermente salata e, infine, aggiungete il tamari. Servite su fette di pane tostato, aggiungendo olio crudo.

ZUPPA DI CAROTE E ORZO PERLATO

4 o 6 carote, 200 gr di orzo perlato, 1 gambo di sedano, un po' di tamari, 1 porro, maggiorana o origano.

Tagliate le carote a cubetti, il porro e il sedano. Fate saltare le verdure per 20 minuti nel tamari insaporendole con un po' di maggiorana, poi fate saltare anche l'orzo. Aggiungete 4 tazze di acqua e fate bollire per 20-30 minuti.

ZUPPA DI CAVOLFIORE

1 cavolfiore, 500 gr di patate, 50 gr di farina, tamari e gomasio.

Togliere le foglie verdi al cavolfiore e metterle a cuocere in acqua salata per 15 minuti circa. Sgocciolatele e intanto fate cuocere, in acqua salata, i mazzetti separati del cavolfiore con le patate a dadini. A cottura ultimata, passare per qualche minuto il tutto nel frullatore, comprese le foglie verdi e il tamari. Al composto, aggiungete poi l'acqua della cottura dove sarà stata sciolta la farina, mescolate e servite spolverando di gomasio.

ZUPPA DI INDIVIA E CUS-CUS

300 gr di indivia, 300 gr di cavolfiore, 1 cipolla, 150 gr di cus-cus, 1 cucchiaio di olio di sesamo, gomasio, brodo vegetale, 2 cucchiai di tamari.

Tritate la cipolla e mettetela a soffriggere con l'olio e il tamari. Quando sarà dorata aggiungete l'indivia mondata e lavata e i fiori del cavolo, lasciando bollire per 15-20 minuti. Versate quindi il brodo e il cus-cus, fate gonfiare finché quasi tutto il liquido viene assorbito e servite con una spolverata di gomasio.

ZUPPA DI LENTICCHIE

250 gr di lenticchie, 4 cm di alga kombu, 150 gr di miglio (o di cus-cus, o di pastina o di fiocchi), 1 grossa cipolla, salvia, tamari, olio di sesamo, 1,5 l di acqua, poco sale.

Ammollate le lenticchie e l'alga tagliata a fettine sottili. Tagliate la cipolla a rondelle fini e fatela soffriggere leggermente nell'olio e tamari; aggiungete la salvia, le lenticchie scolate bene e fate saltare il tutto per 2 minuti. Aggiungete l'alga e l'acqua, portate a ebollizione e cuocete per 10 o 15 minuti; unite quindi il miglio o altro cereale e prima di portare a termine la cottura aggiungete poco sale.

ZUPPA DI ZUCCA

250 gr di zucca, 200 gr di bietole, 1 rapa di medie dimensioni, 1 cipolla, 2 spicchi d'aglio, un rametto di rosmarino, 2 cucchiai di olio, 2 l di brodo vegetale o acqua, 200 gr di riso, sale, tamari.

Sbucciate la zucca, liberatela dai semi e trituratela grossolanamente. Pulite e lavate la rapa e le bietole, poi trinciatele. Tritate finemente la cipolla, l'aglio e le foglie del rosmarino e fateli stufare a fuoco molto basso in una grande casseruola di terracotta, con il tamari e l'olio. Unite quindi al condimento tutti gli ingredienti preparati, girandoli in modo che si insaporiscano bene, aggiungete il riso e girate ancora per 2 minuti. Bagnate con due litri scarsi di brodo vegetale caldo o acqua, salate un po' e lasciate cuocere per 1 ora a recipiente coperto.

ZUPPA FREDDA AL TOFU

1 cetriolo, 2 peperoni, 4 pomodori maturi, 2 cucchiai di tofu, 1 fetta di pane, 1 spicchio d'aglio, mandorle e nocciole tritate, sale, brodo vegetale freddo o acqua.

Grattugiare il pane. Mondare il cetriolo, i pomodori, i peperoni e passare il tutto al tritaverdure; aggiungere le mandorle e le nocciole tritate e il pane grattugiato, mescolare e mettere tutto nel frigorifero per qualche ora. Schiacciate l'aglio nel mortaio fino a ridurlo in pasta che andrà amalgamata al tofu, insistendo nell'operazione cosicché il formaggio assorba perfettamente il sapore dell'aglio. Travasare poi in un recipiente più grande insieme al composto messo da parte, aggiungere l'acqua o un brodo leggero freddo. Salate e servite freddo. Si può accompagnare con cetrioli crudi, tagliati a dadini, cipolla a fettine, peperoni a pezzetti.

ZUPPA AI FAGIOLI FRESCHI

500 gr di fagioli freschi da sgusciare, 2 carote, una costola di sedano, 1 rapa, 1 porro, un ciuffo di prezzemolo, 2 cucchiai di olio, 2 l di brodo vegetale, 200 gr di riso integrale.

Sgranate i fagioli e sciacquateli. Tagliate il porro, la rapa, le carote e il sedano a dadini. Tritate il prezzemolo e mettete sul fuoco in una pentola con l'olio tutte le verdure. Fate rosolare per qualche minuto, aggiungete il riso, fatelo saltare con le verdure, poi unite il brodo vegetale o acqua. Fate cuocere per 1 ora a recipiente coperto.

GASPACHO

2 cetrioli medi, 4 pomodori, 2 peperoni dolci, 1 cipolla, 12 olive nere, sale, basilico secco in polvere, zenzero, 2 spicchi d'aglio, un pizzico di cumino, 2 cucchiai di succo di limone, 1 bicchiere d'olio d'oliva, 2 scalogni tritati.

Pelate i cetrioli, sminuzzateli finemente, cospargeteli di sale grosso e lasciateli qualche ora sotto sale; quindi sciacquateli e asciugateli. Pelate i pomodori e sminuzzateli finemente. Aprite i peperoni, togliete i semi e tagliateli a striscioline. Sminuzzate anche la cipolla. In un piatto fondo o un'insalatiera fate uno strato di cetrioli, uno di pomodori, uno di cipolla, uno di olive nere, poi ricominciate. Salate, aromatizzate con basilico e zenzero. Pestate l'aglio e il cumino; aggiungetevi il limone e l'olio d'oliva goccia a goccia mescolando in continuazione. Versate sulle verdure. Cospargete infine di erbe aromatiche e scalogni tritati finissimi. Servire ben freddo.

MINESTRONE FREDDO

2 carote, 2 pomodori maturi, 1/2 lattuga, 1 patata, 1 cucchiaio di piselli, 1/2 finocchio, 2 gambi di sedano, 1 zucchina, olio, timo, prezzemolo, tamari, sale, acqua.

Frullate tutte le verdure con 2 tazze d'acqua, aggiungendo in ultimo l'olio, le erbe aromatiche e il tamari. Salate a piacere. Questo piatto è delizioso se accompagnato da crostini di pane insaporiti.

MINESTRONE

1 zucchina, 1 gambo di sedano, 1 carota con le sue foglie verdi più tenere, 4 foglie di bietola, 1 foglia di cavolo, 5 o 6 fagiolini, una manciata di fagioli sgranati, 1 cipolla, 1 patata, trito di basilico e aglio, 1 cucchiaio di olio, 1/2 pomodoro, sale, acqua.

Fate bollire in 1/2 litro di acqua tutte le verdure tagliate a dadini per almeno 30 minuti. A fuoco spento aggiungete l'olio e il trito di basilico e aglio.

MINESTRA SPUMA VERDE

200 gr di spinaci freschi, 2 spicchi d'aglio, 2 cucchiai da minestra di olio d'oliva, 100 gr di fiocchi d'orzo, sale.

Pulite gli spinaci e sbucciate l'aglio, con un po' d'acqua e miscelate abbastanza a lungo per ottenere una fine spuma verde. Quindi versate questo preparato in un litro d'acqua e fate cuocere per circa 10 minuti. Quando bolle aggiungete i fiocchi d'orzo e lasciateli gonfiare per 10 minuti. Versate in una zuppiera legando con olio d'oliva e sale.

MINESTRA DI FARRICELLO

100 gr di farricello, 1 carota, 1 cipolla, 1 gambo di sedano, 2 zucchine, 2 cucchiaini di miso, 2 cucchiai di olio, acqua.

Stufate la cipolla e poi aggiungete le altre verdure tritate. Allungate con circa 1 litro di acqua calda e contemporaneamente unite anche il farricello. Fate cuocere per circa 30 minuti. Prima di spegnere aggiungete il miso e, fuori dal fuoco, completate con olio.

MINESTRA DI FOGLIE DI RAVANELLI

3 grosse cipolle, 30 gr di burro di nocciole, foglie di ravanello (1 o 2 mazzi), sale, acqua.

Stufate le cipolle, tagliate a fettine, con le foglie di ravanello. Quindi aggiungete acqua a vostro piacere (minestra liquida o spessa). Dopo 10 minuti di cottura, passate tutto nel mixer e salate. Servite calda con burro di nocciole.

MINESTRA ALLA CONTADINA

200 gr di fagioli toscanelli o cannellini, 1 cavolo nero, 100 gr di polpa di pomodoro, cipolla, sedano, carota, timo, prezzemolo, olio, sale, 1 foglia di alloro, 200 gr di pasta o di riso, acqua.

Fate lessare i fagioli e passatene poi al setaccio circa la metà, lasciando gli altri interi. Tritate finissimi tutti gli odori, facendoli poi rosolare nell'olio e aggiungendovi il cavolo nero tagliato a striscette, mescolando finché sia appassito e abbia assorbito bene il condimento. Unite allora la polpa di pomodoro, una foglia di alloro, il passato di fagioli e fate cuocere tutto assieme per 1/4 d'ora circa. Versate nella casseruola acqua calda quanta ne occorre per la quantità di minestra desiderata e, quando alza il bollore, aggiungete la pasta o il riso. A completare questa minestra rustica e appetitosa aggiungete infine anche i fagioli interi lasciati da parte.

MINESTRA DI FINOCCHIO SELVATICO E MIGLIO

50 gr di miglio, 2 finocchietti, 1/2 cipollotto, 1/2 cucchiaino di prezzemolo, 1 cucchiaino di olio, 1 cucchiaino di sale o di tamari, acqua.

Fate bollire 3 decilitri di acqua, cui unirete la cipolla tritata fine e il miglio. Fate cuocere per 20 minuti. Negli ultimi 5 minuti unitevi i finocchietti tritati finissimi. A fuoco spento condite con olio, sale o tamari e il trito di prezzemolo. Servite con crostini di pane di segale tostato.

MINESTRONE DI ORZO

1/2 tazza di orzo, 4 foglie di lattuga, un po' di cavolo cappuccio o verza, 1 carota, 1 cipolla, un gambo di sedano, prezzemolo tritato, altre verdure di stagione, 2 cucchiai di tamari, 1 cucchiaio di olio di sesamo, acqua.

Tagliate tutte le verdure a pezzettini sottili, saltatele in un po' d'olio e tamari; dopo dieci minuti aggiungete il cereale e infine l'acqua (quasi tre volte la quantità di orzo). Cuocete a fuoco lento per un'ora. Servite dopo aver guarnito con prezzemolo tritato.

MINESTRA DI RISO E AZUKI

200 gr di azuki ammollati con alga kombu, 1 tazza di riso, una prugna umeboshi, 1 cipolla, 2 carote, 1 porro, 1 gambo di sedano, 1 cespo di lattuga, 1 cucchiaio di tamari, olio, sale, acqua.

Stufate con un cucchiaio di olio la cipolla, il sedano, le carote e il porro tritati. Unite poi 6 tazze di acqua, gli azuki, il riso, la prugna e la lattuga tagliata a strisce. Cuocete a fuoco basso e tegame coperto per un'ora e mezza. A metà cottura aggiungete il tamari e poco sale.

MINESTRA AL SEMOLINO

2 carote, 1 pezzo di sedano, 1 porro, 50 gr di semolino di grano fine, prezzemolo fresco, crema di nocciole, sale, acqua.

Pulite le verdure, grattugiatele e fatele cuocere a fuoco lento in un litro d'acqua. A fine cottura, versate il semolino, mescolando bene, cuocete per 5 minuti e lasciate gonfiare. Salate e aggiungete la crema di nocciole. Servite caldo, cospargendo di prezzemolo tritato finemente.

MOSA

1 l di brodo vegetale, 1 tazza di farina di mais, formaggio grattugiato, sale.

Portate a ebollizione il brodo vegetale, salate e versatevi la farina che avrete preparato già diluita in una tazza di acqua fredda. Mescolate bene con un frustino in modo che non si formino grumi. Lasciate bollire piano per almeno 20 minuti, stando attenti a non farla addensare troppo.
Servite con formaggio grattugiato.

CREMA DI ORTICHE

500 gr di ortiche, 1 tazza di fiocchi d'avena, 50 gr di ricotta di pecora, 2 cucchiai di tamari, acqua.

Raccogliete con i guanti le parti più morbide delle ortiche, preferibilmente le cime delle piante, e lavatele bene (quando sono nell'acqua non pungono più).
Mettetele a cuocere in circa un litro d'acqua e aggiungete una tazza di fiocchi d'avena.
Cuocete la verdura e il cereale per mezz'ora, poi aggiungete la ricotta di pecora.
Lasciate raffreddare, poi frullate il tutto. Passate la crema con un colino grande in modo da ottenere una zuppa più morbida e saporita. Dopodiché aggiungete il tamari e mettetela a cuocere per un'altra mezz'ora circa.

CREMA DI SEDANO

1/2 sedano, 1 cipolla tagliata, 1 carota tagliata, un po' di prezzemolo tritato, 1/2 tazza di fiocchi di riso o farina di riso, 2 cucchiai di tamari, acqua.

Saltate i vegetali in una padella unta con l'olio d'oliva.
Aggiungete circa cinque tazze d'acqua fredda e frullate il tutto. Unite il tamari e la mezza tazza di cereale.
Cuocete poi la crema per 30 minuti circa.

CREMA DI CAROTE E CIPOLLE

1 tazza di fiocchi d'avena, 1/2 kg circa di carote, 1/2 kg di cipolle, 1 hg di tofu, prezzemolo, 2 cucchiai di tamari, 1 cucchiaino di olio di sesamo, semi di sesamo tostati.

Tagliate a pezzetti le cipolle e le carote e insieme alle altre verdure fatele saltare in una padella unta con l'olio di sesamo per dieci minuti.
Aggiungete acqua q.b., la tazza di fiocchi d'avena e il tofu a pezzetti. Condite con due cucchiai di tamari o sale. Frullate e mettete a cuocere per trenta minuti. Servite la crema guarnita con un po' di prezzemolo tritato e dei semi di sesamo tostati.

CREMA DI ASPARAGI

1 kg di asparagi, 50 gr di farina, 4 tuorli d'uovo, acqua, sale, tahin.

Fate cuocere gli asparagi in un litro d'acqua. Scolateli conservando il brodo di cottura. Passate al passaverdure solo il gambo degli asparagi con il brodo. Legate la farina con i tuorli, incorporatela alla crema e fate cuocere per 15 minuti. Aggiungete le punte, il sale, il tahin.

CREMA DI CETRIOLI

4 patate, 2 cetrioli medi, 1 prugna umeboshi, 2 cucchiai di crema di mandorle, un cucchiaio di tamari, gomasio.

Mettete le patate e i cetrioli, tagliati a dadini, in acqua bollente per 10 minuti. Passatele nel frullatore assieme alla prugna senza nocciolo. Legate con la crema di mandorle, il sale e il tamari. Versate la crema nella zuppiera e servite calda con un poco di gomasio.

CREMA DI CRESCIONE

Un mazzo di crescione, 2 patate, sale, crema di nocciole.

Fate cuocere il crescione in un litro di acqua (tenete da parte alcune foglie crude) assieme alle patate tagliate grossolanamente. Mettete il tutto nel passaverdure: aggiungete le foglie crude tenute da parte: portate a ebollizione. Servite caldo dopo aver aggiunto sale e crema di nocciole.

CREMA DI AVENA CON PORRI

150 gr di farina di avena, 2 porri, 1 cucchiaino di miso, 1 cucchiaio di tahin, 1 cucchiaino di cannella in polvere, 1 cucchiaino di semi di finocchio, 2 cucchiai di olio, acqua.

Tostate la farina in una padella asciutta, aggiungete un litro di acqua calda e i porri tagliati a rondelle e fate cuocere per circa 15 minuti. Poco prima di spegnere aggiungete le spezie, il miso, il tahin e, volendo, un po' d'olio.

I cereali

AVENA

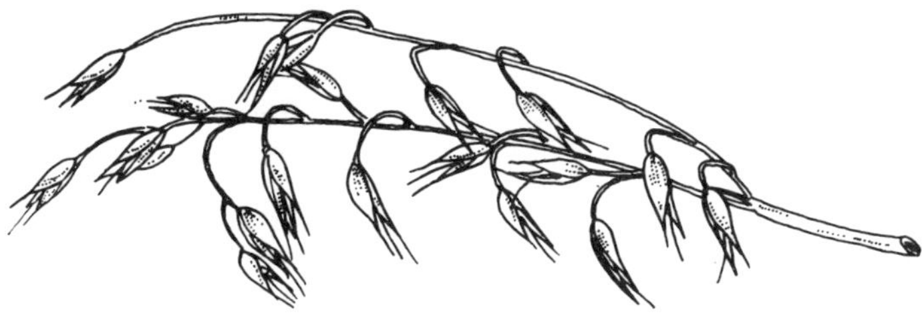

LA COTTURA DELL'AVENA (ricetta base)

Mentre per l'uso dei fiocchi e della farina non vi sono accorgimenti particolari da rispettare, per la cottura dei chicchi di avena sono necessarie alcune operazioni preliminari. Anzitutto il consueto accurato lavaggio per asportare impurità, scorie, polvere e corpi estranei caratteristici di tutti i cereali in chicchi: si effettuano alcune sciacquature in acqua fredda rinnovata sino a quando sarà limpida e priva di scorie che salgono alla superficie. Compiuta quest'operazione, si può lasciare in ammollo l'avena per qualche ora, oppure passare direttamente alla cottura con una giusta proporzione d'acqua (circa tre volte il volume dei chicchi).
Portata l'acqua a ebollizione, si provvederà a salare e ad abbassare il fuoco, quindi si coprirà la pentola con un coperchio e si completerà la cottura a fiamma molto ridotta; saranno necessari complessivamente circa 50 minuti, dopo di che si potrà condire il cereale nel modo voluto.
I fiocchi, molto indicati soprattutto a colazione, possono essere mangiati anche crudi, in ottime pappette.

AVENA CON CECI

200 gr di avena in chicchi, acqua, sale, 100 gr di ceci, 200 gr di cipolla, 100 gr di carota, un rametto di rosmarino, tamari, olio.

Lavate i ceci e metteteli a bagno in acqua per almeno 12 ore. Trascorso questo tempo, pulite le cipolle e affettatele sottilmente, pulite poi anche le carote (aiutandovi con l'apposito spazzolino) e tagliatele sottilmente nel senso della lunghezza. Mettete quindi le cipolle in una capace pentola con un poco d'olio, fatele saltare in modo che si ammorbidiscano e comincino ad appassire; aggiungete quindi anche le carote e il rosmarino e fate saltare il tutto ancora qualche minuto a fiamma allegra. Nel frattempo scolate i ceci e lavate l'avena (se volete, potete lavarla con un certo anticipo, in modo da lasciarla poi a bagno per qualche ora). Unite quindi sia i ceci che l'avena alle verdure, insieme con quattro parti d'acqua; portate a ebollizione e cuocete poi a fiamma bassa e pentola coperta per il tempo necessario (un'ora e mezza circa, ma a volte può bastare un'ora). Aggiungete un paio di cucchiai di tamari al momento di togliere dal fuoco.

AVENA AI CARCIOFI

200 gr di avena in chicchi, acqua, sale, 4 carciofi, 1 spicchio di aglio, un cucchiaio di miso, un cucchiaio di tahin, prezzemolo, olio.

Lavate l'avena, lasciatela preferibilmente a bagno per qualche ora e poi cuocetela come indicato nella ricetta-base. A parte, cucinate i carciofi dopo averli puliti, privati delle foglie più esterne e affettati: metteteli in un tegame con poco olio, l'aglio schiacciato e dell'acqua. Quando questa, nel corso della cottura a fuoco lento, si sarà asciugata e i carciofi saranno teneri, togliete la pentola dal fuoco e aggiungete una salsa preparata amalgamando miso e tahin in poca acqua tiepida. Versate quindi il tutto sull'avena cotta, cospargendo di prezzemolo tritato e arricchendo eventualmente con un goccio d'olio crudo.

AVENA ALLE VERDURE

200 gr di avena in chicchi, acqua, sale, 300 gr di spinaci, 3 piccole zucchine, 1 gambo di sedano, 1 carota, un cuchiaio di miso, olio.

Lavate l'avena, lasciatela preferibilmente a bagno per alcune ore e poi cuocetela come indicato nella ricetta-base. Dedicatevi poi alla pulizia delle verdure e alla loro preparazione: affettate il sedano, le zucchine, le carote e fatele poi appassire in un tegame a fuoco lento, nella loro acqua (se proprio fosse necessario, aggiungete un filo d'olio).
Quando sono ancora al dente, aggiungete alle verdure anche gli spinaci tritati grossolanamente. Cuocete ancora sino ad ammorbidire questi ultimi, poi aggiungete l'avena cotta, togliete dal fuoco e completate con il miso diluito in poca acqua tiepida e un poco d'olio crudo. Risulterà un piattino delizioso e consistente.

INSALATA DI AVENA

150 gr d'avena in chicchi, acqua, sale, 1 cipolla, 2 pomodori, 1/2 cetriolo, un paio di cucchiai di salsa di pomodoro, uno spicchio d'aglio, 1/2 limone, timo, pepe, olio.

Lavate l'avena, lasciatela preferibilmente a bagno alcune ore e poi cuocetela come indicato nella ricetta-base e fatela quindi raffreddare. Affettate poi finemente la cipolla, pulite e affettate anche i pomodori e il cetriolo, e uniteli all'avena. Spremete a parte il limone in modo da ottenerne il succo, che aggiungerete quindi alla salsa di pomodoro, all'aglio affettato, al timo e al pepe; mescolate poi il tutto all'avena con le verdure, aggiungete dell'olio crudo, lasciate riposare un po' e servite infine senza indugio.
Semplice ed efficace!

VERDURE CON FIOCCHI D'AVENA

50 gr di fiocchi d'avena, acqua, sale, 1 cipolla, 300 gr di verdure tra carota, sedano e porro, un paio di cucchiai di salsa di pomodoro, timo, maggiorana, pepe, 2-3 cucchiai di formaggio parmigiano grattugiato, tamari, olio.

Mettete in ammollo i fiocchi per un paio d'ore in mezzo litro d'acqua o poco più e cuoceteli poi a fuoco lento per 20 minuti circa. Saltate a parte in olio la cipolla affettata finemente con le altre verdure pulite e affettate. Stufate a fuoco lento coprendo la pentola con un coperchio e, dopo circa dieci minuti, aggiungete anche la salsa di pomodoro, allungando con un poco d'acqua. Cuocete ancora per altri dieci minuti circa e poi unite il tutto alla pappa di fiocchi, insaporendo fuori dal fuoco con il sale, le erbe aromatiche, un paio di cucchiai di tamari, dell'olio e cospargendo infine di formaggio grattugiato.

ZUPPA D'AVENA E SPINACI

40 gr di fiocchi d'avena, acqua, sale, 300 gr di spinaci, 1 cipolla, un cucchiaio di farina di riso, tamari, olio.

Affettate sottilmente la cipolla e saltatela in poco olio facendola delicatamente appassire. Aggiungetevi quindi gli spinaci lavati e tagliati grossolanamente, del sale, i fiocchi d'avena e dell'acqua tiepida (un litro circa). Portate a ebollizione e fate poi cuocere a fuoco lento per un quarto d'ora, dopo di che passate il tutto nel passaverdure e aggiungete la farina di riso sciolta in poca acqua intiepidita. Fate bollire ancora per quindici minuti e, a cottura ultimata, condite con tamari, aggiungendo dell'olio crudo prima di serivire. Risulterà una zuppa alquanto tonificante.

ZUPPA DI FARINA D'AVENA

50 gr di avena in chicchi, acqua, sale, 1 porro, 1 cipolla, alcune foglie di salvia, 1 tuorlo d'uovo, pane, olio.

Procuratevi della farina d'avena o, se vi risultasse difficile trovarla, provvedete a macinare grossolanamente i chicchi. Tostate poi la farina ottenuta e allungatela quindi con acqua intiepidita (ne basterà un litro circa), rimestando per benino, in modo da evitare la formazione di grumi. Passate quindi a occuparvi delle verdure: pulite e tagliate il porro a sottili rondelle e affettate finemente la cipolla, versandole poi nella pentola nella quale sta pazientemente riposando la farina. Unitevi anche la salvia e cuocete poi a fuoco lento per quindici minuti circa. A cottura ultimata, insaporite con il sale e addensate con il tuorlo d'uovo. Preparate quindi dei crostini tagliando a dadini delle fette di pane integrale (meglio se raffermo), che salterete in olio caldo per qualche minuto e disporrete poi nei piatti nei quali verserete la zuppa fumante.

AVENA PICCANTE

200 gr di avena in chicchi, acqua, sale, 1 cipolla, una foglia di alloro, paprica, peperoncino (a discrezione), un mazzetto di prezzemolo, miso, olio.

Lavate l'avena, lasciatela a bagno per alcune ore e poi cuocetela come indicato nella ricetta-base, dopo aver saltato la cipolla affettata sottilmente in poco olio nella stessa pentola della cottura, con l'alloro, la paprica e il peperoncino. A cottura ultimata aggiungerete il miso (un cucchiaio circa), il prezzemolo tritato e un poco d'olio crudo.

COLAZIONE CON FIOCCHI D'AVENA

100 gr di fiocchi d'avena, acqua di cottura di verdure o di pasta, una decina di noci, una manciata di uvetta passa, tamari, lievito alimentare secco, sale.

Si tratta di un modo semplicissimo di preparare una consistente colazione, "coi fiocchi", appunto. Si mettono in pentola i fiocchi (che, volendo, possono essere tostati), con l'acqua di cottura di verdure o della pasta che avrete provveduto a recuperare precedentemente. Si fanno cuocere per pochi minuti a fiamma molto bassa, mescolando di tanto in tanto e aggiungendo nel frattempo le noci sgusciate e sminuzzate grossolanamente e una manciata di uvetta (la quantità dipende dai gusti). Si aggiusterà eventualmente di sale e, dopo pochi minuti, si potrà togliere dal fuoco: i fiocchi si saranno ammorbiditi e gonfiati. Condite con un paio di cucchiai di tamari e del lievito alimentare secco e scodellate. Sarà una colazione che vi permetterà di arrivare al pranzo senza nessun problema di "vuoti di stomaco"!

TORTA D' AVENA

300 gr di fiocchi d'avena, 1/4 l di the bancha, una buccia d'arancia grattugiata, 100 gr di uvetta passa, 100 gr di pinoli, 2 cucchiai di tahin, sale, olio, farina di frumento.

Preparate del the bancha e lasciatelo raffreddare. Mescolatevi poi i fiocchi, la buccia d'arancia grattugiata, l'uvetta, i pinoli, un pizzico di sale, il tahin sciolto in poca acqua (o, meglio, the bancha). Aggiungete eventualmente altri fiocchi se vi sembra che l'impasto non abbia una consistenza adatta.
Versate poi il tutto in una teglia da forno unta d'olio e infarinata leggermente, lasciate riposare per almeno mezzora e nel frattempo scaldate il forno. Infornate e cuocete l'impasto per un'ora, sino a quando la torta sarà dorata. Se, passato questo tempo, risultasse ancora troppo morbida, prolungate la cottura a fuoco lento ancora per dieci minuti.

BUDINO DI FIOCCHI D'AVENA

100 gr di fiocchi d'avena, acqua, sale, 3 mele, 2 cucchiai d'uva passa, un cucchiaino di miele, un pizzico di cannella, olio.

Cuocete i fiocchi a fuoco lento in un litro d'acqua e quindi, fuori dal fuoco, mescolatevi il miele, le mele sbucciate e affettate, l'uvetta precedentemente lasciata in ammollo in acqua tiepida e la cannella. Versate poi il tutto in una teglia precedentemente unta d'olio e cuocete in forno a 180 °C per mezzora circa.

PORRIDGE

160 gr (circa) di fiocchi d'avena, acqua, sale, 200 gr di prugne secche (una ventina circa), 100 gr di panna liquida.

Versate l'acqua in una pentola (ne basterà circa un litro), portatela a bollore e versatevi poi i fiocchi, mescolando. Cuocete per circa 20 minuti a fuoco molto basso, sino a che si formi una pappa piuttosto densa. Aggiungete quindi le prugne precedentemente lasciate in ammollo in acqua a rinvenire e, se lo preferite, snocciolate; salate leggermente e versate infine il tutto in una zuppiera, nella quale aggiungerete, mescolando, anche la panna fredda. Ponete in frigo e servite freddo come energetica colazione.

MÜESLI DI FIOCCHI D'AVENA

500 gr di yogurt intero, 80 gr di fiocchi d'avena, una decina di noci, una manciata di pinoli, una di uvetta passa, alcuni fichi secchi, miele.

È un modo molto semplice di preparare una buona e sostanziosa colazione. È sufficiente mescolare nello stesso recipiente tutti gli ingredienti, dopo aver sminuzzato le noci e i fichi secchi e aver aggiunto del miele (a seconda dei gusti). Basterà lasciar riposare qualche minuto l'impasto per dar modo ai fiocchi di ammorbidirsi un po', prima di mangiarli con appetito. Volendo, si può usare anche frutta fresca (mele, pere ecc.).

FARRO

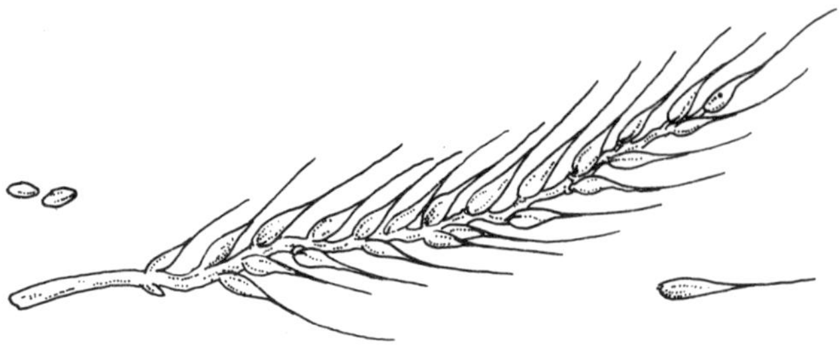

LA COTTURA DEL FARRO (ricetta-base)

La cottura del farro in chicchi, cereale che ha una diffusione molto limitata nell'alimentazione, non comporta procedimenti diversi da quelli suggeriti per gli altri cereali. È indispensabile, come al solito, lavare accuratamente i chicchi in acqua fredda, rinnovata più volte sino alla scomparsa delle impurità che tendono a salire in superficie. Si deve poi lasciare in ammollo per almeno sei ore, ma preferibilmente per un tempo maggiore, con una quantità d'acqua pari a circa il doppio del volume dei chicchi, dopo di che si potrà metterlo sul fuoco e portare l'acqua a ebollizione. Allora si dovrà abbassare la fiamma, schiumare dalle eventuali impurità, salare e coprire la pentola con un coperchio. Completata la cottura, per la quale sono necessari circa 50-60 minuti, sarà consigliabile attendere un po' prima di mescolarlo al condimento, per dar modo all'eventuale acqua in eccesso di essere assorbita completamente e al cereale di gonfiarsi del tutto.
Con la farina di farro vengono preparate inoltre delle paste alimentari, che richiedono una cottura non diversa da quella delle paste di frumento o di altri cereali.

FARRO E CAROTE

300 gr di farro, acqua, sale, 400 gr di carote, timo, tamari, olio.

Lavate il farro e, dopo averlo lasciato in ammollo, cuocetelo come indicato nella ricetta-base, schiumando eventuali impurità al momento dell'ebollizione dell'acqua. Nel frattempo lavate per bene le carote e affettatele sottilmente nel senso della lunghezza, dopo averle tagliate a metà. Saltatele quindi in padella con poco olio e un rametto di timo, poi fatele stufare a fuoco lento, per un quarto d'ora circa, dopo averle coperte. Aggiungete le carote al farro dopo che avrà cotto per mezzora circa, unendovi anche del tamari e mescolando delicatamente con un cucchiaio di legno. Portate infine a termine la cottura, spegnete e attendete poi qualche minuto prima di portare in tavola.

FARRO E VERDURE

200 gr di farro, acqua, sale, 2 cipolle, 2 carciofi, 1/2 verza, un cucchiaino di tahin, un cucchiaino di semi di finocchio, olio.

Lavate, lasciate in ammollo e cuocete il farro come indicato nella ricetta-base. Pulite accuratamente le verdure, tritatele e fatele poi appassire in un tegame con poco olio e sale, coprite e stufate a fiamma bassa per un quarto d'ora circa. Quando avrete concluso la cottura del farro, unitelo alle verdure stufate, aggiungete i semi di finocchio, il tamari e dell'olio e rimettete sul fuoco per alcuni minuti, mescolando.

ZUPPA DI FARRO

100 gr circa di farro, acqua, sale, 2 carote, 2 cipolle, 1 gambo di sedano, 2 porri, un mazzetto di prezzemolo, alloro, tamari, olio.

Lavate, lasciate in ammollo e cuocete il farro come indicato nella ricetta-base. Dopo mezzora di cottura (la quantità d'acqua dipende dalla consistenza che si vuol dare alla zuppa, come pure la quantità di cereale), aggiungete le verdure pulite e tagliate a pezzetti, insieme alle foglie d'alloro. Portate poi a termine la cottura e, al momento di servire, arricchite la zuppa con prezzemolo tritato e tamari (un paio di cucchiai dovrebbero bastare).

INSALATA DI FARRO

200 gr di farro, acqua, salé, 2 carote, 2 piccole cipolle, alcuni ravanelli rossi, 2 finocchi, gomasio, lievito alimentare secco, olio

Lavate, lasciate in ammollo, cuocete il farro come indicato nella ricetta-base e lasciatelo poi raffreddare (meglio se lo cuocete con un giorno d'anticipo). Tagliate poi le verdure a pezzetti e mescolatele al farro raffreddato, condendo con olio, abbondante gomasio e lievito. La preparazione è veramente semplicissima, ma di buon risultato.

TAGLIATELLE DI FARRO CON SEDANO

400 gr di tagliatelle di farro, acqua, sale, 4 gambi di sedano bianco, 1 cipolla, 50 gr di pinoli, tamari, olio.

Pulite le verdure, tagliatele a pezzetti grossolani e, mentre fate cuocere le tagliatelle in abbondante acqua salata, passatele nel frullatore sino a ottenere una cremina (potete aggiungere un po' d'acqua della pasta, in modo da renderla più morbida). Toglietela poi dal frullatore e mescolatela a un paio di cucchiai di tamari e a dell'olio. Quando la pasta sarà cotta, scolatela e conditela con la salsa al sedano, aggiungendo un filo d'olio se vi sembrasse necessario.

FARRO E PEPERONI

150 gr di farro, acqua, sale, 3 peperoni, 1 cipolla, 2 pomodori, una foglia di alloro, 1 spicchio di aglio, 80 gr di uvetta, peperoncino, olio.

Lavate, lasciate in ammollo e cuocete il farro come indicato nella ricetta-base. Nel frattempo pulite i peperoni privandoli dei semi e del torsolo, levate la buccia ai pomodori, mettete in ammollo l'uvetta in poca acqua tiepida. Affettate poi sottilmente la cipolla e mettetela in un tegame con dell'olio facendola saltare a fuoco piuttosto vivace; aggiungete anche i peperoni affettati e quindi tagliate anche i pomodori e uniteli alle altre verdure dopo che li avrete fatti precedere dall'aglio schiacciato, dal peperoncino e dall'alloro. Dopo qualche minuto di fuoco allegro, abbassate la fiamma, coprite e stufate a fuoco molto lento per venti minuti circa. Unite l'uvetta poco prima di togliere dal fuoco e mescolate al cereale cotto che, nel frattempo, avrà avuto il tempo di riposare a fuoco spento. Rimettete qualche istante ancora sul fuoco, rigirate delicatamente e infine servite senza ulteriore indugio.

FRUMENTO

LA COTTURA DEL FRUMENTO (ricetta-base)

Come si sa, il frumento è il cereale più diffuso nelle nostre abitudini alimentari: è alla base della preparazione del pane, della pasta, della pizza, di dolci di vari tipi, in cui viene impiegato sottoforma di farina.
Può essere usato anche in chicchi, nonostante questo tipo di impiego sia molto meno consueto. In questo caso, per la cottura è necessario procedere nel modo consigliato per gli altri cereali in chicchi, partendo anzitutto da una buona lavatura in acqua fredda per eliminare la polvere e i residui che di solito sono mescolati al cereale. Il lavaggio va fatto in un recipiente nel quale sia possibile rimuovere i chicchi in abbondante acqua, che verrà sostituita alcune volte, sino a ottenere la pulizia desiderata. Si farà quindi scolare in uno scolapasta e si potrà poi passare a un'eventuale tostatura prima della cottura per la quale, dopo aver messo il cereale in pentola con la dose adatta di acqua (una parte di cereale con tre parti d'acqua), si procederà portando a ebollizione a fiamma piuttosto alta, abbassandola al momento del bollore, salando, coprendo poi la pentola e continuando la cottura a fuoco molto moderato per il tempo necessario (50-60 minuti).

Mentre la cottura del grano tenero non richiede necessariamente un periodo di ammollo in acqua dei chicchi, il grano duro preferisce un periodo di ammollo di sei o più ore, che faciliterà la cottura.
La cottura della pasta, cioè della farina lavorata, non richiede ovviamente tutte le operazioni precedenti. Ogni buon italiano sa che la pasta va semplicemente cotta in abbondante acqua salata e scolata al dente; il tempo di cottura è variabile a seconda dei tipi di pasta e per accertarsi della cottura non c'è che la prova-assaggio. Forse non è invece del tutto risaputo che l'acqua di cottura della pasta, essendo molto ricca di sali minerali, dovrebbe essere conservata e impiegata nella preparazione di altri piatti (zuppette di fiocchi, ad esempio, o minestre). Tenetene conto! In ogni caso nelle ricette che seguono, si farà sempre riferimento a pasta di tipo integrale presente in commercio in varie forme e dimensioni.
Anche l'impiego dei fiocchi di grano non richiede preparazioni particolari. Come tutti i fiocchi, possono essere consumati crudi, ammorbiditi in un liquido per qualche minuto, o cotti. Possono essere usati per la preparazione di zuppe o creme o impiegati a colazione, mescolati a fiocchi di altri cereali.
Altri due prodotti della lavorazione del frumento sono: il cuscus e il bulghur. Il primo è una semola di grano duro lavorata al vapore sino a formare dei piccoli granellini che sono poi seccati e che hanno una consistenza più corposa che non la comune semola di grano (semolino). Il tipo precotto che si trova in commercio ha un tempo di cottura piuttosto rapido e non presenta alcuna difficoltà particolare di preparazione. Il metodo più semplice consiste nel tostarlo in pochissimo olio rigirandolo con un cucchiaio di legno, e poi versarlo in una zuppiera con acqua bollente salata ed eventualmente aromatizzata (nella proporzione di due tazze d'acqua per una di semola). Dopo aver coperto il recipiente, bisognerà attendere un quarto d'ora circa, per dar modo al cuscus di gonfiarsi. Un altro metodo consiste invece nel cuocere la semola in acqua bollente dopo averla tostata in pochissimo olio: raggiunta l'ebollizione, si salerà, si coprirà e si farà cuocere a fuoco bassissimo per poco più di cinque minuti, lasciando poi riposare per altri cinque minuti prima di servire. Un terzo metodo prevede invece la cottura a vapore, classica dei paesi arabi-africani: lavata la semola sotto acqua fredda, la si versa in un colino a retina o in un apposito recipiente bucherellato, che verrà appoggiato sopra una pentola che contenga acqua in ebollizione (è importante che il diametro della pentola coincida con quello del colino). Dopo dieci minuti si potrà versare la semola in un vassoio e salarla, rimettendola poi nel colino e continuando la cottura per altri cinque-dieci minuti.
Il bulghur, piatto tradizionale del Medio-Oriente, è preparato con grano pregermogliato, seccato e grossolanamente tritato. È possibile prepararlo da soli, ma generalmente viene acquistato pronto per l'uso. Si cucina come il cuscus (primo metodo sopra descritto), anche senza tostatura, ed è pronto in venti minuti circa. Si può preparare anche con una cottura a vapore (come il cuscus di cui sopra), con l'avvertenza di allungare i tempi di cottura.

SPAGHETTI A CRUDO 1

400 gr di spaghetti, acqua, sale, 3 spicchi d'aglio, olio.

È un modo semplicissimo di preparare la pasta, adatto nei casi in cui si abbia poco tempo a disposizione o si venga sorpresi da ospiti inaspettati. Lessate la pasta e nel frattempo preparate una zuppiera, i cui bordi avrete cura di passare per bene con una parte dell'aglio schiacciato. Il rimanente lo schiaccerete nella zuppiera su un fondo d'olio crudo. Scolate la pasta quando è al dente, versatela nella zuppiera aggiungendo un filo d'olio, mescolando per bene, in modo che il calore della pasta si trasmetta al condimento che potrà così sprigionare con più efficacia tutto il suo aroma.

SPAGHETTI A CRUDO 2

400 gr di spaghetti, acqua, sale, 5 pomodori, olio (8 cucchiai circa), 2 spicchi d'aglio, basilico, pepe.

È un tipico piatto estivo, che potete preparare anche con lasagnette o pasta lunga (ma piuttosto sottile).
Mettete in una zuppiera l'olio, i pomodori lavati, asciugati e tagliati a pezzi, gli spicchi d'aglio schiacciati piuttosto finemente, le foglie di basilico sminuzzate. Lasciate quindi macerare per almeno un quarto d'ora. Cuocete poi la pasta, scolatela al dente. Unite sale e pepe agli ingredienti lasciati a macerare, mescolate e versate infine la pasta nella zuppiera, rigirandola bene prima di servire.

SPAGHETTI A CRUDO 3

400 gr di spaghetti, acqua, sale, 5 pomodori, olio (8 cucchiai circa), 2 spicchi d'aglio, un peperoncino rosso, 100 gr di olive verdi, basilico.

È un'altra variante nel modo di preparare una pasta con una salsa cruda, adatta, oltre che agli spaghetti, anche ad altra pasta di spessore sottile.
Affettate i pomodori dopo averli ben puliti e asciugati, schiacciate l'aglio, tritate il peperoncino, snocciolate e tagliate a pezzi le olive, sminuzzate il basilico e disponete il tutto in una zuppiera dopo aver aggiunto anche l'olio.
Quando vi sembrerà che la macerazione sia sufficiente (un paio d'ore dovrebbero bastare), lessate la pasta, scolatela al dente e, dopo aver aggiunto del sale alla salsa, versatela nella zuppiera. Mescolate per bene prima di servire.
Chi non tollerasse il peperoncino, può usare l'accortezza di non tritarlo, ma romperlo semplicemente in 2-3 pezzi e toglierlo dal sugo prima di unire la pasta. È importante ricordare inoltre che, nel caso vengano usate olive nere, il tempo di macerazione dev'essere allungato (sono consigliabili almeno quattro ore).

MACCHERONI AL BASILICO (a crudo)

400 gr di pasta, acqua, sale, 4 spicchi di aglio, un mazzetto di basilico fresco, 150 gr di olive snocciolate, 100 gr di parmigiano, olio.

Pestate in un mortaio o schiacciate con cura l'aglio e il basilico e tritate piuttosto grossolanamente le olive. Lasciate il tutto a macerare in olio per un paio d'ore (se le olive sono ben tritate il tempo di macerazione può essere adeguatamente abbassato). Lessate quindi la pasta e, a cottura ultimata, scolatela e versatela nella terrina nella quale avete fatto macerare la salsa, aggiungetevi il parmigiano grattugiato, dell'olio crudo, mescolate con cura e servite. La buona riuscita di questa pasta dipende in gran parte dalla qualità del basilico che userete.

PASTA ALLA CIPOLLA (a crudo)

400 gr di pasta, acqua, sale, 3 cipolle, 5 pomodori, olio (8 cucchiai circa), origano, pepe.

La preparazione della salsa cruda alla cipolla richiede una macerazione prolungata, che può durare tutta una notte.
Pulite, asciugate e tagliate i pomodori a pezzi o a cubetti. Versateli poi in una capace zuppiera con il loro sugo, aggiungete l'olio, le cipolle affettate molto sottilmente e dell'abbondante origano, possibilmente fresco. Lasciate poi a macerare e, come al solito, aggiungete sale e pepe solamente poco prima di unire alla salsa la pasta.
Lessate quindi la pasta (spaghetti o lasagnette), scolatela accuratamente e versatela nella zuppiera; mescolate per bene in modo di amalgamare i sapori e servite.

SPAGHETTI AGLIO, OLIO E PEPERONCINO

400 gr di spaghetti, acqua, sale, 4 spicchi d'aglio, 1 peperoncino, olio, prezzemolo e formaggio pecorino (facoltativi).

È un classico piatto della "cucina italiana", di facile preparazione e sicuro successo, buono per tutte le occasioni. Mentre cuocete la pasta, scaldate l'olio con il peperoncino ridotto a pezzettini e, quando è bollente, aggiungete l'aglio schiacciato, lasciandolo imbiondire e cercando di evitare che annerisca. Il prezzemolo tritato potrà essere eventualmente aggiunto poco prima di togliere la padella dal fuoco. Versate la pasta cotta e scolata in una zuppiera nella quale, dopo avervi versato anche la salsina piccante, potrete aggiungere il pecorino grattugiato. Chi non tollerasse troppo il peperoncino, potrà toglierlo dalla salsa prima di versarla sulla pasta e in tal caso è consigliabile non ridurlo a pezzettini troppo piccoli. Si può inoltre versare la pasta scolata nella padella in cui è stata preparata la salsa, lasciandola qualche istante sul fuoco per favorire la legatura dei sapori.

SPAGHETTI AGLIO E OLIO 1

400 gr di spaghetti, acqua, sale, 4 spicchi d'aglio, olio, prezzemolo, un pizzico di pepe.

La combinazione "aglio e olio" è un altro dei classici modi "sbrigativi" (ma non per questo meno saporiti) di preparare la pasta. Dovete semplicemente schiacciare l'aglio e metterlo sul fuoco a imbiondire in olio, evitando di bruciacchiarlo e di ottenere così un gusto troppo violento. Poco prima di toglierlo dal fuoco, vi unirete una manciatina di prezzemolo tritato e del pepe macinato di fresco. Con questa salsina condirete infine la pasta che avrete nel frattempo cotto al dente e versata ben scolata in una zuppiera nella quale poter facilmente rigirarla.

SPAGHETTI AGLIO E OLIO 2

400 gr di spaghetti, acqua, sale, 4 spicchi d'aglio, un rametto di rosmarino, pepe.

Schiacciate l'aglio nell'olio e mettetelo sul fuoco sino a farlo imbiondire. Aggiungete il rosmarino e una spolverata di pepe poco prima di togliere dal fuoco. Cuocete poi la pasta, scolatela accuratamente e versatela in una zuppiera nella quale la mescolerete al sughetto: rigirate per bene prima di servire.

PASTA AL POMODORO 1

400 gr di pasta, acqua, sale, 800 gr di pomodoro fresco, basilico, pepe, olio, formaggio pecorino o parmigiano (facoltativo).

Se non avete della salsa di pomodoro già pronta, dovrete cominciare con il prepararla e in tal caso vi serviranno i pomodori freschi, che laverete prima di tuffarli in acqua calda dove li lascerete sbollentare sino a quando la buccia comincerà a screpolarsi. A quel punto toglieteli dall'acqua aiutandovi con un mestolino, sbucciateli, privateli della parte verde che li teneva uniti alla pianta e tagliateli a grossi pezzi. Passateli quindi al passaverdure; se invece vi sembrassero troppo acquosi, potrete lasciarli scolare su un piano inclinato per un quarto d'ora circa, dopo averli tagliati e quindi passarli al setaccio. In entrambi i casi metteteli poi in pentola dopo un quarto d'ora di cottura a fuoco non troppo alto aggiungete sale e pepe. Poco prima di completare la cottura e di togliere dal fuoco, aggiungete anche le foglie di basilico sminuzzate (la cottura sarà completa dopo un'ora circa, ma può variare a seconda del tipo di pomodoro che si usa: l'importante è che non avvenga a fuoco troppo alto).

Dopo aver completato la cottura della salsa, occupatevi della pasta: cuocetela in acqua salata e scolatela al dente, poi conditela con il pomodoro e, se volete, con il formaggio grattugiato. La salsa si accompagna meglio con pasta tipo spaghetti, lasagnette, vermicelli e simili.

PASTA AL POMODORO 2

400 gr di pasta, acqua, sale, 800 gr di pomodoro, 1 cipolla, 1 spicchio d'aglio, prezzemolo, pepe, formaggio pecorino, olio.

Sono moltissime le varianti di "pasta al pomodoro"; questa è una di quelle possibili, ma la vostra fantasia saprà sicuramente fare anche di meglio.
Cominciate con lo scaldare leggermente l'olio in un tegame e unitevi la cipolla e l'aglio sottilmente affettati. Quando la cipolla accenna a imbiondire, aggiungete i pomodori lavati e preparati come nella ricetta precedente. Lasciate poi cuocere, dopo aver coperto, sino a che la salsa prenda una certa consistenza (mantenete una fiamma moderata); a fine cottura, aggiustate quindi di sale e pepe e aggiungete il prezzemolo tritato. Passate poi alla cottura della pasta, scolatela quando è al dente, mescolatela alla salsa e spolverate di pecorino grattugiato prima di servire, o servitelo a parte (c'è sempre qualcuno che preferisce non usare il formaggio!).
La salsa può essere eventualmente arricchita anche con qualche oliva snocciolata e grossolanamente tagliuzzata o con qualche cappero (o con entrambi).

PASTA ALLE OLIVE 1

400 gr di pasta, acqua, sale, 2 cipolle o porri, una manciata di olive nere snocciolate (una ventina circa), prezzemolo, 2 cucchiai di pecorino grattugiato, olio.

Pulite e affettate sottilmente le cipolle o i porri e ammorbiditeli in poco olio. Fate stufare lentamente dopo aver coperto e, trascorso un quarto d'ora circa, aggiungete le olive snocciolate e fatele saltare per cinque minuti. Unite poi il prezzemolo tagliato molto sottilmente e spegnete il fuoco. A parte cuocete quindi la pasta e, dopo averla scolata, spadellatela nel tegame nel quale avete cotto le verdure. Spolverate di pecorino e, se ce ne fosse bisogno, aggiungete dell'olio crudo.
Il condimento è adatto soprattutto per pasta "lunga", tipo spaghetti o lasagnette, ed è indicato in periodo autunnale.

PASTA ALLE OLIVE 2

400 gr di pasta, acqua, sale, 500 gr di olive nere, una manciata di finocchio selvatico, origano, cannella, alloro, olio.

Dopo aver snocciolato le olive, riducetele a pezzettini e mettetele a macerare con un paio di foglie di alloro, una manciata di finocchio selvatico, un pizzico di origano e di cannella.
Dovrete lasciare in un luogo abbastanza fresco per alcuni giorni (sino a una settimana), in modo che le olive espellano la parte liquida che farà da base alla salsa.
Al momento di cuocere la pasta, stemperate la salsa con olio, in modo che sia pronta quando la pasta è cotta e scolata.
Questa salsa è indicata per condire pasta di tutti i tipi e formati: non c'è che l'imbarazzo della scelta, poiché il risultato è sempre eccellente.

PASTA AI PORRI

400 gr di pasta (preferibilmente corta), acqua, sale, 4 porri di media grossezza, 1 pomodoro, 1 cucchiaio di tamari, olio.

Pulite attentamente i porri privandoli delle estremità verdi più "legnose" e tagliateli quindi a lamelle di un centimetro circa. Saltateli poi con un po' di olio in un tegame e stufateli quindi una decina di minuti a fuoco basso, dopo aver coperto. Nel frattempo lavate e tagliate a pezzi grossolani il pomodoro, aggiungetelo ai porri e lasciate cuocere a fuoco lento per venti minuti circa, dopo aver aggiunto un bicchiere d'acqua calda, il tamari e un po' di sale. Cuocete quindi a parte la pasta e, dopo averla scolata, condite con il sugo bollente.

PASTA ALLA CARBONARA VEGETALE

400 gr di pasta, acqua, sale, 6 zucchine, 1 cipolla, 1/2 peperone, 1 foglia di cavolo, 2 uova, noce moscata, parmigiano, olio.

Lavate e affettate sottilmente le verdure; fatele poi saltare in poco olio, cominciando dalla cipolla, aggiungendo il peperone, la foglia di cavolo, le zucchine. Dopo aver salato, fatele stufare a fuoco lento per poco più di un quarto d'ora, coprendo con un coperchio. Nel frattempo cuocete la pasta e, a parte, sbattete le uova con un pizzico di noce moscata.
Quando la pasta sarà cotta, scolatela e versatela nel tegame delle verdure, bagnate con poco olio e aggiungete le uova sbattute, facendo insaporire il tutto per un paio di minuti, a fuoco piuttosto moderato mescolando. Servite con parmigiano grattugiato a parte.

PASTA ESTIVA

400 gr di pasta corta, acqua, sale, 400 gr di pomodori ben maturi, 20 olive nere, 30 gr di capperi, 1 bicchiere scarso d'olio, qualche foglia di basilico, pepe, parmigiano o pecorino (facoltativo).

Lavate i pomodori, asciugateli e, dopo averli tagliati, privateli dei semi. Spezzettateli quindi grossolanamente e metteteli in una zuppiera che userete successivamente per servire la pasta. Snocciolate poi le olive e tagliatele a pezzi, tritate i capperi e mettete il tutto nella zuppiera nella quale avrete già preparato i pomodori. Aggiungete le foglie di basilico sminuzzate, salate, pepate e condite con l'olio. A questo punto, servendovi di una forchetta o di una frusta, sbattete gli ingredienti in modo da ridurli a una massa di consistenza semiliquida e lasciate riposare mentre cuocete la pasta, che scolerete al dente e verserete nella zuppiera. Dopo aver mescolato, aggiungete, se lo desiderate, del formaggio pecorino o parmigiano grattugiato e servite.

PASTA CON CIME DI RAPA

400 gr di pasta, acqua, sale, 400 gr di cime di rapa, 4 spicchi d'aglio, 100 gr di parmigiano, olio.

Pulite e tagliate a pezzi le cime di rapa e bollitele poi in abbondante acqua salata. Scolatele prima che la cottura le renda troppo "morbide" e conservate l'acqua di cottura, nella quale cuocerete la pasta. Quando sarà lessata, scolatela e mescolatela alle cime di rapa in una teglia piuttosto larga nella quale farete saltare per qualche minuto la pasta e le cime di rapa con l'olio e l'aglio schiacciato. Poco prima di togliere dal fuoco aggiungete il parmigiano grattugiato. Potete accompagnare con qualunque tipo di pasta ma preferibilmente con pasta del tipo "corto" che meglio si sposa a questo tipo di condimento.

PASTA ALLE ZUCCHINE

400 gr di pasta, acqua, sale, 300 gr di zucchine, 1 cipolla, 2 spicchi d'aglio, alcune foglie di menta fresca, un cucchiaio di semi di sesamo, 3 cucchiai di parmigiano grattugiato, olio

Dopo aver lavato e asciugato le zucchine, tagliatele a dischetti piuttosto sottili. Affettate poi la cipolla e ammorbiditela in poco olio su fuoco moderato, insieme all'aglio schiacciato. Cuocete dolcemente per qualche minuto e aggiungete quindi le zucchine e il sesamo, lasciando stufare a fuoco lento per mezzora circa, dopo aver coperto. A metà cottura potrete aggiungere le foglie di menta. Nel frattempo cominciate a cuocere la pasta, di tipo preferibilmente corto e, a cottura ultimata, scolatela e mescolatela alle verdure. Condite con dell'olio crudo, spolverate di parmigiano e servite caldo. Se volete, prima di servire, potete lasciare sul fuoco per qualche istante la teglia con le zucchine e la pasta.

SPAGHETTI ALLE MELANZANE

400 gr di spaghetti, acqua, sale, 3 melanzane, 2 spicchi d'aglio, prezzemolo, olio.

Lavate e asciugate le melanzane del tipo "lungo" e tagliatele poi a fette larghe e non troppo sottili, disponendole su un piano inclinato (può semplicemente essere un piatto) dopo averle cosparse di sale grosso per facilitare l'espulsione dell'acqua e privarle così del gusto un po' amaro. Dopo un paio di ore scolatele per bene e friggetele in padella in abbondante olio nel quale avrete schiacciato gli spicchi d'aglio. Man mano che vengono fritte occorre avere cura di passare le melanzane su una carta asciugante, in modo da privarle dell'olio in eccesso. Potrete nel frattempo cominciare a occuparvi anche della pasta, cuocendola e poi scolandola prima di mescolarla alle melanzane in una zuppiera, nella quale aggiungerete anche il prezzemolo tritato. Servite ben caldo.

PASTA ALLE NOCI

400 gr di pasta, acqua, sale, una ventina di noci, pepe, formaggio pecorino o parmigiano (facoltativo), panna (facoltativa), olio.

Sgusciate le noci e tritatele finemente senza pestarle; mettetele poi in una pentola con dell'olio e scaldatele, evitando di abbrustolirle. Cuocete nel frattempo la pasta, scolatela e conditela quindi con le noci, aggiungendo del pepe macinato di fresco. Eventualmente la panna da cucina va aggiunta alla salsa calda, fuori dal fuoco; pecorino o parmigiano grattugiati vanno invece serviti rigorosamente a parte. Il risultato è senz'altro migliore usando pasta lunga e sottile (spaghetti, lasagnette, tagliatelle).

PASTA CON BROCCOLETTI E RICOTTA

400 gr di pasta, acqua, sale, 100 gr di broccoletti, 100 gr di ricotta fresca (preferibilmente di capra), 1/2 cipolla, olio.

Pulite i broccoletti e cuoceteli insieme alla pasta. Nel frattempo saltate a parte, in poco olio, la cipolla dopo averla finemente affettata e ammorbiditela quindi a fuoco lento. Dopo una decina di minuti, in cui potrete eventualmente bagnare la cipolla con un po' d'acqua della pasta, aggiungete la ricotta e fatela sciogliere mescolando delicatamente. Quando la pasta è cotta, scolatela e unitela al condimento, mescolando con cura e condendo con un filo d'olio crudo.

PASTA AI PEPERONI

400 gr di pasta, acqua, sale, 400 gr di peperoni, 400 gr di pomodori a peretta, 2 spicchi d'aglio, prezzemolo, pepe, capperi sotto sale, olio, formaggio pecorino (facoltativo).

Lavate i peperoni, apriteli, privateli del torsolo e dei semi, metteteli in una teglia con un filo d'olio e lasciateli in forno ad ammorbidire a fuoco lento. Sfornateli e, con una certa pazienza, privateli della sottile pellicola che li riveste. Tagliateli quindi a striscioline nel senso della lunghezza (raccogliendo il loro prezioso sughetto) e nel frattempo scaldate in un tegame dell'olio con l'aglio schiacciato, nel quale verserete i pomodori lavati, sbucciati (aiutatevi a sbucciarli immergendoli per qualche istante in acqua bollente e togliendoli quando la pellicola esterna comincia a screpolarsi) e tagliati a filetti. Dopo qualche minuto di cottura a fuoco lento, unite anche i peperoni, mescolate e continuate la cottura dopo aver coperto; trascorsa una decina di minuti, unirete anche i capperi. Aggiustate infine di sale e pepe e prima di considerare ultimata la cottura aggiungete anche una manciata di prezzemolo tritato. Il delizioso sughetto condirà la pasta lessata e ben scolata, che potrà essere ulteriormente arricchita con del pecorino grattugiato.

PASTA ALLA RICOTTA

400 gr di pasta, acqua, sale, 300 gr di pomodoro, 150 gr di ricotta fresca (preferibilmente di capra), una decina di foglie di basilico, olio.

Lavate i pomodori, privateli della buccia esterna dopo averli rapidamente scottati in acqua e passateli al passaverdura. Metteteli poi sul fuoco in un tegame con un po' di olio e mantenete una fiamma moderata. Quando la salsa avrà raggiunto una certa consistenza, aggiungete le foglie di basilico e intanto cuocete la pasta che, a cottura ultimata, scolerete e verserete in una zuppiera nella quale avrete preparato la ricotta grossolanamete spezzettata. Aggiungete infine il sughetto e rigirate con cura per consentire alla ricotta di sciogliersi. Usando pasta corta otterrete un risultato migliore.

SPAGHETTI DOLCI

400 gr di pasta, acqua, sale, 100 gr di uvetta passa, 100 gr di pinoli, olio, curry e latte facoltativi.

Mettete l'uvetta a rinvenire in acqua tiepida e nel frattempo fate cuocere la pasta al dente. Scolatela e conditela semplicemente con dell'olio, l'uvetta e i pinoli. Preparate quindi una teglia da forno unta d'olio, versatevi la pasta così condita e infornate in forno caldo per qualche minuto, sino al formarsi di una leggera crosticina. Togliete quindi dal forno e servite. Volendo, potete aggiungere un pizzico di curry al condimento o, se intendete strafare, potete invece preparare una salsina con uvetta, pinoli, curry e latte: è sufficiente stemperare sul fuoco questi ingredienti per qualche istante e aggiungerli alla pasta prima di infornare.

CONCHIGLIETTE AL LIMONE

400 gr di conchigliette, acqua, sale, olio, 1 limone, 1 cipollina fresca, prezzemolo, pepe.

Cuocete la pasta e nel frattempo preparate a parte una miscela di olio crudo, la cipollina tagliata molto finemente, sale, pepe. Quando la pasta è al dente, scolatela con molta cura per eliminare eventuali residui d'acqua e lasciatela raffreddare. Versatela quindi in una zuppiera e conditela con la miscela precedentemente preparata con un trito di prezzemolo fresco e il succo di un limone.
Questa salsa (come altre) cruda è particolarmente adatta ad accompagnare la pasta nella stagione calda e ha il vantaggio che può essere preparata con un certo anticipo. È importante che la pasta venga scolata quando è ben al dente, per evitare che scuocia nel tempo in cui è lasciata raffreddare.
In mancanza di conchigliette, si può impiegare pasta d'altro tipo, di formato corto.

PASTA AL FINOCCHIO

400 gr di pasta, acqua, sale, 200 gr di finocchio, una cipolla, 50 gr di uvetta passa, 50 gr di pinoli, pepe, olio.

Pulite e lessate in poca acqua salata il finocchio, conservando l'acqua di cottura dopo averlo scolato. Pulite intanto la cipolla e affettatela finemente, mettetela in un tegame con olio e fatela saltare a fuoco non troppo alto. Quando avrà preso un po' di colore, aggiungete il finocchio tritato, l'uvetta che avrete precedentemente lasciato a rinvenire in acqua, i pinoli, aggiustate di sale e pepe e lasciate sul fuoco per qualche minuto in modo da amalgamare i sapori. Cuocete infine la pasta nell'acqua di cottura dei finocchi (occhio al sale, visto che l'avevate precedentemente salata!), poi scolatela e condite con la salsa ben calda. Il risultato migliore si ottiene indubbiamente usando pasta corta (maccheroni o pasta simile).

PENNE E PEPERONI

400 gr di penne, acqua, sale, 4 peperoni gialli, 1 gambo di sedano, 1 cipolla, 3-4 foglie di salvia, 1 bicchiere di vino rosso, 300 gr di pomodori, pepe, olio.

Lavate i peperoni, apriteli, privateli dei semi e del torsolo e tagliateli a piccoli quadretti. Nel frattempo mettete in un tegame dell'olio con la salvia e un battuto di sedano e cipolla che farete saltare per qualche istante a fuoco allegro; aggiungete poi il vino e fatelo evaporare. Unite quindi i peperoni e lasciateli insaporire, aggiungete i pomodori pelati e passati al setaccio, coprite e portate a termine la cottura a fuoco moderato, mescolando di tanto in tanto.

Cuocete infine la pasta e, dopo averla scolata, conditela nel tegame della salsa, facendola saltare sul fuoco per pochi istanti. Chi desidera un tocco in più, aggiunga alla salsa una macinata di pepe fresco.

In mancanza di penne si può ripiegare su altra pasta corta: i peperoni sono comunque un condimento eccellente.

MACCHERONI AI PEPERONI

400 gr di maccheroni, acqua, sale, 2 peperoni verdi e 2 peperoni gialli non troppo grossi, 4-5 foglie di basilico, 2 spicchi di aglio, olio.

Lavate i peperoni, privateli dei semi e del torsolo, tagliateli a fettine e scottateli poi in un tegame con poco olio per pochi minuti. Abbassate quindi la fiamma e ammorbiditeli stufandoli a tegame coperto per venti minuti circa, mescolando di tanto in tanto e aggiustando infine di sale. Passate poi alla cottura della pasta che, dopo essere stata scolata, sarà versata direttamente nel tegame nel quale avete stufato i peperoni. Aggiungete le foglie di basilico, l'aglio affettato finemente, un po' d'olio, mescolate e servite dopo aver lasciato sul fuoco solamente un paio di minuti.

Oltre ai maccheroni, potete usare altra pasta corta (cornetti, gnocchetti ecc.).

SPAGHETTI SAPORITI

400 gr di spaghetti, acqua, sale, 800 gr di pomodori a peretta, 1 cipolla, 2 spicchi d'aglio, alcune foglie di sedano, un mazzetto di prezzemolo, 4-5 foglie di mentuccia fresca, peperoncino, olio, formaggio pecorino.

In un tegame scaldate dell'olio con il peperoncino, che poi toglierete. Unite quindi la cipolla dopo averla sottilmente affettata e, quando è ammorbidita (ma non scurita), aggiungete l'aglio affettato finemente. Unite anche la mentuccia sminuzzata, le foglie di sedano e i pomodori che avrete tagliato a filetti dopo averli sbucciati (usate il solito metodo: gettateli per pochi istanti in acqua bollente finché la buccia comincia a screpolare). Aggiustate quindi di sale, coprite e lasciate cuocere a fuoco lento, mescolando di tanto in tanto. Se il sugo tendesse ad asciugare troppo, aggiungete poca acqua calda.
La cottura continuerà sino a che la salsa abbia acquistato una certa consistenza: vi unirete allora il prezzemolo tritato e cuocerete a parte la pasta che, dopo essere stata scolata, sarà condita in una zuppiera o versata direttamente nel tegame nel quale avete cotto il sugo. Servite con a parte il pecorino grattugiato e buon appetito!

PASTA RUSTICA

400 gr di pasta (preferibilmente corta), acqua, sale, una decina di foglie di salvia, 2 spicchi d'aglio, un mazzetto di prezzemolo, alcune foglie di basilico, olio.

Mescolando accuratamente e mantenendo una fiamma non eccessivamente alta, saltate in olio l'aglio schiacciato e la salvia. Poco prima di togliere dal fuoco, aggiungeteci le foglie di basilico sminuzzate e il prezzemolo affettato molto sottilmente. Togliete dal fuoco quando la salvia è croccantina (ma non bruciacchiata). Cuocete quindi la pasta, conditela poi con il condimento "alla salvia", e servite caldo, con un eventuale filo d'olio. Come potete vedere, si tratta di una preparazione semplicissima, veramente "rustica", alla portata di tutti i balconi di casa sui quali alberghino gli aromi consigliati, adatta per quando avete esaurito ogni riserva gastronomica.

PASTA AGLI SPINACI

400 gr di pasta, acqua, sale, 400 gr di spinaci, 2 uova, tamari, 100 gr di parmigiano, pepe, olio

Pulite con molta cura gli spinaci e scottateli per qualche minuto in pochissima acqua salata. Poi scolateli, tritateli e conditeli con dell'olio. Cuocete quindi la pasta (è consigliabile usare quella di tipo "corto") e, a cottura ultimata, versatela in una zuppiera e mescolatela con gli spinaci, le uova sbattute, un paio di cucchiai di tamari, del pepe. Trasferite poi il tutto in una pirofila unta d'olio, cospargete con il parmigiano grattugiato e passate in forno caldo per poco più di dieci minuti, mantenendo una temperatura di 180 °C circa.

PASTA AL CAVOLFIORE

400 gr di pasta, acqua, sale, 1 cipolla, 1 piccolo cavolfiore, 80 gr di uvetta passa, 80 gr di pinoli, pepe, olio, parmigiano (facoltativo).

Pulite il cavolfiore, lessatelo in acqua salata, scolatelo piuttosto al dente e conservate l'acqua di cottura, quindi tagliuzzatelo in pezzettini. Tritate la cipolla e saltatela in un tegame con poco olio; aggiungetevi poi, dopo qualche minuto di cottura, il cavolfiore, l'uvetta precedentemente fatta rinvenire in acqua tiepida, i pinoli, pepe e un pizzico di sale.
Mentre il condimento rimane sul fuoco basso e a tegame coperto, cuocete la pasta nell'acqua di cottura del cavolfiore, scolatela al dente e riversatela nel tegame che vi era servito per la cottura, mescolandovi metà del condimento. Portate poi in tavola e servite, distribuendo il rimanente condimento nei piatti e spolverando di parmigiano grattugiato se lo ritenete opportuno. Il risultato è migliore usando pasta corta.

PASTA E PISELLI

400 gr di pasta, acqua, sale, 500 gr di piselli sgranati, 3 cipolle, 1 carota, prezzemolo, olio.

Sgranate i piselli e metteteli a cuocere in un tegame con poca acqua, insieme alla carota accuratamente pulita e tagliata a dadini piuttosto piccoli e alla cipolla precedentemente tritata. Lasciate su fuoco moderato, a tegame coperto, sinché le verdure non siano cotte. Lessate la pasta a parte e, dopo averla scolata, conditela con le verdure cotte e il brodo rimasto nel tegame, in modo da ottenere una minestra densa e consistente, che arricchirete con del prezzemolo sottilmente affettato e dell'olio crudo.

SPAGHETTI ALLA MARINARA

400 gr di spaghetti, acqua, sale, 800 gr di pomodori, 250 gr di olive nere, un cucchiaio di capperi sotto sale, 2 spicchi d'aglio, 4-5 foglie di basilico, olio.

Lasciate macerare in un tegame per un'ora circa i pomodori lavati, tagliati a pezzi e privati dei semi (ma non dell'acqua), le olive snocciolate e tagliate a pezzi, i capperi, l'aglio sottilmente affettato, le foglie di basilico, l'olio. Trascorso questo tempo, fate cuocere il tutto a fuoco piuttosto moderato, sì da consumare il fondo acquoso e ottenere una salsa più consistente, che salerete poco prima di togliere dal fuoco. Sarà un succulento condimento per la pasta cotta al dente e scolata con cura: gli spaghetti sono particolarmente indicati, ma anche con lasagnette, vermicelli, o pasta similare otterrete un più che soddisfacente risultato.

PENNE AI CARCIOFI

400 gr di penne (o pasta corta), acqua, sale, 6 carciofi, 2 spicchi d'aglio, un cucchiaio di prezzemolo tritato, 100 gr di parmigiano, succo di limone, pepe, olio.

Procuratevi dei carciofi piccoli e teneri, ai quali toglierete le foglie esterne e le eventuali spine. Lavateli poi accuratamente e tagliateli a spicchi di un centimetro circa. Lasciateli qualche istante in acqua con poco succo di limone e adagiateli quindi a raggera in una pentola con un leggero strato d'olio sul fondo. Aggiungete poi l'aglio schiacciato e acqua sufficiente a coprire per metà gli spicchi di carciofo. Cuocete a fiamma allegra e salate appena l'acqua avrà raggiunto il bollore, spolverate di pepe, coprite e tenete il fuoco piuttosto basso, cosicché i carciofi non friggano ma abbiano una cottura "dolce", che li mantenga morbidi. A cottura quasi ultimata aggiungete il prezzemolo tritato e aggiustate di sale. Avrete nel frattempo messo a cuocere la pasta; a cottura ultimata scolatela e versatela in una terrina, mescolate e aggiungete i carciofi e dell'olio (se necessario). Dopo aver spolverato di parmigiano, servite caldo.

PASTA E PATATE

400 gr di pasta, acqua, sale, 500 gr di patate, 1 cipolla, 300 gr di pomodoro, prezzemolo, pepe, olio, pecorino o parmigiano (facoltativo).

L'associazione "pasta e patate" non è delle più indicate dal punto di vista delle combinazioni alimentari alle quali sono particolarmente attenti coloro che praticano un'alimentazione naturista-vegetariana e inoltre, dal punto di vista della macrobiotica, c'è un certo eccesso di "yin" in questa ricetta, a causa della presenza di due alimenti - patate e pomodoro - particolarmente squilibrati. Ciononostante, anche in vista di qualche possibile "trasgressione" rispetto alla rigidità, "pasta e patate" è un buon piatto, che val la pena di provare. Affettate sottilmente la cipolla, mettetela in un tegame con poco olio e lasciate su fuoco non troppo alto, mescolando di tanto in tanto. Dopo qualche minuto, quando la cipolla si è ammorbidita, (evitate di bruciacchiarla) unitevi la polpa dei pomodori sbucciati e passati al passaverdura, sale e pepe. Pelate le patate, tagliatele a tocchi e unitele al pomodoro, coprendo con un po' d'acqua intiepidita se i pomodori non sono molto sugosi. Continuate quindi la cottura a fuoco basso, evitando di arrivare al bollore vero e proprio. Cercate poi di cuocere ben al dente la pasta (di tipo preferibilmente corto; è indicata anche pasta "speciale" ad esempio al saraceno) per quando le patate saranno cotte e versatela nel tegame del sugo. Rigirate qualche istante, aggiungete il prezzemolo tritato e portate in tavola, servendo a parte parmigiano o pecorino grattugiato per chi volesse dare un tocco in più.

SFORMATO ALLE MELANZANE

400 gr di pasta corta, acqua, sale, 300 gr di pomodori, 3-4 foglie di basilico, 2 melanzane piccole, 2 spicchi d'aglio, una decina di noci, ricotta fresca, parmigiano.

Lavate i pomodori e privateli della pellicina esterna (usate il solito metodo dell'immersione per pochi istanti in acqua bollente). Passateli quindi al passaverdure e versateli poi in un tegame nel quale avrete precedentemente saltato in olio l'aglio schiacciato. Lasciate cuocere il sugo a lungo e a fuoco lento, facendolo addensare adeguatamente prima di aggiungere le foglie di basilico sminuzzate. Mentre cuocete il sugo, tagliate a fette non troppo sottili le melanzane e disponetele su un piano inclinato dopo averle cosparse di sale grosso e pressate per facilitare la fuoriuscita del liquido amaro. Dopo un'ora circa di questo trattamento, scolatele, saltatele in olio caldo e fatele poi rapidamente asciugare dall'olio in eccesso disponendole su carta assorbente. Dovrete quindi tritarle e aggiungerle alla salsa di pomodoro che nel frattempo avrà finito di cuocere. Vi unirete anche le noci sgusciate e pestate. Dopo aver cotto la pasta (è preferibile usare pasta corta), scolatela con cura e riversatela in una terrina asciutta con due terzi del condimento preparato e un abbondante dose di formaggio parmigiano grattugiato. Dopo aver mescolato disporrete la pasta in una teglia unta d'olio, versandoci sopra il rimanente condimento, spolverando leggermente di parmigiano e bagnando con un filo di olio. Non vi resterà infine che passare a forno ben caldo per 5-10 minuti, sino a ottenere una superficiale crosticina.

PASTA ALLA BOSCAIOLA

400 gr di pasta, acqua, sale, 2 piccole melanzane, 150 gr di funghi di bosco, 300 gr di pomodori, 2 spicchi d'aglio, 3-4 foglie di basilico, olio, pepe.

Pulite e tagliate le melanzane a cubetti. Mettetele quindi a purgare per un paio d'ore dopo averle cosparse di sale grosso e averle coperte con qualcosa che eserciti una pressione per facilitare l'espulsione dell'acqua amara. Pulite molto accuratamente i funghi sotto acqua corrente dopo averli eventualmente privati delle parti non commestibili, asciugateli e infine affettateli. Lavate poi i pomodori e tagliateli a fettine. A questo punto mettete in un tegame dell'olio con gli spicchi d'aglio sottilmente affettati, lasciando su fuoco non troppo alto. Quando l'aglio comincerà a imbiondire, potete unire il pomodoro, sale e pepe e lasciare che la cottura proceda a fuoco piuttosto basso, coprendo il tegame. Vi unirete il basilico a cottura pressoché ultimata. In un'altra padella saltate in olio i cubetti di melanzane accuratamente scolati, abbassate poi la fiamma e aggiungete i funghi. Cuocete controllando che le melanzane e i funghi non attacchino al fondo, tenete coperto e, a cottura avanzata, aggiustate di sale. Lessate infine la pasta al dente, scolatela e conditela con la salsa di pomodoro in una zuppiera nella quale mescolerete anche melanzane e funghi: servite ben caldo. Si tratta di una ricetta abbastanza laboriosa, ma il risultato vi ripagherà della fatica. Potete usare pasta di tutti i tipi.

PASTA AI FUNGHI

400 gr di pasta, acqua, sale, 300 gr di funghi di bosco, olio, 3 spicchi d'aglio, prezzemolo, pepe.

Pulite i funghi delle eventuali parti non commestibili e passateli rapidamente sotto acqua corrente evitando di inzupparli. Asciugateli poi con cura e affettateli mettendoli direttamente in pentola con l'olio e gli spicchi d'aglio tritati. Cuocete il tutto a fuoco lento dopo un istante di "scottatura" e aggiustate di sale e pepe solo poco prima aver ultimato la cottura: evitate il pepe se si tratta di funghi piccanti. Quando i funghi saranno pronti, potete cuocere la pasta e, dopo averla scolata, versatela in una zuppiera nella quale mescolerete anche i funghi, aggiungendo olio crudo e una manciata di prezzemolo tritato finemente. È preferibile usare pasta di consistenza non troppo grossa.

PENNE PICCANTI

400 gr di penne, acqua, sale, 3 spicchi d'aglio, 3 peperoncini, 300 gr di pomodoro a peretta, olio.

Pelate i pomodori e passateli al passaverdura. Versate quindi dell'olio in una padella e fatevi saltare un battuto di aglio e peperoncino, evitando di bruciacchiarlo. Aggiungete poi il passato di pomodoro e mezzo bicchiere d'acqua tiepida, salate e continuate la cottura sino a che il sugo vi sembri abbastanza ristretto: cuocete a tegame coperto e fuoco lento. Cuocete la pasta al dente, scolatela e versatela poi nella padella del sugo, lasciandola sul fuoco e mescolando per qualche minuto prima di servire.

PASTA GRATINATA

400 gr di pasta, acqua, sale, 3 cucchiai di farina di frumento, 3 cucchiai di pangrattato, 150 gr di parmigiano, pepe, olio, timo.

Preparate una besciamella vegetale mettendo in un tegame un paio di cucchiai d'olio al quale, quando è caldo, unirete la farina mescolando accuratamente sin quando raggiunge una leggera doratura ed emana il tipico profumo di tostatura. A quel punto aggiungete poco alla volta dell'acqua bollente, o del brodo vegetale, (un bicchiere circa, a seconda di quale consistenza desiderate e di quanto assorbe la farina), non smettendo di mescolare, in modo da amalgamare la farina all'acqua. Aggiungete anche un pizzico di timo e del sale e cuocete 10 minuti circa, mescolando sino a ottenere una crema nella quale amalgamare il formaggio grattugiato. Cuocete quindi la pasta, scolatela, versatela in una zuppiera con la besciamella e trasferitela poi in una pirofila unta d'olio. Cospargete la superficie con il pangrattato, bagnate con un filo d'olio e gratinate in forno caldo (mantenete una temperatura attorno ai 200 °C).
Avrete un risultato migliore usando pasta corta.

PASTA ALLE CAROTE

400 gr di pasta, acqua, sale, 2 cipolle, 2 spicchi d'aglio, una decina di carote, 2 gambi di sedano (o più), 1 rametto di rosmarino, 1 cucchiaio di semi di sesamo, olio, tamari (facoltativo).

Pulite per bene le carote sotto acqua corrente, aiutandovi con un apposito spazzolino, fatele rapidamente asciugare e pulite anche il sedano (la quantità necessaria può variare a seconda del tipo di sedano). Affettate finemente l'aglio e le cipolle, che metterete in un tegame con dell'olio e il rosmarino e farete saltare a fiamma viva. Tagliate intanto anche le carote, preferibilmente nel senso della lunghezza, e tagliate a pezzi piuttosto piccoli i gambi di sedano. Metterete quindi anche queste verdure nel tegame, unirete i semi di sesamo e dopo qualche minuto abbasserete la fiamma continuando la cottura per un quarto d'ora circa a tegame coperto. Mescolate di tanto in tanto per accertarvi che le verdure non attacchino al fondo (non dovrebbe succedere se la fiamma è moderata).
Mettete poi a cuocere la pasta e, quando è cotta e scolata, versatela nel tegame in cui avete preparato il condimento e lasciate sul fuoco qualche istante prima di servire con tamari a parte.
È preferibile non usare pasta di formato troppo grosso. La buona riuscita di questa ricetta dipende dalla cottura delle carote: devono risultare cotte, ma ancora piuttosto al dente pur avendo acquistato una certa morbidezza. È importante stufarle a fiamma moderata e a tegame coperto e devono essere state affettate piuttosto sottilmente.

PASTA AL NITUKÈ

400 gr di pasta, acqua, sale, 1 cipolla, 2 carote, 2 zucchine, 200 gr di cicoria, 2 cucchiai di tamari, 2 cucchiai di tahin, 2 spicchi di aglio, olio.

Potete usare qualsiasi tipo di pasta, poiché il condimento proposto si adatta a tutti i formati e le farine.
Affettate sottilmente la cipolla e fatela saltare in poco olio con l'aglio schiacciato. Nel frattempo (non perdendo comunque di vista il tegame e mescolando di tanto in tanto) pulite le carote sotto acqua corrente aiutandovi con uno spazzolino adatto, poi asciugatele e affettatele sottilmente nel senso della lunghezza. Aggiungetele quindi alle cipolle e passate poi a pulire le zucchine e la cicoria: affettate le zucchine nel senso della lunghezza e tagliate a striscioline la cicoria, dopo di che unite queste verdure alle altre che nel frattempo stanno stufando a fuoco non eccessivamente alto. Dopo aver coperto il tegame, fate cuocere a fuoco lento per un quarto d'ora circa. Quando vi sembra di aver portato le verdure quasi a cottura, aggiungete tamari e tahin diluiti in mezzo bicchiere d'acqua tiepida e mescolate lasciando sul fuoco pochi istanti. Cuocete quindi la pasta e, quando è pronta e scolata, mescolatela al nitukè di verdure. È un piatto delizioso!

PASTA FREDDA

400 gr di pasta, acqua, sale, 1 carota, 100 gr di piselli, 1 cucchiaio di tahin, 2 cucchiai di ricotta fresca, 1 cucchiaio di tamari, poche gocce di succo di limone, prezzemolo, olio.

Preparate una salsa mescolando il tahin a un po' di acqua tiepida e rendendolo molto cremoso. Incorporatevi poi la ricotta mescolando con molta cura, il tamari, il succo di limone e un paio di cucchiai di prezzemolo tritato. A questo punto aggiungete dell'olio (è sufficiente un cucchiaio) goccia a goccia, in modo da ottenere un composto omogeneo. Mescolate infine la salsa alla pasta (preferibilmente corta) precedentemente cotta e raffreddata, unitevi i piselli lessati e raffreddati, la carota pulita e grattugiata, un goccio di tamari e, se proprio volete, ancora un po' di prezzemolo affettato molto sottilmente.

A questo punto potrete servire senza ulteriori indugi ! È un piatto indicato per spuntini estivi.

PASTA ALLE VERZE

400 gr di pasta, acqua, sale, 1 cipolla, 2 carote, 500 gr di verza, 2 foglie d'alloro, olio, vino bianco secco.

Pulite e affettate finemente la cipolla, mettendola in un tegame con dell'olio e l'alloro e fatela saltare. Dopo qualche minuto aggiungete le carote ben pulite e sottilmente affettate nel senso della lunghezza. Lasciate sul fuoco queste verdure, mescolando di tanto in tanto e nel frattempo pulite e affettate molto finemente la verza e fatela quindi saltare in tegame con le altre verdure. Dopo qualche minuto abbassate la fiamma, salate e coprite lasciando stufare per una ventina di minuti a fuoco basso, mescolando di tanto in tanto. A cottura quasi ultimata (quando le verze sono ben ammorbidite), bagnate con un goccio di vino bianco secco (è sufficiente mezzo bicchiere), fate evaporare e completate la cottura.

Cuocete infine la pasta (preferibilmente corta e non troppo grossa) scolatela e versatela direttamente nella pentola delle verdure. Rimestate lasciando sul fuoco pochi minuti e servite caldo. È un tipico piatto autunno-invernale.

MACCHERONI ALLA BESCIAMELLA

400 gr di pasta, acqua, sale, tre cucchiai di farina di frumento integrale, olio, timo, acqua o brodo vegetale, formaggio parmigiano o pecorino.

Preparate una besciamella vegetale cominciando con lo scaldare in un tegame un paio di cucchiai d'olio. Aggiungete poi, poco alla volta, due o tre cucchiai di farina e mescolate delicatamente per evitare che bruci. Quando la farina è leggermente dorata ed emana quel caratteristico profumo di tostatura, aggiungete lentamente un bicchiere di acqua bollente o di brodo vegetale, mescolando in continuazione.

Aggiungete un pizzico di timo e sale e fate cuocere per 10 minuti circa, sino a ottenere una cremina. Cuocete poi la pasta, scolatela e versatela in un tegame bagnato con olio dopo avervi unito metà della salsa. Versate la rimanente salsa sopra la pasta, spolverando con formaggio parmigiano o pecorino grattugiato e bagnando con un filo d'olio. Infornate infine in forno caldo per una decina di minuti, in modo da ottenere una leggera doratura e servite.

MACCHERONCINI ENERGETICI

400 gr di pasta, acqua, sale, tre spicchi di scalogno, 2 carote, 2 pomodori, 1 cucchiaio di tahin, 1 cucchiaio di miso, 2 cucchiai di tamari, 2 cucchiai di gomasio, olio.

Schiacciate lo scalogno nell'olio, pulite accuratamente le carote sotto acqua corrente e asciugatele. Affettatele poi sottilmente (a fiammifero) e mettete tutto in un tegame: fate saltare a fuoco allegro. Pulite nel frattempo i pomodori, schiacciateli, privateli dei semi e versateli nel tegame. Lasciate stufare per un quarto d'ora dopo aver abbassato la fiamma e aver coperto il tegame con un coperchio. A parte il miso e il tamari in un po' d'acqua intiepidita, sino a ottenere una pasta omogenea e cremosa che aggiungerete alle verdure qualche istante prima di toglierle dal fuoco.

Cuocete infine la pasta, scolatela e mettetela in una zuppiera tiepida, nella quale verserete anche le verdure, condendo con il gomasio e mescolando prima di servire caldo.

PASTA ALLA LATTUGA

400 gr di pasta, acqua, sale, 600 gr di lattuga, olio, tamari, pepe, 100 gr di parmigiano.

Pulite e mettete a bagno nell'olio la lattuga per mezz'ora circa. Cuocete quindi la pasta (cornetti o maccheroni) e, a cottura ultimata, mescolatela alla lattuga, aggiungete un po' di tamari e versatela in una teglia da forno unta d'olio. Cospargete quindi di parmigiano grattugiato, bagnate con un filo d'olio e gratinate in forno caldo per un quarto d'ora circa, mantenendo una temperatura di circa 180 °C. È evidente che se le foglie di lattuga sono troppo grandi andranno spezzate grossolanamente prima di ammorbidirle nell'olio.

PASTA AL PANGRATTATO

400 gr di pasta, acqua, sale, 2 cipolle, 2 spicchi d'aglio, pepe, prezzemolo, origano, olio, 3 cucchiai di pangrattato.

È una ricetta molto semplice e "casereccia", che si prepara in poco tempo. Cominciate con il pulire e affettare la cipolla e l'aglio e saltateli per qualche minuto in un tegame con olio, pepe e origano. Ammorbiditeli poi a fiamma bassa, stufandoli per una decina di minuti a tegame coperto. Tostate nel frattempo a parte il pangrattato, usando poco olio su fiamma non troppo bassa, mescolatelo per qualche minuto e arricchitelo infine con un po' di sale. Mettete poi a cuocere la pasta (preferibilmente spaghetti o pasta sottile), scolatela quando è al dente, versatela nel tegame nel quale avete stufato la cipolla, unite il prezzemolo tritato molto sottilmente e mescolate con cura. Servite ben caldo e spolverate ciascun piatto con il pangrattato. Se lo ritenete necessario, condite con un filo d'olio crudo.

PASTA ALLA PIZZAIOLA

400 gr di pasta, acqua, sale, 750 gr di pomodori a peretta, una ventina di foglie di basilico, 70 gr di pecorino o parmigiano, 170 gr di mozzarella, olio, pepe.

Cuocete la pasta in acqua salata, scolandola a metà cottura. Versatela quindi in una pirofila da forno unta d'olio, distribuendola uniformemente su tutta la superficie. Spolverate poi con metà del formaggio pecorino o parmigiano grattugiato, disponete la mozzarella tagliata a dadini, il basilico sminuzzato e uno strato di pomodori tagliati a spicchi. Aggiungete ancora dell'olio, la rimanente metà del formaggio e spolverate di pepe. Passate quindi in forno caldo per 15 minuti, mantenendo una temperatura di circa 180 °C.

Togliete poi dal forno e servite caldo nella pirofila stessa, che fungerà da piatto di portata.

PASTA AL FORNO

400 gr di pasta, acqua, sale, 500 gr di pomodori, 3 spicchi d'aglio, un mazzetto di prezzemolo, olio, peperoncino.

Cominciate con il lavare e asciugare i pomodori, disponendoli poi in una teglia unta d'olio, dopo averli tagliati a fette rotonde. Spargetevi sopra l'aglio tagliato a fettine, il prezzemolo tagliato molto sottile, sale, un pizzico di peperoncino tritato. Bagnate d'olio senza abbondare e lasciate in forno per circa mezzora, a fuoco piuttosto allegro. Nel frattempo fate cuocere la pasta in modo da far coincidere la fine cottura con l'uscita delle verdure dal forno; scolatela al dente e mescolatela alle verdure in una capiente zuppiera.

La pasta più adatta per questa ricetta è quella corta e grossa.

MACCHERONCINI CON BROCCOLETTI DOLCI

400 gr di pasta, acqua, sale, 500 gr di broccoletti, 1 cipolla, 50 gr di pinoli, 50 gr di uvetta passa, olio, pepe.

Pulite e lessate i broccoletti al dente, conservando l'acqua di cottura. Mettete nel frattempo l'uvetta ad ammorbidire in acqua tiepida e affettate sottilmente la cipolla, che metterete in un tegame con dell'olio e stuferete a fiamma bassa insieme con i pinoli e l'uvetta scolata. Lasciate che la cipolla cominci a disfarsi prima di versare nel tegame anche i broccoletti; mescolate sul fuoco ancora per qualche minuto, per dar modo ai broccoletti di amalgamarsi con gli altri ingredienti e condite poi con questa salsa la pasta lessata nell'acqua di cottura dei broccoletti. In mancanza dei broccoletti potete usare le cime di rapa.

SPAGHETTI CON FAVE SECCHE

300 gr di spaghetti, acqua, sale, 250 gr di fave secche, 1 cipolla, 2 pomodori, pepe, olio.

Lasciate le fave a bagno in acqua per almeno una notte (meglio se le lasciate per 24 ore). Poi scolatele e privatele della buccia, che si staccherà con facilità. Mettetele poi a cuocere in una pentola con acqua sufficiente a coprirle, aggiungete la cipolla affettata sottilmente, i pomodori lavati e tagliati a filetti, sale e un pizzico di pepe. Lasciate cuocere a fuoco lento per un paio d'ore, coprendo la pentola. Quando le fave sono cotte e l'acqua è stata assorbita quasi completamente, condite con 4-5 cucchiai d'olio. Cuocete la pasta, scolatela al dente e mescolatela quindi alle fave, rigirate per benino e servite.

PASTA E LENTICCHIE

300 gr di pasta, sale, 200 gr di lenticchie, 1 gambo di sedano, 1 carota, peperoncino, 2 spicchi d'aglio, 2 foglie di alloro, prezzemolo, olio.

Tenete a bagno le lenticchie in acqua per 12-24 ore; scolatele e mettetele poi a cuocere con abbondante acqua salata, il sedano pulito e spezzettato, la carota pulita e tagliata a dadini, un po' di peperoncino e l'alloro. Coprite la pentola e mantenete una cottura a fuoco moderato; quando le lenticchie hanno quasi ultimato la cottura, unite la pasta e togliete il tutto dal fuoco quando quest'ultima sarà cotta al dente. Al momento di portare in tavola trasferite tutto in una capace zuppiera e servite con una salsina di olio, prezzemolo tritato e aglio affettato, che avrete preventivamente lasciato a macerare per un'ora circa. Usate preferibilmente pasta corta.

PASTA E FAGIOLI 1

400 gr di pasta, acqua, sale, 300 gr di fagioli freschi sgranati, 1 spicchio d'aglio, 1 gambo di sedano, 1 mazzetto di prezzemolo, 3 pomodori maturi, pepe, olio.

Cuocete i fagioli in abbondante acqua insieme con lo spicchio d'aglio schiacciato, il sedano pulito e spezzettato, i pomodori puliti e tagliati a filetti. Mantenete una cottura a fuoco moderato e a pentola coperta e, quando i fagioli saranno quasi cotti, unite il sale e il prezzemolo tritato molto sottilmente. A parte, cuocete bene al dente la pasta che, dopo essere stata scolata, sarà versata nella pentola dei fagioli. Aggiungete alcuni cucchiai d'olio e lasciate sul fuoco pochi minuti ancora, rigirando. Condite con pepe macinato di fresco al momento di scodellare. Usando pasta corta si ottiene un risultato migliore, ma se ne siete sprovvisti potrete spezzettare pasta di tipo lungo, ma comunque non troppo sottile.

PASTA E FAGIOLI 2

300 gr di pasta, acqua, sale, 200 gr di fagioli secchi, 1 cipolla, 1 carota, 1 gambo di sedano, pepe, 1 cucchiaio di semi di finocchio, olio, parmigiano (facoltativo).

È una delle tante varianti della ricetta "pasta e fagioli", in uso soprattutto nel Veneto. Lasciate in ammollo i fagioli per circa 24 ore e, prima di metterli in pentola, sostituite l'acqua dell'ammollo. Fateli quindi cuocere a fiamma bassa e a tegame coperto insieme con la cipolla, il sedano e la carota affettati e quando saranno quasi cotti, aggiustate di sale e versate nella stessa pentola la pasta (meglio se di tipo "lungo" spezzettata). Quando anche la pasta è cotta, servite con pepe e parmigiano eventualmente offerti a parte.

PASTA E FAGIOLI 3

350 gr di pasta, acqua, sale, 300 gr di fagioli freschi sgranati, 1 rametto di rosmarino, 1 cucchiaio di farina di frumento, 2 pomodori (o un cucchiaio di conserva di pomodoro), prezzemolo, 1 spicchio d'aglio, olio.

Cuocete i fagioli in abbondante acqua e nel frattempo, ma con calma, scaldate dell'olio in un tegame nel quale avrete messo l'aglio schiacciato e il rametto di rosmarino. Fate rosolare per qualche minuto, dopo di che togliete il rosmarino e quando l'aglio comincia a imbiondire mettete nel tegame la farina, rigirandola con un mestolo di legno. Quando comincia a emanare il caratteristico buon profumo di tostatura, potrete aggiungere anche la polpa dei pomodori puliti, schiacciati e passati al passaverdura o la conserva di pomodoro. Lasciate sul fuoco dopo aver aggiunto un paio di cucchiai dell'acqua di cottura dei fagioli e aggiustate di sale; quando il sugo, dopo alcuni minuti di cottura a fiamma non troppo alta, si sarà addensato, versatelo nella pentola in cui i fagioli stanno ultimando la cottura. Aggiungete infine la pasta nella stessa pentola, levate dal fuoco quando è al dente (tenendo conto che la cottura continua ancora anche quando la pasta è stata tolta dal fuoco, visto che è immersa nell'acqua bollente). Dopo un ultima spolverata di prezzemolo tritato molto sottilmente, potrete portare in tavola.

È consigliabile usare pasta di tipo corto. Tenete conto che la combinazione di pasta e legumi è di per sé già molto nutriente e cercate perciò di evitare di appesantirvi ulteriormente: limitate l'appetito!

PASTA E FAGIOLI 4

300 gr di pasta di vari tipi, acqua, sale, 200 gr di fagioli secchi (cannellini o simili), 1 gambo di sedano, 1 spicchio d'aglio, 6 pomodori a peretta (o un paio di cucchiai di conserva di pomodoro), prezzemolo, 1 cucchiaio di semi di finocchio, pepe, olio.

Lasciate a bagno in acqua i fagioli per circa 24 ore prima di cuocerli. Gettate poi l'acqua dell'ammollo e metteteli a cuocere in altra acqua con l'aglio, un cucchiaio di semi di finocchio, i pomodori puliti e tagliati a pezzi o la conserva di pomodoro. Coprite la pentola, lasciate cuocere a fuoco moderato e, quando i fagioli sono quasi cotti, aggiustate di sale e unitevi la pasta di tutti i tipi che potete raccogliere in giro per casa, avendo l'accortezza di spezzare quella di tipo lungo. Dopo aver cotto la pasta e aver ottenuto una minestra molto densa (tanto densa da poter reggere in piedi un mestolo infilato nella pentola), scodellate, condendo con olio crudo e pepe. Se volete dare ulteriore consistenza alla minestra, potete togliere dalla pentola qualche cucchiaiata di fagioli, passarli al passaverdura e rimetterli nuovamente in pentola.

Questo tipico modo napoletano di preparare la "pasta e fagioli" consente di utilizzare avanzi di pasta. Fateci un pensierino!

ORECCHIETTE CON CIME DI RAPA

400 gr di orecchiette, acqua, sale, 500 gr di cime di rapa, pepe, olio.

In origine le orecchiette venivano preparate solamente con semola di grano duro, mentre ora, sempre più frequentemente, si usa mescolare alla semola una percentuale variabile di farina (di solito, purtroppo, bianca). Provvedete perciò anzitutto a procurarvi orecchiette che siano il più possibile preparate con semola di grano duro o provate a prepararle voi stessi. In tal caso mescolate la semola (e un' eventuale percentuale di farina integrale di frumento) con acqua tiepida salata, in modo da ottenere una pasta compatta e soda. Prendete poi un pezzo di pasta e cominciate a formare delle lunghe "bisce" di circa due centimetri di spessore, riparando sotto uno strofinaccio il resto della pasta mentre lavorate la biscia. Tagliate poi a tocchi i "bastoncini" così ottenuti e, da ogni tocchetto, ricavate, strisciandolo sul piano che avrete infarinato, una specie di gnocchetto piatto, che dovrete rivoltare in modo da formare una orecchietta. L' operazione non è semplicissima e richiede certamente una certa abilità. In ogni caso, dopo aver preparato le orecchiette (o averle acquistate già pronte), passate a pulire le cime di rapa e lessatele in abbondante acqua salata. Scolatele quando sono al dente e non hanno perso la loro consistenza. Conservate l'acqua di cottura, nella quale farete poi cuocere le orecchiette e, quando sono cotte, scolatele e unitele alle cime di rapa in una zuppiera, condendo con pepe e olio e mescolando per bene prima di servire.

ORECCHIETTE CON BROCCOLETTI E POMODORO

400 gr di orecchiette, acqua, sale, 500 gr di pomodoro a peretta, 500 gr di broccoletti, uno spicchio d'aglio, prezzemolo, pepe, formaggio pecorino, olio.

Lavate e lessate al dente i broccoletti, conservando l'acqua di cottura (non dimenticate il sale). In un tegame scaldate l'olio, unite lo spicchio d'aglio affettato sottilmente, la polpa schiacciata dei pomodori preventivamente sbucciati e fate cuocere a fuoco lento, coprendo. A cottura avanzata, unite il prezzemolo tritato sottilmente, sale, pepe e togliete dal fuoco dopo pochi minuti.

Cuocete quindi le orecchiette (acquistate già pronte o preparate da voi stessi secondo la ricetta precedente) nell'acqua di cottura dei broccoletti, scolatele quando la cottura è completata, unitele ai broccoletti in una zuppiera, condite con la salsa, spolverate di pecorino grattugiato e servite caldo.

È un piatto veramente appetitoso!

ORECCHIETTE AI BROCCOLI

400 gr di orecchiette, acqua, sale, 700 gr di broccoli, una ventina di olive nere snocciolate, una manciatina di capperi, 2 spicchi d'aglio, pecorino (facoltativo), olio.

Pulite i broccoli separando accuratamente i fiori dalle parti più dure - gambi e foglie. Pelate con pazienza i gambi grossi, affettateli e metteteli poi a lessare in abbondante acqua salata bollente per una decina di minuti. Aggiungete quindi nella stessa pentola, la pasta e, cinque minuti prima che sia giunta a cottura, aggiungete anche i fiori che avevate tenuto da parte. Nel frattempo fate saltare a parte, in poco olio, gli spicchi d'aglio schiacciati, le olive e i capperi. Quando la pasta e i broccoli saranno cotti, scolateli e versateli nel tegame nel quale state facendo dorare il condimento. Lasciate sul fuoco per qualche minuto, mescolando e infine servite con un filo d'olio crudo e un' eventuale spolverata di pecorino grattugiato.

GRANO AL POMODORO

200 gr di grano tenero, acqua, sale, 1 cipolla, 2 carote, 150 gr di pomodoro, origano, olio.

Lavate e lasciate in ammollo il grano per qualche ora e poi cuocetelo come indicato nella ricetta-base. Nel frattempo pulite accuratamente le verdure, tagliatele a pezzetti piccoli (i pomodori dovranno essere anche sbucciati), stufatele per dieci minuti in poco olio e nella loro acqua, aggiungendole al grano quando mancheranno circa dieci minuti al completamento della sua cottura (complessivamente circa 50 minuti). A cottura ultimata non vi resterà che unire un pizzico di origano e dell'olio crudo.

ZUPPA DI GRANO E CECI

70 gr di grano tenero, acqua, sale, 150 gr di ceci, 1 foglia di alloro, 1 rametto di rosmarino, 2 carote, 1 gambo di sedano, 1 cipolla, 1 spicchio di aglio, peperoncino, 1 cucchiaio di prezzemolo tritato, olio.

Lavate i ceci e lasciateli in ammollo in acqua per 24 ore e poi scolateli. Lavate poi il grano e cuocetelo quindi con il rosmarino, l'alloro e i ceci in abbondante acqua. Pulite nel frattempo le verdure e tritatele, facendole poi stufare nella loro acqua in una pentola coperta, a fuoco basso. Quando i ceci e il grano saranno cotti, non resterà che unirvi le verdure, aggiungere un poco d'olio crudo, il prezzemolo tritato e mettersi a tavola.

SALSA BESCIAMELLA
(pag. 127)

SALSA AL GORGONZOLA
(pag. 128)

Sugo al pomodoro
(pag. 131)

Verdure crude in pinzimonio
(pag. 142)

Carote in salsa bianca
(pag. 142)

Insalata del Nuovo Mondo
(pag. 149)

Insalata con germogli di fieno greco e uvetta
(pag. 167)

TARTINE DI FORMAGGIO VERDE
E GERMOGLI DI FINOCCHIO
(pag. 169)

Porri gratinati
con germogli di finocchio
(pag. 170)

Zuppa di cipolle
(pag. 180)

ZUPPA DI MISO AL TOFU
(pag. 180)

RIBOLLITA
(pag. 181)

VERDURE CON FIOCCHI DI AVENA
(pag. 195)

Zuppa di avena e spinaci
(pag. 195)

SPAGHETTI, AGLIO, OLIO E PEPERONCINO
(pag. 203)

Pasta alla carbonara vegetale
(pag. 206)

SPAGHETTI ALLE MELANZANE
(pag. 207)

Pasta al cavolfiore
(pag. 212)

PASTA ALLE CAROTE
(pag. 216)

PASTA ALLE VERZE
(pag. 217)

Pasta e fagioli n. 1
(pag. 221)

TABOULÈ
(pag. 226)

Pizzoccheri al forno n. 1
(*pag. 231*)

Polenta e cavolfiore
(pag. 236)

Miglio e verdure
(pag. 237)

Crocchette di miglio
(pag. 241)

MINESTRA DI ORZO
(pag. 244)

Orzo e ortiche
(pag. 244)

Riso e carote
(pag. 247)

Riso e spinaci
(pag. 247)

RISO E CARCIOFI
(pag. 248)

RISO E VERZA
(pag. 250)

INSALATA DI SEGALE
(pag. 255)

CIPOLLE RIPIENE
(pag. 263)

MELANZANE AL FORNO
(pag. 269)

Patate ripiene
(pag. 273)

Peperonata
(pag. 274)

TORTINO DI PATATE
(*pag. 275*)

POMODORI RIPIENI ALLE NOCI
(pag. 276)

Spinaci al forno
(pag. 278)

SOUFFLÉ DI SPINACI
(pag. 279)

CREMA DI PISELLI SECCHI
(pag. 302)

MINESTRA DI AZUKI
(*pag. 316*)

Soufflé di formaggi
(pag. 329)

Uova al curry
(pag. 334)

CANEDERLI VEGETARIANI
(pag. 343)

Trenette col pesto
(pag. 343)

Gnocchi di semolino
(pag. 344)

Ravioli di ricotta e zucca
(pag. 344)

Chapati
(pag. 356)

Pizza alla napoletana
(pag. 361)

Budino di castagne
(pag. 370)

BUDINO DI SEMOLA DI GRANO
(pag. 372)

Crema di castagne e mele
(pag. 375)

Crema di prugne
(pag. 378)

Palline di semolino e cocco
(pag. 383)

Castagnaccio
(pag. 386)

CROSTATA DI MELE
(pag. 388)

Dolce di fichi
(pag. 390)

MELE AL FORNO
(pag. 392)

Strudel di mele
(pag. 393)

TORTA DI CAROTE
(pag. 396)

TORTA DI NOCI
(pag. 397)

Torta di zucca e mele
(pag. 399)

GRANO DI CONTORNO

150 gr di grano, sale, acqua, 1 cipolla, 1 foglia di alloro, pepe, prezzemolo, erbe aromatiche, olio.

Lavate e tenete in ammollo i chicchi di frumento per alcune ore, poi cuoceteli come indicato nella ricetta-base, insaporendo con erbe aromatiche a piacere, l'alloro e la cipolla tritata. A cottura ultimata, mescolateli con dell'olio crudo e dell'abbondante prezzemolo tritato finemente. Il grano così cucinato può accompagnare tutti i piatti a base di verdure.

INSALATA DI FRUMENTO

150 gr di frumento, acqua, sale, 1 peperone, 2 pomodori, 2 limoni, 2 spicchi d'aglio, erba cipollina, lievito alimentare secco, pepe, olio.

Lavate e tenete in ammollo i chicchi di frumento per alcune ore, quindi cuoceteli come indicato nella ricetta-base. Lasciateli poi raffreddare adeguatamente (meglio cuocerli il giorno prima). Tagliate quindi il peperone e i pomodori a dadini dopo averli puliti, aggiungete dell'erba cipollina tritata e lasciate riposare per un'ora circa dopo avere mescolato con un condimento preparato a parte con dell'olio, il succo dei limoni, l'aglio tritato, sale, un po' di pepe e del lievito. Unite infine ai chicchi di frumento e dopo aver atteso ancora mezz'ora, servite fresco come pietanza rinfrescante (magari con birra di frumento).

CUSCUS ESTIVO

300 gr di cuscus, acqua, sale, 4 pomodori, semi di cumino, prezzemolo, menta, olio.

Scaldate dell'acqua (due volte e mezzo-tre il volume della semola, come indicato nella ricetta-base) con una manciatina di semi di cumino e versatela poi sopra alla semola che avrete precedentemente tostato con pochissimo olio. Coprite e lasciate gonfiare al caldo per venti minuti circa, aggiungendo a piacere qualche cucchiaio di olio caldo. Versate poi sul piatto di portata, circondate con i pomodori lavati, asciugati e affettati, cospargete di prezzemolo e menta tagliati grossolanamente e servite.

CUSCUS AL ROSMARINO

300 gr di cuscus, acqua, sale, tamari, rosmarino, olio.

Tostate il cuscus in poco olio, con il rosmarino. Bollite a parte dell'acqua con qualche cucchiaio di tamari, che verserete poi sul cuscus a fuoco spento, coprendo. Dopo quindici minuti potrete scoperchiare, aggiungere dell'olio e sgranare il cuscus con una forchetta (meglio se di legno), così da renderlo più soffice.

CUSCUS CON VERDURE

300 gr di cuscus, acqua, sale, 2 cipolle, 3 carote, 2 zucchine, 2 spicchi d'aglio, 1 rametto di rosmarino, olio.

Lavate e affettate longitudinalmente le carote e le zucchine; pulite e affettate sottilmente la cipolla. Mettete poi in una teglia con poco olio la cipolla e fatela saltare mescolando su fuoco allegro, aggiungete poi le carote e, dopo qualche minuto di cottura, le zucchine. Aggiungete infine l'aglio schiacciato e il rosmarino, salate, coprite e stufate per un quarto d'ora circa a fiamma moderata. A parte, tostate la semola con pochissimo olio, in modo da facilitare la separazione dei granellini. Coprite poi con l'acqua necessaria, come indicato nella ricetta-base, e portate a termine la cottura. Dopo aver spento, lascerete riposare un po' prima di mescolare alle verdure stufate, per consentire l'ulteriore rigonfiamento della semola.

BULGHUR ALLE VERDURE

200 gr di bulghur, acqua, sale, 4 carote, 1 grossa cipolla, 1 zucchina, basilico, prezzemolo, tamari, olio.

Cuocete il bulghur come indicato nella ricetta-base; pulite le verdure che affetterete sottilmente nel senso della lunghezza, per poi farle saltare in poco olio a fiamma vivace e quindi stufarle a fuoco lento per un quarto d'ora circa. Mescolerete poi il cereale alle verdure, aggiungendo, fuori dal fuoco, il prezzemolo tritato, il basilico grossolanamente sminuzzato, un paio di cucchiai di tamari e dell'olio.

TABOULÉ

400 gr di bulghur, 1 bel ciuffo di prezzemolo, 1 pugno di foglie di menta, 1 cipolla, 2 pomodori, il succo di 1 o 2 limoni, olio, sale, pepe.

Preparate il bulghur come indicato nella ricetta base. Nel frattempo tritate finemente il prezzemolo, la menta e la cipolla, e tagliate i pomodori in piccoli pezzi. Quindi, aggiungete il tutto al bulghur, spruzzate con il succo dei limoni e mescolate.
Un momento prima di servire, condite con olio.

INSALATA DI BULGHUR

200 gr di bulghur, acqua, sale, 2 carote, 1 gambo di sedano, 5 ravanelli rossi, 1 limone, abbondante prezzemolo, shoyu o tamari, olio.

Cuocete il bulghur come indicato nella ricetta-base e, nel frattempo, pulite e affettate sottilmente le verdure, compreso il prezzemolo. Preparate anche una salsina mescolando olio, tamari o shoyu (un paio di cucchiai), il succo di limone, del sale e quindi unite tutti gli ingredienti al bulghur che nel frattempo avrà finito di gonfiarsi e avrà assorbito l'acqua eventualmente in eccesso.

KIBBÉ ALLE NOCI

2 bicchieri di bulghur, 400 gr di noci sgusciate, 1 cipolla di media grandezza, sale.

Fate ammollare il bulghur per quindici minuti in acqua tiepida. Pestate finemente le noci, alle quali avrete aggiunto un cucchiaino di sale, in un mortaio o, altrimenti, su un tagliere. Sminuzzate la cipolla. Premete con le mani il bulghur, in modo da fare uscire tutta l'acqua, quindi amalgamate omogeneamente tutti gli ingredienti. Disponete il composto su di un piatto da portata non troppo fondo.
Decorate con foglie di menta fresca. Mettete in frigorifero per quindici minuti circa e servite accompagnato da un'insalata.

IL GRANO SARACENO

LA COTTURA DEL GRANO SARACENO (ricetta-base)

Il grano saraceno viene usato soprattutto sottoforma di farina, ma si possono ottenere ottimi e sostanziosi piatti anche usandolo in chicchi. In tal caso è necessario avere alcune piccole accortezze che, come abbiamo visto, valgono anche per gli altri cereali.
Sarà perciò consigliabile provvedere a lavarlo accuratamente in acqua fredda, sciacquandolo più volte in un recipiente, sino a quando l'acqua risulterà limpida e priva delle scorie che salgono in superficie nel corso del lavaggio.
Si provvederà poi a scaldarlo accuratamente prima di tostarlo nella pentola di cottura, rigirandolo continuamente con un mestolo di legno per qualche minuto, a fuoco abbastanza allegro. Dopo quest'operazione si potrà aggiungere l'acqua, che avrete provveduto a preparare ben calda e nella proporzione adatta a un'adeguata cottura (il doppio della dose di saraceno).
I chicchi saranno cotti a fuoco moderato e pentola coperta in venti minuti circa, dopo di che potranno essere mescolati a verdure o legumi.
L'uso della farina prevede ovviamente un metodo di cottura diverso, che verrà affrontato nello specifico delle ricette; è da notare però che, anche sottoforma di farina, il saraceno potrà essere preferibilmente tostato prima della cottura.

SARACENO E BROCCOLETTI

200 gr di grano saraceno, acqua, sale, 300 gr di broccoletti, 1 patata, 1 spicchio d'aglio, peperoncino (a seconda dei gusti), un cucchiaio di shoyu, olio.

Lavate, scolate, tostate e quindi cuocete il saraceno come indicato nella ricetta-base. In un'altra pentola fate imbiondire l'aglio con il peperoncino e la patata tagliata a dadini, cui aggiungerete, dopo dieci minuti circa, i broccoletti ben puliti. Porterete poi a termine la cottura a fiamma moderata e tegame coperto, salerete e, quando il tutto sarà quasi cotto, aggiungerete il saraceno, lasciando insaporire per qualche minuto. Unirete il shoyu prima di servire caldo.

INSALATA DI SARACENO

200 gr di grano saraceno, acqua, sale, 1 porro, 1 mela, succo di limone, pepe, paprica, olio.

Lavate, scolate, tostate e cuocete il saraceno come indicato nella ricetta-base e lasciatelo quindi tranquillamente raffreddare. Non vi resterà poi che pulire accuratamente il porro e tagliarlo a fettine sottili, nonché tagliare a dadini una mela sbucciata. Li mescolerete al saraceno freddo, amalgamando con olio, succo di limone, sale, pepe, paprica. Lascerete infine riposare un po', dopo aver rimestato con delicatezza e servirete. Volendo strafare, potete servire su foglie d'insalata (un tocco di raffinatezza non guasta!).

SFORMATO DI SARACENO

200 gr di grano saraceno, acqua, sale, 1 cipolla, 1 peperone (meglio se rosso), 2 uova, pepe, timo, 2 spicchi d'aglio, 100 gr di parmigiano o pecorino, olio.

Lavate, scolate e macinate grossolanamente il grano saraceno. Lasciatelo poi macerare per un paio d'ore in mezzo litro circa di acqua aromatizzata con erbe e brodo vegetale. Affettate finemente la cipolla, pulite e tagliate a striscioline il peperone; fateli quindi saltare per qualche minuto in poco olio in modo da ammorbidirli e dorarli leggermente. Li unirete poi al grano saraceno che, nel frattempo, avrà avuto il tempo di gonfiarsi (fate i vostri conti). Cuocete quindi per poco più di 20 minuti, a fiamma molto bassa, dopo di che aggiungete i tuorli d'uovo e insaporite con sale, pepe, timo. A parte provvedete a montare a neve le chiare d'uovo e incorporatele poi delicatamente all'impasto prima di stenderlo in una teglia da forno precedentemente unta d'olio. Cospargete di formaggio parmigiano o pecorino grattugiato e infornate in forno caldo (180-200 °C) per 30-40 minuti, dopo di che sarà definitivamente pronto per essere portato in tavola tra un profumino da leccarsi i baffi. (Chi li ha naturalmente!)

SARACENO AL FORNO 1

2 tazze di farina di grano saraceno, sale, 3 tazze d'acqua, 1 cucchiaio di cannella in polvere, 3 cucchiai di semi di sesamo, gomasio.

È un modo semplicissimo di usare la farina di saraceno per ottenere delle "polentine" molto energetiche, adatte ai climi freddi. Cominciate tostando rapidamente la farina in un tegame piuttosto largo e poi impastatela con l'acqua (facendo attenzione al possibile formarsi di grumi), la cannella e del sale. Versate poi l'impasto ottenuto in formine da forno, decorate con semi di sesamo lavati e tostati e passate a forno caldo per 30-40 minuti. Spolverate di gomasio al momento di servire... e occhio all'energia che vi sprizzerà da tutti i pori!

SARACENO AL FORNO 2

200 gr di grano saraceno, acqua, sale, una quindicina di foglie di verza, un rametto di rosmarino, 3-4 cucchiai di farina di frumento, timo, brodo vegetale, 100 gr di parmigiano, pangrattato, besciamella q.b., olio.

Lavate, scolate, tostate e cuocete il saraceno come indicato nella ricetta-base, con l'aggiunta di un rametto di rosmarino e, a cottura ultimata, conditelo con il parmigiano grattugiato e dell'olio (qualche cucchiaio). Pulite le foglie di verza e bollitele a parte per pochi minuti, lasciandole poi accuratamente scolare. Nel frattempo ungete con olio il fondo di una teglia da forno, cospargetelo di pangrattato e disponetevi poi a strati le foglie di verza alternandole al saraceno, avendo cura di terminare gli strati con quest'ultimo. Preparate poi una besciamella vegetale mettendo sul fuoco una pentola con quattro cucchiai d'olio. Scaldatelo e aggiungetevi quindi tre-quattro cucchiai di farina di frumento che amalgamerete delicatamente aggiungendo eventualmente poca acqua calda sino a ottenere una pastella abbastanza consistente, arricchita con un pizzico di timo e un paio di cucchiai di parmigiano grattugiato. Scalderete nel frattempo a parte dell'acqua o del brodo vegetale che incorporerete alla farina poco alla volta, sino a ottenere una crema densa e dorata. La besciamella così ottenuta verrà finalmente stesa sul saraceno, che infornerete poi per quindici minuti circa a fiamma moderata (gli ultimi cinque minuti potrete alzare la fiamma in modo da ottenere una crostina superficiale). Servite ben caldo dopo aver lasciato riposare cinque-dieci minuti in forno spento.

SPAGHETTI AL SARACENO CON KOMBU

400 gr di spaghetti di grano saraceno, acqua, sale, 50 gr di farina di frumento, 3 carote, 2 cipolle, 20 cm di alga kombu, 1 cucchiaio di tamari, noce moscata, pepe, olio.

Lavate l'alga kombu e mettetela ad ammorbidire in acqua per una mezzora circa. Tagliatela poi a pezzetti e cuocetela in poca acqua o nell'acqua usata per l'ammollo, insieme alle carote pulite e tagliate a pezzettini e alla cipolla affettata finemente: cercate di mantenere un fuoco molto basso, delicato. Condite quindi con il tamari. Quando la cottura vi sembrerà pressoché ultimata, amalgamatevi pazientemente la farina preventivamente sciolta in poca acqua tiepida, aggiungete un pizzico di pepe e di noce moscata e fate cuocere appena qualche minuto. Passate poi a occuparvi degli spaghetti: dopo averli cotti al dente, scolateli e versateli in una zuppiera, mescolandoli alla salsa preparata precedentemente. Otterrete un piatto molto saporito, dal sapore alquanto deciso, insieme "marino" e "terrestre": una strana combinazione che, passato un primo istante di incertezza, troverà sicuramente il vostro entusiastico consenso.

CREMA DI SARACENO

120 gr di farina di saraceno, acqua (1 l circa), sale, aglio, prezzemolo, parmigiano o pecorino grattugiato, peperoncino (facoltativo).

Tostate la farina mescolando accuratamente ma con delicatezza e aggiungendovi poi l'acqua già calda, cercando di evitare la formazione di fastidiosi grumi. Portate poi dolcemente a ebollizione e lasciate cuocere a fuoco molto lento (ponendo una retina frangifiamma sotto la pentola) per 20-25 minuti, mescolando di tanto in tanto e senza dimenticarvi di salare con moderazione. Nonostante la crema sia pronta dopo questo tempo, potete prolungare la cottura anche sino a 40 minuti aumentando così la digeribilità della pietanza. Vi aggiungerete infine il formaggio grattugiato, un battuto d'aglio e prezzemolo, dell'olio, oltre a del peperoncino (a discrezione vostra, secondo i gusti). Dopo aver mescolato, lascerete riposare un poco a fuoco spento prima di servire: è una cremina decisamente "riscaldante".

PIZZOCCHERI AL FORNO 1

350 gr di pizzoccheri, acqua, sale, 2 cipolle, 2 carote, 2 patate, 4 foglie di bietola, 1 gambo di sedano, 100 gr di spinaci, 2 foglie di verza, 5 spicchi d'aglio, un rametto di foglie di salvia, 100 gr di burro, olio, 150 gr di parmigiano, 100 gr di formaggio tenero.

È un piatto piuttosto laborioso, ma il risultato è di solito così entusiasmante che val la pena di perdere un po' di tempo a prepararlo, magari per qualche occasione un po' "speciale".
I pizzoccheri sono una pasta a base di grano saraceno, che viene consumata preferibilmente nella stagione fredda.
Cominciate con il lavare e tagliare a pezzi non troppo grossi le verdure e mettetele poi a lessare in una pentola con abbondante acqua salata. Preparate nel frattempo un battuto di aglio e salvia e scaldate il burro in un pentolino, in modo da scioglierlo: vi aggiungerete poi anche un paio di cucchiai d'olio. Quando le verdure sono ancora al dente e in bollore, aggiungete, nella stessa pentola, i pizzoccheri e lasciate cuocere. Togliete dal fuoco e scolate quando la pasta è al dente. In una teglia precedentemente bagnata con un filo d'olio, disponete quindi degli strati alternati di pasta-verdure, parmigiano grattugiato, formaggio tenero a pezzettini, battuto d'aglio e salvia, burro fuso e olio. Continuate in questo modo, concludendo con un leggero strato di parmigiano e qualche fiocchetto di burro e, infine, infornate a fuoco medio, in forno caldo, per una decina di minuti.
Togliete dal forno e servite caldo.
Potete sperimentare altri accostamenti di verdure, a seconda della stagione e della vostra fantasia.

PIZZOCCHERI AL FORNO 2

400 gr di pizzoccheri, acqua, sale, 5 spicchi d'aglio, un paio di rametti di salvia, 150 gr di parmigiano, olio.

Questo è un modo molto più semplice e rapido per la preparazione dei pizzoccheri ma, nella sua essenzialità, risulta essere un piatto saporito e gradevole. Anche in questo caso è consigliato nella stagione fredda.
Cuocete la pasta in acqua salata e nel frattempo pulite gli spicchi d'aglio e schiacciateli in un tegame nel quale avrete preparato dell'olio. Sminuzzate grossolanamente le foglie di salvia e unitele nello stesso tegame. Mettete poi sul fuoco, fate dorare l'aglio e rendete croccante la salvia, ma senza bruciarla. Quando la pasta sarà cotta al punto giusto, scolatela e conditela con il condimento preparato, aggiungete un filo d'olio crudo, il parmigiano, mescolate con cura, passate in forno caldo per cinque minuti e servite appena tolto dal forno.

GNOCCHETTI DI SARACENO 1

300 gr di gnocchetti di saraceno, acqua, sale, 4 patate, 150 gr di formaggio magro, 100 gr di parmigiano, 4 spicchi d'aglio, un rametto di salvia, olio.

Gli gnocchetti di grano saraceno si ottengono mescolando farina di grano saraceno, farina di grano duro e semolato di grano duro. Come i pizzoccheri, che sono fatti con gli stessi ingredienti, sono tipici della Valtellina e si consumano preferibilmente nella stagione fredda.
Si preparano cuocendo in abbondante acqua salata le patate sbucciate e tagliate a pezzetti, alle quali si aggiungono, dopo poco più di cinque minuti di cottura, gli gnocchetti. Il tutto dovrà poi cuocere poco meno di venti minuti ancora. Nel frattempo si prepara l'aglio e la salvia tritati molto sottilmente e quando la pasta è cotta, la si scola accuratamente e si trasferisce in una teglia da forno unta d'olio, alternando strati di gnocchetti a strati di formaggio magro tagliato a pezzettini e parmigiano grattugiato. Si bagna infine con un filo d'olio, si passa in forno caldo per pochi minuti e si serve appena tolto dal forno.

GNOCCHETTI DI SARACENO 2

300 gr di gnocchetti di saraceno, acqua, sale, 4 spicchi d'aglio, 1 pomodoro, 1 cucchiaio di tahin, 1 cucchiaio di miso, 2 cucchiai di tamari, 100 gr di parmigiano, olio, 2 cucchiai di gomasio.

Tritate sottilmente l'aglio, pulite e grattugiate la carota, pulite il pomodoro e schiacciatelo. Fate poi saltare in olio queste verdure e stufatele a fuoco lento per un quarto d'ora circa. Nel frattempo amalgamate in poca acqua calda il miso, il tahin, il tamari e versate la salsa ottenuta sulle verdure, ma solamente poco prima di toglierle dal fuoco. Cuocete poi gli gnocchi di scolateli e conditeli con le verdure stufate, il gomasio e il parmigiano grattugiato. Mescolate e servite senza indugi. Anche questo è un piatto consigliato per la stagione fredda: il pomodoro può essere sostituito da un paio di cucchiai di quella stupenda conserva di pomodoro che avrete sicuramente preparato durante l'estate.

MAIS

LA COTTURA DEL MAIS
(ricetta-base)

Il mais consumato soprattutto sotto forma di farina, con la quale, specialmente in certe zone, si usa preparare quella polenta che, in epoche anche recenti, ha costituito il piatto per eccellenza del mondo contadino. Esistono diverse varietà di farina di mais, che andranno scelte secondo i gusti, le tradizioni locali o l'offerta del mercato. La preparazione della polenta, tradizionalmente cotta su fuoco a legna in recipienti di rame, richiede semplicemente farina, acqua e sale. A essa si possono poi accompagnare piatti di vari tipi, a base di carni, verdure e legumi.

La polenta si prepara semplicemente portando a ebollizione dell'acqua (un litro circa ogni tre etti di farina), salando e versando a pioggia nel recipiente la farina (per una polenta consistente occorrono 300/350 gr di farina macinata grossa; per una tenera, ma non molle, bastano 250 gr di farina fine), mescolando contemporaneamente in modo da evitare la formazione di grumi (ci si aiuta di solito con una "frusta", di quelle che normalmente servono per sbattere le uova). Si deve poi girare l'impasto per almeno venti minuti, quasi senza interruzione, con un'apposita "mescola", aggiungendo eventualmente acqua bollente per aggiustare la consistenza e, a volte, un altro po' di farina (di mais, ma anche di frumento). Di solito la cottura prosegue ancora per altri venti minuti, dopo di che la polenta viene tolta dal fuoco e versata su un apposito tagliere.

La cottura del mais in chicchi (attenzione ad usare mais per alimentazione!) richiede invece un altro procedimento, simile a quello in uso per la cottura degli altri cereali. Dopo aver lavato i chicchi, è necessario lasciarli in ammollo per un tempo molto lungo, circa 48 ore, con quattro parti di acqua per ogni parte di cereale. Trascorso questo periodo si potrà cuocere per circa due ore, a fuoco basso, con retina frangifiamma e a pentola coperta. A questo punto i chicchi dovrebbero essere cotti e si potranno condire con le verdure o i legumi previsti.

I fiocchi invece hanno modalità di impiego molto semplici e veloci, come tutti i fiocchi di cereali.

MAIS COME CONTORNO

150 gr di mais in chicchi, acqua, sale, lievito alimentare secco in scaglie, un mazzetto di prezzemolo, olio.

Lavate, lasciate in ammollo i chicchi per il tempo necessario e cuoceteli poi come indicato nella ricetta-base. A cottura ultimata, saltateli per qualche minuto nell'olio a fiamma moderata mescolando, e conditeli poi con il prezzemolo tritato, il lievito e un eventuale filo d'olio crudo. Possono accompagnare qualsiasi piatto.

INSALATA DI MAIS

200 gr di mais in chicchi, acqua, sale, 1 peperone rosso, 1 peperone verde, 1 cipolla, paprica, 2 cucchiai di aceto di mele, olio.

Lavate, ammollate e cuocete i chicchi come indicato nella ricetta-base e quindi lasciateli raffreddare (conviene cuocerli con un giorno d'anticipo). Pulite quindi i peperoni privandoli dei semi e del torsolo interno e tagliateli a dadini, insieme alla cipolla. Mescolateli poi con l'aceto di mele, la paprica, dell'olio e del sale e versate il tutto sul mais, lasciando insaporire per qualche tempo prima di servire.

CROCCHETTE DI MAIS

150 gr di fiocchi di mais, acqua, sale, pepe, tamari, 1 cucchiaio di funghi stufati, 1 uovo, prezzemolo, farina di frumento, 1 cipolla, 50 gr di pecorino grattugiato, pangrattato, olio.

Mettete i fiocchi in un recipiente e ricopriteli con dell'acqua tiepida. Fate poi appassire in poco olio la cipolla e i funghi per circa dieci minuti e aggiungeteli quindi ai fiocchi, unendovi anche il prezzemolo tritato, il rosso d'uovo e il pecorino. Condite con un cucchiaio di tamari, sale e un pizzico di pepe, mescolando per benino. Se il composto non risultasse abbastanza consistente, aggiungete farina di frumento. Formate poi delle crocchette che passerete nel bianco dell'uovo e, subito dopo, nel pangrattato, friggendole infine nell'olio sino a dorarle. Sono un buon accompagnamento per piatti di verdure.

SOUFFLÉ DI FIOCCHI DI MAIS

150 gr di fiocchi di mais, acqua, sale, 400 gr di ortiche, 1 cucchiaio di farina di grano saraceno, noce moscata, 2 uova, tamari, 50 gr di parmigiano, olio

Raccogliete anzitutto le ortiche in un luogo "sicuro", lavatele e scottatele rapidamente (un paio di minuti) in pochissima acqua salata bollente. Scolatele e tagliatele sottilmente, stufandole quindi a fuoco basso in poco olio, per un quarto d'ora circa; amalgamatevi poi la farina di grano saraceno sciolta in una tazza d'acqua tiepida. Se siete in primavera e potete raccogliere ortiche appena spuntate, passatele direttamente al tegame, senza prima sbollentarle, poiché sono particolarmente tenere. Mettete nel frattempo i fiocchi a bagno in acqua calda e, quando saranno raffreddati, aggiungeteci del sale, il formaggio parmigiano grattugiato e un tuorlo d'uovo. Quando le ortiche saranno cotte, aggiungetele ai fiocchi e condite con del tamari, mescolando. Montate poi gli albumi a neve e uniteli delicatamente agli altri ingredienti. Preparato uno stampo da forno unto d'olio, metteteci il composto che cuocerete in forno a 200 °C circa, per 30-40 minuti.

POLENTA E FAGIOLI

250 gr di fagioli cannellini, acqua, alcune foglie di salvia, 1 cipolla, 1 carota, 1 gambo di sedano, 2 pomodori, 500 gr tra verza, bietola e spinaci, 200 gr di farina di mais fine, sale, olio.

Lavate e lasciate in ammollo i fagioli con la salvia per dodici ore circa, cuocendoli poi in acqua dopo averli scolati. Affettate finemente la cipolla, pulite e affettate la carota e il sedano, pulite, sbucciate e tagliate a fettine i pomodori e fate saltare il tutto in poco olio per qualche minuto, stufando poi a fuoco lento per circa dieci minuti (metterete in tegame prima la cipolla e poi, di seguito, la carota, il sedano, i pomodori). Nel frattempo pulite le altre verdure, tagliatele sottilmente e aggiungetele nel tegame, continuando la cottura per altri dieci minuti, unendo acqua calda se fosse necessario. Trascorso questo tempo, versate sulle verdure la farina, dopo averle coperte d'acqua; cuocete, mescolando e aggiungendo altra acqua calda se occorre. A cottura ultimata, unite alla polenta anche i fagioli cotti e scolati, mescolate e servite. Se volete, potete usare l'acqua dei fagioli lessi per la cottura della polenta: la insaporirete ancor di più!

ZUPPA DI POLENTA

150 gr di farina di mais fine, acqua, sale, 500 gr di patate, 500 gr di pomodoro, 1 carota, 1 cipolla, un mazzetto di prezzemolo, olio.

Pulite e tagliate a fette o a pezzi piuttosto grossolani le patate, i pomodori, la carota e la cipolla. Fate poi lessare queste verdure in acqua salata e, quando sono cotte, passatele al passaverdura e rimettetele poi nel tegame con mezzo litro dell'acqua di cottura (non è necessario usare troppa acqua!). Portate di nuovo a ebollizione e aggiungete quindi la farina di mais, cuocendola per un'ora circa, mescolando e aggiungendo eventualmente acqua calda (meglio se di cottura). Servirete questa polenta molto tenera, dopo aver condito con un filo d'olio e aver spolverato con il prezzemolo tritato.

POLENTA E CARDI

500 gr di cardi, acqua, sale, 1 limone, 2 spicchi d'aglio, 250 gr di farina di mais fine, 50 gr di farina di mais grossa, olio.

Mondate i cardi e tagliateli in pezzi di dieci centimetri circa di lunghezza; metteteli poi a bagno in acqua acidulata al limone per un paio d'ore e lessateli quindi in acqua salata, con mezzo limone, per una decina di minuti. Togliete poi il limone e fate cuocere ancora, a fuoco basso, sino a ottenere una cottura al dente. Scolateli quindi con molta cura, tagliateli a fettine diagonali di un paio di centimetri circa e fateli saltare con l'aglio e un po' d'olio in un tegame. Con le farine preparate infine una polenta e, dieci minuti prima che abbia completato la cottura, mescolatevi i cardi. Finite di cuocere e servite caldo.

POLENTA E CAVOLFIORE

300 gr di farina di mais fine, acqua, sale, 1,5 kg di cavolfiore, 2 cucchiai di uvetta passa, 1 cipolla, 1 cucchiaio di pinoli, olio.

Pulite e lessate in acqua salata il cavolfiore dopo averlo diviso in ciuffetti, mettendo nel frattempo ad ammollare in poca acqua tiepida l'uvetta. Tritate poi la cipolla e fatela appassire in olio, a fiamma bassa, con i pinoli. Dopo qualche istante uniteci anche il cavolfiore ben scolato, del quale avrete conservato l'acqua di cottura, e l'uvetta. Stufate a fuoco lento, mescolando ogni tanto e, dopo circa dieci minuti, spegnete.
Preparate a questo punto una polenta abbastanza tenera, cotta nell'acqua del cavolfiore (attenzione a non aggiungere troppo sale!); quando è cotta stendetela in una pirofila e copritela con la salsa, tenendola poi nel forno preriscaldato e spento, sino al momento di servirla.

TORTA DI POLENTA E RICOTTA

250 gr di farina di mais fine, sale, 400 gr di ricotta, 1/2 limone, 3 uova, 150 gr di uvetta passa, 50 gr di pinoli, burro.

Lavorate la ricotta in una terrina sino a scioglierla, aggiungeteci poi la scorza di limone grattugiata e, mescolando, la farina, un pizzico di sale, le uova ben sbattute. Unite infine anche l'uvetta preventivamente ammorbidita in poca acqua tiepida e versate l'impasto in uno stampo da forno unto con un po' di burro. Lisciate la superficie e cospargetela di pinoli prima di mettere nel forno caldo a 160 °C per 40 minuti circa.

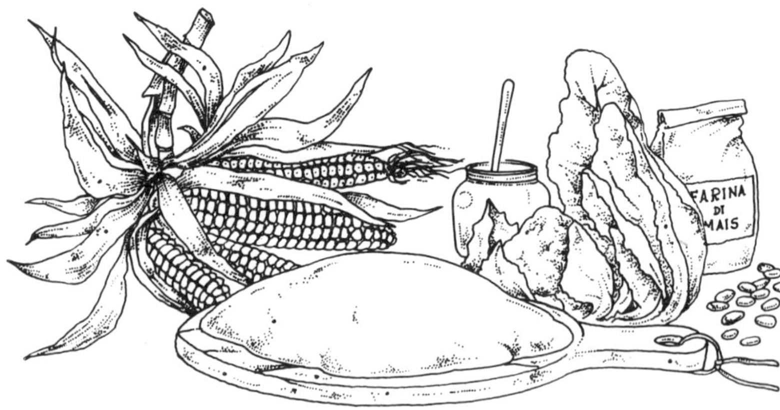

MIGLIO

LA COTTURA DEL MIGLIO
(ricetta-base)

Anche il miglio va accuratamente lavato in acqua fredda prima dell'uso: si dovrà sciacquarlo più volte, sino a che l'acqua risulti priva del tipico intorbidamento dovuto alla presenza di polvere e scorie varie. Conviene procedere nel modo usato per tutti i cereali, rimescolando il miglio in acqua che cambierete alcune volte.
Dopo averlo scolato, lo si potrà versare in pentola, dove è consigliabile tostarlo con pochissimo olio rigirandolo per alcuni minuti con un mestolo di legno evitando di farlo attaccare al fondo. La tostatura consentirà di ottenere poi una cottura migliore.
Nel frattempo potrete mettere sul fuoco dell'acqua, (circa il doppio del volume del miglio) e, quando sarà calda, la unirete al miglio. Porterete poi a ebollizione, salerete, abbasserete la fiamma e lascerete cuocere a fuoco lento dopo aver coperto la pentola. Il miglio dovrebbe essere cotto dopo 20 minuti circa di bollore a fiamma molto tranquilla; una certa variazione nel tempo di cottura può dipendere dal tipo di miglio (qualità e produttore) e dalla tostatura (più è ben tostato meglio cuoce).
Come al solito, nella cottura non dovrete dimenticare di frapporre una retina metallica tra il fuoco e la pentola, per distribuire uniformemente il calore. Lasciate riposare per un po' il cereale cotto prima di servirlo accompagnato a verdure o legumi preparati - quasi sempre - a parte.
L'impiego del miglio nelle minestre consentirà una cottura semplificata, che vedremo nelle specifiche ricette.

MIGLIO E VERDURE

300 gr di miglio, acqua, sale, 1 cipolla, 2 carote, 1/2 gambo di sedano, 1 zucchina, altre verdure a piacere, 1 foglia d'alloro, prezzemolo, olio.

Lavate per benino le verdure e affettate poi a striscie sottili la cipolla, le carote, la zucchina. Tagliate a pezzetti il sedano e mettete quindi le verdure in pentola con poco olio, cominciando dalla cipolla e aggiungendo via via il sedano, l'alloro, la carota e, infine, la zucchina, che può essere aggiunta dopo qualche minuto di cottura delle altre verdure.
Saltate il tutto a fiamma abbastanza allegra, mescolando per evitare che si attacchi e bruciacchi, poi aggiungete il miglio che avrete precedentemente lavato e scolato. Mescolatelo alle verdure, aggiungete quindi l'acqua necessaria che avrete provveduto a scaldare a parte, portate a ebollizione, salate e cuocete infine a fuoco lento dopo aver coperto la pentola. Unite il prezzemolo tritato solo poco prima di togliere dal fuoco, a cottura praticamente ultimata.
Se volete aggiungere altre verdure fatelo al momento di mettere in pentola quelle consigliate (cercherete in tal caso di diminuire le quantità delle verdure proposte).

MIGLIO PICCANTE

250 gr di miglio, acqua, sale, 1/2 kg di verdure tra cipolla, porro, carota, sedano, zucchina, 1 cucchiaio di farina di frumento, 1 cucchiaio di curry, peperoncino, 3-4 cucchiai di olio.

Lavate il miglio e mettetelo a cuocere come indicato nella ricetta-base. Nel frattempo lavate per bene carote, sedano e zucchine, affettateli sottilmente e metteteli poi in pentola con un filo d'olio e sale. Saltateli qualche minuto a fiamma allegra, poi abbassate, coprite il tegame e fate cuocere per una ventina di minuti circa, aggiungendo dell'acqua se vi sembra necessario.
Ultimata la cottura, passate al passaverdure il tutto e affettate quindi molto sottilmente la cipolla e il porro (che avrete pulito con attenzione). Li farete appassire in poco olio per cinque minuti e vi aggiungerete poi la farina, facendola dorare per cinque minuti circa (non dimenticate di mescolare con un cucchiaio di legno). A questo punto potete tirare le fila: unite alla farina il passato di verdure, il curry e il peperoncino, cuocendo ancora per qualche minuto, in modo da addensare la salsa. Non vi resterà poi che aggiungere il miglio caldo, mescolare e portare in tavola.

MIGLIO AI PORRI

300 gr di miglio, acqua, sale, 8 porri (solo la parte bianca), 2 foglie di alloro, 2 cucchiai di farina di frumento, olio.

Cuocete il miglio come indicato nella ricetta base. Nel frattempo pulite i porri, privateli della parte verde, tagliateli a pezzi di tre-quattro centimetri e cuoceteli in poca acqua aromatizzata con l'alloro, fino a renderli molto morbidi (saranno necessari venti minuti circa). Tostate poi due cucchiai di farina in poco olio, cui aggiungerete il brodo di cottura dei porri che avrete conservato in modo che possa amalgamarsi alla farina (procedete come quando preparate una besciamella), mescolando continuamente, con una fiamma molto bassa. Lasciate poi bollire continuando a mescolare, sino a che raggiunga la consistenza di una crema liquida. Solo a questo punto incorporate i porri e versate poi il tutto sul miglio disposto su un capiente piatto di portata. È un piatto dal sapore delicato.

MIGLIO E ZUCCA

300 gr di miglio, acqua, sale, 1 cipolla, 400 gr di zucca, 1 rametto di rosmarino, prezzemolo, olio, panna (facoltativa).

Pulite e tagliate la zucca a dadini e affettate sottilmente la cipolla. Saltatele poi in poco olio per 4-5 minuti, cominciando dalla cipolla. Nel frattempo avrete lavato e scolato il miglio, che aggiungerete alle verdure, mescolando sul fuoco per qualche minuto prima di unirvi l'acqua calda che avrete tenuto a portata di mano.
Portate quindi a ebollizione, salate, coprite la pentola e cuocete, a fuoco lento, per 20 minuti circa. Solo a cottura ultimata unite il prezzemolo tritato e l'eventuale panna da cucina. Servite dopo aver lasciato riposare qualche istante lontano dal fuoco.

MIGLIO E SPINACI

300 gr di miglio, acqua, sale, 2 cipolle, 250 gr di spinaci, 1 cucchiaio di farina di frumento, olio.

Il miglio si accompagna molto bene agli spinaci e questa ricettina è di facilissima preparazione. Cuocete il miglio come indicato nella ricetta-base e, a parte, saltate in poco olio le cipolle affettate sottili e, dopo qualche minuto, gli spinaci ben puliti e tagliati piuttosto finemente. Quando saranno morbidi, spolverateli di farina e, mescolando, lasciateli sul fuoco; dopo qualche minuto, unitevi una tazza d'acqua calda. Salate e continuate la cottura a fuoco lento e a tegame coperto, per 10 minuti circa. Non vi resterà poi che mescolare le verdure al miglio cotto e rimettere sul fuoco solo un attimo prima di servire. Potrete condire con un filo d'olio se vi sembrasse necessario.

MIGLIO AL FORNO 1

200 gr di miglio, acqua, sale, 3 cipolle, 2 melanzane, 2 pomodori, 1 peperone, 2 zucchine, 1 gambo di sedano, 1 spicchio d'aglio, olio.

Cuocete il miglio come indicato nella ricetta-base e nel frattempo pulite le verdure e tagliatele a pezzetti. Mettetele in pentola con poco olio, cominciando dalle cipolle e passando poi alle melanzane, il sedano, il peperone, l'aglio e le zucchine. Saltatele a fuoco allegro per qualche minuto, facendole appassire, poi abbassate la fiamma, salate, coprite il tegame e cuocete per un quarto d'ora circa. Mescolate il miglio cotto alle verdure e stendete il tutto in una teglia precedentemente unta d'olio, che metterete in forno caldo per 10 minuti circa, a fuoco medio. Lasciate infine riposare il tutto per qualche minuto prima di servire.

MIGLIO AL FORNO 2

250 gr di miglio, acqua, sale, 2 carote, 1 cipolla, 1 porro, 1 patata, 1 rapa, 1 spicchio d'aglio, timo, 100 gr di parmigiano o pecorino, olio.

Lavate con cura le verdure e tagliatele a listarelle sottili. Mettetele poi in una pentola con poco olio e fatele saltare per qualche minuto a fiamma allegra. Versate quindi il miglio lavato e scolato, mescolate qualche istante, aggiungete l'acqua ben calda necessaria alla cottura, salate e lasciate cuocere a fuoco lento, coprendo per 20-25 minuti. Se alla fine della cottura l'acqua non fosse stata del tutto assorbita, lasciate riposare a fuoco spento.

Aggiungetevi quindi il parmigiano o il pecorino grattugiato, mescolate, unite un filo d'olio se vi sembra necessario e disponete infine il tutto in una teglia da forno precedentemente unta d'olio. Passate in forno caldo per 15 minuti circa, dopo aver spolverato con un po' di timo.

PASSATA DI MIGLIO

250 gr di miglio, acqua, sale, 1 cavolfiore di media grandezza, 1 cucchiaio di tamari, 1 rametto di timo, 1 cucchiaio di prezzemolo tritato, olio.

Pulite, tagliate a pezzetti e fate saltare in poco olio il cavolfiore sino a dorarlo leggermente. Condite poi con il tamari, aggiungete il miglio lavato e scolato, l'acqua calda nella giusta proporzione e fate cuocere un po' più a lungo del solito (per mezzora circa) a fiamma moderata. Passate infine al passaverdure e servite dopo aver spolverato di prezzemolo tritato e aver aggiunto un filo d'olio se vi sembrasse necessario. È una delicatezza!

MINESTRA DI MIGLIO LEGGERA

80 gr di miglio, 1 l d'acqua, sale, 2 cipolle, 2 carote, maggiorana, pepe, lievito alimentare secco a scaglie, olio, tamari (facoltativo).

Saltate leggermente le cipolle affettate sottili, alle quali aggiungerete il miglio lavato e scolato, che tosterete per qualche istante. Unite poi l'acqua bollente, aromatizzate con la maggiorana e poco pepe, salate e fate bollire a fiamma molto moderata per una ventina di minuti. Grattugiate le carote nella pentola poco prima di toglierla dal fuoco, servite con lievito aggiunto nei piatti e, se lo desiderate, tamari.

MIGLIO ALLE MELANZANE

300 gr di miglio, acqua, sale, 4 melanzane di media grossezza (del tipo lungo), 2 spicchi d'aglio, prezzemolo, 100 gr di parmigiano, olio.

Cuocete il miglio come nella ricetta-base dopo aver lavato, asciugato, tagliato a dadini e salato le melanzane, poi disposte in una ciotola perché espellano l'acqua (è necessario lasciarle a riposo per almeno mezzora coperte con un peso). Cuocetele poi a parte con olio, mantenendo la fiamma piuttosto bassa, coprendo il tegame di cottura e mescolando di tanto in tanto per evitare che si attacchino al fondo (la qual cosa è meno probabile se provvederete a salare all'inizio della cottura, evitando di eccedere, visto che una certa dose di sale è già stata assorbita dalle melanzane durante il periodo di "riposo"). Aggiungete infine un pestò di aglio e prezzemolo poco prima di concludere la cottura, dopo di che versate il tutto sul miglio cotto e condite con il parmigiano grattugiato e un eventuale filo d'olio.

MIGLIO AI FUNGHI

300 gr di miglio, acqua, sale, 300 gr di funghi (preferibilmente di bosco), 3 spicchi d'aglio, prezzemolo, olio, panna (facoltativa).

Cuocete il miglio come indicato nella ricetta-base. Lavate, scolate e asciugate i funghi prima di affettarli; saltateli quindi a fuoco vispo in poco olio e aglio e stufateli poi a fuoco lento dopo averli salati e coperti. Poco prima di toglierli dal fuoco vi aggiungerete il prezzemolo tritato. A cottura ultimata li mescolerete al miglio e li rimetterete nuovamente sul fuoco per qualche minuto, mescolando. Sarà questo il momento di aggiungere eventualmente anche la panna da cucina per ammorbidire e insaporire ancor più.

CROCCHETTE DI MIGLIO

250 gr di miglio, acqua, sale, 2 cucchiai di farina di frumento, 1 cucchiaio di fiocchi di frumento, 1 cipolla, 1 uovo, tamari, prezzemolo, pangrattato, olio.

Cuocete il miglio come indicato nella ricetta-base. Quando sarà cotto e raffreddato, aggiungete un cucchiaio di acqua, quindi schiacciatelo per bene con la forchetta e aggiungete il prezzemolo tritato (quattro-cinque cucchiai), la cipolla finemente tritata, la farina di frumento, i fiocchi, il bianco d'uovo sbattuto, un paio di cucchiai di tamari (secondo il vostro gusto), sale. Lavorate l'impasto sino a ottenere una pasta molto compatta e formate poi delle crocchette che, dopo aver passato nel tuorlo d'uovo, rotolerete rapidamente nel pangrattato. A quel punto saranno pronte per essere scottate in olio caldo sino a quando saranno ben dorate. Potrete servirle in accompagnamento a verdure saltate o legumi.

CREMINA DI FIOCCHI DI MIGLIO

100 gr di fiocchi di miglio, 1/2 l di latte, frutta mista di stagione a piacere, miele.

Scaldate il latte senza portarlo a ebollizione, girandolo continuamente in modo che non attacchi alla pentola e versateci quindi i fiocchi di miglio. Cuoceteli poi per cinque minuti, rigirando frequentemente e togliete dal fuoco. Unitevi la frutta pulita e tagliata a pezzetti (le combinazioni possono essere a piacere) e il miele (un paio di cucchiai possono essere sufficienti). Servite dopo che il tutto si sarà intiepidito o raffreddato.

ORZO

LA COTTURA DELL'ORZO (ricetta-base)

Generalmente, in cucina, viene più usato l'orzo perlato non integrale, i cui chicchi sono stati privati delle glumelle esterne e della crusca, e sottoposti a sbiancatura e lucidatura. Nelle ricette proposte consiglieremo di usare sempre soltanto l'orzo mondo, o orzo integrale, che essendo stato spogliato solo delle glumelle esterne, è più ricco di proprietà vitali e più gustoso.
Anche questo cereale necessita di un accurato lavaggio prima dell'uso. Si procederà al solito modo: versando i chicchi in una ciotola, nella quale potranno essere agevolmente sciacquati sino a quando l'acqua, cambiata tre o quattro volte, non risulterà pressoché limpida e priva di scorie e polveri.
Sarà poi necessario lasciare i chicchi in ammollo almeno sei ore, ma si potrà prolungare il tempo anche sino a 12 o 24 ore, in modo da ottenere un maggior ammorbidimento. L' acqua usata per l'ammollo verrà poi usata per la cottura ed è perciò importante fare attenzione a usare una parte di orzo per tre parti di acqua.
Trascorso il tempo di ammollo, l'orzo sarà messo in pentola con l'acqua, iniziando la cottura a fiamma alta, per poi abbassarla al momento della bollitura, continuando la cottura a fiamma molto moderata. È consigliabile schiumare l'acqua al momento dell'ebollizione, se si notasse un certo affioramento di impurità. La cottura potrà poi procedere tranquillamente per il tempo necessario, fino al totale assorbimento dell'acqua (orzo asciutto): circa 60 minuti ma anche di più, a seconda dei tipi di orzo.
L'impiego dell'orzo nelle minestre richiede invece un apporto d'acqua maggiore e tempi di cottura che possono essere prolungati a seconda del risultato che si vuole ottenere (una crema d'orzo necessiterà, ad esempio, di una cottura più prolungata). Vedremo nel ricettario questi casi particolari.
Sia nel caso dell'orzo asciutto che dell'orzo in minestra, è consigliabile a fine cottura lasciar trascorrere qualche tempo (un quarto d'ora almeno) prima di servire, in modo che venga assorbita l'eventuale acqua in eccesso e che i chicchi, con il vapore, possano completare la cottura senza bruciare.

ORZO ALLE OLIVE

200 gr di orzo mondo, acqua, sale, una quindicina di olive, 2 coste di sedano, 2 foglie di alloro, timo, olio.

Cuocete l'orzo come indicato nella ricetta-base, dopo averlo lavato e lasciato in ammollo. Nel frattempo pulite il sedano e tagliatelo a pezzetti, saltandolo per pochi minuti in una pentola con poco olio, nella quale unirete poi anche le olive snocciolate e affettate grossolanamente, l'alloro e un pizzico di timo. Lasciate stufare a fuoco lento per qualche altro minuto e mescolate infine all'orzo quando sarà cotto. Mettete quindi sul fuoco ancora per poco, per dar modo ai sapori di amalgamarsi, mescolate e infine servite caldo. È un piatto molto semplice ma saporito.

ORZO PICCANTE

200 gr d'orzo mondo, acqua, sale, 3 spicchi d'aglio, peperoncino (a discrezione), un mazzetto di prezzemolo, 4 cucchiai di parmigiano o pecorino grattugiato, olio.

Lavate, lasciate in ammollo e cuocete l'orzo come indicato nella ricetta-base. Preparate intanto un trito di prezzemolo, aglio e peperoncino, che lascerete macerare in olio. Quando l'orzo sarà cotto e asciugato, mescolatelo con la salsa e metà del formaggio grattugiato. Disponete poi il tutto in una pirofila da forno unta d'olio, spolverate superficialmente con il rimanente formaggio, bagnate con qualche goccia d'olio e infornate in forno caldo per pochi minuti (dai cinque ai dieci). Prima di servire lasciate riposare qualche istante a fuoco spento.

ORZO E SPINACI

200 gr di orzo mondo, acqua, sale, 500 gr di spinaci, 2 cipolle, 1 spicchio d'aglio, 2 cucchiai di tamari, olio.

Lavate, lasciate in ammollo e quindi cuocete l'orzo come indicato nella ricetta-base. Nel frattempo lavate con molta cura gli spinaci e tagliate le cipolle a fette molto sottili. Le salterete per cinque minuti in poco olio e vi aggiungerete poi l'aglio tritato e gli spinaci tagliati grossolanamente, continuando la cottura a fuoco lento, salando e coprendo il tegame, per dieci minuti circa. Circa venti minuti prima che l'orzo finisca di cuocere, aggiungete gli spinaci e il tamari, mescolando con molta delicatezza. Proseguite quindi la cottura e servite caldo.

ORZO ESTIVO

200 gr d'orzo mondo, acqua, sale, 3 pomodori, 1/2 cetriolo, 1 peperone, 2 scalogni, 50 gr di olive nere, qualche foglia di menta, il succo di un limone, 2 cucchiai di mandorle pestate, un pizzico di paprica, olio.

Lavate, ammollate e infine cuocete l'orzo come indicato nella ricetta-base. È consigliabile cuocerlo il giorno prima poiché dovrà essere usato freddo.

In un'insalatiera tagliate a dadini i pomodori, affettate il cetriolo e il peperone e aggiungete l'orzo freddo. Mescolati gli ingredienti, li lascerete riposare per mezzora circa e passerete intanto a sminuzzare grossolanamente le olive e le foglie di menta, tritare gli scalogni, spremere il limone e unire le mandorle. Non vi resterà poi che amalgamare il tutto con olio, un pizzico di sale e paprica e versarlo sull'insalata d'orzo, mescolando delicatamente prima di servire. Decisamente "rinfrescante".

ORZO E ORTICHE

200 gr di orzo mondo, acqua, sale, 200 gr di foglie d'ortica, 2 cipolle, tamari, olio.

Lavate, lasciate in ammollo e poi cuocete l'orzo come indicato nella ricetta-base. Saltate a parte, in poco olio, le cipolle affettate molto sottilmente, alle quali unirete dopo qualche minuto di cottura le foglie di ortica. Venti minuti prima che l'orzo finisca di cuocere unitevi le verdure, mescolate con delicatezza e portate a termine la cottura. Lasciate riposare una decina di minuti prima di servire. È un buon piatto primaverile!

MINESTRA D'ORZO

80 gr d'orzo mondo, acqua, sale, 100 gr di fagioli, 1 carota, 1 porro, 1 cipolla, 1 gambo di sedano, 2 foglie d'alloro, tamari, prezzemolo, olio.

Lavate, lasciate in ammollo e quindi cuocete l'orzo in abbondante acqua (in una percentuale più alta del solito, in modo da ottenere una consistenza non asciutta), con i fagioli (precedentemente lasciati in ammollo, se secchi) e le verdure pulite e tagliate a pezzetti che, se volete, potete prima saltare rapidamente in poco olio. Quando l'orzo sarà cotto (avrete mantenuto una fiamma molto moderata), condite con un paio di cucchiai di tamari e del prezzemolo tritato. Servite bollente, o quasi.

ORZO E CARCIOFI

200 gr di orzo mondo, acqua, sale, 4 carciofi, 200 gr di patate, 2 spicchi d'aglio, 1 cucchiaio di curry, olio.

Lavate, ammollate e infine cuocete l'orzo come indicato nella ricetta-base. Nel frattempo pulite i carciofi, privateli delle foglie esterne più coriacee e tagliateli a fettine; sbucciate le patate e tagliatele poi a tocchetti. Versate quindi un po' d'olio in un tegame (basteranno due-tre cucchiai) nel quale salterete per pochi minuti l'aglio, i carciofi e le patate, poi mescolate, abbassate la fiamma, coprite e cuocete sino a quando le verdure saranno cotte. Aggiungete sale e curry poco prima della fine della cottura, completata la quale non vi resterà che unire l'orzo alle verdure, lasciando sul fuoco per qualche minuto prima ancora di servire.

ZUPPA DI FIOCCHI D'ORZO

50 gr di fiocchi d'orzo, 1 litro di acqua, sale, 2 cipolle, 2 cucchiai di tamari, 1 tuorlo d'uovo, 1 bicchiere di latte, prezzemolo, olio.

Affettate le cipolle e ammorbiditele in poco olio. Aggiungete quindi l'acqua bollente e i fiocchi, cuocete un paio di minuti a fiamma moderata e poi lasciate gonfiare a fuoco spento per una ventina di minuti dopo aver aggiunto il tamari. Sbattete poi il tuorlo d'uovo con un bicchiere di latte e incorporatelo alla zuppa. Condite con il prezzemolo tritato e servite ben caldo.

ORZO ALLE PRUGNE

200 gr di orzo mondo, acqua, sale, 100 gr di prugne secche, 300 gr di peperoni, 1 cucchiaio di basilico e prezzemolo tritati, zafferano (una bustina circa, o meno), olio.

Lavate, lasciate in ammollo e quindi cuocete l'orzo secondo la ricetta-base. Lasciate gonfiare le prugne in acqua fredda per almeno mezzora e cuocetele poi delicatamente per qualche minuto nell'acqua dell'ammollo. Quindi scolatele e cuocete nella stessa acqua i peperoni che avrete pulito e affettato a striscioline: sarà sufficiente coprirli appena, in modo che non attacchino al tegame. A cottura ultimata li aggiungerete all'orzo cotto al quale avrete già mescolato le prugne precedentemente condite con il prezzemolo, il basilico e lo zafferano. Un'ultima passata sul fuoco per pochi minuti completerà l'opera e potrete infine servire: il gusto è un po' insolito, ma decisamente gradevole.

CAFFÈ D'ORZO

Un cucchiaio di chicchi d'orzo tostati per ogni tazza d' acqua.

L'orzo tostato si trova in commercio abbastanza facilmente e sono passati i tempi nei quali i chicchi venivano abbrustoliti sul fuoco domestico con una pentola speciale e poi macinati. È preferibile comunque acquistare i chicchi interi invece che quelli già macinati, perché conservano meglio l'aroma e mantengono con più efficacia la loro sostanza. Si tratterà semplicemente di macinarli al momento dell'uso in un macinino manuale e poi mettere la polvere più o meno grossolana sul fuoco insieme all'acqua necessaria. È indispensabile a quel punto portare a ebollizione a fiamma piuttosto moderata e completare la cottura a fiamma bassa (per evitare che il liquido debordi dal pentolino), mescolando di tanto in tanto. Saranno necessari almeno cinque minuti di cottura (ma si può prolungare un po' di più) e un filtraggio con un apposito colino prima di gustare l'ottima e nutriente bevanda, buona a tutte le ore del giorno e della notte.

RISO

LA COTTURA DEL RISO
(ricetta-base)

Come tutti i cereali integrali in chicco, il riso abbisogna di un preventivo lavaggio in acqua prima di essere cucinato, in modo di privarlo delle eventuali impurità che può contenere e della polvere.
Si versi dunque in una terrina il riso che si intende impiegare e lo si ricopra d'acqua in modo da poterlo rimuovere con una mano facilitando l'affioramento delle impurità. Dopo aver scolato l'acqua, è consigliabile ripetere l'operazione di lavaggio per alcune volte, sino a quando l'acqua risulti limpida. Solo a quel punto il riso sarà pronto per essere cucinato.
Mettetelo sul fuoco con acqua fredda nella giusta proporzione, cioè circa due volte e mezza il volume del riso, anche se in particolari condizioni o per esigenze dietetiche questa dose può essere variata.
La cottura inizierà a fuoco piuttosto vivace, ma la fiamma, già "addomesticata" da una retina frangifiamma, sarà prontamente ridotta quando l'acqua comincerà a bollire e sarà mantenuta successivamente al minimo: con una buona pentola è sufficiente una modesta fiammella. Potrete aggiungere il sale o, se preferite, il tamari; nel caso aveste usato dell'acqua di cottura di verdure conservata alla bisogna e già salata, baderete a non eccedere con l'apporto di sale. In ultimo, non dimenticate mai di tenere coperta la pentola durante la cottura!
Dal momento dell'ebollizione dell'acqua sono di solito necessari dai 60 ai 90 minuti per ottenere la completa cottura del riso, che dovrebbe coincidere con il totale assorbimento dell'acqua. Il tempo dipenderà però anche dal tipo di pentola che avrete usato e dal tipo di riso. Non avrete che da fare un piccolo assaggio per accertarvi della cottura.
Durante il tempo della cottura, non solo non è necessario mescolare il riso (dimenticate i "risotti"!), ma è decisamente controindicato: si rischia infatti di ottenere una cottura non omogenea dei chicchi. Lasciate che vada da sé. Un eventuale residuo d'acqua alla fine della cottura, sarà assorbito dal riso, perciò è consigliabile lasciarlo riposare a fuoco spento prima di mangiarlo.
Il riso potrà essere condito infine a piacere o rielaborato ulteriormente, ad esempio passandolo in forno.
Le dosi normalmente impiegate sono di solito 70-100 grammi per persona, ma possono - ovviamente - variare.

RISO VELOCE

300 gr di riso, acqua, sale, 4 cucchiai di gomasio, 2 cucchiai di tamari, olio, una decina di olive.

Cuocete il riso secondo la ricetta-base. A cottura ultimata, lasciatelo riposare qualche istante e amalgamatevi poi il gomasio, il tamari, l'olio e le olive sminuzzate grossolanamente. Mescolate con cura e servite con altro olio a parte per eventuali ritocchi. È un piatto semplice ma gustoso.

RISO ALL'AGLIO

300 gr di riso, acqua, sale, 5 spicchi d'aglio, un mazzetto di prezzemolo, 3 tuorli d'uovo, olio, parmigiano (facoltativo).

Mentre cuocete il riso nel modo descritto nella ricetta-base, pulite e schiacciate l'aglio. Lo aggiungerete al riso quando ne avrete ultimato la cottura e vi mescolerete anche i tuorli d'uovo crudi, amalgamando con un poco d'olio. Tritate quindi molto sottilmente il prezzemolo e cospargetelo sul riso, insaporendo infine con il parmigiano grattugiato.

RISO E CAROTE

300 gr di riso, acqua, sale, 250 gr di carote, 70 gr di noci, olio (un paio di cucchiai).

Mentre fate cuocere il riso secondo la ricetta-base, pulite sotto l'acqua corrente le carote (aiutatevi con uno spazzolino) e tagliatele poi nel verso della lunghezza a listarelle piuttosto sottili. Dopo averle fatte saltare a fuoco allegro con un po' d'olio, abbassate la fiamma, coprite e lasciate stufare per un quarto d'ora circa. Nel frattempo sgusciate e tostate le noci in forno, rimescolandole per pochi minuti e pestatele poi in un mortaio. Le aggiungerete alle carote quando queste ultime saranno cotte (lasciatele comunque piuttosto al dente) e, ultimata la cottura del riso, provvedete a mescolare tutto insieme. Dopo aver condito con un po' d'olio, lasciate sul fuoco per qualche istante a fiamma moderata e quindi servite.

RISO E SPINACI

300 gr di riso, acqua, sale, 500 gr di spinaci, 2 spicchi d'aglio, prezzemolo, olio, pecorino o parmigiano grattugiato.

Lavate e cuocete il riso come indicato nella ricetta-base. Nel frattempo lavate per benino gli spinaci e tagliateli poi piuttosto sottilmente. A parte pestate l'aglio e il prezzemolo. Quando il riso sarà cotto, unitetevi gli spinaci, il pesto di prezzemolo e aglio e condite con olio. Prima di portare in tavola arricchite il riso con il pecorino o il parmigiano grattugiato che provvederete ad amalgamare delicatamente.

RISO E PORRI

300 gr di riso, acqua, sale, 1 cucchiaio di shoyu, 5 porri di media grandezza (solo la parte bianca), 1 cipolla, 1 foglia di alloro, 1 rametto di timo, parmigiano, olio.

Si può cuocere separatamente il riso e poi aggiungerlo al condimento di porri oppure si può cuocere tutto insieme. In questo caso tritate la cipolla e fatela imbiondire nell'olio a fiamma non troppo alta. Pulite accuratamente i porri (è preferibile farlo prima di mettere in pentola la cipolla), privandoli della parte più verde e "coriacea", e tagliateli poi a rondelle. Aggiungeteli quindi alla cipolla, lasciando saltare ancora per qualche minuto e mescolando di tanto in tanto. Unite poi nella stessa pentola il riso lavato, il timo, l'alloro e il tamari, mescolate e aggiungete la dose necessaria di acqua intiepidita. Dopo aver portato a ebollizione, salate e cuocete a fiamma bassa, per un'ora circa. A cottura ultimata, condite con parmigiano grattugiato e olio.

RISO E SEDANO-RAPA

300 gr di riso, acqua, sale, 1 sedano-rapa di media grandezza, 1 cipolla, 1 cucchiaino di semi di sesamo, 100 gr di gruviera, olio.

Mentre cuocete il riso al solito modo (ricetta-base), affettate sottilmente la cipolla e fatela imbiondire nell'olio. Pulite il sedano-rapa, tagliatelo a dadini e unitelo alla cipolla insieme con i semi di sesamo; salate e lasciate stufare a pentola coperta per 20 minuti circa, tenendo una fiamma bassa. A cottura ultimata, unite le verdure al riso e aggiungete il gruviera tagliato a dadini. Mescolate e lasciate sul fuoco per qualche istante prima di portare in tavola.

RISO E CARCIOFI

300 gr di riso, acqua, sale, 5 carciofi, 2 spicchi d'aglio, prezzemolo, olio.

Mentre cuocete il riso secondo la ricetta-base, lavate bene e private i carciofi delle foglie più esterne, conservando esclusivamente il cuore. Tagliateli poi a spicchi di un centimetro circa e disponeteli a raggiera in una pentola nella quale avrete disposto un leggero strato d'olio. Aggiungete poi l'aglio schiacciato e acqua sufficiente a coprire per metà gli spicchi di carciofo. Salate, coprite la pentola e fate cuocere a fuoco lento, aggiungendo il prezzemolo tritato a cottura pressoché ultimata.
Completata la cottura, versate il riso cotto a parte nella pentola dei carciofi e quindi rovesciate il tutto sul piatto di portata. Lasciate riposare qualche minuto al caldo, aggiungete eventualmente un po' d'olio e servite senza indugio. Un prelibato piattino!

RISO AI FUNGHI

300 gr di riso, acqua, sale, 400 gr di funghi, 3 spicchi d'aglio, 1 mazzetto di prezzemolo, olio, panna (facoltativa).

Dopo averlo ben lavato, cuocete il riso come nella ricetta-base. Nel frattempo lavate i funghi - preferibilmente di bosco - in acqua corrente, lasciateli scolare, se è possibile asciugateli e tagliateli poi a fette, mettendoli quindi in una teglia con l'olio e l'aglio schiacciato. Saltateli qualche istante a fiamma allegra e continuate poi la cottura a fiamma moderata. Il tempo di cottura dipende dal tipo di funghi: fate degli assaggi di tanto in tanto. Poco prima di toglierli dal fuoco aggiungete il sale e il prezzemolo tritato o sottilmente affettato. Quando anche il riso sarà cotto, mescolatevi i funghi e lasciatelo per qualche istante sul fuoco molto moderato, prima di servire. Se fosse necessario, potete aggiungere un po' d'olio. Chi lo ritenesse opportuno, potrà amalgamarvi anche una certa quantità di panna da cucina: insaporirà e ammorbidirà il riso.

RISO AL NITUKÈ

300 gr di riso, acqua, sale, 2 cipolle di media grossezza, 3 carote, 1 gambo di sedano, 3 zucchine, 1 spicchio d'aglio, qualche foglia di salvia e di basilico, olio.

Affettate una cipolla e saltatela qualche istante in olio con il basilico e la salvia. Quando è ammorbidita, aggiungete il riso e mescolate per qualche minuto. Versate nella pentola l'acqua intiepidita, portate a ebollizione, salate, coprite e lasciate cuocere a fiamma bassa. Affettate quindi l'altra cipolla, pulite e tagliate a listarelle le carote, tagliate il sedano a pezzetti, schiacciate l'aglio e mettete tutte le verdure in una pentola con dell'olio. Fatele saltare per qualche minuto, aggiungete poi anche le zucchine pulite e tagliate a fette sottili nel senso della lunghezza, salate e lasciate cuocere a fiamma moderata, coprendo, per circa un quarto d'ora. Quando la cottura del riso sarà ultimata, lo disporrete su un piatto di portata e vi verserete sopra le verdure saltate.

RISO E NOCI

300 gr di riso, acqua, sale, 2 cipolle, 2 uova, 50 gr di gruviera, 50 gr di noci, un mazzetto di prezzemolo, 1 cucchiaio di pangrattato, olio.

Mentre cuocete il riso come indicato nella ricetta base, tritate le noci, grattugiate il gruviera, tritate il prezzemolo e saltate in poco olio le cipolle affettate molto sottilmente. Poi, quando il riso sarà cotto, amalgamatelo alle uova, alle noci, al prezzemolo, al formaggio, alle cipolle e stendete il composto ottenuto in una pirofila unta d'olio e cosparsa di pangrattato. Infornate per 20 minuti a 200 °C e servite quindi con verdura fresca.

RISO INVERNALE

300 gr di riso, acqua, sale, 200 gr di zucca, 2 porri (solo la parte bianca), un rametto di rosmarino, 50 gr di panna da cucina, 1 cucchiaio di pangrattato, noce moscata (o timo), olio.

Cuocete il riso come indicato nella ricetta-base. Nel frattempo pulite accuratamente i porri dopo averli privati della parte verde più coriacea e tagliateli a rondelle. Private poi la zucca dei semi e tagliatela a dadini. Fate quindi saltare le due verdure in poco olio e stufatele a fiamma bassa, dopo aver aggiunto il rosmarino e aver coperto il tegame. Togliete dal fuoco dopo una ventina di minuti circa e, quando anche il riso è cotto, preparate una pirofila unta d'olio e cosparsa di pangrattato, nella quale disporrete a strati il riso e le verdure, alle quali avrete aggiunto la panna e una spolverata di noce moscata o del timo. Passate infine in forno caldo per 10-15 minuti, in modo da permettere ai sapori di amalgamarsi.

RISO E VERZA

300 gr di riso, acqua, sale, 2 grosse cipolle, 1/2 verza, 50 gr di parmigiano, 1 cucchiaio di tamari, 1 uovo, timo, pepe, olio.

Cuocete il riso secondo la ricetta-base. Nel frattempo lavate la verza e tagliatela a striscioline; affettate sottilmente anche la cipolla e quindi saltatela per qualche minuto in poco olio. Poi aggiungete la verza con un paio di cucchiai di acqua calda e condite con il tamari, (e, a gusto, anche con un po' di sale), pepe, timo. Lasciate stufare per una ventina di minuti a fiamma abbastanza moderata, dopo aver coperto la pentola. Quando sia il riso che le verdure saranno cotti, preparate una pirofila unta d'olio e disponetevi il riso e le verdure a strati alternati, avendo cura di terminare con uno strato di riso. A questo punto sbattete l'uovo e versatelo sopra il riso, dopo di che cospargete di parmigiano e infornate in forno caldo per 20 minuti circa.

RISO E PISELLI

250 gr di riso, acqua, sale, 500 gr di piselli freschi, 1 cipolla, prezzemolo, 30 gr di parmigiano, olio.

Lavate e cuocete il riso come indicato nella ricetta-base e, nel frattempo, affettate finemente la cipolla e fatela saltare in poco olio. Quando sarà ammorbidita, aggiungete i piselli, scottateli per qualche istante mescolando, e quindi salate, abbassate la fiamma, coprite la pentola e lasciate cuocere per 20 minuti circa, aggiungendo poca acqua se vi sembra necessario. A cottura ultimata, mescolate insieme il riso, i piselli, del prezzemolo finemente tritato e il parmigiano grattugiato. Lasciate infine per qualche minuto sul fuoco non smettendo di mescolare e quindi servite.

RISO E CECI

200 gr di riso, acqua, sale, 100 gr di ceci, 2 cipolle, alcune foglie di alloro, sem. di finocchio (una manciatina), 2 cucchiai di tamari, 2 spicchi d'aglio, prezzemolo, olio.

Lavate i ceci e lasciateli in ammollo per 24 ore circa. Gettate poi l'acqua dell'ammollo e metteteli sul fuoco con altra acqua (circa due volte il loro volume), i semi di finocchio e l'alloro. Quando avranno raggiunto l'ebollizione, salate, abbassate la fiamma, coprite la pentola e lasciate cuocere a fuoco lento sino a cottura ultimata. Nel frattempo cuocete il riso secondo la ricetta-base. Quando sia il riso che i ceci avranno ultimato la cottura mescolateli insieme e conditeli con una salsa preparata precedentemente con olio, tamari, e un trito di prezzemolo e aglio.

RISO E LENTICCHIE

200 gr di riso, acqua, sale, 150 gr di lenticchie, 1 cipolla, 1 gambo di sedano, 2 carote, 2 spicchi d'aglio, un paio di foglie di alloro, un paio di cucchiai di tamari, prezzemolo, olio.

Lavate le lenticchie e lasciatele poi in ammollo per 24 ore circa. Gettate quindi l'acqua dell'ammollo e sostituitela con altra. Pulite e tagliate a pezzetti le verdure che farete saltare in poco olio per qualche minuto e aggiungetevi poi le lenticchie, l'acqua e l'alloro. Salate quando il tutto sarà in ebollizione, poi abbassate la fiamma, coprite la pentola e lasciate stufare a fuoco lento. Cuocete a parte il riso nel solito modo e, a cottura ultimata e a lenticchie cotte, mescolate insieme e lasciate sul fuoco ancora per qualche istante, aggiungendo una salsa preparata con olio, tamari, aglio affettato e prezzemolo tritato. Potrete poi servire senza ulteriore indugio. Buon appetito!

INSALATA DI RISO 1

300 gr di riso, acqua, sale, 1 peperone giallo, 1 pomodoro, 1 manciata di olive nere, 2 spicchi d'aglio, 100 gr di formaggio tenero (pecorino fresco o simile), 1 uovo, una decina di foglie di menta fresca, 1/2 limone, olio.

Cuocete il riso secondo la ricetta-base e fatelo raffreddare. Affettate sottilmente il peperone dopo averlo lavato, fate lo stesso con il pomodoro, affettate le olive e l'uovo sodo, schiacciate l'aglio, tagliate a pezzetti il formaggio e sminuzzate le foglie di menta. Amalgamate il tutto con il riso freddo e condite con il succo del limone e dell'olio. Freschissimo e frizzante, è un ottimo piatto estivo "completo", che potrete servire in tutte le occasioni.

INSALATA DI RISO 2

250 gr di riso, acqua, sale, 400 gr di fagiolini, 3 pomodori, 50 gr di lattuga, 1/2 cetriolo, 100 gr di emmental, prezzemolo, 1/2 limone, olio.

Cuocete il riso secondo la ricetta-base e lasciatelo raffreddare adeguatamente. Cuocete a parte i fagiolini in poca acqua e scolateli quando saranno cotti al dente. Affettate il cetriolo, cospargetelo di sale e lasciatelo riposare in modo che espella l'acqua in eccesso. Nel frattempo lavate, asciugate e tagliate a pezzetti i pomodori, tagliate a dadini il formaggio e tritate il prezzemolo. Quando i fagiolini saranno raffreddati, uniteli alle altre verdure dopo aver scolato il cetriolo, mescolatevi anche il formaggio e il riso, condite con olio, un po' di sale e il succo del mezzo limone. Disponete infine su un piatto coperto con le foglie di lattuga e servite.

INSALATA DI RISO 3

300 gr di riso, acqua, sale, 1 carota, 1 cipolla, 4 ravanelli, 1 peperone, 1/2 cetriolo, una decina di olive nere, qualche cappero, qualche foglia di basilico, prezzemolo, olio.

Cuocete il riso come indicato nella ricetta-base, facendo attenzione a non cuocerlo eccessivamente e usando una fiamma particolarmente bassa. Lasciatelo poi raffreddare. Preparate quindi le verdure tagliate a pezzetti piuttosto piccoli (dopo averle lavate), snocciolate le olive e tagliatele grossolanamente, tritate il prezzemolo. Quando il riso sarà freddo (potete eventualmente cuocerlo anche un giorno prima), unitevi le verdure, i capperi, il basilico, dell'olio, mescolate e servite dopo aver lasciato riposare un po'.

CREMA DI RISO

100 gr di farina di riso, 1/2 l d'acqua, 1/2 l di latte, 1 stecca di vaniglia naturale, 80 gr di uvetta passa, 2 mele, sale, 1 cucchiaio di miele.

Mettete la farina di riso in una casseruola e versatevi sopra l'acqua e il latte, mescolando contemporaneamente per evitare il formarsi di grumi. Salate e mettete poi a cuocere su fiamma moderata per dieci minuti circa, continuando a mescolare. Aggiungete poi la vaniglia e l'uvetta, che avrete precedentemente lasciato in ammollo, e fate cuocere ancora per circa 20 minuti, non smettendo di mescolare delicatamente. Passato questo tempo, potrete togliere dal fuoco, aggiungere il miele e eliminare la stecca di vaniglia. Sbucciate quindi le mele e tagliatele poi a fettine prima di incorporarle alla crema. Dopo di ciò dovrete solo aspettare che si raffreddi. Se volete, potrete frullare la crema prima di servirla.

RISO ALL'UVETTA

250 gr di riso, acqua, sale, 100 gr di uvetta passa, vino bianco secco q.b., 1 limone, 2 cucchiai di succo di mela.

Cuocete il riso al solito modo e, quando è cotto e ancora caldo, aggiungetevi l'uvetta lasciata precedentemente in ammollo nel vino bianco (una mezzora circa) e il vino bianco stesso. Lasciate quindi raffreddare dopo aver ben mescolato, e disponete poi su un piatto di portata, guarnendo con fettine di limone e cospargendo di succo di mela.

POLPETTE DI FIOCCHI DI RISO

150 gr di fiocchi di riso, sale, 4 tuorli d'uovo, 150 gr di parmigiano, 2 cipolle, 1 bicchiere di latte, qualche cucchiaio di farina di frumento, un pizzico di timo e uno di maggiorana, alcune foglie di basilico e alcune foglie di insalata, 2 pomodori maturi.

Tritate per benino le cipolle e mescolatele con le uova, il latte, gli aromi, i fiocchi, il formaggio grattugiato. Lasciate quindi gonfiare i fiocchi per un quarto d'ora circa e poi preparate con il composto delle polpette che, dopo aver infarinato leggermente, disporrete in una teglia. Infornate a 180 °C circa e durante la cottura rigiratele piuttosto spesso, finché avranno assunto un colore dorato. Disponetele quindi in un piatto sopra delle foglie d'insalata, spruzzandole con il pomodoro precedentemente pestato in un mortaio e ornandole con qualche foglia di basilico profumato, perché anche l'occhio - giustamente - vuole la sua parte.

LA SEGALE

LA COTTURA DELLA SEGALE (ricetta-base)

La segale, soprattutto in chicchi, è tra i cereali meno usati nella nostra alimentazione. Un po' più diffuso è l'uso della farina per fare il pane, soprattutto in certe zone del Nord-Italia (Sud-Tirolo, in modo particolare).
La cottura dei chicchi richiede un certo periodo di ammollo in acqua, dopo un accurato lavaggio, durante il quale si dovrà cambiare l'acqua alcune volte, sino a quando non affiorino impurità e scompaia l'intorbidamento. Trascorso il periodo di ammollamento, si metteranno i chicchi in pentola con la dose di acqua (circa tre volte il volume del cereale) adatta a ottenere una buona cottura e si porterà a ebollizione a fiamma sostenuta. Si salerà al momento del bollore e si finirà di cuocere mantenendo una fiamma piuttosto bassa (saranno necessari circa 45 minuti). Come per gli altri cereali, è consigliabile lasciar riposare almeno dieci minuti prima di servire.
L'uso della farina o del farricello, non abbisogna invece di queste operazioni.

MINESTRA DI SEGALE

100 gr di farricello di segale, acqua, sale, un cucchiaino di cumino, 1 cipolla, alcuni cucchiai di panna liquida, prezzemolo, tamari, olio, gomasio.

Tostate il farricello (potete semplicemente macinare grossolanamente i chicchi di segale che vi servono per ottenere il farricello) e allungatelo poi con acqua intiepidita (ne basterà poco più di un litro), aggiungendo anche il cumino, la cipolla tritata, del sale. Fate cuocere a fuoco basso dopo aver raggiunto l'ebollizione e, a cottura ultimata, unitevi la panna, un paio di cucchiai di tamari, dell'olio e del prezzemolo tritato. Servite con gomasio a parte.

SEGALE AROMATIZZATA

200 gr di segale in chicchi, acqua, sale, 1 cipolla, 1 foglia di alloro, pepe, 2 cucchiai di erbe aromatiche tritate, olio.

Lavate e lasciate i chicchi in ammollo per alcune ore. Cuoceteli poi come indicato nella ricetta-base, aggiungendo la foglia di alloro e la cipolla tritata. A cottura ultimata, lasciate riposare almeno dieci minuti e condite infine con le erbe aromatiche tritate (basilico, prezzemolo, maggiorana, cumino, o altro ancora) e dell'olio crudo.

INSALATA DI SEGALE

200 gr di segale (o meno), acqua, sale, 1 mela, 1/2 cetriolo, 1 mazzetto di ravanelli rossi, 2 limoni, 1/2 cipolla, 100 gr di yogurt, lievito alimentare secco, olio.

Lavate, lasciate in ammollo i chicchi di segale per alcune ore e poi cuoceteli come indicato nella ricetta-base. Lasciateli poi raffreddare per bene (meglio se li cuocete il giorno prima). Lavate quindi la mela e il cetriolo e tagliateli a dadini: pulite anche i ravanelli e tagliateli a fettine. Mescolateli con una salsa preparata con dell'olio, il succo dei limoni, lo yogurt, la cipolla tritata e il lievito. Unite infine il tutto alla segale e lasciate riposare per almeno un'ora prima di servire.

PANE DI SEGALE

350 gr di farina di segale, 150 gr di farina di frumento, 25 gr di lievito secco o di birra, 1 cucchiaino di semi di finocchio, 1 cucchiaio d'olio, acqua.

Mescolate le farine insieme al sale e ai semi di finocchio, disponendole su un piano - possibilmente di legno o di marmo. Aggiungete poi acqua tiepida, nella quale avrete precedentemente sciolto il lievito, e impastate energicamente sino a ottenere una consistenza piuttosto morbida. Fate poi riposare l'impasto per un'ora circa, in un luogo riparato e, dopo aver unito l'olio, impastate nuovamente e ponete quindi la pasta in uno stampo da forno. Mettete a cuocere per circa 40 minuti e, a metà cottura, pennellate la superficie della pagnotta con poco olio sbattuto in acqua calda, che contribuirà a rendere la crosta piu morbida e croccante.

Verdure cotte

ASPARAGI AL FORNO

1 kg di asparagi, 4 pomodori, 2 spicchi d'aglio, 50 gr di parmigiano grattugiato, un pizzico di origano e uno di timo, sale, olio.

Pulite gli asparagi e privateli dell'estremità solitamente "legnosa". Legateli a mazzo e cuoceteli quindi a fuoco piuttosto lento in poca acqua salata tenendoli verticali in una pentola coperta. Quando saranno cotti, toglieteli dal fuoco, lasciateli sgocciolare e disponeteli uno accanto all'altro in una teglia o un piatto da forno leggermente unto d'olio. Affettate i pomodori, metteteli sopra agli asparagi e cospargete quindi con l'origano, il timo e gli spicchi d'aglio pestati, spolverando infine con il parmigiano. Lasciate in forno ben caldo per cinque minuti e portate in tavola. Avrete un delizioso "contorno". Andrà da sé che se voleste cucinare gli asparagi in un periodo nel quale i pomodori fossero ben lungi dall'essere maturi (ed è piuttosto probabile), potrete usare la salsa di pomodoro conservata.

BIETOLA STUFATA CON FUNGHI

800 gr di bietola, 5 funghi, 2 spicchi d'aglio, 1 cucchiaio di farina di frumento, un pizzico di timo, olio, sale, un bicchier d'acqua.

Scaldate un cucchiaio d'olio in una pentola e aggiungetevi l'aglio tagliato a fettine. Fatelo saltare qualche istante mescolando e aggiungeteci quindi i funghi precedentemente lavati sotto acqua corrente, ben asciugati e tagliati anch'essi a fettine. Dopo qualche minuto di cottura a fuoco allegro, abbassate la fiamma, coprite la pentola e lasciate cuocere per una decina di minuti circa. Nel frattempo pulite la bietola e tagliatela a pezzetti, unendola quindi ai funghi insieme con del sale, timo e l'acqua. Dopo aver coperto la pentola, lasciate cuocere per un quarto d'ora; cospargete quindi con la farina e lasciate sul fuoco ancora per cinque minuti prima di portare in tavola.

BIETOLE RIPIENE

750 gr di foglie di bietola piuttosto grandi, 300 gr di riso, 150 gr di gherigli di noce, 2 limoni, 100 gr di prezzemolo, olio, alcune foglie di insalata.
Per la salsa: olio, shoyu, sale.

Pulite le foglie di bietola sotto acqua corrente e quindi immergetele una ad una in acqua bollente per pochi secondi, solamente per ammorbidirle un poco. Avrete precedentemente cotto il riso, in modo da averlo pronto e poterlo disporre sulle foglie dopo averlo mescolato ai gherigli di noce grossolanamente pestati insieme al prezzemolo. Arrotolate le foglie in fagottini e disponetele quindi in file in una pentola, versandoci sopra il succo di limone e un bicchiere d'acqua. Mettete poi sul fuoco e fate stufare lentamente in una pentola coperta per circa venti minuti, dopo di che togliete dalla fiamma e lasciate raffreddare. Solo allora disponete gli involtini su foglie d'insalata e metteteli in tavola, accompagnandoli con una semplice salsa, ottenuta mescolando qualche cucchiaio di shoyu a olio e sale.

CARCIOFI RIPIENI

8 carciofi, un paio di cucchiai di pangrattato, un paio di cucchiai di parmigiano grattugiato, 2 spicchi d'aglio, 1 cucchiaio di prezzemolo tritato, olio, sale, acqua q.b., succo di limone.

Togliete ai carciofi le foglie più esterne e privateli delle punte. Lavateli e lasciateli in ammollo in acqua e limone per una decina di minuti. Nel frattempo tritate l'aglio e il prezzemolo, grattugiate il parmigiano e mescolate questi ingredienti con il pangrattato, amalgamando con poco olio e un pizzico di sale.
Togliete i carciofi dall'acqua e lasciateli asciugare, quindi allargatene le foglie e riempiteli con l'impasto precedentemente preparato. Disponeteli l'uno accanto a l'altro in piedi, in una teglia, copritene il fondo con un dito d'acqua e un poco d'olio e cospargete quindi i carciofi con del sale. Quando l'acqua avrà cominciato a sobbollire copriteli con un foglio di carta stagnola, e lasciateli cuocere a fuoco molto lento per una mezzora circa.

CARCIOFI RIPIENI CON FIOCCHI D'AVENA

8 carciofi, 100 gr di fiocchi d'avena, 2 spicchi d'aglio, 1 limone, olio, maggiorana, sale.

Togliete le foglie più esterne dei carciofi e privateli delle punte spinose. Poi lavateli e fateli cuocere al dente in acqua leggermente salata e acidulata con il succo di limone. Quindi scolateli e lasciateli intiepidire. Nel frattempo coprite i fiocchi d'avena con un po' dell'acqua di cottura dei carciofi e lasciateli gonfiare per un quarto d'ora circa. Svuotate dell'interno i carciofi, che risulteranno simili a dei bicchierini, e tritate la parte tolta con aglio e maggiorana, quindi farcite l'interno dei carciofi, che disporrete poi in una teglia da forno unta d'olio. Passate infine per una ventina di minuti a forno caldo.

CARDI AL FORNO

800 gr di cardi, 100 gr di parmigiano (facoltativo), 2 cucchiai di farina di frumento, il succo di 1/2 limone, 1 l d'acqua, olio, 120 gr di formaggio, sale.

Togliete i filamenti alle foglie dei cardi e tagliateli a pezzetti dopo averli lavati sotto acqua corrente. In un tegame diluite la farina con parte del litro d'acqua e incorporatevi poi la rimanente, il succo del limone e un pizzico di sale. Mettete quindi sul fuoco, aggiungetevi i cardi e cuocete per circa tre ore a fuoco molto basso e tegame coperto, mescolando di tanto in tanto. Ungete poi una teglia da forno con poco olio e disponete i cardi scolati, a strati alternati con il formaggio tagliato a dadini e, eventualmente, un poco di parmigiano grattugiato. Lasciate infine in forno caldo per una mezzora circa prima di servire.

TIMBALLO DI CARDI

800 gr di cardi, 100 gr di ricotta di capra, maggiorana, olio, sale, pangrattato.

Private le foglie dei cardi dai filamenti, tagliatele a metà e lavatele accuratamente. Lessatele quindi in acqua salata e scolatele quando sono ancora al dente. Lasciatele sgocciolare e, dopo averle farcite con la ricotta sbattuta insieme alla maggiorana tritata e a un pizzico di sale, disponetele in una pirofila leggermente unta d'olio. Bagnatele con poco olio e infornate infine in forno già caldo per una ventina di minuti circa.

STUFATO DI CAROTE

4 carote piuttosto grosse (o 8 piccole), 2 cipolle, 2 foglie di alloro, un cucchiaio di semi di sesamo, un rametto di rosmarino, prezzemolo, olio, sale.

Pulite le carote spazzolandole sotto acqua corrente e tagliatele a striscioline (a fiammifero). Affettate le cipolle. Scaldate quindi dell'olio e fatevi saltare per qualche minuto le cipolle, aggiungetevi poi anche le carote, i semi di sesamo, l'alloro e il rosmarino e proseguite la cottura per qualche minuto ancora a fuoco sostenuto, mescolando. Abbassate poi la fiamma, salate e lasciate cuocere per quindici minuti circa a tegame coperto. Togliete infine dal fuoco, cospargete di prezzemolo tritato e servite.

STUFATO DI CAROTE E ZUCCHINE

3 carote, 2 zucchine, 1 cipolla, 2 spicchi d'aglio, 1 cucchiaio di semi di sesamo, 1 rametto di rosmarino, prezzemolo, olio, sale.

Procedete come nella ricetta precedente, aggiungendo alla cipolla e alle carote, dopo qualche minuto di cottura, anche le zucchine, oltre al rosmarino, ai semi di sesamo e all'aglio tagliato a fettine. Dopo qualche minuto di cottura a fuoco allegro, abbassate la fiamma, coprite il tegame e proseguite la cottura a fuoco moderato per un quarto d'ora circa, mescolando di tanto in tanto. Servite con prezzemolo tritato aggiunto fuori dal fuoco.

CREMA DI CAROTE

8 carote, 2 cipolle, 3 spicchi d'aglio, 10 dl circa di acqua, olio, prezzemolo, un cucchiaio di semi di coriandolo, sale.

Affettate le cipolle e l'aglio piuttosto sottilmente e fate saltare per qualche minuto nell'olio, mescolando in modo che non rischi di bruciaccharsi. Aggiungete poi le carote precedentemente pulite e tagliate a rondelle e continuate la cottura a fuoco sostenuto ancora per circa cinque minuti. Unitevi poi l'acqua, cuocete a fuoco molto moderato e tegame coperto per ancora un quarto d'ora e passate quindi il tutto al passaverdure. Rimettete poi sul fuoco e fate addensare per cinque minuti. Ritirate infine dalla fiamma aggiustate di sale e arricchite con un trito di prezzemolo e del coriandolo pestato. Da gustare come "contorno".

CAROTE DOLCI

600 gr di carote, 300 gr di cipolline novelle, 150 gr di uvetta passa, 2 foglie di alloro, un rametto di timo, una decina di mandorle, sale.

Lavate l'uvetta e lasciatela quindi in ammollo in acqua intiepidita per almeno un quarto d'ora. Lavate nel frattempo le carote spazzolandole sotto acqua corrente, sgocciolatele e tagliatele quindi a rondelle. Affettate anche le cipolle e poi mettetele con le carote in un tegame con poco olio, del sale, l'alloro e il timo, facendo cuocere a fuoco molto moderato e tegame coperto per circa un quarto d'ora. Aggiungete allora anche l'uvetta sgocciolata e lasciate sul fuoco ancora cinque minuti prima di servire amalgamandovi anche le mandorle tritate.

CAVOLFIORE ALLA BESCIAMELLA

2 cavolfiori di media grossezza, 80 gr di parmigiano, olio, pangrattato.
Per la besciamella: 4 cucchiai di olio, 2 cucchiai di farina di frumento, un rametto di timo, sale, 1,5 bicchieri d'acqua di cottura dei cavolfiori.

Lavate i cavolfiori, privateli delle foglie più esterne e cuoceteli a vapore. Scolateli ancora al dente e disponeteli in una pirofila precedentemente unta d'olio e cosparsa di pangrattato. Ricopriteli poi con la besciamella che avrete preparato scaldando l'olio, incorporandovi quindi la farina e aggiungendo poi, poco alla volta mescolando in modo da ottenere una crema omogenea, l'acqua di cottura dei cavolfiori calda, insaporita con un pizzico di sale e del timo. Dopo aver coperto i cavolfiori con la salsa, spolverate di parmigiano grattugiato e infornate per una ventina di minuti, a forno caldo, sino al formarsi di una crosticina. Servite a caldo.
Nello stesso modo potrete preparare anche i cavolini di Bruxelles.

CAVOLFIORE E MANDORLE

2 cavolfiori di media grossezza (o uno grosso), 1 limone, sale, prezzemolo, 100 gr di mandorle sgusciate, olio.
Per la besciamella: 4 cucchiai di olio, 2 cucchiai di farina di frumento, un rametto di timo, sale, 1,5 bicchiere di acqua di cottura di una verdura.

Lavate i cavolfiori, privateli delle foglie più esterne, tagliateli a pezzetti e cuoceteli a fuoco molto lento, con un poco d'olio, sinché siano teneri. A fine cottura, bagnateli con il succo di mezzo limone. Preparate quindi una besciamella procedendo come nella ricetta precedente e, quando è pronta, aggiungete fuori dal fuoco il succo della rimanente metà del limone. Mettete infine i cavolfiori su un piatto di portata, coprite con la besciamella e spolverate con prezzemolo e mandorle tritate. Servite caldo.

POLPETTONE DI CAVOLFIORE AL FORNO

2 cavolfiori di media grossezza, 2 spicchi d'aglio, 4 cucchiai di pinoli, 3 bicchieri di farina (possibilmente di grano duro), 1 bicchiere d'acqua, 2 cucchiai di shoyu.

Fate saltare per qualche minuto nell'olio l'aglio tagliato a sottili fettine e i pinoli. Aggiungete poi il cavolfiore precedentemente lavato, asciugato e tagliato gambo per gambo e, dopo aver mescolato per qualche minuto, unite anche un bicchiere d'acqua, coprendo quindi la pentola e lasciando cuocere a fuoco piuttosto lento per una ventina di minuti. A cottura ultimata, quando il cavolfiore sarà tenero, toglietelo dal fuoco e schiacciatelo grossolanamente, aggiungendo lo shoyu, la farina e un paio di cucchiai d'olio. Mescolate per bene, in modo da ottenere un polpettone di 3-4 cm di spessore e disponetelo infine in una teglia leggermente unta d'olio, lasciando in forno a fiamma media per circa un quarto d'ora.

CAVOLO RIPIENO

1 cavolo cappuccio, 2 melanzane, 2 peperoni, 100 gr di riso, una quindicina di cipolline, 2 cucchiai di semi di coriandolo, 1 limone, olio, acqua.

Pulite le melanzane, tagliatele a dadini e lasciatele riposare per almeno mezzora dopo averle salate, in modo che si liberino dal loro succo. Nel frattempo lavate il riso e cuocetelo in una quantità d'acqua pari al doppio del suo volume, lasciandolo sul fuoco sino a quando abbia assorbito l'acqua e risulti cotto. Stufate in poco olio le melanzane e i peperoni tagliati a listarelle. Quando le verdure saranno cotte, mescolatele quindi al riso, prendete poi le foglie di cavolo, stendetele con cura e mettetevi al centro un paio di cucchiaiate dell'impasto di riso e verdure. Salate, richiudete le foglie (aiutatevi con del filo bianco o degli stuzzicadenti) e formate delle palle grosse circa quanto delle pesche. Disponetele quindi in una pirofila unta d'olio, una accanto all'altra, cercando di fare in modo che non rimangano spazi vuoti. Spolverate con il coriandolo pestato e metteteci anche le cipolline crude, stufando infine a fuoco molto lento. Solo al termine della cottura, dopo circa venti minuti, bagnate con il succo di limone.

CREMA DI CAVOLO

8 foglie di cavolo rosso, 3 carote, 1 cespo di lattuga, 2 limoni, 5 cucchiai di fiocchi di riso, zenzero, olio, sale, acqua.

Pulite le verdure e quindi frullatele insieme a una tazza d'acqua, al succo di un limone e a un pizzico di sale. Aggiungete poi un cucchiaino di polvere di zenzero che avrete grattugiato di fresco e il succo dell'altro limone. Cuocete a parte, in poca acqua i fiocchi di riso, per appena due-tre minuti e uniteli poi alla crema di verdure, mescolando per benino. Se vi sembrasse che 2 limoni siano troppi, evitate di usare il succo del secondo e limitatevi a impiegarne uno solo.

CAVOLO ROSSO ALLE MELE

1 cavolo rosso del peso di un chilo circa, 3 grosse mele preferibilmente renette, 4 cucchiai d'olio, un paio di cucchiai di aceto di mele, 1 cucchiaio di uvetta passa, 1 scorza d'arancia o di limone, acqua, sale, cannella, noce moscata.

Dopo aver eliminato il torsolo e le coste più grosse, tagliate il cavolo in filetti non troppo sottili. Fatelo poi stufare con l'olio in una casseruola, per circa cinque minuti e unite quindi gli altri ingredienti, tra cui le mele private del torsolo ma non pelate, e tagliate a fette piuttosto grosse. Avrete precedentemente lavato e lasciata rinvenire in acqua tiepida l'uvetta. Cuocete quindi il tutto per cinque minuti a fiamma piuttosto alta e tegame scoperto, mescolando; coprite poi con un coperchio e continuate la cottura a fuoco molto dolce (inserendo una retina frangifiamma sotto la pentola) per circa 40 minuti, mescolando di tanto in tanto. Se fosse necessario, aggiungete qualche cucchiaio d'acqua calda. Si può servire con della buona polenta fatta mescolando farina di mais con farina di grano saraceno..

CAVOLINI AL VAPORE CON CAROTE E PISELLI

330 gr di cavolini di Bruxelles, 220 gr di carote, 220 gr di piselli, un paio di cucchiai di foglie di menta, 1 foglia di salvia.

Pulite le verdure e disponetele quindi in una pentola adatta alla cottura a vapore. Fate degli strati cominciando dalle carote tagliate a strisce, proseguendo poi con i cavolini interi e, infine, con i piselli freschi. Aggiungete la menta e la salvia e cuocete a fiamma moderata per circa 20-25 minuti. Accompagnate con un cereale cotto a parte.

CIPOLLE RIPIENE

8 cipolle di grandezza media, 200 gr di ricotta di capra, 1 cucchiaio di pane grattugiato, 1 cucchiaio di parmigiano grattugiato, 1 uovo, noce moscata, 1 cucchiaino di semi di cumino, acqua, sale, olio.

Pulite le cipolle e mettetele quindi a lessare in poca acqua salata, lasciandole piuttosto al dente. Toglietele poi dall'acqua di cottura e mettetele ad asciugare su un piano inclinato. Con un cucchiaino scavate quindi la parte interna e tritatela insieme alla ricotta, unendo anche il tuorlo d'uovo, il parmigiano, sale, noce moscata e il cumino, tostato per qualche istante su fuoco allegro e poi pestato. Amalgamate per benino e unite anche l'albume montato a neve incorporandolo con delicatezza. Con il composto ottenuto farcite le cipolle, cospargendo la superfice con un poco di pangrattato. Mettete in forno a calore medio e lasciate gratinare, togliendo quando la superficie delle cipolle avrà un aspetto dorato e il ripieno mostrerà una invitante crosticina.

TORTA DI CIPOLLE

600 gr di cipolle, 200 gr di olive nere, olio, un paio di foglie di salvia, un pizzico di origano, abbondante basilico, sale.
Per la pasta sfoglia: 350 gr di farina di frumento, 20 gr di lievito di birra, acqua tiepida, sale.

Preparate la pasta sfoglia e stendetela con cura dividendola quindi in due dischi piuttosto sottili: la quantità di farina impiegata potrà dipendere evidentemente anche dallo spessore che intendete dare alla sfoglia. Preparate nel frattempo il ripieno, stufando in olio le cipolle sottilmente affettate, cui avrete aggiunto le olive snocciolate e grossolanamente tritate e le erbette. Ungete con dell'olio una tortiera, stendetevi un disco di pasta lasciando che ricopra anche i bordi, versate il ripieno e ricoprite con l'altro disco di pasta, unendo con attenzione i margini dei due dischi. Mettete quindi in forno caldo e lasciate cuocere per circa 30-40 minuti. Potrete servire la torta sia calda sia fredda.

CROSTATA DI CIPOLLE

900 gr di cipolle, 1 cucchiaino di kuzu o di arrow-root, 1 cucchiaio di shoyu, 1/2 bicchiere d'acqua, olio.
Per la pasta sfoglia: 350 gr di farina di frumento, 20 gr di lievito di birra, acqua tiepida, sale, olio (facoltativo).

Preparate la sfoglia e tenetela sul piano di lavoro. Avrete nel frattempo affettato molto sottilmente le cipolle e le avrete fatte saltare per qualche minuto in una pentola con dell'olio, continuando poi la cottura a fuoco molto lento per circa un'ora a pentola coperta, in modo che si sciolgano e diventino cremose. Poco prima di toglierle dal fuoco aggiungete lo shoyu e il kuzu o l'arrow-root precedentemente diluito nell'acqua, e fate cuocere qualche minuto, sinché cominci ad addensarsi (il kuzu o l'arrow-root hanno appunto anche questa funzione). Stendete quindi metà della sfoglia in uno stampo da forno unto con olio e rialzato ai bordi. Coprite poi con la salsa di cipolle e stendetevi sopra l'altra metà della pasta facendo aderire con attenzione i bordi delle due parti, in modo da chiudere bene la crostata. Dopo aver fatto qualche buchetto con la forchetta sulla superficie, infornate a forno medio per un quarto d'ora circa, sinché la pasta non prenda un colore dorato. Servite caldo.

STUFATO DI FAGIOLINI VERDI

1 kg di fagiolini verdi, 1 cipolla, 2 spicchi d'aglio, 1 pomodoro, 1 rametto di santoreggia fresca, olio, sale, prezzemolo.

Pulite i fagiolini e poi occupatevi della cipolla e dell'aglio, tritandoli piuttosto finemente. Scaldate quindi dell'olio in una pentola e metteteci la cipolla e l'aglio, facendoli saltare per qualche minuto a fuoco allegro. Aggiungeteci poi i fagiolini, il pomodoro privato dei semi e tagliato a dadini, del sale e la santoreggia. Coprite con un coperchio e cuocete quindi a fuoco basso per un'ora circa, aggiungendo poca acqua se vi sembrasse necessario. Cospargete con prezzemolo tritato prima di portare in tavola.

FAGIOLINI CON SALSA VERDE

1 kg di fagiolini verdi, 2 spicchi d'aglio, 2 prugne umeboshi, olio, acqua, sale, prezzemolo.

Preparate anzitutto il sugo di prugne umeboshi, mettendole a bagno in mezzo bicchiere d'acqua, schiacciandole privandole dei noccioli, e facendole poi bollire per una decina di minuti a fuoco lento, setacciandole alla fine della cottura in modo da separare il liquido. Pulite i fagiolini e lessateli in poca acqua salata, quindi scolate e manteneteli caldi. Scaldate poi dell'olio in un pentolino, facendovi dorare l'aglio affettato sottilmente, e unite poi anche il sugo di umeboshi e del sale. Portate a ebollizione, quindi spegnete e, fuori dal fuoco, aggiungete prezzemolo tritato. Versate la salsa sui fagiolini e lasciate infine raffreddare prima di servire.

FAGIOLINI APPETTITOSI

1 kg di fagiolini, 1 peperone giallo, 600 gr di pomodori, 2 cipolle, 2 spicchi d'aglio, 1 foglia d'alloro, acqua, sale, olio.

Pulite i fagiolini e fateli cuocere in poca acqua salata. Nel frattempo pulite anche i peperoni, tagliateli a striscioline e saltateli in una pentola con poco olio, facendoli quindi stufare per una decina di minuti a fuoco lento, insieme all'aglio affettato sottilmente e all'alloro. Quando i fagiolini saranno cotti, aggiungeteli ai peperoni e fate cuocere ancora qualche minuto, aggiustando di sale. Infine unite anche i pomodori, fuori dal fuoco, dopo averli tagliati a dadini. Mescolate e portate in tavola.

FINOCCHI AL TAHIN

4 finocchi, 3 cucchiai di tahin, 1 cucchiaio di shoyu, acqua, olio, prezzemolo, sale.

Pulite i finocchi sotto acqua corrente, spazzolandoli con cura, e tagliateli poi a pezzettini. Scaldate l'olio in una pentola, metteteci i finocchi e fateli saltare a fiamma allegra per qualche minuto. Aggiungete quindi un bicchiere scarso d'acqua, del sale e fate cuocere a fuoco molto lento e tegame coperto per circa un quarto d'ora. Nel frattempo diluite il tahin in poco più di mezzo bicchiere d'acqua, aggiungeteci lo shoyu e versate tutto nella pentola in cui stanno cuocendo i finocchi. Dopo aver mescolato, lasciate sul fuoco per altri cinque minuti ancora, in modo che la salsa acquisti una consistenza cremosa. Infine, tolta la pentola dal fuoco, cospargete di prezzemolo tritato e portate in tavola.
È evidente che le dosi degli ingredienti consigliati possono essere variate a piacere.

FINOCCHI AL FORNO

8 finocchi di media grossezza, 80 gr di parmigiano, 20 gr di semi di finocchio, un cucchiaio di gomasio, olio, sale.

Pulite i finocchi sotto acqua corrente, spazzolandoli con cura e tagliateli quindi a metà. Cuoceteli in poca acqua leggermente salata e scolateli prima che siano troppo cotti. Scaldate poi dell'alloro in una pirofila (in questo caso, eccezionalmente, potrete, se lo preferite, usare un poco di burro in sostituzione dell'olio) aggiungete i finocchi e lasciateli dorare a fuoco medio. Toglieteli quindi dal fuoco, cospargeteli di parmigiano grattugiato e di semi di finocchio e infornate per un quarto d'ora circa a media temperatura. Prima di servire spolverate di gomasio.

FUNGHI IN UMIDO

500 gr di funghi (preferibilmente di bosco), 2 carote, 1 costa di sedano, 1 spicchio d'aglio, 250 gr di pomodori pelati, prezzemolo, un rametto di timo, 2 foglie di alloro, olio, sale, pepe, 1 bicchiere di vino bianco secco.

Pulite le carote, la cipolla e il sedano, tritateli grossolanamente e saltateli in pentola con poco olio. Aggiungete quindi il rametto di timo, l'alloro, sale, il bicchiere di vino bianco, l'aglio affettato e poco pepe. Pulite i funghi sotto acqua corrente, asciugateli e affettateli, unendoli quindi alle verdure insieme con i pomodori pelati e possibilmente senza semi. Lasciate cuocere per circa quindici minuti, togliete dal fuoco e lasciate raffreddare dopo aver tolto le foglie di alloro e il timo. Cospargete infine con qualche cucchiaio di olio e abbondante prezzemolo tritato e servite freddo.

POMODORI RIPIENI DI FUNGHI

300 gr di funghi, 3 spicchi d'aglio, 1 cipollina, 1 scalogno, olio, sale, peperoncino in polvere, 4 grossi pomodori, prezzemolo, 1 bicchiere di vino bianco secco.

Pulite i funghi , preferibilmente di diverse famiglie, affettateli finemente e saltateli per qualche minuto in padella con dell'olio, l'aglio, la cipollina e lo scalogno tritati. Bagnate poi con il vino, salate leggermente, aggiungete un pizzico di peperoncino e fate cuocere per circa dieci minuti prima di ridurre il tutto in purea. Pulite quindi i pomodori, privateli della calotta, svuotateli e riempiteli con la purea di funghi alla quale avrete mescolato una parte della polpa dei pomodori. Infornate infine per una decina di minuti dopo aver disposto i pomodori ripieni in una teglia da forno unta d'olio. Cospargete di prezzemolo tritato dopo aver tolto la teglia dal forno.

SFORNATO DI FUNGHI E PATATE

500 gr di funghi (preferibilmente di bosco), 500 gr di patate, 2 spicchi d'aglio, un mazzetto di prezzemolo, olio, sale, peperoncino in polvere, 1 bicchiere di vino bianco secco, qualche cucchiaio di pangrattato.

Lavate anzitutto i funghi sotto acqua corrente e asciugateli, tagliando poi i gambi a fette piuttosto sottili. Passate poi a pulire le patate e tagliatele a fettine. Fate un trito di aglio e prezzemolo che unirete alle patate e ai gambi dei funghi in una teglia da forno precedentemente unta d'olio e spolverata di pangrattato. Prima di infornare, coprite il tutto con i cappelli dei funghi tagliati a fettine, spolverate ancora con un poco di prezzemolo e aggiungete il vino. Lascerete in forno a temperatura media per 40 minuti circa e servirete appena sfornato.

FUNGHI CON CREMA DI MANDORLE

500 gr di funghi (preferibilmente di bosco), 3 cipolle, olio, sale, prezzemolo. Per la crema: mandorle, acqua tiepida, scorza d'arancia.

Pulite, tritate le cipolle e saltatele poi in una pentola con dell'olio, sino a quando non diventino trasparenti e morbide. Aggiungeteci allora i funghi precedentemente lavati sotto acqua corrente, asciugati e tagliati a fettine e, dopo qualche minuto di cottura a fuoco vivace, abbassate la fiamma, salate, coprite e continuate la cottura per una ventina di minuti.
Nel frattempo dedicatevi alla preparazione della crema di mandorle: tritate con cura delle mandorle sbucciate e pestatele in un mortaio, aggiungendo, poco alla volta, dell'acqua intiepidita, sino a ottenere una crema piuttosto densa, che potrete eventualmente aromatizzare con scorza d'arancia grattugiata. Versate 1 bicchiere di questa crema sui funghi negli ultimi minuti di cottura e cospargete infine con prezzemolo tritato prima di servire.

FUNGHI ALLE OLIVE

500 gr di funghi (preferibilmente di bosco), 1 manciata di olive nere, 1 tazza di brodo, 1 cucchiaio di shoyu, 1 cucchiaio di farina di frumento, olio, prezzemolo.

Lavate i funghi sotto acqua corrente, asciugateli e tagliateli quindi a fettine. Scaldate dell'olio in una pentola e versateci i funghi, cuocendoli a fiamma allegra per qualche minuto. Unite poi il brodo vegetale, salate, portate a ebollizione e fate cuocere a tegame coperto e a fuoco molto moderato per una ventina di minuti circa. Nel frattempo private le olive del nocciolo, sminuzzatele grossolanamente e aggiungetele quindi ai funghi, insieme allo shoyu e alla farina, mescolando per qualche minuto, in modo che venga assorbito il brodo rimanente. Cospargete di prezzemolo fuori dal fuoco, prima di portare in tavola. Se si trattasse di funghi molto ricchi d'acqua, si dovrà fare attenzione a non aggiungere brodo di verdura in eccesso, che in tal caso potrebbe essere assorbito con difficoltà e renderebbe i funghi troppo "acquosi".

TORTA DI FUNGHI

500 gr di funghi, 250 gr di ricotta di capra, 500 gr di farina di frumento setacciata, 2 spicchi d'aglio, 1 uovo, 50 gr di parmigiano, origano, acqua, sale, olio.

Impastate 400 gr di farina con un cucchiaio d'olio, un poco d'acqua e un pizzico di sale. Dopo averla lavorata per una decina di minuti, dividetela in pagnottelle che lascerete riposare per una mezzora, protette da un canovaccio inumidito. Nel frattempo lavate i funghi sotto acqua corrente, asciugateli, tagliateli a fettine e cuoceteli con un poco d'olio e l'aglio. A qualche minuto di cottura a fuoco vivace, fate seguire una cottura a fuoco moderato per una ventina di minuti, al termine dei quali insaporite con sale e origano. Preparate anche un impasto con un paio di cucchiai di farina, l'uovo, il parmigiano grattugiato e la ricotta. Riprendete quindi le pagnottelle e fatene varie sfoglie piuttosto sottili, (di solito ne servono cinque) foderate il fondo di una teglia unta d'olio, poi sovrapponendole una all'altra e intercalandole con una spennellata d'olio, coprite con i funghi, con l'impasto di ricotta e quindi di nuovo ripetete gli strati di pasta, di funghi, di ricotta. Praticate dei forellini al centro delle sfoglie di copertura in modo che, cuocendo, possa uscire l'umidità. Lasciate infine in forno, a calore medio, per circa un'ora.

MELANZANE RIPIENE

:4 melanzane di media grossezza, 3 cipolle, 300 gr di salsa di pomodoro, 200 gr di formaggio tenero, olio origano, sale.

Lavate le melanzane, tagliatele a metà nel senso della lunghezza (saranno più adatte quelle dei tipo "lungo"), salatele e lasciatele sgocciolare per un'oretta, in modo che espellano il liquido amarognolo. Trascorso questo tempo, gettatele in acqua bollente e lasciatele bollire per 2-3 minuti. Quindi scolatele e svuotatele della polpa, conservandola a parte. Mentre lasciate raffreddare le "barchette", fate saltare in poco olio le cipolle affettate finemente, alle quali aggiungerete, quando saranno morbide e trasparenti, la salsa di pomodoro e la polpa delle melanzane tritata. Abbassate la fiamma dopo qualche minuto di cottura e cucinate a fuoco piuttosto lento e tegame coperto, sino a ottenere una salsa densa. Aggiustate quindi di sale e poco prima di togliere dal fuoco, aggiungete il formaggio tagliato a pezzettini, mescolando per facilitarne lo scioglimento. Quando il formaggio sarà sciolto, riempite le melanzane con il composto, spolveratele di origano e infornate per venti minuti circa, a fuoco moderato. Potrete servirle calde o fredde.

LATTUGA AL FORNO

2 cespi di lattuga, 2 carote, 2 grosse cipolle, 2 tazze di brodo vegetale, alcuni cucchiai d'olio, basilico, fette di pane, sale, 80 gr di parmigiano, acqua.

Lavate la lattuga e scottate molto rapidamente le foglie in acqua bollente, una per una. Fatele poi scolare in uno scolapasta e quindi asciugatele con uno strofinaccio da cucina. Ungete una teglia da forno e disponeteci le carote precedentemente pulite e tagliate a rondelle o a bastoncini, le cipolle tagliate ad anelli, il basilico e del sale, coprendo quindi con le foglie di lattuga. Versateci il brodo vegetale coprite e fate cuocere in forno, a media temperatura, per circa 40 minuti. Spolverate con il parmigiano grattugiato al momento di servire assieme a fette di pane abbrustolite.

MELANZANE AL FORNO

3 grosse melanzane, 400 gr di mozzarella, 300 gr di pomodori pelati, 1 cipolla, 2 spicchi d'aglio, 1/2 bicchiere di vino bianco secco, 1 paio di cucchiai di parmigiano grattugiato, olio, sale.

Affettate sottilmente le cipolle e fatele dorare in poco olio. Versateci quindi il vino e lasciate evaporare un po' prima di aggiungere i pomodori pelati. Continuate la cottura sino ad addensare il sugo. Nel frattempo affettate abbastanza sottilmente le melanzane, salatele e lasciatele "spurgare" per un'ora e mezza circa. Portate poi dell'acqua ad ebollizione e tuffatevi le melanzane per pochi minuti. Quindi scolatele e disponetele in una teglia da forno precedentemente unta d'olio. Fate degli strati alternando la mozzarella tagliata a pezzetti con il sugo di pomodoro e con il parmigiano. Infornate in forno caldo per una mezzora circa, mantenendo una temperatura intorno ai 250 °C e lasciate infine riposare un quarto d'ora a fuoco spento prima di servire.

MELANZANE STUFATE

4 melanzane di media grossezza, 2 cipolle, 500 gr di pomodori, 2 spicchi d'aglio, prezzemolo, basilico, 2 cucchiai di pinoli, olio, sale.

Pulite le melanzane, tagliatele a cubetti, cospargetele di sale grosso e lasciatene scolare l'acqua per circa un'ora. Nel frattempo affettate la cipolla e l'aglio e fateli stufare in una pentola con l'olio, sin quando diventano morbidi e trasparenti. Unite allora anche le melanzane, lasciate insaporire per qualche minuto a fiamma sostenuta e mescolate per evitare che si bruciacchino. Aggiungete poi i pomodori tagliati a pezzetti, del sale e i pinoli e continuate la cottura per mezzora circa, a fuoco moderato. Prima di servire cospargete di basilico e prezzemolo finemente sminuzzati o tritati.

BARCHETTE DI MELANZANE

4 melanzane piuttosto grosse, 2 cipolle, 2 spicchi d'aglio, 400 gr di pomodori, 3 peperoni, basilico, sale, olio.

Tagliate le melanzane a metà nel senso della lunghezza dopo averle lavate, cospargete la polpa con del sale grosso e lasciatene scolare l'acqua per circa un'ora. Poi, scavatele con un cucchiaio privandole della polpa e sistematele in una teglia da forno precedentemente unta d'olio. Affettate le cipolle molto finemente, affettate anche l'aglio e soffriggeteli a fuoco dolce. Tagliate nel frattempo a pezzi grossolani la polpa delle melanzane e aggiungetela alle cipolle, cuocendo il tutto per un quarto d'ora circa, a fuoco moderato. Tagliate a pezzetti i pomodori dopo averli privati dell'acqua e dei semi e tagliate i peperoni a listarelle piuttosto sottili, dopo aver privato anch'essi dei semi. Quando il composto di cipolle e polpa di melanzane sarà stato sul fuoco il tempo necessario, togliete dalla fiamma e mescolatelo con i pomodori, i peperoni e del basilico, riempendo quindi le barchette di melanzane. Dopo aver salato e irrorato con poco olio, infornate a circa 180 °C per un'ora scarsa, lasciando raffreddare prima di servire.

CAPONATA

4 melanzane, 4 grossi pomodori ben maturi, 1/2 testa di sedano, 1 spicchio d'aglio, 1 cipolla, 100 gr di olive nere, 50 gr di capperi sotto sale, olio, sale, un goccio d'aceto.

Pulite le melanzane, tagliatele a cubetti, cospargetele di sale grosso e lasciatele sgocciolare per un'oretta. Nel frattempo affettate finemente la cipolla, schiacciate l'aglio, passate al setaccio i pomodori dopo averli sbucciati (aiutatevi tuffandoli in acqua bollente), snocciolate le olive e tagliatele a pezzi grossolani, pulite e affettate il sedano. Mettete poi in pentola tutti questi ingredienti con poco olio, aggiungete anche i capperi lavati e fate cuocere a fuoco non troppo allegro sino a ottenere una salsa piuttosto densa. Tornate quindi a occuparvi delle melanzane: scolatele dall'acqua in eccesso e saltatele a parte con dell'olio. Unitele poi alla salsa e lasciatele ancora sul fuoco per una decina di minuti; aggiustate di sale e aggiungete un goccio d'aceto. La caponata si serve preferibilmente fredda.

MELANZANE DOLCI

4 melanzane di media grossezza, una decina di pomodori, 2 cipolle, 80 gr di uvetta passa, una manciata di mandorle, olio, sale.

Lavate le melanzane sotto acqua corrente e quindi asciugatele con cura. Tagliatele poi a metà nel senso della lunghezza e sbollentatele. Scolatele, svuotatele della polpa. Pulite e tritate finemente le cipolle, mescolatele all'uvetta precedentemente lavata e lasciata rinvenire in poca acqua tiepida e alla polpa tritata delle melanzane. Con l'impasto riempite le melanzane e mettetele quindi in una teglia unta d'olio, lasciando in forno per poco più di un quarto d'ora, dopo aver bagnato con un po' d'acqua. Poco prima di togliere dal forno, coprite le melanzane con i pomodori ridotti in purea. Togliete quindi dal forno, decorate con qualche fetta di pomodoro e cospargete con le mandorle tritate grossolanamente ed, eventualmente, con cipolla cruda e affettata molto finemente.

PUREA DI MELANZANE

4 melanzane di grossezza media, 750 gr circa di yogurt, succo di limone, 1 grossa cipolla, olio, pepe, sale, una decina di foglie di menta fresca.

Lavate le melanzane e mettetele in forno a media temperatura, lasciandole cuocere sin quando la buccia si screpolerà e apparirà facile staccarla. A quel punto toglietele dal forno e pelatele, passando poi la polpa al setaccio e lasciandola quindi raffreddare. Quando sarà fredda, incorporatevi lo yogurt a cucchiaiate, mescolando continuamente fino a raggiungere la consistenza di una purea densa; la quantità di yogurt necessaria potrà variare a seconda sia della sua qualità che della grandezza delle melanzane. Amalgamate poi con un poco d'olio e condite con sale, poco pepe e succo di limone (almeno mezzo limone, ma potrete aumentare la dose se vi piace un sapore più aspro). Aggiungete quindi anche le foglie di menta e la cipolla tagliata a fette sottilissime, mescolate per benino e lasciate riposare al fresco almeno un paio d'ore prima di servire. Questo piatto greco viene usato solitamente come antipasto, ma è ottimo anche come salsa in accompagnamento al pesce.

PUREA DI MELANZANE PICCANTI

2 melanzane di media grossezza, 1 spicchio d'aglio, 1 piccola cipolla, peperoncino in polvere, zenzero grattugiato di fresco, sale, 1/2 limone.

Mettete le melanzane intere in forno e consideratele cotte quando la buccia esterna comincia a screpolare e diventa facile staccarla dalla polpa. Dopo averle sbucciate, lasciatele raffreddare e passate quindi la polpa al passaverdure. Tritate quindi la cipolla e l'aglio e mescolateli alla purea insieme al peperoncino (le dosi variano a seconda dei gusti), al sale, al succo di limone e allo zenzero grattugiato (almeno un cucchiaino). Servite come antipasto.

ORTICHE PRIMAVERILI

800 gr di ortiche, 2 cucchiai di farina di grano saraceno, olio, sale.

Raccogliete le tenere punte delle ortiche in primavera, possibilmente in un luogo non troppo inquinato, lavatele, lasciatele scolare e saltatele poi in un poco d'olio per qualche minuto. Aggiungete quindi la farina precedentemente tostata e sciolta in poca acqua calda e lasciate cuocere a tegame coperto, per una ventina di minuti, a fuoco moderato.

TORTA DI ORTICHE

800 gr di ortiche, 400 gr di ricotta di capra, qualche cucchiaio di parmigiano grattugiato, olio, sale, un albume (facoltativo).
Per la sfoglia: 300 gr di farina di frumento, 20 gr di lievito di birra, acqua tiepida, sale.

Preparate anzitutto la pasta sfoglia; dopo averla lavorata con cura, stendetela sul piano di lavoro. Lavate le ortiche, scolatele dell'acqua e saltatele per qualche minuto in poco olio a fiamma allegra, continuando quindi la cottura per una decina di minuti a fuoco moderato. Ungete poi una teglia da forno, stendetevi uno strato di pasta sfoglia alta circa mezzo centimetro, poi fate uno strato di ortiche, uno di formaggio grattugiato, uno di ricotta sbriciolata e poi, nuovamente, uno di ortiche, uno di formaggio e uno di ricotta, chiudendo infine con pasta sfoglia. Se volete, potete spennellare la superficie con l'albume. Cuocete poi in forno caldo per una mezzoretta.

PATATE AL CUMINO

900 gr di patate, 3 cucchiai di semi di cumino, olio, sale.

Sbucciate le patate e tagliatele a metà. Oliate quindi una teglia da forno e versateci le patate, bagnandole con dell'olio intiepidito e cospargendo poi con i semi di cumino e del sale. Infornate infine a 200 °C per 40 minuti circa, mantenendo una temperatura media.

PATATE AL POMODORO

900 gr di patate, 700 gr di passato di pomodoro, 2 foglie d'alloro, 2 cipolle, olio, sale.

Sbucciate le patate e tagliatele a pezzi. Affettate finemente le cipolle e stufatele a fuoco lento con un poco d'olio e l'alloro. Quando sono morbide e trasparenti, aggiungete le patate e mescolate, facendo insaporire qualche minuto a fuoco piuttosto allegro. Unite poi il passato di pomodoro, salate, coprite il tegame e continuate la cottura a fuoco moderato per quaranta minuti circa.

PATATE AL FORNO

800 gr di patate, 3 cipolle, 2 pomodori, maggiorana, 1/2 bicchiere di brodo vegetale, olio, sale, 80 gr di formaggio.

Sbucciate le patate e tagliatele a sottili rondelle. Affettate finemente anche la cipolla. Oliate quindi una teglia da forno e disponetevi uno strato di patate, uno di cipolla, un po' di sale, della maggiorana tritata. Proseguite poi ripetendo questi strati, concludendo con maggiorana e formaggio grattugiato o tagliato a pezzettini e decorando con il pomodoro tagliato a sottili fettine. Irrorate con olio, aggiungete il brodo vegetale e mettete in forno caldo per circa mezzora, tenendo la teglia coperta per i primi venti minuti.

PATATE RIPIENE

700 gr di patate, 300 gr di funghi (possibilmente di bosco), 3 spicchi d'aglio, 1 manciata di prezzemolo, 4 cucchiai di farina di frumento, 2 uova, pangrattato, olio, sale.

Lavate accuratamente le patate sotto acqua corrente aiutandovi con uno spazzolino. Mettetele poi a cuocere in forno senza pelarle, a calore medio. Pulite intanto i funghi sotto acqua corrente e fateli poi sgocciolare in uno scolapasta. Tagliateli quindi a sottili lamelle, tritate l'aglio e fatelo stufare in poco olio, insieme con i funghi. Mescolate frequentemente nella prima fase della cottura a fuoco abbastanza allegro, e continuate poi la cottura a tegame coperto e fiamma molto moderata, aggiungendo il sale e il prezzemolo tritato solo poco prima di togliere dal fuoco. Quando le patate sono cotte (fate una prova con una forchetta), ritiratele dal forno, sbucciatele e schiacciatele con uno schiacciapatate, mettendo la purea ottenuta in una terrina e aggiungendovi le uova e la farina, lavorando quindi l'impasto in modo da amalgamare gli ingredienti. Con questa pasta provvedete poi a fare delle palle, grosse all'incirca quanto patate di media grossezza, che farcirete con una cucchiaiata di funghi prima di passarle rapidamente nel pangrattato e disporle in una teglia da forno precedentemente unta d'olio. Infornate in forno caldo per venti minuti circa e portate infine in tavola.

PEPERONI ALLE OLIVE

3 peperoni, una manciata di olive nere e una di capperi sotto sale, 2 foglie di basilico, olio, sale, 1 cucchiaio di pangrattato.

Private i peperoni dei semi, lavateli e tagliateli a listarelle non troppo sottii. Stufateli a fuoco lento in poco olio e, quando sono morbidi e pressoché cotti, aggiungete le olive snocciolate e grossolanamente tagliate. Dopo cinque minuti di cottura, aggiungete anche i capperi lavati sotto acqua corrente. Aggiustate infine di sale, spolverate di pangrattato, mescolate, unite le foglie di basilico sminuzzate e portate in tavola.

PEPERONI RIPIENI DI VERDURE

4 peperoni gialli o rossi, 1 piccolo peperone verde, 2 piccole melanzane di tipo "lungo", 1 costa di sedano, 100 gr di olive snocciolate, un cucchiaio di capperi sotto sale, 1 cucchiaio di salsa di pomodoro, alcune foglie di menta fresca, 1 spicchio d'aglio, olio, sale.

Lavate le verdure e fatele asciugare. Togliete quindi la calotta ai peperoni e svuotateli dei semi, tagliate a dadini le melanzane, a striscioline il peperone verde e a piccoli pezzi il sedano. In una teglia con poco olio ammorbidite l'aglio schiacciato e aggiungete quindi le verdure tagliate e le olive grossolanamente tritate. Cuocete a fuoco lento per mezzora circa, a tegame coperto, dopo aver aggiunto anche la salsa di pomodoro. A cottura ultimata, aggiustate di sale e aggiungete anche i capperi sciacquati sotto acqua corrente. Dopo aver mescolato, riempite i peperoni con le verdure stufate e disponeteli in una teglia da forno unta con un filo d'olio, infornando per novanta minuti circa a fuoco moderato. Se i peperoni tendessero ad attaccare al fondo della teglia, potrete bagnare con un dito d'acqua tiepida.

PEPERONATA

4 peperoni rossi o gialli, 6 grossi pomodori, 1 cipolla, 2 spicchi d'aglio, 2 foglie d'alloro, olio, sale, basilico.

Private i peperoni puliti dei semi e tagliateli a listarelle; pulite e tagliate a pezzetti i pomodori. In una teglia piuttosto larga ammorbidite la cipolla tagliata a fettine e l'aglio schiacciato, lasciando cuocere in un po' d'olio e tenendo mescolato. Aggiungete poi l'alloro e i peperoni e fate cuocere a tegame scoperto per un quarto d'ora circa. Aggiungete quindi anche i pomodori e del sale e lasciate cuocere sinché la peperonata risulti piuttosto densa. Al momento di servire, calda o fredda, arricchite di sapore con un po' di basilico fresco.

PEPERONI DOLCI AL CURRY

4 peperoni (preferibilmente di vari colori), 1 grossa cipolla, 40 gr di uvetta passa, 30 gr di pinoli, un cucchiaio di curry in polvere, olio, sale.

Lavate i peperoni, privateli dei semi e tagliateli a strisce longitudinali della grossezza di due centimetri circa. Pulite quindi la cipolla e affettatela finemente, facendola saltare in una teglia con dell'olio per qualche minuto, in modo che diventi morbida e trasparente. Aggiungete quindi i peperoni e fateli saltare a fuoco allegro per qualche minuto, poi salate, abbassate la fiamma, aggiungete l'uvetta precedentemente lavata e lasciata rinvenire in un po' d'acqua tiepida, i pinoli, spolverate di curry e lasciate stufare per venti minuti circa a tegame coperto. Si accompaganano egregiamente a qualunque piatto di cereali.

PEPERONI RIPIENI DI RISO

4 peperoni, 2 cipolle, una tazza e mezza di riso cotto, un paio di cucchiai di uvetta passa, una tazza di passato di pomodoro, un paio di cucchiai di prezzemolo tritato, olio, sale, qualche cucchiaio di formaggio grattugiato.

Pulite le cipolle e affettatele sottilmente, facendole poi stufare a fuoco lento con un po' d'olio, a tegame coperto. Dopo un quarto d'ora circa di cottura, aggiungeteci il riso cotto, l'uvetta precedentemente lavata e lasciata rinvenire in poca acqua tiepida, un cucchiaio di passato di pomodoro e salate. Lasciate assorbire il liquido, aggiungete il prezzemolo e con il composto ottenuto riempite i peperoni precedentemente privati della calotta e dei semi. Ungete leggermente i peperoni con poco olio e disponeteli in una pirofila, mettendoli in piedi. Cospargete infine la sommità con un po' di formaggio grana o pecorino grattugiato e versate intorno il passato di pomodoro rimasto, lasciando in forno a calore moderato per un'oretta circa.

TORTINO DI PATATE

800 gr di patate, 150 gr di formaggio caprino semistagionato, 1 cucchiaio di pecorino grattugiato, 2 uova, 2 cucchiai di farina di frumento, olio, acqua, sale, noce moscata, burro (facoltativo).

Lessate le patate senza sbucciarle e, a cottura ultimata, privatele della buccia e schiacciatele. Ancora calde, incorporatevi il caprino tagliato a dadini e il pecorino grattugiato, in modo che sciolgano a contatto del calore. Quindi salate e mescolate per amalgamare il tutto. Quando l'impasto si è raffreddato, aggiungete un pizzico di noce moscata, i tuorli d'uovo e la farina, mescolando di nuovo e aiutandovi eventualmente con poco latte. A parte sbattete le chiare d'uovo a neve e inglobatele quindi con delicatezza. Ungete poi una pirofila e versatevi l'impasto accomodandolo e "tirandolo" un po' in modo che risulti della stessa altezza su tutta la superfice della pirofila, cospargete eventualmente con qualche fiocchetto di burro e infornate a forno caldo, lasciando cuocere per 20-30 minuti circa a una temperatura sui 170 °C, sino ad ottenere una bella doratura del tortino. Prima di servire lasciate in forno a fuoco spento per almeno mezzora.

PISELLI CON CAROTE

750 gr di piselli freschi, 250 gr di carote, 1 cucchiaino d'arrow-root, un mazzetto di prezzemolo, olio, 1 cucchiaio di shoyu.

Pulite le carote spazzolandole sotto acqua corrente e tagliatele quindi a pezzettini. Saltatele poi nell'olio e, a metà cottura, salate e aggiungete i piselli, portando a termine la cottura a fiamma moderata e tegame coperto, bagnando eventualmente con un poco d'acqua tiepida se le verdure tenchi minuti dalla fine della cottura aggiungete l'arrow-root sciolto in poca acqua, mescolate, lasciate sul fuoco qualche istante e quindi, dopo aver tolto dalla fiamma, cospargete di prezzemolo tritato e insaporite con un cucchiaio di shoyu.

POMODORI RIPIENI DI MIGLIO

4 grossi pomodori maturi (oppure 8 piccoli), una decina di cucchiai di miglio cotto, 250 gr di ricotta, 50 gr di pecorino grattugiato, 1 cucchiaio di capperi sotto sale, 8 foglie di basilico fresco, olio, sale.

Mescolate in una terrina il miglio già cotto, la ricotta schiacciata, il formaggio grattugiato, i capperi lavati sotto acqua corrente e le foglie di basilico sminuzzate. Amalgamate il tutto con un paio di cucchiai d'olio e occupatevi quindi dei pomodori. Anzitutto lavateli e asciugateli, privandoli poi della calotta in modo da poterli svuotare facilmente. Conservate l'interno e mescolatelo poco alla volta all'impasto precedentemente preparato, sino a ottenere una giusta morbidezza: dovrà rendere l'impasto compatto senza farlo perdere di morbidezza, ma anche senza che diventi troppo acquoso. A seconda del tipo di pomodoro usato e del grado di maturazione, avrete bisogno di usare una certa quantità dell'interno dei pomodori, che non necessariamente sarà tutta quella disponibile. Completato l'impasto con un pizzico di sale, riempite i pomodori e disponeteli infine su una teglia precedentemente unta d'olio. Lasciate in forno a fuoco moderato per almeno un'ora e servite, a piacere, caldi o freddi.

POMODORI RIPIENI ALLE NOCI

4 grossi pomodori maturi, 16 noci, 1 carota, 60 gr di fiocchi di riso, 2 spicchi d'aglio, 1 cucchiaino di semi di cumino, prezzemolo, 1 limone, olio, sale.

Lavate e asciugate i pomodori, privateli della calotta e quindi svuotateli, conservando la parte più consistente dell'interno. Nel frattempo fate gonfiare i fiocchi in acqua e pestate le noci dopo averle sgusciate. Pulite la carota sotto acqua corrente e tritatela piuttosto finemente. In una terrina mescolate quindi i fiocchi gonfiati e privi di eccessi acquosi, la carota tritata, le noci e l'aglio pestati, i semi di cumino, del sale e un filo d'olio, amalgamandoli con una parte dell'interno dei pomodori: ve ne basterà una quantità sufficiente a dare morbidezza all'impasto. Riempite poi i pomodori, spolverate di prezzemolo tritato e bagnate di succo di limone e poco olio prima di servire su un piatto di portata. È pur vero che non si tratta di una verdura cotta, ma nell'insieme, data la sua prelibatezza, abbiamo pensato di intrufolarlo in questo capitolo .

PORRI AL POMODORO

1 kg di porri, 400 gr di pomodori pelati, 2 spicchi d'aglio, qualche cucchiaio di pecorino grattugiato, origano, un pizzico di peperoncino in polvere, olio, acqua, sale.

Pulite accuratamente i porri privandoli della parte verde più coriacea e cuoceteli poi in poca acqua bollente per un quarto d'ora circa. Quindi scolateli e lasciateli asciugare, A parte saltate in poco olio l'aglio schiacciato e aggiungeteci i pomodori pelati e tritati, l'origano, del sale e un pizzico di peperoncino, lasciando cuocere per un quarto d'ora circa, a fiamma moderata. Dopo aver unto d'olio una teglia da forno, disponetevi i porri tagliati a metà nel senso della lunghezza, cospargeteli di sugo e formaggio grattugiato, procedendo a strati e coprendo da ultimo con sugo e formaggio. Mettete in forno a 200 °C per venti minuti circa e servite caldo.

PORRI AL FORNO

1 kg di porri, quattro cucchiai circa di farina integrale di frumento, 100 gr di parmigiano, olio, sale.

Pulite accuratamente i porri e tagliateli a rondelle. Saltateli poi in una pentola con poco olio, a fuoco piuttosto vivace, mescolandoli in modo da evitare che si bruciacchino. A parte tostate la farina con un po' d'olio, mescolandola continuamente con un cucchiaio di legno e aggiungeteci poi, poco alla volta, dell'acqua calda, meglio se conservata dalla cottura di qualche verdura. Amalgamatela alla farina sino ad ottenere una consistenza cremosa e lasciate cuocere a fuoco dolce per una decina di minuiti. Versate poi i porri appassiti in una teglia precedentemente unta d'olio, copriteli con la crema di farina, cospargete con il formaggio grattugiato e infornate infine per mezz'ora circa a fuoco non troppo alto.

PORRI AL CURRY

500 gr di porri, 1/2 cucchiaio di semi di cumino, 1 cucchiaio di curry in polvere, 1/2 cucchiaio di zenzero in polvere, 1/2 cucchiaio di coriandolo, olio, sale.

Lavate accuratamente i porri e affettateli piuttosto sottilmente. Scaldate quindi un po' d'olio e tostate i semi di cumino per un minuto, mescolandoli continuamente. Aggiungete poi i porri affettati, il curry, lo zenzero e del sale. Saltate a fuoco allegro per 3-4 minuti, quindi coprite il tegame e cuocete a fiamma moderata sinché i porri saranno teneri. Spolverate quindi di semi di coriandolo pestati e servite caldo. Potrà accompagnare dei cereali cotti a parte, in particolare del riso.

SEDANI BRASATI

8 cuori di sedano, 500 gr di pomodori, 1 manciata di olive nere, 1 spicchio d'aglio, prezzemolo, qualche cucchiaio di parmigiano grattugiato, olio, sale.

Pulite i cuori di sedano e tagliateli a metà, tenendo da parte le foglie. Cuoceteli quindi in poco olio, stufandoli a fuoco moderato sinché siano teneri. A cottura ultimata, cospargete con il formaggio grattugiato. Prima di portarli in tavola, copriteli con una salsa che avrete preparato nel frattempo mescolando i pomodori tagliati a pezzetti, il prezzemolo tritato, l'aglio schiacciato, un po' di foglie di sedano, sale, olio. Decorate con le olive.

SEDANO AL FORNO

2 teste di sedano-rapa, sale, acqua, olio.
Per la besciamella: 3 cucchiai di farina di frumento, acqua di cottura dei sedani, 1 rametto di timo, olio, sale.

Dopo averli puliti, lessate i sedani in poca acqua salata. Preparate quindi la besciamella: scaldate l'olio, incorporatevi la farina e aggiungete lentamente l'acqua di cottura dei sedani, in modo da ottenere una crema morbida che farete cuocere per un quarto d'ora circa, a fuoco molto moderato e tenendo continuamente mescolato con un cucchiaio di legno. Aggiungete il timo poco prima di togliere dal fuoco e, infine, aggiustate di sale. Preparate poi una teglia unta d'olio e disponetevi sul fondo i sedani tagliati a grosse fette, coprendoli con la besciamella. Mettete in forno a calore moderato per una decina di minuti e quindi servite caldo. Avrete un buon piatto invernale, dal sapore forte e gradevole.

SPINACI AL FORNO

1 kg di spinaci, 500 gr di pomodori maturi, 80 gr di parmigiano grattugiato, origano, acqua, olio, sale.

Lavate accuratamente gli spinaci e fateli quindi bollire in pochissima acqua. Poi scolateli e teneteli al caldo. Pelate i pomodori tuffandoli in acqua bollente, tritateli grossolanamente e mescolateli con origano, sale, olio. Disponete quindi gli spinaci in una pirofila precedentemente unta d'olio e versatevi sopra i pomodori tritati, cospargete di formaggio e infornate a fuoco alto, in forno caldo, per poco meno di dieci minuti. Servite caldo.

GNOCCHETTI VERDI

600 gr di spinaci, 200 gr di ricotta fresca, 2 patate, 1 uovo, 4 cucchiai di parmigiano grattugiato, 4 cucchiai di farina di frumento, 2 o 3 cucchiai di pangrattato, acqua, olio, sale, gomasio.

Bollite le patate senza sbucciarle e nel frattempo lavate accuratamente gli spinaci e cuoceteli a parte in pochissima acqua, appena sufficiente a coprire il fondo della pentola, salando leggermente. Sbucciate poi le patate, schiacciatele e tritate gli spinaci cotti, quindi mescolate le due verdure e, sinché sono ancora calde, aggiungete la ricotta sbriciolandola e lasciate quindi raffreddare il tutto.
Incorporate poi gli altri ingredienti, in modo da ottenere un impasto né troppo molle né troppo asciutto, aumentando o diminuendo la quantità di pangrattato a seconda della necessità. Formate quindi dei gnocchetti grandi circa quanto una noce o poco più, aiutandovi con le mani infarinate e lasciateli riposare per qualche ora. Tuffateli infine in acqua bollente e, quando vengono a galla, scolateli aiutandovi con una schiumarola. Condite con olio e gomasio oppure, se volete per una volta strafare, con burro fuso e parmigiano.

SPINACI AL SESAMO

800 gr di spinaci, 2 cucchiai di semi di sesamo, 1 cucchiaio di tamari, olio, sale.

Lavate accuratamente gli spinaci, scolateli e tagliateli quindi a striscioline. Lavate il sesamo, fatelo scolare con molta cura e mettetelo poi in una pentola con dell'olio, arrostendolo sino a quando comincia a "saltare". Unite quindi gli spinaci, cuoceteli per qualche minuto a fiamma allegra, che poi abbasserete; coprite e continuate la cottura per una ventina di minuti. Poco prima di togliere dal fuoco condite con tamari e servite caldo, accompagnato da cereali.

SOUFFLÈ DI SPINACI

1 kg di spinaci, 250 gr di ricotta fresca, 3 uova, noce moscata, formaggio grana q.b., olio.
Per la besciamella: 4 cucchiai di farina di frumento, acqua di cottura degli spinaci, 1 rametto di timo, olio, sale.

Pulite accuratamente gli spinaci e lessateli poi in pochissima acqua leggermente salata. Quando sono teneri scolateli (conservate l'acqua di cottura), quindi strizzateli e, in una terrina, mescolateli alla ricotta. Quando l'impasto è freddo, unite anche i rossi d'uovo, del sale e un pizzico di noce moscata. Preparate la besciamella scaldando l'olio, incorporandovi poi la farina e aggiungendo lentamente l'acqua di cottura degli spinaci, in modo da ottenere una crema morbida, che farete cuocere per un quarto d'ora circa, a fuoco assai moderato, mescolando di continuo. Aggiungete il timo poco prima di togliere dal fuoco, aggiustate di sale, aggiungete qualche cucchiaio di formaggio grattugiato. Mescolate quindi gli spinaci alla besciamella vegetale, unendo da ultimo anche le chiare montate a neve. Disponete in una teglia unta d'olio e infornate in forno caldo per venti-trenta minuti circa, lasciando riposare qualche istante nel forno spento prima di servire.

TOPINAMBUR SAPORITI

Una dozzina di radici di topinambur, parmigiano grattugiato, olio, acqua, pangrattato, prezzemolo, sale.
Per la besciamella: un paio di cucchiai di farina di frumento, olio, 1 rametto di timo, acqua di cottura di verdure, 1 tuorlo d'uovo, sale.

Spazzolate e lavate bene sotto acqua corrente le radici di topinambur. Fatele poi lessare in poca acqua salata per circa venti minuti, mantenendo una fiamma moderata. Dopo averle scolate, tagliatele a rondelle e versatele in una teglia unta d'olio e cospar-sa di pangrattato. Copritele con una besciamella preparata come nella ricetta precedente e arricchita con un tuorlo d'uovo, cospargete di parmigiano e prezzemolo tritato e infornate in forno caldo per 10-15 minuti, sino a gratinatura.

VERZA AL TAHIN

600 gr di verza, 2 cucchiai di tahin, 1 cucchiaio di miso, olio, sale, qualche cucchiaio di pangrattato.

Pulite la verza e tagliatela a striscioline, saltandola poi in una pentola con un po' d'olio. Dopo qualche minuto di cottura a fuoco allegro, salate, coprite con un coperchio e lasciate cuocere a fuoco lento per un quarto d'ora circa; non dovrebbe essere necessario aggiungere acqua. Nel frattempo stemperate a parte il tahin e il miso in poca acqua e uniteli alla verza quando è tenera e cotta. Preparate infine una teglia da forno unta d'olio e versateci la verza condita, cospargete di pangrattato e infornate per una ventina di minuti a media temperatura.

VERZA RIPIENA

500 gr di verza, 100 gr di funghi, 3 cipolle, 1 spicchio d'aglio, 300 gr di castagne, acqua, olio, sale, un mazzetto di prezzemolo.

Arrostite le castagne in forno e quindi sbucciatele. Nel frattempo pulite la verza e bollitela per qualche minuto in poca acqua leggermente salata. Tritate le cipolle e rosolatele in una pentola con poco olio, sino a quando diventino morbide e trasparenti; aggiungete l'aglio affettato finemente. Dopo qualche minuto unite anche i funghi precedentemente lavati, asciugati e affettati sottilmente; lasciate rosolare, abbassate quindi la fiamma e continuate la cottura a fuoco lento per una ventina di minuti, aggiustando di sale prima di togliere dal fuoco. Riempite quindi le foglie di verza con la salsa di funghi e arrotolatele, legandole poi con un filo. Disponetele in una pentola unta d'olio, versateci le castagne tutt'intorno, coprite e lasciate cuocere a fuoco molto moderato, con una retina frangifiamma, per un'ora circa. Se le verze tendessero ad attaccare, aggiungete di tanto in tanto poca acqua calda. Servite dopo aver lasciato riposare una mezzora dalla fine della cottura, spolverando con il prezzemolo tritato.

ZUCCA AL FORNO

800 gr di zucca, 1 rametto di rosmarino, 2 spicchi d'aglio, un cucchiaio di shoyu, alcune foglie d'insalata, sale, olio.

Lavate la zucca senza sbucciarla e tagliatela quindi a fette di circa due centimetri di spessore. Dopo aver oliato una teglia, disponetevi le fette di zucca, versandoci sopra il rosmarino tritato, l'aglio affettato, ancora un poco d'olio, lo shoyu e del sale. Mettete in forno e lasciate cuocere a temperatura media per una ventina di minuti, servendo poi su foglie d'insalata.

PUREA DI ZUCCA

800 gr di zucca, 2 cucchiai di kuzu, un mazzetto di prezzemolo, alcune foglie di basilico, acqua, olio, sale, crostini di pane.

Lavate la zucca senza sbucciarla e tagliatela quindi a cubetti. In una pentola scaldate dell'olio e unitevi quasi subito il basilico e la zucca, facendo insaporire per qualche minuto a fiamma allegra. Aggiungete quindi al soffritto poco più di mezza tazza d'acqua calda, del sale e lasciate cuocere a fuoco molto basso per una mezzoretta circa, passando poi il tutto al passaverdure. Diluite a parte il kuzu con mezza tazza d'acqua e aggiungetelo quindi alla purea. Mescolate e mettete di nuovo sul fuoco, in modo che si addensi. Non vi resterà infine che servire caldo dopo aver cosparso di prezzemolo tritato, su dei crostini di pane abbrustoliti.

GNOCCHI DI ZUCCA

1,2 kg di zucca, 2 uova, 250 gr di farina di frumento setacciata, 1 bicchiere di latte, 1 spicchio d'aglio, 70 gr di parmigiano grattugiato, un rametto di rosmarino, acqua, sale, noce moscata, olio, gomasio.

Pulite la zucca, sbucciatela e tagliatela a fette di un centimetro circa di spessore, cuocetela quindi a vapore dopo averla salata e cosparsa di foglie di rosmarino. Quando è pronta, lasciatela raffreddare e quindi frullatela insieme con il latte, le uova, l'aglio, un pizzico di noce moscata, sale. Versate quindi il tutto in una terrina e aggiungete la farina e il parmigiano, mescolando sino a ottenere un impasto dalla giusta consistenza, aumentando secondo l'esigenza la farina o il latte. Servendovi di un cucchiaio formate poi degli gnocchi, che tufferete nell'acqua bollente, lasciandoli cuocere sinché non vengano a galla. Li potrete servire con olio e gomasio o con burro e parmigiano.

SOUFFLÈ DI ZUCCA

500 gr di zucca, 100 gr di fiocchi di mais, un paio di cucchiai d'olio, 1/2 l d'acqua, 1 cipolla, 2 uova, un paio di cucchiai di prezzemolo tritato, 2 cucchiai di tamari, sale, noce moscata.

Pulite la cipolla, tritatela e fatela saltare in una pentola con un poco d'olio. Aggiungete quindi la zucca pulita ma non sbucciata e tagliata a cubetti, i fiocchi di mais e l'acqua. Dopo aver mescolato bene, lasciate cuocere per un quarto d'ora circa a fiamma piuttosto moderata e tegame coperto. Quindi frullate il tutto, aggiungete il tamari, il prezzemolo, i rossi d'uovo, sale e un pizzico di noce moscata. Unite infine anche gli albumi montati a neve e versate poi in una teglia da forno precedentemente unta d'olio, mettendo in forno a circa 200 °C per poco più di mezzora. Volendo, potete spolverare di formaggio grattugiato prima di infornare.

FIORI DI ZUCCA STUFATI

Una quarantina di fiori di zucca, sale, 4 cucchiai di olio.

Lavate molto delicatamente i fiori di zucca e lasciateli asciugare su un piano inclinato. Accomodateli poi in una casseruola larga e bassa e cospargeteli di poco sale e olio. Coprite la pentola e lasciate su un fuoco vivace sinché sentite sfrigolare, poi abbassate il fuoco e proseguite la cottura per circa venti minuti, controllando di tanto in tanto che non attacchino alla pentola.
Servite molto caldi e... buon appetito!

ZUCCHINE AL LIMONE

700 gr di zucchine, 1 limone e 1/2, 6 cucchiai d'olio, sale.

Lavate le zucchine e lasciatele asciugare. Tagliatele quindi nel senso della lunghezza a fettine piuttosto sottili, di circa due millimetri di spessore. Mettetele quindi in una terrina con il succo di limone e l'olio, mescolate e lasciate riposare per quattro o cinque ore. Poi scolatele, mettete in padella il succo di limone e l'olio, scaldate e unite quindi le zucchine salate, cuocete a fuoco allegro, mescolando per poco più di venti minuti, sinché saranno tenere.

ZUCCHINE ALLA RUCOLA

700 gr di zucchine, 3 cucchiai d'aceto, 3 cucchiai d'olio, un generoso mazzetto di rucola, 2 spicchi d'aglio, sale.

Lavate le zucchine e lasciatele asciugare. Tagliatele quindi a fette e lasciatele macerare in una terrina insieme con l'aceto, l'olio, l'aglio affettato e del sale. Dopo tre ore circa, scaldate la piastra e disponetevi le fette a dorare circa cinque minuti per lato. Stendetele quindi su un piatto di portata foderato di foglie di rucola e cospargetele con altre foglie di rucola tritate. È un delizioso piatto primaverile o d'inizio estate.

ZUCCHINE AL FORNO

700 gr di zucchine, 150 gr di formaggio di capra fresco, 50 gr di parmigiano grattugiato, 1 cucchiaio di erba cipollina tritata, una ventina di olive nere, olio, sale.

Pulite le zucchine, tagliatele a metà nel senso della lunghezza e quindi vuotatele. In una terrina sbattete energicamente il formaggio di capra con un cucchiaio di erba cipollina tritata, il parmigiano, del sale e un po' della polpa delle zucchine. Con l'impasto ottenuto, riempite quindi le zucchine e disponetele in una pirofila precedentemente unta d'olio, infornando per una ventina di minuti a fiamma moderata. Al momento di togliere dal forno, bagnate con un poco d'olio e decorate con le olive.

ZUCCHINE AL POMODORO

600 gr di zucchine, 400 gr di pomodori maturi, 100 gr di ricotta fresca di capra, 1 cipolla, qualche foglia di basilico, un rametto di timo, 1 spicchio d'aglio, olio, sale, pecorino q.b.

Lavate le zucchine, asciugatele e tagliatele a sottili fettine. Mettetele quindi in una teglia unta d'olio, insieme con l'aglio affettato e infornate per una ventina di minuti a 200 °C, dopo aver coperto con un foglio d'alluminio. Nel frattempo preparate a parte la salsa di pomodoro con la cipolla affettata finemente, i pomodori pelati e tagliati a pezzettini, timo, sale e, poco prima di togliere dal fuoco, basilico. Quando le zucchine saranno tenere e la salsa pronta, ungete una teglia da forno e disponete a strati le zucchine, la ricotta sbriciolata e la salsa di pomodoro, spolverando infine con il formaggio grattugiato. Lasciate in forno venti minuti circa e servite caldo.

ZUCCHINE RIPIENE

700 gr di zucchine, 150 gr di ricotta fresca, un rametto di maggiorana, qualche cucchiaio di pangrattato, acqua, olio, sale.

Pulite le zucchine e fatele cuocere in poca acqua salata, scolandole quando sono a metà cottura. Lasciatele poi raffreddare e tagliatele a metà nel senso della lunghezza, svuotandole quindi della polpa. Mettete la polpa in una terrina e mescolatevi la ricotta sbriciolata, le foglie di maggiorana tritate e un pizzico di sale. Dopo aver amalgamato il tutto, riempite con il composto ottenuto le zucchine e disponetele in una teglia da forno unta d'olio, spolverandole di pangrattato. Mettete infine in forno caldo per una decina di minuti.

CREMA DI ZUCCHINE E CAROTE

3 zucchine, 3 carote, 1 spicchio d'aglio, un rametto di maggiorana, 3 cucchiai di fiocchi di riso, crostini di pane, acqua, olio.

Pulite le zucchine e le carote e fatele quindi cuocere a vapore per circa un quarto d'ora. Poi frullatele unendo un bicchiere d'acqua, l'aglio, un paio di cucchiai d'olio, la maggiorana tritata fine, i fiocchi di riso precedentemente ammorbiditi in poca acqua tiepida, del sale. Servite la crema tiepida, accompagnandola con crostini di pane tostato.

VERDURE AL FORNO

4 carote, 2 cipolle, 1 rapa, 6 foglie di verza, 2 patate, un rametto di rosmarino, acqua, olio, sale.

Pulite le verdure e tagliatele grossolanamente. Mettetele quindi in una teglia da forno insieme con rosmarino e sale, aggiungete un bicchiere d'acqua e, dopo aver coperto con un coperchio o con un foglio d'alluminio, fate cuocere in forno per circa 45 minuti, mescolando di tanto in tanto. Spruzzate con olio prima di servire.

STUFATO DI VERDURE

1/2 cavolfiore, 300 gr di patate, 200 gr di carote, 2 cipolle, 1 spicchio d'aglio, 1 cucchiaio di semi di cumino, 1 cucchiaio di coriandolo, 1 pezzettino di cannella, 1 foglia d'alloro, acqua, olio, sale, mezza tazza di latte.

Pulite le verdure, tagliatele a pezzi e affettate la cipolla. Mettete dell'olio in una casseruola e fate saltare a fuoco allegro le cipolle e l'aglio, aggiungendo quindi le spezie preventivamente tostate e macinate, le verdure, il latte, la foglia d'alloro, del sale e una tazza d'acqua. Portate a leggera ebollizione e continuate la cottura a fuoco molto moderato per una mezzora circa. Servite come accompagnamento ad un cereale in chicchi, riso in modo particolare.

OMELETTE DI VERDURE

500 gr di patate, 500 gr di porri, funghi q.b., sale, olio.

Sbucciate le patate e grattugiatele; tagliate piuttosto finemente i porri dopo averli puliti con molta cura. Mescolate le due verdure in una terrina, aggiungendo un pizzico di sale e fate quindi cuocere il composto in un tegame unto d'olio. Quando la parte inferiore è cotta (fate attenzione che non si bruci, controllando la fiamma e abbassandola se fosse necessario), togliete dal fuoco, riempite con funghi stufati a parte con aglio, cospargete di prezzemolo tritato e ripiegate come fosse un'omelette. Servite caldo.

I legumi

Piatti a base di fagioli, ceci, lenticchie, piselli, fave, per la loro ricchezza in proteine vegetali, sono consigliati anche diverse volte alla settimana. Il loro gusto si abbina benissimo a qualsiasi verdura e anche ai cereali (senza esagerare nella quantità di questi ultimi) costituendo piatti unici completi e genuini. Per l'alto potere nutritivo e per il senso di sazietà che lasciano, una porzione di legumi cotti non dovrà superare i 150 gr, che corrisponde a circa 70 gr di prodotto crudo. Consumati preferibilmente durante l'inverno, i legumi secchi, possono costituire un piatto occasionale anche per la stagione calda, quando invece si preferisce consumare fagiolini, fave e piselli freschi, meno proteici ma più idratanti.
La cottura dei legumi secchi va sempre preceduta da un periodo di ammollo che varia dalle 24-12 ore per ceci e fagioli, alle 4-2 ore per fave, piselli e lenticchie. Ciò permette una cottura più rapida e una tollerabilità migliore per il nostro organismo. L'eventuale ammollo con alga kombu (1 o 2 cm a porzione) ne facilita la cottura, la digestione e arricchisce di utili sali minerali. Per la cottura, l'acqua di ammollo andrà sostituita con acqua fresca (più del doppio della quantità di legume bagnato); la cottura a fuoco lento si protrarrà per circa 3-4 ore per fagioli e ceci, 2-3 ore per fave e piselli secchi (a seconda del tipo) e 1 o 2 ore per le lenticchie (sempre a seconda delle varietà). Il sale va aggiunto solo a fine cottura per evitare l'indurimento della buccia.
Le varie ricette comprendono quasi sempre l'uso di odori, spezie ed erbe aromatiche per rendere i legumi gustosi, in modo da sollecitare i succhi gastrici e una più facile assimilazione.

FAGIOLI ALL'UCCELLETTO

250 gr di fagioli, acqua, 3 cucchiai di pomodoro fresco passato, salvia, sale, olio.

Lasciate in ammollo i fagioli e quindi lessateli. In un tegame unto fate soffriggere la salvia, gettatevi i fagioli e il succo di pomodoro, fate insaporire mescolando per 10 minuti a fuoco vivace. Quando il pomodoro si sarà asciugato completamente, i fagioli saranno pronti da servire con un filo di olio crudo.

FAGIOLI ALLA SPAGNOLA

50 gr di fagioli bianchi di Spagna secchi (100 gr se freschi) a persona, acqua, 1/2 cipolla fresca, 1 carota, alloro, santoreggia fresca, olio, sale.

Se i fagioli sono secchi lasciateli a bagno 12 ore, poi fateli cuocere per 2 ore con la carota e una parte della cipolla, verso la fine della cottura aggiungete l'alloro. Lasciateli intiepidire nella loro acqua (per evitare che si raggrinziscano), quindi scolateli e condite con la santoreggia sminuzzata, il resto della cipolla cruda tritata finemente, l'olio e il sale.

FAGIOLI DELL'OCCHIO AL RISO

250 gr di fagioli dell'occhio, 4 cm di alga kombu, 1 cipolla, 1 carota, salvia, 1,5 l di acqua, 200 gr di riso, 1 cucchiaio di tamari, 1 cucchiaio di olio di sesamo.

Mettete a bagno i fagioli con l'alga, fateli cuocere per quasi due ore, salate e poco dopo scolateli; separatene una parte (circa 1/3) che passerete al passaverdure. Aggiungete all'acqua di cottura altra acqua fredda e buttate il riso, portate a ebollizione, cuocete per 30 minuti. Nel frattempo preparate un trito con cipolla, carota, salvia e fate soffriggere nell'olio e tamari, aggiungete i fagioli passati e quelli interi. Scolate il riso, se non ha assorbito tutta l'acqua, e unitelo ai fagioli. Servite con un po' di olio crudo.

FAGIOLI ALL'ORZO

250 gr di fagioli, alga, acqua, cipolla, rosmarino, 200 gr di orzo, tamari, olio.

Dopo aver lasciato in ammollo l'alga e i fagioli, tagliate l'alga a quadretti e cucinatela con i fagioli per 2 ore (con acqua pari al doppio del volume dei fagioli e dell'orzo), aggiungete l'orzo e cucinate ancora per 20-30 minuti, rimestando affinché venga assorbito il brodo di cottura (all'occorrenza alzate la fiamma). A parte fate imbiondire nell'olio la cipolla col rosmarino e il tamari; versate il tutto su fagioli e orzo e servite.

BORLOTTI CON GNOCCHETTI DI SARACENO

250 gr di fagioli borlotti, alga, sale, tamari, acqua, 200 gr di gnocchetti di saraceno (o altra pasta), salvia, cipolla, olio d'oliva.

Lessate i fagioli più del solito, togliete l'acqua di cottura, unitela ad altra acqua, salate e cuocete i gnocchetti. Nel frattempo imbiondite la cipolla tagliata a rondelline fini, l'olio e il tamari. Quando la pasta sarà cotta, unitela ai fagiolini e versatevi sopra la cipolla insaporita.

FAGIOLI ALLA SICILIANA

200 gr di fagioli, 100 gr di coste di sedano, 1,5 l di acqua, olio di oliva.

Mettete i fagioli, dopo averli tenuti a bagno per una notte, in una pentola di coccio con un litro e mezzo di acqua e il sedano tagliato a fettine sottilissime. Fate cuocere fino a che l'acqua sia ridotta e i fagioli ben teneri. Potrete condire con olio crudo e qualche goccia di olio al peperoncino. È una pietanza buona anche senza l'aggiunta di sale. Servite con crostoni di pane tostato.

FAGIOLI LESSATI

300 gr di fagioli, 6 cm di alga kombu, 1 l di acqua, 1 cucchiaio di sale, 1 carotina, 1/2 cipolla, un po' di sedano, rosmarino o salvia o alloro.

Lasciate in ammollo i fagioli in acqua con l'alga kombu per una notte, sostituite l'acqua e cucinate con l'alga, gli odori e le erbe aromatiche in una pentola di coccio chiusa per 2 o 3 ore. Schiumate se occorre, e a fine cottura aggiungete il sale. Scolate quindi la poca acqua rimasta, schiacciate carota, cipolla, sedano e alga, mescolateli ai fagioli e servite con un po' di olio crudo.

FAGIOLI ALLA CONTADINA

300 gr di fagioli, 6 cm di alga kombu, 1 l d'acqua, sale, odori, salvia, 2 spicchi di aglio, 1 cipolla media, olio.

Dopo aver lasciato in ammollo con l'alga e lessato i fagioli, fate rosolare in un tegame di terracotta l'olio con l'aglio schiacciato, la cipolla a fettine e la salvia, versate i fagioli non completamente scolati e rimestate per 5 minuti. Volendo si può aggiungere un po' di succo di pomodoro. Servite con un cucchiaio di olio.

FAGIOLI ALLE CIPOLLE

250 gr di fagioli, 5 cm di alga kombu, 1 l d'acqua, 2 grosse cipolle, origano, sale, olio.

Mettete i fagioli a bagno con l'alga; dopo circa 12 ore sostituite l'acqua e cuocete i legumi e l'alga in una pentola di terracotta per 2 ore, schiumando se necessario. Tagliate la cipolla grossolanamente e mettetela a bollire coi fagioli per quasi un'ora. Verso fine cottura, alzate la fiamma per far evaporare quasi tutta l'acqua; servite con origano e olio.

FAGIOLI AL MAIS

250 gr di fagioli, alga kombu, acqua, 250 gr di mais a grani interi non troppo maturi, 1 patata, prezzemolo, timo, santoreggia, paprica, sale, olio.

Mettete a bagno per una notte i fagioli assieme al mais e all'alga. Fateli poi cuocere in una pentola di coccio per almeno 3 ore. A metà cottura aggiungete gli aromi (escluso il prezzemolo) e la patata a tocchetti che pian piano si scioglierà. A fine cottura aggiungete prezzemolo tritato, olio crudo e paprica.

FAGIOLI NERI ALLA SANTOREGGIA

2 tazze di fagioli neri, 5 tazze d'acqua, 6 cm di alga kombu, 2 cucchiai di olio, 4 cipolle piccole, 1/4 di cavolo cappuccio, 1 cucchiaio di tamari, santoreggia.

Lavate e mettete a bagno i fagioli con l'alga per 12 ore. Fateli cuocere nella pentola di terracotta per 3 ore con la kombu e la santoreggia. Scaldate l'olio in una pentola di coccio e fatevi soffriggere le cipolle tagliate a fettine e il cavolo. Abbassate il fuoco, coprite e fate cuocere a fuoco basso per 20 minuti. Quando i fagioli saranno cotti, aggiungete il tamari e fate asciugare buona parte del liquido eventualmente rimasto. Unite le cipolle e il cavolo, spegnete e servite.

FAGIOLI NERI ALL'ORZO

2 tazze di fagioli neri, 2 tazze d'orzo mondo, 8 tazze di acqua, 2 cucchiai d'olio, 2 cucchiai di shoyu, prezzemolo, sale.

Lavate l'orzo e mettetelo a bagno per 24 ore in 4 tazze d'acqua. Lavate i fagioli e metteteli a bagno, in un'altra ciotola per 12 ore in 4 tazze d'acqua. Fate cuocere l'orzo con la sua acqua in una pentola coperta per 2 ore. Aprite, aggiungete i fagioli e altra acqua, riportate a ebollizione, coprite e fate cuocere ancora per 2 ore. Salate leggermente, aggiungete lo shoyu, controllate la cottura dell'orzo e dei fagioli. Condite con un poco d'olio crudo e del prezzemolo tritato.

FAGIOLI NERI CON ZUCCA

2 tazze di fagioli neri ammollati con 6 cm di alga kombu, 300 gr di zucca, 4 o 5 tazze di acqua, sale, 1 cucchiaio di shoyu, 1 cucchiaio di malto di riso.

Disporre l'alga ammorbidita tagliata a pezzettini sul fondo di una pentola di coccio, poi la zucca tagliata a grosse fette e sopra i fagioli ammollati. Coprite con 4 o 5 tazze di acqua fredda e cuocete a fuoco basso finché la zucca e i fagioli non siano morbidi. Aggiungete sale, shoyu e malto, continuate la cottura rimestando per 10 minuti. Lasciate riposare per 15 minuti prima di servire.

CROCCHETTE DI FAGIOLI

500 gr di fagioli lessati, pangrattato, 1 cipolla, santoreggia, timo, noce moscata, olio di sesamo, tamari.

Passate i fagioli così da ottenere una purea. Preparate un battuto con la cipolla cruda, gli aromi, l'olio e il tamari; mescolate il tutto alla purea e fatene delle polpettine rotonde leggermente schiacciate. Passatele nel pane grattugiato e tenetele in forno, in una teglia unta e con poco tamari, finché la superficie prenderà un colore dorato (è consigliabile non aggiungere uova né formaggio, poiché le loro proteine mal si combinano con i fagioli; si possono anche friggere ma risultano più pesanti).

TORTINO DI FAGIOLI

500 gr di fagioli lessati, pane, prezzemolo, cipolla, aglio, olio di sesamo, tamari, aromi.

Dopo aver ottenuto una purea dai fagioli, ungete un tegame con olio insaporito con l'aglio schiacciato e cospargete di pangrattato. Preparate un trito finissimo con cipolla, prezzemolo ed altri aromi a piacere, incorporatelo nella purea e stendetelo nel tegame da forno, cospargendo la superficie di pangrattato. Cuocete per circa 20 minuti finché la superficie non sarà dorata.

FAGIOLI FREDDI AL CUMINO

250 gr di cannellini, acqua, 1 carota, 1 costa di sedano, 1 spicchio di aglio, 1 cucchiaino di tamari, 1 cucchiaino raso di semi di cumino e chiodi di garofano tritati, basilico, prezzemolo.

Cuocete i fagioli, fateli raffreddare e scolateli. Condite con le verdure tritate, le spezie e gli aromi. Aggiungete un filo d'olio e lasciate riposare almeno 1 ora prima di servire.

INSALATA DI BORLOTTI

200 gr di borlotti, acqua, 2 coste di sedano, 10 ravanelli, 2 carote, 1 spicchio di aglio, 1 cucchiaio di prezzemolo, 1/2 cucchiaio di cumino, 2 chiodi di garofano, 4 cucchiai di olio, 2 cucchiaini di shoyu.

Cuocete i fagioli, fateli raffreddare e scolateli. Tagliate le verdure molto finemente e unitele ai fagioli insieme con l'aglio e il prezzemolo tritati, l'olio, lo shoyu e le spezie pestate o tritate. Lasciate riposare qualche ora prima di servire.

INSALATA DI FAGIOLI NERI AL MIGLIO

300 gr di fagioli neri lessati, acqua, 100 gr di miglio, 1 peperone, 1 carota, 1 costa di sedano, 1 cipolla piccola, tamari, poco agro di mele, gomasio.

Fate cuocere il miglio gettandolo nell'acqua bollente salata per 10 minuti; scolatelo e lasciatelo raffreddare, separando i chicchi con una forchetta. Tagliate a cubetti tutte le verdure. Fate bollire 1/2 litro di acqua con sale e agro di mele e gettatevi un cucchiaio per volta di verdure tritate, raccogliendole poi con un mestolo forato. Dopo aver scottato tutte le verdure lasciatele raffreddare e incorporatele nel miglio unendo i fagioli neri e il tamari. Spolverate con gomasio.

FAGIOLI FRESCHI ALLA GITANA

800 gr di fagioli da sgranare, brodo vegetale o acqua, 1 cipolla, 1 spicchio d'aglio, 1 carota, 1 costa di sedano, 500 gr di pomodori, cerfoglio, basilico, menta, sale.

Sgranate i fagioli. Preparate un battuto finissimo di cipolla, aglio, carota e sedano. Scottate i pomodori in acqua bollente, pelateli, quindi riduceteli in filetti. Mettete sul fuoco una casseruola di terraccotta unta leggermente, e ponetevi ad appassire il battuto preparato. Poi unite anche i fagioli e i pomodori. Rimestate con un cucchiaio di legno e fate rosolare il tutto per qualche minuto. Nel frattempo tritate il cerfoglio, il basilico e la menta. Cospargete i fagioli con gli aromi, regolate il sale, mescolate e coprite di brodo vegetale o acqua calda. Lasciate cuocere per 1 ora circa, mescolando di tanto in tanto e tenendo il recipiente coperto. Se necessario, aggiungete altro brodo caldo. Servite i fagioli col loro intingolo di cottura.

FAGIOLI FRESCHI ALLA MANTOVANA

300 gr di fagioli freschi, 3 patate, 1 carota, 1 zucchina, 2 pomodori, un mazzetto di basilico, un ciuffo di prezzemolo, 1 cipolla, 1 costa di sedano, 1 spicchio di aglio, 4 cucchiai di olio, 3 l di brodo vegetale, sale, 250 gr di verza.

Sgranate i fagioli e lavateli. Tagliate a cubetti le patate, la carota e la zucchina. Immergete per qualche minuto i pomodori in acqua bollente, pelateli e tagliateli a pezzettini. Preparate un trito finissimo di basilico, prezzemolo, cipolla, sedano e aglio. Mettete il trito in una pentola con l'olio, fate colorire il soffritto, quindi aggiungetevi i fagioli, le patate, la carota e la zucchina rimestando gli ingredienti fra loro. Coprite il tutto con acqua o brodo vegetale caldo, salate poco e portate a ebollizione. Nel frattempo lavate bene la verza e tagliatela a striscioline fini; unitela alle altre verdure, mescolando bene. Lasciate cuocere per circa 1 ora a fuoco bassissimo. Questi fagioli sono ottimi anche per condire la pasta.

FAGIOLI BORLOTTI FRESCHI

1 kg di borlotti freschi, 200 gr di pomodori, 500 gr di cipolline, 1/2 cucchiaio di olio, sale, acqua o brodo vegetale.

Sgranate i fagioli e sciacquateli. Immergete i pomodori in acqua bollente per qualche minuto, sgocciolateli e pelateli; tagliateli in filetti. Mettete sul fuoco un tegame di terracotta con l'olio. Rovesciatevi le cipolline intere e lasciatele appassire a fiamma moderatissima. Dopo circa 10 minuti, unite i fagioli e i pomodori. Insaporite con una presa di sale quindi coprite il tutto con acqua calda (o brodo vegetale) e lasciate cuocere per 1 ora a fuoco dolce e a recipiente coperto. Rimestate di tanto in tanto e, se necessario, unite altro brodo caldo.

SOUFFLÈ DI FAGIOLINI VERDI

500 gr di fagiolini verdi, acqua, 1/2 cipolla, 3 uova, olio di sesamo, 2 cucchiai di farina di grano saraceno, 1/4 di latte di soia, pangrattato, 1 pizzico di timo, sale.

Cuocete,in acqua bollente salata,i fagiolini a mezza cottura. Tritate la cipolla e mettetela a rosolare in una padella con olio; quando sarà imbiondita aggiungete i fagiolini, ben scolati e tagliati grossolanamente. In un tegamino a parte preparate la salsa: stemperate la farina nel latte di soia, aggiungete il sale e mettete al fuoco per alcuni minuti, finché risulterà densa. Levate dal fuoco e aggiungete i tuorli d'uovo e il timo. Montate gli albumi a neve ben sodi e incorporateli alla crema raffreddata a cui unirete anche i fagiolini. Mescolate delicatamente e versate in un tegame da forno a bordi alti, precedentemente unto e cosparso di pangrattato. Ponete in forno ben caldo e fate cuocere per circa 25/30 minuti a temperatura media. Il soufflè va servito caldo appena sfornato.

FAGIOLINI VERDI AL POMODORO

400 gr di fagiolini, acqua, 2 cucchiai d'olio, 2 spicchi d'aglio, un buon pizzico di cipolla tritata, qualche fogliolina di salvia, 200 gr di polpa di pomodoro tritata, 1 cucchiaio di tamari, pochissimo sale, prezzemolo.

Nettate con cura i fagiolini, tagliateli in pezzetti di circa 2 cm di lunghezza e lavateli bene. Mettete in un tegame l'olio, l'aglio, la cipolla e la salvia; fate imbiondire, aggiungete la polpa di pomodoro e i fagiolini tagliati a pezzetti, condite con sale e tamari, e ricoprite a filo con acqua fredda. Appena accenna l'ebollizione, abbassate la fiamma, coprite e continuate la cottura per circa 3/4 d'ora, mescolando di tanto in tanto. Servite con prezzemolo tritato.

INSALATA DI CANNELLINI

200 gr di cannellini ammollati, acqua, 1 cucchiaino raso di cumino e chiodi di garofano tritati, un po' di prezzemolo, 1 spicchio d'aglio, 4 cucchiai di olio.

Cucinate i cannellini in abbondante acqua e poi fateli raffreddare. Scolateli e condite con l'olio, il prezzemolo e l'aglio tritati, il cumino e i chiodi di garofano. Lasciate riposare qualche ora affinché tutto si insaporisca bene prima di servire.

FAGIOLINI SCOTTATI

500 gr di fagiolini, acqua, 3 cipolle medie, 2 cucchiai di tahin, 2 cucchiaini di miso, sale.

Fate bollire 1/2 litro di acqua con un po' di sale, gettatevi una manciata di fagiolini, lasciateli bollire per 2 minuti e raccoglieteli con un mestolo forato. Continuate l'operazione in modo da scottare tutti i fagiolini e tagliateli poi a tocchetti. Fate la stessa operazione con le cipolle tagliate in quarti, che unirete poi ai fagiolini. Preparate una salsa sciogliendo in mezzo bicchiere di acqua il miso e il tahin. Condite i fagiolini con la salsa e servite.

CECI LESSATI

300 gr di ceci, 6 cm di alga kombu, 1 l di acqua per l'ammollo e 1 l di acqua abbondante per la cottura, 1 cucchiaio di sale.

Mettete a bagno i ceci per 12 o 24 ore con l'alga. Sostituite l'acqua e, dpo aver tagliato l'alga a fettine, mettete tutto sul fuoco in una pentola di terracotta. I ceci devono bollire per più di 3 ore (una buona cottura deve essere a fuoco molto basso e prolungata anche per 4 o 6 ore).

CECI STUFATI

600 gr di ceci già lessati, 1 cipolla, 1 carotina, 1 gambo di sedano, salvia, rosmarino, 1 cucchiaio di tamari, 1 spicchio di aglio, prezzemolo tritato, 2 cucchiai di olio.

Affettate la cipolla e fatela soffriggere nell'olio, aggiungendo poi un trito di carota, sedano, salvia, rosmarino e aglio. Dopo aver mescolato per 2 minuti aggiungete il tamari e i ceci con pochissimo brodo di cottura. Fate cuocere per 20 minuti rimestando spesso (volendo potete aggiungere 2 cucchiai di passato di pomodoro).

CECI E VERZA

300 gr di ceci, 6 cm di alga kombu, 1 l abbondante di acqua, santoreggia, noce moscata, 1 cipolla, tamari, olio di sesamo.

Cucinate i ceci dopo averli messi a bagno per 12-24 ore con l'alga. Un'ora prima della cottura aggiungete la verza tagliata in grossi pezzi, la cipolla in quarti, unite il sale e la santoreggia. A fine cottura alzate la fiamma per far assorbire quasi tutto il brodo di cottura; se occorre schiacciate le verdure, poi aggiungete il tamari e la noce moscata. Fate cuocere ancora per 5 minuti rimestando.

CROCCHETTE DI CECI

600 gr di ceci già lessati, timo, salvia, cumino, tamari, 1 cucchiaio di olio, 2 spicchi di aglio, 1 cucchiaio di farina, pangrattato, prezzemolo, sale.

Passate i ceci nel passaverdure, unite la salvia, il timo e il cumino. Fate leggermente abbrustolire la farina in una padella e unitela alla purea di ceci. Con l'impasto ottenuto fate delle palline appena schiacciate avvolgetele nel pangrattato mischiato a prezzemolo tritato. Ponete poi le crocchette in una teglia unta, con tamari e aglio schiacciato e passatele in forno; dopo 15 minuti rigiratele e cuocetele per altri 15 minuti.

CECI CON PASTA INTEGRALE

400 gr di ceci già lessati, acqua, 1 cipolla, salvia, rosmarino, origano, 300 gr di pasta corta, tamari, olio, prezzemolo tritato, sale.

Passate nel passaverdura la metà dei ceci. Tagliate finissima la cipolla e fatela rosolare in poco olio con tutti gli aromi. Cucinate la pasta come al solito, oppure in metà acqua e metà brodo di cottura dei ceci. Scolatela al dente e versatela in un tegame coi ceci, la purea e la cipolla rosolata, unite il tamari e fate saltare per 5 minuti in modo che si amalgami bene ogni ingrediente. Potete servire con prezzemolo tritato.

HOMUS

600 gr di ceci lessati, 1/2 bicchiere di brodo di cottura, 1 cucchiaio di tahin, 2 spicchi di aglio, olio, sale, qualche goccia di limone, pane.

Passate i ceci molto cotti nel passaverdure in modo da ottenere una pasta omogenea, cui incorporerete anche un po' del liquido di cottura e il tahin. Tritate finissimo l'aglio, unitelo alla crema insieme con il sale e qualche goccia di limone. Si può servire spalmato su fette di pane con un po' d'olio crudo.

CREMA DI CECI AL CAVOLFIORE

2 tazze di ceci, 12 tazze d'acqua, 1 piccolo cavolfiore, 6 cm di alga kombu, 2 spicchi d'aglio, rosmarino, 1 cucchiaio d'olio, 3 cucchiai di shoyu, pane, sale.

Lavate i ceci e metteteli a bagno per 24 ore in 6 tazze di acqua. Ungete una pentola di terracotta con olio. Fatelo riscaldare e unitevi l'aglio tagliato a fettine, il rosmarino e i ceci scolati. Fate insaporire. Aggiungete 6 tazze di acqua e l' alga kombu tagliata a pezzetti; fate cuocere per 3 ore. Lavate il cavolfiore e fatelo cuocere a vapore per 1/2 ora. Quando i ceci saranno pronti, aggiungete lo shoyu, il cavolfiore e continuate la cottura per qualche minuto. Passate tutto al passaverdure. Servite con dei dadini di pane abbrustolito e olio crudo.

TARTINE DI CECI

300 gr di ceci ammorbiditi, 1 l d'acqua, 1 spicchio di aglio, 1 cucchiaio di shoyu, 1 cucchiaio di prezzemolo e rosmarino (tritati), 4 cucchiai di olio, olive nere, 1/2 cipolla rossa.

Cuocete i ceci a lungo in acqua, quindi scolateli, passateli al passaverdure, aggiungete l'aglio e gli aromi tritati e condite con l'olio e lo shoyu. Tostate delle fette di pane e spalmatevi sopra il composto. Guarnite con olive nere e fettine di cipolla rossa tagliata finissima.

NISHIME CON CECI

150 gr di ceci già lessati, 8 cm di alga kombu, acqua, 1 carota, 1/2 daikon (ravanello gigante bianco o marrone), 1 cipolla, 200 gr di zucca bernoccoluta o hokkaido, 1/2 cavolo cappuccio, 2 radici di bardana oppure poca cicorietta, sale, shoyu.

Servitevi di una pentola pesante e spessa munita di un buon coperchio. Lasciate a bagno l'alga kombu finché non diventi morbida. Tagliatela in pezzi di 3 cm di lunghezza e disponetela sul fondo della pentola. Aggiungete carota, daikon, radici di bardana, cavolo cappuccio e ceci lessati; le verdure devono essere precedentemente lavate e tagliate in pezzi di 2-3 cm e disposte a strati (nell'ordine in cui sono elencate, a partire dalla kombu). Aggiungete acqua quanto basta per lambire lo strato di verdure più basso. Spargete una piccola quantità di sale e di salsa di soia sulle verdure e i ceci. Coprite e iniziate a cuocere a fiamma vivace finché non si produce una forte quantità di vapore; abbassate la fiamma e lasciate cuocere pian piano per 15-20 minuti. Se l'acqua dovesse evaporare completamente aggiungetene dell'altra badando che sia bollente e, comunque, non troppa. Quando tutta la verdura è cotta aggiungete alcune gocce di salsa di soia e mescolate bene tutto. Continuate la cottura a pentola coperta, per altri 2 minuti. Togliete il coperchio, spegnete il fuoco e lasciate che la verdura e i ceci riposino per 2 minuti. Servite, ancora caldo, con il sugo formatosi durante la cottura.

FARINATA

100 gr di farina di ceci, acqua, sale, 1/2 bicchiere di olio.

Stemperate bene la farina con acqua per ottenere una crema molto liquida. Aggiungete un pizzico di sale e lasciate riposare mezz'ora. In una teglia da forno, molto bassa, mettete l'olio, aggiungete la crema, che non deve superare il 1/2 cm di spessore. Girate con un cucchiaio di legno, per mescolare grossolanamente il composto all'olio. Infornate per 20 minuti.

LENTICCHIE LESSATE

2 tazze di lenticchie lavate (l'ammollo non è indispensabile), 5 tazze d'acqua, 1 carota, 1 cipolla, timo, alloro, 4 cm di alga kombu, tamari, prezzemolo tritato, olio.

Lavate e tagliate a pezzi la carota e la cipolla; mettete le lenticchie, l'alga, le verdure e gli odori (timo e alloro) in una pentola di coccio con l'acqua, e fate bollire, a fiamma bassa, per circa 45 minuti, tenendo coperto. A fine cottura aggiungete il tamari. Condite con un po' d'olio crudo e il prezzemolo tritato. (Se avanza del brodo di cottura, conservatelo per fare una zuppa).

LENTICCHIE STUFATE ALLA MEDITERRANEA

250 gr di lenticchie, acqua, 4 cm di alga kombu, pomodori pelati, 1 cipolla, 1 spicchio d'aglio, origano, 1 cucchiaio d'olio, 1 cucchiaio di tamari.

Fate soffriggere la cipolla affettata nell'olio e tamari con l'origano. Versate nello stesso recipiente le lenticchie ammollate, l'alga tagliata a quadrettini e fate bollire, in poca acqua, per 20 minuti. Aggiungete i pomodori pelati col loro sugo e continuate la cottura per un'altra mezz'ora. Servite con poco olio crudo.

LENTICCHIE IN UMIDO

250 gr di lenticchie, 1 carota, 1 cipolla, 1 gambo di sedano, sale, olio, 1/2 bicchiere di vino, salsa di pomodoro, acqua.

Mettete in una casseruola di coccio il trito di odori e fateli imbiondire nell'olio, aggiungete le lenticchie lavate e scolate. Gettatevi sopra il vino e mescolate finché non ne evapora la metà; aggiungete poi salsa di pomodoro e acqua fino a coprire. Cucinate a tegame coperto per circa un'ora, al termine della quale salate e alzate la fiamma per far ridurre buona parte del liquido e servite.

LENTICCHIE STUFATE ALLA LEOPOLDO

300 gr di lenticchie, acqua, sale, 1 spicchio d'aglio, 1 cipolla, 1 rametto di rosmarino, qualche foglia di salvia, 3 cucchiai di olio, 1 cucchiaio di farina, brodo vegetale, 1 cucchiaio di salsa di pomodoro.

Tenete a bagno le lenticchie per 2 ore, quindi lessatele per circa 30 minuti e salate. Nel frattempo preparate un trito finissimo di aglio, cipolla, rosmarino e salvia e ponetelo in una casseruola di terracotta nella quale avrete messo a scaldare l'olio. Quando il trito sarà ben colorito, incorporatevi la farina, mescolando con un cucchiaio di legno finché non sarà dorata. A questo punto diluitela con un mestolo di brodo vegetale caldo (o acqua) nel quale avrete sciolto la salsina di pomodoro. Insaporite con una presa di sale e lasciate rapprendere il sugo a fuoco dolcissimo. Quando le lenticchie saranno al punto giusto di cottura, unitele al sugo, aggiungendo ancora un po' di brodo. Rimestate, fate cuocere per altri 10 minuti e servite.

LENTICCHIE ALLA PAPRICA

300 gr di lenticchie, acqua, 1 cipolla, 1 spicchio d'aglio, 2 cucchiaio d'olio di sesamo, 1 cucchiaino di paprica, prezzemolo.

Lessate le lenticchie con la cipolla a pezzi e l'aglio schiacciato. A parte soffriggete la paprica nell'olio senza farla bruciare. Scolate le lenticchie (solo se occorre) aggiungete la paprica soffritta e rimestate. Servite con prezzemolo tritato.

LENTICCHIE IN SALSA

1 tazza di lenticchie, acqua, 1 cipolla tritata, 1 spicchio d'aglio, 2 cucchiai di olio, 2 cucchiai di farina, 2 foglie d'alloro, 1 pizzico di coriandolo in polvere, 1 pizzico di curry.

Fate appassire in una pentola la cipola tritata e l'aglio, mescolando. Aggiungete il coriandolo, il curry e la farina. Togliete dal fuoco e lasciate raffreddare. Diluite con un po' d'acqua per ottenere una pastella liquida. Aggiungete le lenticchie, il doppio del loro volume d'acqua e rimettete sul fuoco, facendo cuocere a fiamma bassa per 45 minuti.

CROCCHETTE DI LENTICCHIE

2 tazze di lenticchie cotte, 2 scalogni finemente tritati, tamari, sale, qualche oliva nera snocciolata e tritata, 3 o 4 cucchiai di farina, pangrattato.

Passate le lenticchie al passaverdure e mescolatele con gli scalogni, le olive, sale o tamari (o entrambi a seconda dei gusti). Incorporate farina sufficiente a formare una pasta consistente e formate delle crocchette. Passatele nel pangrattato e indoratele bene in una padella con olio ben caldo. Se preferite un piatto ugualmente gustoso e più leggero, dorate le crocchette in una teglia da forno cuocendole con poco olio e tamari per 20 minuti.

LENTICCHIE ALL'ARANCIA

200 gr di lenticchie piccole, acqua, buccia d'arancia grattugiata, 1 cucchiaino di miso, 1 cucchiaino di tamari, 1 cipolla, prezzemolo tritato, 1 cucchiaio d'olio.

Lasciate a bagno le lenticchie per due ore circa. Tritate bene la cipolla e fatela soffriggere nell'olio e tamari; unite quindi le lenticchie. Aggiungete mezzo litro d'acqua e la buccia di un'arancia: fate cuocere a fuoco lento fino a quando non avrete ottenuto una crema morbida. Sciogliete un cucchiaino di miso in poca acqua e, insieme con il prezzemolo tritato finissimo, incorporate mescolando bene.

RAGÙ DI LENTICCHIE

200 gr di lenticchie, olio, 1 cucchiaio di tahin, 1 carota, 1 gambo di sedano, 1 cipolla, 1 spicchio d'aglio, 2 foglie di alloro.

Dopo aver lasciato a bagno le lenticchie per 2 ore, lessatele in acqua. Scolatele e passatene la metà al passaverdure (o frullatele). Preparate un trito con le verdure e gli odori e fateli rosolare nell'olio e tamari. Unite il tahin e le restanti lenticchie. Questa salsa è ottima sia da sola che per condire, riso, pasta o altri cereali.

CREMA DI LENTICCHIE ROSA CON BESCIAMELLA

200 gr di lenticchie rosa, acqua, 100 gr di farina di frumento, 1 cipolla grossa, 1 cucchiaio di tamari, salvia, olio di sesamo, sale.

Lavate le lenticchie e mettetele a cuocere in circa un litro d'acqua. Arrostite con un po' d'olio di sesamo la farina e, quando sarà ben dorata, versatela mescolando nella pentola con le lenticchie. Tritate bene una cipolla e, dopo averla fatta soffriggere con due foglie di salvia, aggiungetela alle lenticchie. Fate cuocere a fuoco molto lento per due ore circa (inserite sotto la pentola una retina frangifiamma per evitare che si bruci). Condite infine con il tamari e il sale. Più la cucinerete più diventerà saporita.

LENTICCHIE ROSA SGUSCIATE ALL'ORZO

200 gr di lenticchie sgusciate, 150 gr di orzo , 1 l di acqua circa, 1 cipolla, 1 carota, 2 foglie di cavolo, salvia, 1 cucchiaio di tamari, olio di sesamo, 1 cucchiaio di tahin, 1 cucchiaino di miso.

Fate soffriggere la cipolla e le altre verdure tagliate a tocchetti con la salvia in poco olio e tamari. Unite quindi le lenticchie e l'orzo e fate insaporire per due minuti rimestando. Aggiungete quasi un litro di acqua e fate bollire per 30 minuti. Fate una cremina col miso sciolto in poca acqua, unite il tahin, versatela sulle lenticchie e servite.

LENTICCHIE ALLA ROMANA

300 gr di lenticchie, 1 cipolla, 1 gambo di sedano, 1 carota, 1 foglia di alloro, 1 tazza di passato di pomodoro, 1 tazza di brodo vegetale, olio, sale.

Mettete le lenticchie a bagno per qualche ora. Tritate carota, cipolla e sedano e metteteli in un tegame (meglio se di coccio) a stufare con poco olio. Aggiungete poi le lenticchie ben scolate e mescolate qualche minuto; quindi unite il passato di pomodoro e salate. Mescolate, coprite e fate cuocere a fuoco bassissimo per circa un'ora e mezza. Ogni tanto, se serve, aggiungete del brodo vegetale caldo. A fine cottura condite con olio crudo.

CREMA DI LENTICCHIE E SPINACI

150 gr di lenticchie secche, 200 gr di spinaci, acqua, il succo di 1/2 limone, maggiorana, 1 foglia di alloro, 1 cucchiaio di farina, olio, sale.

Lessate le lenticchie, (precedentemente ammollate) con la foglia d'alloro. Cuocete in poca acqua gli spinaci, passateli o frullateli e rimetteteli a cuocere, per 15 minuti, in una pentola in cui si sarà fatta prima tostare la farina diluita poi con un bicchiere d'acqua (incorporate l'acqua lentamente e sempre mescolando, cosicché non si formino grumi). Scolate le lenticchie, unitele alla crema e condite con la maggiorana, il succo di limone e il sale.

LENTICCHIE E NOCI

250 gr di lenticchie di montagna lessate, 200 gr di cipolle, 3 cucchiai di olio, 1 cucchiaio di prezzemolo, 50 gr di noci.

Fate appassire in una padella con poco olio le cipolle tagliate a spicchi, aggiungete poi le lenticchie, le noci tritate grossolanamente e tenete sul fuoco altri 5 minuti. Prima di servire aggiungete olio e prezzemolo.

LENTICCHIE DORATE

250 gr di lenticchie, acqua, 1 mela renetta, 1 cipolla, 1 cucchiaio di curry, 2 cucchiai di olio.

Cuocete le lenticchie. Mettete l'olio, la mela e la cipolla tagliate a fettine sottili in un tegame largo e a fondo grosso. Aggiungete il curry, salate e cuocete coperto finché le verdure siano ben appassite. Unite le lenticchie con 1/2 bicchiere dell'acqua di cottura e tenete sul fuoco fino a che non siano ben asciugate. Fuori dal fuoco aggiungete l'olio crudo.

PATÉ DI LENTICCHIE

200 gr di lenticchie, acqua, 1 carota, 1 gambo di sedano, 1 cipolla, 2 spicchi di aglio, 1 cucchiaio di prezzemolo tritato, 4 cucchiai di olio, 5 cm di alga kombu.

Lessate le lenticchie con gli odori e l'alga, per circa 1 ora, finché non saranno ben cotte. Passatele e aggiungete alla purea l'aglio tritato, il prezzemolo e l'olio. Lasciate riposare qualche ora per far amalgamare bene i sapori. Si mangia come purea con verdure oppure si spalma su crostini di pane.

INSALATA DI LENTICCHIE

250 gr di lenticchie ammorbidite, acqua, 2 pomodori da insalata, 1 cipolla rossa, 3 cucchiai di olio, un po' di prezzemolo, aglio, lattuga (facoltativa).

Lessate le lenticchie, scolatele e lasciatele raffreddare. Aggiungete la cipolla tagliata ad anelli finissimi, i pomodori a fettine e, a gusto, anche la lattuga tagliata a fette. Condite con il sale, l'olio e guarnite con il prezzemolo tritato e pochissimo aglio.

PISELLI SECCHI LESSATI

300 gr di piselli secchi, 6 cm di alga kombu, 1 l di acqua per l'ammollo e 1 l per la cottura, 1 cipolla, 1 carota, 1 costa di sedano, rosmarino, sale.

Lasciate in ammollo i piselli per 3 o 4 ore con l'alga. Scolateli e metteteli in una pentola di coccio con un litro di acqua, le verdure tagliate a pezzetti e il rosmarino. Fate cuocere per 2 o 3 ore a fuoco lento.
Schiacciate le verdure e servite.

PISELLI SECCHI STUFATI

500 gr di piselli già lessati, 1/4 di cavolo cappuccio, 2 cucchiai di olio, 1 cipolla, 1/2 bicchiere di succo di pomodoro, rosmarino, poco origano, sale.

Unite ai piselli lessati al dente il loro brodo di cottura, il cavolo e mezza cipolla tagliati grossolanamente. Fate cuocere per 45 minuti, finché venga assorbito quasi tutto il liquido. A parte tritate il resto della cipolla e fatela saltare con gli aromi, unitela ai piselli e servite.

PISELLI AI CARCIOFI

200 gr di piselli secchi, acqua, 4 carciofi, 1 cipolla, 1 cucchiaio di olio, 1 cucchiaio di crema di sesamo, 1 cucchiaio di miso, sale.

Lessate i piselli dopo averli lasciati in ammollo per 3-4 ore e, separatamente, pulite e sbollentate anche i carciofi. Fate soffriggere la cipolla in un tegame unto e unitevi metà dei piselli frullati. Amalgamateli e uniteli ai carciofi tagliati a spicchi, unite il resto dei piselli e la crema di sesamo. Dopo aver lasciato sul fuoco per qualche minuto spegnete e aggiungete il miso diluito in poca acqua tiepida.

CREMA DI PISELLI SECCHI

300 gr di piselli secchi, 6 cm di alga kombu, 1 l abbondante di acqua o brodo vegetale, un mazzetto di erbe aromatiche, 1 cipolla, 1 carota, 1 costa di sedano, tahin.

Lasciate a bagno i piselli con l'alga 2-3 ore, quindi lavateli e aggiungeteli al brodo e all'alga tagliata fine. Unite il mazzetto aromatico, la cipolla, il sedano, la carota tagliati a pezzi. Fate bollire per un'ora circa a fuoco basso. Al termine della cottura togliete il mazzetto di erbe, passate il tutto all passaverdure e aggiungete il tahin. Servite accompagnando con crostoni di pane passati in forno.

CREMA DI PISELLI E LATTUGA

1 cespo di lattuga, 300 gr di piselli secchi ammollati, 2-3 cipolline fresche, qualche foglia di santoreggia fresca, 3 cucchiai di olio, 1 cucchiaio di prezzemolo tritato.

Lessate bene i piselli e intanto stufate le cipolline tritate in un tegame con poco olio. Passate poi entrambi al passaverdure. Aggiungete al composto la lattuga tagliata a striscioline e portate a ebollizione in un tegame basso. Togliete dal fuoco e unite la santoreggia, l'olio e il prezzemolo tritato. Potete servire con crostini di pane abbrustolito.

PISELLI FRESCHI STUFATI

250 gr di piselli freschi, 1 cipollotto, 1/2 limone, 1 cucchiaio di farina, 1/2 tazza di brodo vegetale, 1 cucchiaio di olio, 1 cucchiaino di sale.

Rosolate la cipolla, unitevi poi i piselli sgranati e il brodo vegetale. Dopo 10 minuti aggiungete la farina stemperata con poca acqua e il succo di mezzo limone. Fate cuocere ancora dolcemente per 10 minuti. Salate e servite con pane tostato.

PISELLI FRESCHI ALLO ZAFFERANO

300 gr di piselli freschi, 1/2 cipolla, sale, olio, zafferano.

Fate lessare i piselli con la cipolla tritata per 20 minuti. Unite poi lo zafferano sciolto in un po' di acqua di cottura, l'olio e il sale. Scolate i piselli e conditeli aggiungendo l'olio crudo.

PISELLI NOVELLI ALLE CAROTE

1 cipolla, 4 carote, 200 gr di piselli già sgusciati, sedano, 1 cucchiaio di tamari, 1 cucchiaino d'olio, maggiorana.

Fate soffriggere la cipolla in olio, tamari e maggiorana; aggiungete poi le carote tagliate a cubetti e i piselli e coprite. Fate cuocere molto lentamente, per mezz'ora, aggiungendo pochissima acqua all'occorrenza.

PISELLI FRESCHI AI PORRI

200 gr di piselli sgusciati, 1/2 litro di brodo vegetale o acqua, 6 porri piccoli, 1/2 cucchiaino di timo, 1 cucchiaio di olio, 1/2 cucchiaino di sale, tamari.

Rosolate a fuoco dolce i porri sottilmente affettati con olio e tamari. Unitevi i piselli sgranati e il brodo vegetale. Dopo 15 minuti salate, incorporate il timo, mescolate bene, spegnete il fuoco e coprite. Servite con fette di pane tostato e strofinato con aglio.

PISELLI NOVELLI CON RISO E RADICCHIO

200 gr di piselli sgusciati, 200 gr di riso, acqua, 2 radicchi trevisani, olio, santoreggia, finocchiella.

Lavate e mettete il riso in un tegame con acqua fredda (2 volte e 1/2 il volume del riso) portatelo a ebollizione per 25 minuti poi aggiungete i piselli sgusciati e cucinate per 10 minuti (se usate piselli secchi messi in ammollo la cottura sarà di 40 minuti e andranno aggiunti assieme al riso). Stufate in poco olio i radicchi con santoreggia e finocchiella, mescolateli al riso e serviteli.

FAVE SECCHE ALLA CONTADINA

400 gr di fave secche, 1 l e 1/2 di acqua, 3 o 4 spicchi di aglio, 3 rametti di rosmarino, peperoncino in polvere, olio, sale.

Mettete a cuocere le fave (dopo averle tenute a bagno una notte) in una pentola di coccio con l'acqua, il rosmarino, l'aglio schiacciato e il sale. Quando saranno ben cotte (quasi sfatte) e l'acqua sarà in parte consumata, togliete l'aglio e il rosmarino. Insaporite con il peperoncino in polvere, condite con olio crudo prima di servire.

PATÈ DI FAVE SECCHE

3 tazze di fave secche ammollate, acqua, 1 cipollina fresca, prezzemolo e basilico, 1/2 limone, 3 cucchiai di olio, 1 cucchiaio di shoyu, fette di pane.

Fate cuocere le fave a lungo e passatele per ottenere una purea. Condite con la cipollina fresca e le erbe tritate e lo shoyu. Potete servire accompagnando con fettine di pane tostato e olio.

PASSATO DI FAVE AL TAMARI

250 gr di fave secche, 1 carota, 1 costa di sedano, 1 cipolla, 2 cucchiai di olio, acqua, 2 cucchiai di tamari, 1 cucchiaio di menta, 2 cucchiai di prezzemolo tritato, sale.

Lavate le fave, mettetele a bagno in 2 litri di acqua per tutta una notte; fatele poi cuocere, fino a che siano ben tenere. Passatele nel passaverdura. Intanto stufate le verdure tritate in tegame coperto con poco olio. Aggiungete il passato di fave alle verdure stufate e unite il tamari; fate cuocere a fuoco basso per 30 minuti. Condite con menta e prezzemolo.

PURÈ DI FAVE

300 gr di fave secche ammollate, acqua, 3 cucchiai di olio, 1 cucchiaio di shoyu, 1 cucchiaio di prezzemolo.

Lessate le fave per più di 1 ora. Passatele nel passaverdura in modo da farne una purea. Se necessario rimettete sul fuoco per farla rapprendere ancora un po'. Aggiungete poi lo shoyu, l'olio e il prezzemolo.

POLPETTE DI FAVE CON PORRI

400 gr di fave, 4 porri, 2 cipolle, 2 spicchi d'aglio, olio, prezzemolo, sale.

Mettete le fave a bagno per almeno 24 ore, fino a quando incominciano a gonfiarsi: toglietele dall'acqua, pelatele e pestatele assieme all'aglio, alle cipolle e ai porri affettati. Aggiungete del prezzemolo tritato e amalgamate. Con l'impasto, che deve risultare simile a una purea, fate delle piccole polpette che passerete nella farina e porrete in una teglia con olio e tamari. Fate cuocere in forno per 40 minuti, giratele e continuate la cottura finché non saranno dorate.

FAVE E CICORIETTA

300 gr di fave secche, acqua, 300 gr di cicorietta di campo, finocchiella, santoreggia, aglietto, sale, olio.

Ammollate le fave per parecchie ore, poi cambiate l'acqua e cucinatele per 2 ore fino a che saranno quasi spappolate. Passatele con il passaverdura. A parte cucinate al vapore la cicorietta di campo. Servite assieme alle fave con un trito di aglietto, finocchiella, santoreggia, sale e olio.

PALLINE DI FAVE IN BRODO

90 gr di farina di fave, 60 gr di farina di frumento, 1 cucchiaio di shoyu, 1 l di brodo vegetale, 1 cucchiaio di olio, prezzemolo tritato.

Impastate la farina di fave e quella di frumento con acqua (quanto basta) e shoyu in modo da ottenere delle palline che lascierete cadere nel brodo vegetale bollente. Fate cuocere fino a che le palline non saliranno in superficie. Servite con pochissimo olio e prezzemolo tritato.

FAVE FRESCHE E MENTA

200 gr di fave fresche sgusciate, acqua, menta, alloro, olio, sale.

Fate cuocere in acqua bollente le fave (tenerissime) con alcune foglie di menta e alloro per 15 minuti. Scolate e quando saranno tiepide, condite con l'olio crudo e la menta fresca. Al posto delle fave potete usare anche cicerchie o lupini.

INSALATA DI FAVE FRESCHE

200 gr di fave fresche sgusciate, qualche foglia di lattuga, 10 ravanelli rossi, 1 pomodoro, foglie di basilico e di menta freschi, tahin, miso.

Tagliate a tocchetti le verdure, unite le fave, il tahin e mescolate. A parte preparate una salsina con un cucchiaino di miso sciolto in poca acqua e versatela sopra l'insalata.

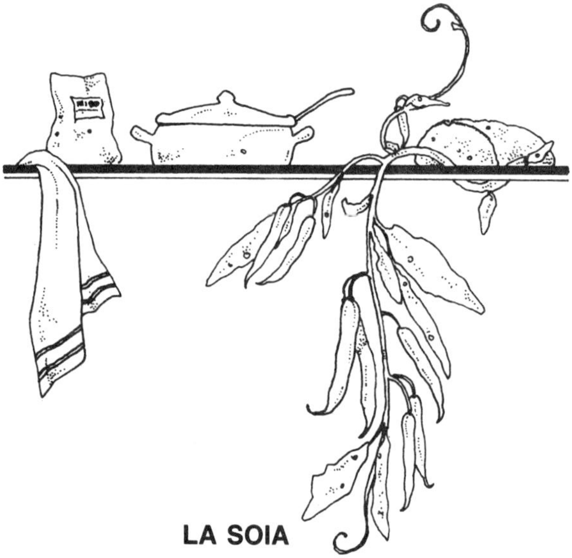

LA SOIA

La qualità principale della soia è l'elevato valore proteico, caratteristica questa che la differenzia da tutti gli altri vegetali. Inoltre le sue proteine hanno un buon valore biologico in quanto, pur non comprendendo tutti gli amminoacidi essenziali all'organismo, si avvicinano moltissimo alla qualità delle proteine animali, e le minime carenze che registra sono facilmente compensabili con adeguate combinazioni alimentari (mangiandola, ad esempio, con altri vegetali). Nei confronti dei prodotti animali (ricchi di grassi saturi e, perciò, corresponsabili nell'insorgenza di malattie delle coronarie, arteriosclerosi e infarto) la soia può vantare il pregio della presenza di grassi insaturi, la qual cosa le permette di adattarsi assai meglio alle esigenze dell'alimentazione umana. Requisito insolito per un vegetale è, infine, la presenza in diverse percentuali di tutte le vitamine conosciute.

VARIETA' DI SOIA

Esistono due varietà principali di soia: la *soia gialla o soia comune,* che rappresenta il tipo di soia più diffuso al mondo, e la *soia nera,* di difficile reperibilità, in quanto il suo commercio è limitato quasi esclusivamente alle zone di produzione.

La *soia rossa* (*Phaseolus angularis* o azuki) e la *soia verde* (*Phaseolus aureus* o mung) al contrario di quanto si crede, non fanno parte della famiglia della soia ma di quella del fagiolo. Ancora poco coltivati da noi, questi fagioli trovano largo credito e ampio impiego in Oriente e a essi (agli azuki in particolare) si riconoscono anche importanti funzioni curative oltreché nutrizionali.

DERIVATI DELLA SOIA

La soia rappresenta uno straordinario esempio di versatilità. Se è vero che, consumata intera, non è priva di caratteristiche che ne favoriscono la digeribilità, è altrettanto vero che, una volta trasformata, essa è in grado di fornire una serie di prodotti estremamente importanti per il nostro organismo; vediamo alcuni di questi derivati, reperibili presso i negozi di alimenti naturali e di prodotti macrobiotici.

Il *latte di soia,* molto diffuso nei paesi dell'Estremo Oriente e solo recentemente introdotto in commercio anche in Europa. È ottenuto dalla soia gialla bollita e strizzata (vedi ricetta). Questo procedimento tradizionale è stato però sostituito da quello industriale attraverso un metodo più veloce che parte dalla farina di soia già sgrassata. Nell'aspetto e nel gusto si avvicina abbastanza al latte vaccino, anche se in realtà i due alimenti sono completamente diversi tra di loro. "Dal punto di vista nutritivo i due "latti" sostanzialmente si equivalgono e anche i valori di vitamine sono simili, ma quello che le tabelle non dicono è che i grassi vegetali non sono saturi e non contengono colesterolo. Non solo, ma la presenza di lecitina permette l'eliminazione del colesterolo stesso. Quindi, pur essendo simili i valori nutrizionali da un punto di vista scientifico, la qualità del latte di soia può essere considerata superiore a quella del latte vaccino" (R.Marocchesi). Opportunamente trattato, il latte di soia è, da qualche anno, utilizzato nell'alimentazione dei bambini che presentano intolleranza alle proteine o agli zuccheri del latte vaccino.

Il *tofu* (o formaggio di soia) è ricavato dal latte di soia fatto coagulare con il nigari (cloruro di magnesio estratto dal sale marino) o, in maniera più casalinga con il succo di limone (vedi ricetta). Quello che se ne ottiene è un prodotto superiore, in quanto estremamente digeribile, nutriente, poiché ricco di proteine (superiore del 7-8 % al latte di soia), poco grasso e privo di colesterolo. Con queste "referenze" il tofu appare particolarmente indicato agli arteriopatici, agli ipertesi e agli ipercolesterolemici.

Il *miso*, solitamente una pasta bruno-scura, è stato, e continua a essere, la forma tradizionale di integrazione proteica per una dieta povera di alimenti di derivazione animale. Il miso si ottiene attraverso una lunga fermentazione (18-24 mesi) di fagioli di soia, sale e, spesso ma non sempre, un cereale. Il risultato di questo processo è uno straordinario alimento ricco di proteine facilmente assimilabili, enzimi e fermenti lattici benefici per la flora batterica intestinale, la digestione e l'assimilazione degli altri cibi. I tipi di miso più comuni sono il *Mugi Miso*

(con orzo), il *Genmai Miso* (con riso integrale), il *Kome Miso* (con riso bianco), l'*Hatcho Miso* (di sola soia più sale), il *Natto Miso* (con soia e zenzero).
Il *tamari,* prodotto attraverso una fermentazione lattica di tre anni (in botti di legno di quercia) di una combinazione di soia gialla, frumento integrale biologico e sale marino integrale. Grazie all'alta concentrazione di proteine vegetali, di vitamine, di acidi amminici e di oligoelementi, il tamari costituisce un ricostituente fisiologico e un rigeneratore cellulare di elevato valore alimentare. Inoltre, la lunga fermentazione della soia (così come avviene per l'acido fitico nella fermentazione naturale del pane) inattiva gli elementi antinutritivi presenti nei legumi come le saponine, le agglutinine, le sostanze tripsino-inibitrici.
Lo *shoyu:* condimento che, come il tamari, subisce un processo di fermentazione naturale che dura 12-18 mesi e che contiene fagioli di soia gialla, frumento, acqua e sale. Rispetto al tamari (che va usato con una certa moderazione e soprattutto durante i mesi invernali) lo shoyu ha una consistenza più liquida e un sapore meno spiccato. In virtù di ciò può essere consumato anche quotidianamente in aggiunta a insalate, verdure stufate, cereali, brodi, zuppe ecc.
Il *tempeh,* cibo molto popolare in Indonesia, si presenta sottoforma di panetti rettangolari ed è formato da soia gialla cotta e sbucciata come ingrediente base, alla quale viene inoculato un batterio (*Aspergillus oligosporus*) che fa sviluppare il micelio fino a formare un blocco unico. Così come detto a proposito del miso e del tamari è importante ribadire che, anche per il tempeh, la fermentazione arricchisce i fagioli di preziosi valori nutritivi.
L'*olio di soia,* che abbiamo deliberatamente lasciato tra gli ultimi derivati descritti, in quanto è un alimento dalla qualità piuttosto discutibile. Per estrarlo, la leguminosa viene sottoposta ad una serie di lavorazioni che ne snaturano le preziose proprietà. Spremuto, il più delle volte, a caldo (è questo infatti, il metodo di estrazione che garantisce la resa più elevata 90-95 %), l'olio viene neutralizzato con soda caustica, quindi sbiancato, trattato con un processo fisico contro il congelamento e infine deodorizzato, al fine di togliergli il forte odore di fagiolo. Oggi quest'olio, che vanta la produzione più elevata fra gli olii vegetali, viene soprattutto impiegato nelle formulazioni degli olii di semi vari. Il suo alto contenuto di acido linoleico, polinsaturo, lo rende facilmente suscettibile all'ossidazione, quindi poco adatto per le fritture.
La *lecitina di soia* viene estratta da una parte del grasso dell'olio attraverso un processo denominato "degommazione". Oggi la lecitina per uso alimentare costituisce un buon integratore anche se, essendo raffinata e isolata, è utilizzata dall'organismo in maniera non ottimale. Per la sua economicità è ampiamente impiegata dall'industria per omogeneizzare le miscele di alimenti (soprattutto i gelati e le cioccolate nei quali il grasso, fortemente presente, viene disciolto con l'acqua, i coloranti ecc.)
La *farina e i fiocchi di soia,* costituiscono la parte solida della soia, ottenuta dall'estrazione dell'olio. Aggiunti, a piccole dosi, alla farina di grano, conferiscono a pane e biscotti una particolare fragranza, a causa di una persistente presenza di olio, ma la digeribilità ne viene leggermente compromessa.
Ultimo derivato è la *carne* (bistecche e spezzatino) *di soia*, risultato di profonde manipolazioni industriali operate sul legume tanto da non garantire, a differenza dei derivati tradizionali (shoyu, tamari, miso e tempeh) quegli elementi vitali (germe, enzimi, vitamine) che caratterizzano il cibo "naturale". La "carne di soia" sembra ubbidire, anche nel nome, a necessità d'immagine, più che a esigenze nutritive. Evidentemente nella nostra società l'apparenza è ancora ben più importante della sostanza.

LATTE DI SOIA

Acqua, 300 gr di soia.

Lasciate a bagno, per un periodo variabile tra le 18 e le 24 ore, la soia in due litri d'acqua. Una volta scolati, mettete i fagioli in una pentola con una quantità d'acqua calda pari a tre volte il loro volume; frullate il tutto e mettete su fuoco vivo la pentola, portando il liquido a bollore e cuocete per un quarto d'ora circa. Strizzate e scolate l'impasto per separare la polpa dal liquido. Questo "latte", così ottenuto, dovrà essere consumato entro 24 ore (il "latte di soia" acquistato nei negozi ha, rispetto a quello ottenuto con metodo casalingo, dei tempi di conservazione lievemente più lunghi). Se il latte di soia sapesse troppo "di fagiolo", potrete aiutarvi correggendone opportunamente il gusto con una spolverata di cannella, un pezzetto di vaniglia in bacello, buccia grattugiata di limone o dolcificandolo con uvetta o con una punta di malto d'orzo.

BESCIAMELLA DI SOIA

1/2 l di latte di soia, 4 cucchiai di farina, 2 cucchiai di olio, un pizzico di sale, noce moscata.

Sciogliete accuratamente la farina nel latte di soia, dopodiché versatela in una padella in cui avrete fatto scaldare l'olio. Rimestate con costanza con una spatola in legno finché la salsa non ispessisce. A questo punto spegnete, aggiustate di sale e amalgamate la noce moscata. Potete arricchire questa besciamella di base aggiungendo due scalogni finemente affettati, 200 gr di funghi a lamelle, 80 gr di olive nere snocciolate, un cucchiaino di tamari e uno di olio. Mescolate e lasciate riposare dieci minuti prima di servire.

CRÊPE ALLA SOIA

200 gr di farina, 2 cucchiai di olio, 3 bicchieri di latte di soia, 3 uova, 1 cucchiaio di malto d'orzo (facoltativo), un pizzico di sale.

Versate in una terrina la farina, il sale, l'olio e le uova. Aggiungete, poco per volta, il latte di soia, mescolando continuamente fino ad ottenere un impasto liscio. Mettete in una padella calda e unta d'olio parte dell'impasto, in quantità tale da coprirne il fondo, e cuocete fino a doratura. Consumate le crêpe come dessert (spalmate di miele, malto o marmellata) o farcitele con verdura (coste, rape rosse, funghi).

GATEAU IRAK

1 bicchiere di riso, 4 bicchieri di latte di soia, 2 cucchiai di succo di mela, 40 gr di uvetta, la buccia grattugiata di un limone, un pizzico di sale.

Versate il riso nel latte di soia e portate a ebollizione, dopodiché aggiungete il sale, l'uvetta e la buccia di limone. Fate cuocere a fuoco dolce finché il liquido non si sia del tutto assorbito. A questo punto, finita la cottura, versate il succo di mela. Si consuma freddo con biscotti o crêpe dolci.

PREPARAZIONE CASALINGA DELLO YUBA

Latte di soia.

Versate del latte di soia in un recipiente largo e piatto e riscaldate attorno ai 90 °C. In superficie si formerà una pellicola, lo yuba appunto, che raccoglierete aiutandovi con una forchetta o, meglio ancora, con una spatola piatta di legno. Tale operazione di "raccolto" può continuare fino alla totale evaporazione del latte di soia. Si consuma fresco insaporito con tamari e prezzemolo o, più occasionalmente, come dessert, assieme a malto d'orzo o di riso.

PREPARAZIONE CASALINGA DEL TOFU

1 kg di soia, acqua, succo di limone.

Lasciate la soia in ammollo per 15-18 ore in acqua fresca, avendo cura di cambiare l'acqua almeno un paio di volte. Schiacciate bene i semi macerati (l'ideale sarebbe fare questa operazione con l'aiuto di un mortaio) e mettete sul fuoco, aggiungendo acqua bollente e rimestando di frequente per far riassorbire la schiuma che si potrà formare. Portate a bollore per tre volte interrompendo ogni volta la bollitura mediante piccole aggiunte di acqua fredda. Mantenete poi il preparato per alcuni minuti vicino al punto di bollitura.
Filtrate, strizzando, il composto attraverso un telo da cucina. Riscaldate a 80-90 °C il liquido così ottenuto e fatelo coagulare grazie a mezzo bicchiere di succo di limone. Lasciate riposare per permettere la separazione della parte coagulata ed eliminate il latticello eccedente.
Procedete ora all'azione di sgocciolatura, riponendo il tutto in una cassetta di legno forata e dotata di un telo a trama non troppo fitta. Al termine della sgocciolatura, resterà nella cassetta la parte coagulata (il tofu) che presserete mettendolo sotto una tavoletta sormontata da un peso. Si conserva in frigorifero in acqua fredda, rinnovata spesso, per una settimana.

TOFU IN INSALATA

200 gr di tofu, 2 pomodori, 1 peperone verde, 80 gr di olive nere snocciolate, 1 scalogno, 1 spicchio d'aglio, salsa citronette (ottenuta mescolando 4 parti di olio di soia o, in alternativa di oliva, e una parte di succo di limone).

Mettete in un'insalatiera le verdure, dopo aver pulito e affettato i pomodori, tritato finemente l'aglio e lo scalogno, tagliato a lamelle il peperone. Aggiungete, quindi, il tofu a pezzetti, le olive e la citronette, alla quale avrete, nel frattempo, aggiunto un po' di sale.

TOFU IN PADELLA

400 gr di tofu, 2 cucchiai di tamari, 1 cucchiaio di miso, 1 cucchiaio di olio d'oliva, 1 cucchiaio di succo di limone, 2 spicchi d'aglio, 1 cucchiaio di erbe aromatiche tritate (prezzemolo, basilico, erba cipollina, santoreggia).

Mettete a macerare, per un'ora circa, il tofu tagliato a fette in una miscela preparata con il tamari, il miso (previamente stemperato in poca acqua tiepida), l'olio, il succo di limone, l'aglio tritato e le erbe aromatiche. Saltatelo poi in padella con un filo d'olio da entrambi i lati o, in alternativa, passatelo al forno in una pirofila, avendo anche in questo caso l'avvertenza di rigirare le fette per ottenere una cottura uniforme.

TOFU STRAPAZZATO

400 gr di tofu, 1 cipolla media, 1/2 carota media, 1/2 peperone (facoltativo), 1/2 cucchiaio di olio di sesamo tostato, 4 pizzichi di sale.

Tagliate le verdure a fiammifero. Scaldate l'olio in una padella e soffriggete, per qualche minuto, le cipolle, facendo attenzione che non attacchino. Poi saltate le carote e il peperone, assieme alla cipolla, per altri due - tre minuti. Sbriciolate il tofu nella padella, strapazzatelo assieme alle verdure, aggiustate di sale coprite e prolungate la cottura, a fuoco dolce, per 10 minuti. Servite con foglie di lattuga verdi finemente tagliate.

TOFU IN PINZIMONIO

300 gr di tofu, 1 cucchiaio di tamari, 1 scalogno, 1 cucchiaio di zenzero grattugiato (meglio se fresco, altrimenti in polvere), 2 cucchiai di acqua.

Bollite il tofu per 5 minuti. Scolatelo e tagliatelo a cubetti di un paio di centimetri di lato circa. Grattugiate lo zenzero e, con l'ausilio di una garza, estraetene quanto più possibile il succo (se usate lo zenzero in polvere spolveratelo nella salsa alla fine). Affettate finemente lo scalogno e mescolatelo al succo di zenzero, al tamari e a un paio di cucchiai di acqua di bollitura del tofu. Usate questa salsa per annegare, in pinzimonio, i cubetti di tofu.

SANDWICH DI TOFU

500 gr di tofu a fette spesse 1 cm, 1 foglio di alga nori tostata e tagliata a strisce sottili, 2 cucchiaini di olio di sesamo.
Per la salsa: 4 cucchiaini di tahin, 4 cucchiaini di miso, una punta di zenzero in polvere, 3 cucchiai di acqua.

Amalgamate per bene gli ingredienti per la salsa e spalmate la purea ottenuta su metà delle fette di tofu. Con l'altra metà copriteli a mo' di sandwich e avvolgeteli con una striscia di alga. Scaldate l'olio in una padella e mettetevi i sandwich a cuocere dieci minuti per parte, coperti e a fiamma moderata. Consumateli freddi.

TOFU AL FORNO CON SALSA

500 gr di tofu, 1 cucchiaio di miso, 3 cucchiaini di succo di limone, 5-6 cipolline, 3 cucchiai di semi di sesamo tostati, acqua q. b. .

Disponete il tofu a fette in una pirofila. A parte unite il miso al succo di limone e a questa crema incorporate, poco per volta, dell'acqua, fino a ottenere una salsa dalla consistenza né troppo densa né troppo liquida. Spargete questa salsa, con un cucchiaio, sopra il tofu e infornate per 20 minuti a 180 °C. Una volta sfornato, decorate con i semi di sesamo tostati e fette sottili di cipolline.
In luogo del succo di limone si può impiegare quello d'arancio o di mandarino. Sapore particolare dà l'aggiunta alla salsa, di un cucchiaio di tahin (o pasta di sesamo).

SPIEDINI AL TOFU

400 gr di tofu, 1 zucchina, 16 piccoli funghi, 16 olive nere disossate, 2 pomodori, 1 spicchio d'aglio, 4 cucchiai d'olio, sale, peperoncino, 1 cucchiaio di erbe aromatiche finemente tritate (rosmarino, timo, salvia, origano).

Tagliate a piccoli pezzi il tofu, la zucchina e i pomodori e riponete il tutto a marinare per 3-4 ore in una terrina, in cui avrete mescolato l'olio aromatizzato con le erbe, il sale, il peperoncino e lo spicchio d'aglio schiacciato. Dopo la prima mezz'ora aggiungete i funghi e le olive. Alla fine infilate nei bastoncini i vari ingredienti alternati e fate cuocere sulla griglia.

RAVIOLI AL TOFU

Per la pasta: 2 tazze di farina di frumento, 1 uovo, 4-6 cucchiai di acqua, sale. Per il ripieno: 200 gr di tofu, 1 cipolla media, 1 spicchio d'aglio, 2 foglie di bietola cotta, sale, 1 cucchiaino di prezzemolo tritato, 4 cucchiai di salsa di pomodoro.

Preparate la pasta mescolando assieme la farina, l'uovo, l'acqua e un pizzico di sale; lavorate la massa finché non ha raggiunto la consistenza che i libri di cucina descrivono come quella "del lobo di un orecchio". Tirate la sfoglia con un mattarello e fate riposare per qualche minuto.
Nel frattempo mescolate in una terrina l'aglio e la cipolla finemente affettati e fatti imbiondire in poco olio caldo, il sale, la bietola cotta e tagliuzzata, il prezzemolo e per buon ultimo il tofu sbriciolato. Mescolate vigorosamente l'impasto con un cucchiaio di legno e disponetelo a mucchietti a distanza regolare sulla sfoglia. Fate in modo che un lembo di pasta si possa ripiegare fino a coprire il ripieno, chiudete e tagliate a forma di ravioli. Cuoceteli in due litri di acqua bollente e, una volta scolati, riponeteli in una pirofila appena unta, cospargendoli con la salsa di pomodoro e mettendoli a gratinare in forno per il tempo necessario a indorare la superficie.

PATÈ DI TOFU AGLI SPINACI

400 gr di tofu, 200 gr di spinaci, 250 gr di pane raffermo, 60 gr di farina di soia, 1 cucchiaio di lievito fresco, 1 uovo, 2 cucchiaini di tahin, 1 spicchio d'aglio, acqua, sale, noce moscata.

Fate ammorbidire il pane vecchio nell'acqua e intanto cuocete gli spinaci a vapore per 15 minuti. In un'insalatiera mescolate il tofu finemente sbriciolato, il pane ben strizzato, l'uovo, l'aglio schiacciato, il tahin, la farina e gli spinaci. In ultimo incorporate il sale e la noce moscata. Amalgamate bene l'impasto, versatelo in una pirofila appena unta e infornate per 45 minuti in forno ben caldo.

GALLETTE DI TOFU AI LEGUMI

300 gr di tofu, 3 cucchiaini di tamari, 40 gr di fiocchi di frumento, 60 gr di champignon, 1 scalogno, 2 spicchi d'aglio, 10 olive nere snocciolate, 1 cucchiaio d'olio, 1 cucchiaio di erbe aromatiche (rosmarino e timo), acqua.

Fate appassire nell'olio caldo, in una larga padella, lo scalogno affettato finemente, l'aglio tritato e i funghi tagliati a lamelle. A questo punto aggiungete gli altri ingredienti nell'ordine: i fiocchi ammorbiditi in poca acqua, il tofu sbriciolato, le olive nere a pezzetti, le erbe aromatiche polverizzate e il tamari. Coprite e lasciate intiepidire. Date quindi all'impasto la forma di tante gallette che farete cuocere in una padella dal fondo pesante, ben riscaldata e leggermente unta.

ZUPPA DI MISO E VERDURE

1 cipolla, 2 carote, 1 rapa, 1 spicchio d'aglio, 1 gambo di sedano, 1 porro, 2 cucchiai d'olio, 2 cucchiai di miso, 2 cucchiai di prezzemolo tritato, 2 l d'acqua, crostini di pane (facoltativi).

Pulite le verdure, quindi affettate sottilmente la cipolla, tagliate la rapa e le carote a piccoli pezzi (a rondelle, a cubetti, a fiammifero), tritate l'aglio, aggiungete il sedano a tocchetti e fate saltare il tutto nell'olio caldo per 5 minuti. Aggiungete poi l'acqua calda e portate a ebollizione, abbassate quindi la fiamma e continuate la cottura a fuoco lento e a pentola coperta. Quando le verdure saranno quasi cotte (dovrebbero risultare ancora leggermente al dente) incorporate il miso, previamente stemperato fuori dal fuoco in un mestolo del brodo di cottura. Mescolatelo alla zuppa, fate sobbollire (non bollire, perché altrimenti molte preziose proprietà del miso andrebbero distrutte) per altri 5 minuti. Dopo aver aggiunto prezzemolo tritato una volta spento il fuoco, fate riposare una decina di minuti prima di servire. Volendo, prima di versare la zuppa, disponete sul fondo dei piatti uno strato di crostini di pane preparati a parte.

TOFU IMPANATO

400 gr di tofu, 150 gr di farina, 4 cucchiai di olio, 1 uovo, pangrattato, sale.

Preparate con l'uovo, la farina, il sale, l'olio ed, eventualmente, un goccio d'acqua, la pastella per la frittura. Tagliate, quindi, il tofu a fette sottili; passatele nella farina, poi immergetele nella pastella e infine cospargetele con il pangrattato. Mettete le fette così impanate a friggere, su entrambe le parti, in una padella appena unta. Tolte dal recipiente di cottura, disponetele su fogli di carta da pane per togliere l'eventuale olio in eccesso.

TOFU ALLE CAROTE

400 gr di carote, 200 gr di tofu, 80 gr di uvetta, 1 grossa cipolla, 1 spicchio d'aglio, 1 cucchiaino di prezzemolo tritato, 2 cucchiai d'olio, sale.

Cuocete a vapore le carote tagliate a rondelle e, contemporaneamente, fate rosolare nell'olio caldo la cipolla affettata, lo spicchio d'aglio a piccoli pezzetti e il tofu sbriciolato. Quando le carote sono cotte, aggiungetele nella padella, assieme al sale e all'uvetta, e fate cuocere il tutto a fuoco vivo per 10 minuti. A fine cottura spolverate con il prezzemolo. Si possono sostituire le carote con zucchine, funghi o navoni, a seconda dei gusti e delle stagioni.

CREMA DI ZUCCA AL MISO

500 gr di zucca bernoccoluta, 3 cipolle medie, 100 gr di tagliolini, 2 cucchiai di miso, 2 cucchiai di olio di sesamo.

Affettate le cipolle e fatele saltare nell'olio. Aggiungete la zucca tagliata a cubetti e cuocete per 15 minuti unendo, se necessario, dell'acqua. Scolate la verdura e, nel brodo restante, cuocete i tagliolini. Nel frattempo frullate le verdure, rimettetele nella pentola con la pasta e, stemperato il miso in acqua tiepida, aggiungetelo e cuocete il tutto a fuoco bassissimo per altri 5 minuti. Servite ben calda con un pizzico di prezzemolo tritato.

ZUPPA DI MISO E MIGLIO

1 tazza di miglio, 2 cipolle grosse, 1 carota, 3 gambi di coste, 2 cucchiai di miso, 6 tazze d'acqua.

In un pentolino a parte fate bollire l'acqua e intanto fate saltare, per 3 minuti le cipolle tagliate a cubetti e le carote a rondelle. Tagliate i gambi delle coste e cuoceteli, assieme alle altre verdure, per 3 minuti. Sopra questa base vegetale disponete il miglio lavato velocemente sotto acqua corrente. Versate ora l'acqua scaldata a parte in modo che copra il tutto di un paio di centimetri. Coprite e cuocete a fuoco medio, per 25 minuti. Quindi versate il miso preventivamente disciolto e fate continuare, a fiamma bassissima, la cottura per pochi minuti.

PATÈ DI MISO AL PREZZEMOLO

3 cucchiai di tahin, 1 cucchiaio di miso, 1 cipolla piccola, 1 spicchio d'aglio, un cucchiaio di prezzemolo tritato, 3 cucchiai d'acqua, 3 cucchiai di tofu, 1 cucchiaio di olio.

Soffriggete nell'olio per 5 minuti la cipolla finemente affettata e il tofu sbriciolato. Stemperate in poca acqua il tahin, aggiungetelo al tofu e alla cipolla assieme a tutti gli altri ingredienti. Frullate il tutto, versate in un piatto di portata e fate raffreddare.

ZUPPA DI TAMARI

10 cm di alga kombu, 2 cipolle medie, 1 piccolo cavolo, 1 carota, 3 cucchiai di tamari.

Mettete a bagno l'alga per 10 minuti. Cuocetela in abbondante acqua per 20 minuti, quindi scolatela e tagliatela finemente nel senso della lunghezza. Rimettetela a bollire. Nel frattempo tagliate la cipolla e la carota e, nell'ordine, incorporatele alla zuppa. Cuocete per 5 minuti, aggiungete il cavolo, il tamari e fate andare per altri 5 minuti. Servite guarnendo con la parte verde di un cipollotto tagliato finemente.

ZUPPA DI PASTA AL TAMARI

2 cipolle medie, un cucchiaio di olio, 100 gr di vermicelli, 1 l d'acqua, 4 cucchiai di tamari (o shoyu), 1 cucchiaio di lievito fresco.

Fate imbiondire le cipolle affettate per qualche minuto nell'olio, aggiungete l'acqua e portate a bollore. Versate la pasta, fate cuocere per 4-5 minuti e, infine, sciogliete nella zuppa il tamari e il lievito. Servite ben caldo.

MINESTRA DI AZUKI

150 gr di azuki, 10 cm di alga kombu, 1 cipolla media, 1 spicchio d'aglio, 1 l d'acqua, 2 cucchiai di prezzemolo tritato, 2 cucchiai di tamari (o shoyu), un cucchiaio di olio di sesamo, sale, 1 cucchiaio di timo e alloro.

Lasciate a bagno gli azuki con l'alga per una notte. Fate rosolare nell'olio, in una pentola capace a contenere la zuppa, la cipolla tagliata a fettine assieme all'aglio sminuzzato. Aggiungete l'alga tagliata a striscioline, il timo, l'alloro e i fagioli e fate bollire il tutto in un litro d'acqua per un'ora. Passate l'insieme al passaverdure, condite col tamari e, prima di servire, cospargete di prezzemolo tritato. Volendo, si può gustare con crostini di pane tostati e strofinati d'aglio.

AZUKI IN PADELLA

100 gr di azuki, 1 cucchiaino di sale, 1 cipolla media, 1 cucchiaio di arrow -root, 1 cucchiaio di prezzemolo tritato, 1 cucchiaio di olio di sesamo, 1 cucchiaio di tamari.

Lasciate gli azuki a bagno per una notte. In una casseruola fate soffriggere nell'olio la cipolla tritata, aggiungete il timo, i fagioli e l'acqua (pari a tre volte il loro volume) in cui sono stati a bagno. Cuoceteli per due ore a fuoco vivo, conditeli col tamari e legateli con l'arrow-root sciolto in poca acqua fredda. Portate ancora per qualche minuto a ebollizione e servite non prima di aver guarnito con prezzemolo tritato. Una variante di questa stessa ricetta prevede l'aggiunta di due coste di sedano e di qualche oliva nera snocciolata.

AZUKI GRATINATI

100 gr di azuki, 1 costa di sedano, 1 carota media, 1 cipolla media, 1 pomodoro, 1 cucchiaio di pangrattato, 100 gr di dragoncello o ortica tritata.

Lasciate gli azuki a bagno per una notte quindi cuoceteli in acqua pari a 3 volte il loro volume; a fine cottura, aggiungete il sedano, la carota e la cipolla finemente tritati. Fate cuocere a fuoco vivace per 20 minuti dopodiché frullate il composto. Versate la purea ottenuta in una pirofila oliata, guarnite con fettine di pomodoro, cospargete di pangrattato e cuocete in forno per 30 minuti a 190 °C. Dopo i primi dieci minuti di cottura spargete in superficie il dragoncello (o l'ortica) tritato.

INSALATA DI AZUKI

2 tazze di azuki cotti, 1 barbabietola rossa cotta, 1 tazza di sedano-rapa grattugiato, 50 gr di foglie di dente di leone, 2 cucchiai di tamari, 100 gr di ricotta (facoltativa).

Mescolate in un'insalatiera i fagioli, la barbabietola affettata e il sedano-rapa grattugiato e fate mantecare nel tamari per qualche ora. Aggiungete quindi le foglie di dente di leone e la ricotta sbriciolata.
Condite a piacere e servite senza indugio.

POLPETTONE DI RISO E AZUKI

1 tazza di purea di azuki, 2 tazze di riso cotto, 2 cucchiai di farina, 1 scalogno tritato, 1 spicchio d'aglio schiacciato, 2 cucchiai di prezzemolo tritato, 1 pizzico di timo, basilico, olio di sesamo.

Amalgamate per bene la purea di azuki col riso, la farina, lo scalogno, l'aglio e il prezzemolo fino ad ottenere un impasto di una certa consistenza. Stendete con cura l'impasto fino a coprire il fondo di una padella pennellata con olio e fate cuocere da entrambi i lati finché la doratura non abbia reso croccante la superficie. Anche questa ricetta si sposa bene con un'insalata mista di stagione.

AZUKI E SEDANO

300 gr di azuki, 1 sedano di media grandezza, 1 spicchio d'aglio, 1/2 cucchiaino di cumino, 100 gr di olive nere disossate, 1 cucchiaino di tamari, qualche goccia di acidulato di riso (facoltativo), 3 cucchiai di olio di sesamo.

Lasciate a bagno gli azuki per una notte quindi cuoceteli in acqua pari a tre volte il loro volume poi scolateli e passateli al passaverdure. Condite la purea così ottenuta con lo spicchio d'aglio finemente triturato, le olive e l'olio. Mentre fate riposare il composto, lavate e asciugate rapidamente il sedano, "sfogliatelo" e tagliatelo in modo da ottenere dai gambi delle "barchette" lunghe 8-10 cm. Riempitele con l'impasto, disponetele su un vassoio e, prima di servire, spolveratele col cumino tritato.

POLPETTE DI AZUKI

100 gr di azuki, 1 scalogno, 1 spicchio d'aglio, 1 cucchiaio di tamari (o shoyu), 1 uovo, 3 cucchiai di farina, 1 pizzico di timo, noce moscata.

Lasciate a bagno gli azuki per una notte, quindi cuoceteli in acqua pari a tre volte il loro volume poi passateli al passaverdura. Incorporate tanta acqua di cottura quanto basta per ottenere una purea. Lontano dalla fiamma aggiungete gli altri ingredienti e amalgamate il tutto con molta cura. Formate delle polpette del volume di un cucchiaio e fatele dorare per bene in una padella appena unta. Si accompagnano bene a un'insalata di carote e fagiolini condita con poco olio, tamari e gomasio.

TORTA DI AZUKI E CIPOLLE

200 gr di azuki, 200 gr di scalogno, 1 cucchiaio di salvia, 1 cucchiaio di olio di sesamo.

Lasciate gli azuki a bagno per una notte, quindi cuoceteli in acqua pari a 3 volte il loro volume finché non siano molto teneri. Schiacciateli e mescolateli fino ad avere un impasto soffice e compatto. Saltate lo scalogno tritato in una padella appena oleata, aromatizzate con le foglioline di salvia e, trascorso qualche minuto, unite alla purea di azuki. Versate il tutto su una piastra da forno unta e infarinata e cuocete a media temperatura finché la superficie farà una crosticina.

TORTA DI AZUKI E VERDURE

Per la pasta: 300 gr di farina di grano tenero, sale, acqua q.b. .
Per il ripieno: 1 tazza e 1/2 di azuki cotti, 2 porri, 2 carote, 1 grossa cipolla, 1 grossa mela, 1/2 tazza di zucca tagliata a tocchetti (se è stagione), 1/2 tazza di uvetta, 1/2 tazza di noci, 1/2 cucchiaino di sale, cannella.

Per la pasta, sciogliete il sale nell'acqua, unite il liquido alla farina e impastate la massa fino a ottenere una consistenza morbida ed elastica. Tirate una sfoglia (aiutandovi con una bottiglia o, meglio, con un mattarello) e disponetela su una piastra da forno unta e leggermente infarinata. In una padella appena unta fate saltare la cipolla tagliata grossolanamente, i porri finemente affettati, le carote a listarelle, la zucca e la mela a fettine. Passato qualche minuto, unite gli azuki cotti, alle verdure, all'uvetta e alle noci. Alla fine salate e aromatizzate con la cannella. Amalgamate con cura l'impasto e spargetelo con un cucchiaio sulla sfoglia. Infornate e cuocete a 200 °C per 30 minuti.

TEMPEH FRITTO

200 gr di tempeh, 1 tazza e 1/2 di olio di sesamo.

Tagliate il tempeh nella forma che più vi aggrada (a pezzi quadrati, triangolari, a bastoncino) purché lo spessore di ogni singolo pezzo non superi il centimetro. Scaldate l'olio in una padella ampia e tuffatevi i pezzi di tempeh; aiutandovi a rigirarli con delle spatole in legno, friggeteli per 3-4 minuti per parte finché avranno assunto una colorazione marron-dorata. Scolateli e fateli asciugare su un foglio di carta assorbente. Sistemateli quindi sul piatto di portata e serviteli caldi non prima di avervi spruzzato sopra qualche goccia di tamari o di shoyu e succo di limone in egual misura amalgamati.

TEMPEH CON CIPOLLE

200 gr di tempeh, 1 cipolla media, 1 cucchiaio di malto di riso (o d'orzo), 1 tazza e mezza d'acqua, sale.

Affettate finemente la cipolla, tagliate a piccoli pezzi il tempeh e aggiungeteli all'acqua col sale e con il cucchiaio di malto. Mettete il tutto ordinatamente in una piccola pentola e cuocete, senza coperchio, per circa 15-20 minuti, vale a dire fino alla completa evaporazione del liquido. Una volta raffreddato, il tempeh così preparato potrà essere aggiunto alle insalate, essere fritto o spalmato su fette di pane.

SALSA DI TEMPEH

200 gr di tempeh, 1 cucchiaio di olio di sesamo, 2 cucchiaini di succo di limone, 1 tazza d'acqua, sale, 1 cipollotto, 2 cucchiaini di prezzemolo.

Tagliate a pezzetti il tempeh e cuocetelo a vapore per 15 minuti. Salatelo e mettetelo in un mortaio con l'olio, l'acqua e il succo di limone. Pestate fino a ricavarne una pasta ben amalgamata. Unite poi il cipollotto affettato fine e il prezzemolo tritato. Questa salsa è particolarmente appetibile se accompagna insalate crude e verdure scottate, ma si fa apprezzare anche spalmata su cracker e fette di pane tostato.

SANDWICH DI TEMPEH

4-6 fette di pane, 4-6 foglie di insalata verde cruda, una quantità a piacere di tempeh con cipolle, peperoncino.

Mettete su una fetta di pane appena tostato una foglia di insalata verde cruda o, se preferite, appena scottata, ricoprite con alcuni pezzi di tempeh e cipolle (vedi ricetta precedente), sovrapponete un'altra foglia d'insalata e chiudete con una seconda fetta di pane spolverata di peperoncino. A questo potrete sostituire un pizzico di senape o di zenzero o di erbe aromatiche (santoreggia, origano, timo, rosmarino, salvia ecc.). È un ottimo e leggero spuntino.

Le alghe

Wakame, hiziki, kombu, arame, nori, kanteen, dulse. Sono altrettanti nomi di alcuni dei vari tipi di alghe che vivono nei vasti mari svolgendo un'importante funzione di "pulizia".

Soprattutto in Oriente, ma non solo, fanno parte di una tradizione culinaria antichissima e, a quanto sembra, possono svolgere un'azione "purificante" anche per il nostro organismo.

Tutti i vari tipi di alghe hanno comunque un sicuro effetto rimineralizzante: sono infatti ricchi in ferro, calcio, iodio, fosforo, sodio, potassio, zolfo, manganese, ecc., e contengono vitamine e proteine.

Nella cucina vegetariana le alghe si prestano ad accompagnare egregiamente piatti di cereali, legumi e zuppe.

Ciascuna varietà o tipo di alghe richiede un'appropriata preparazione che sappia valorizzare le sue specifiche qualità.

Le *wakame,* ad esempio, usate per allestire condimenti e utilizzate nella "zuppa di miso", possono essere preparate in almeno due modi principali. Se ne può infatti abbrustolire qualche foglia in forno per circa 5 minuti, riducendola quindi in polvere che potrà essere usata su cereali cotti. Si può altrimenti lasciarla in ammollo in acqua per almeno una decina di minuti e nel frattempo bollire un paio di prugne "umeboshi", sino a ottenere una crema alla quale verranno aggiunte le alghe, prolungando la cottura di altri 15 minuti. Si otterrà in tal modo un buon condimento per cereali e verdure.

Le *hiziki* e le *arame* richiedono anch'esse un preventivo ammollo in acqua per circa dieci minuti e possono poi essere cucinate con delle verdure e parte dell'acqua dell'ammollo.

Le *nori*, particolarmente indicate nell'alimentazione dei bambini, si prestano a essere impiegate nella zuppa di miso o anche per preparare involtini di cereali e verdure. Possono anche essere tostate e quindi polverizzate.

Le *kombu* si usano prevalentemente nella cottura dei legumi: hanno infatti la capacità di ammorbidirli e renderli più digeribili. Possono eventualmente essere riutilizzate.

Le *dulse* si impiegano nella preparazione di zuppe e salse.

Le nori, le kombu e le dulse non richiedono preparazioni particolari prima di essere cucinate, se non quella, preferibilmente, di essere sciacquate.

Il *kanteen* (o *agar-agar*) trova impiego nella preparazione di dolci e gelatine. Si trova in commercio in fiocchi o barre e va sciolto in acqua.

STUFATO DI WAKAME

4 strisce di alga wakame, acqua, 4 carote, 200 gr di piselli freschi, un paio di gambi di sedano, olio q.b., sale.

Lasciate in ammollo le alghe in acqua fredda per almeno un quarto d'ora; se avete tempo lasciatele pure una mezzoretta (e se lo preferite, sciacquatele rapidamente sotto acqua corrente prima di metterle in ammollo). Toglietele poi dall'ammollo, tagliatele a pezzetti e mettetele in una casseruola insieme con le carote pulite e tagliate a dadini, i piselli e il sedano pulito e a pezzettini. Coprite quindi con acqua e lasciate cuocere per circa un'ora, a fuoco molto lento e con la protezione di una retina frangifiamma. Salate solamente alla fine della cottura, facendo attenzione a non esagerare dato che le alghe sono già di per sé piuttosto salate, e condite con dell'olio crudo. Le alghe preparate in questo modo possono essere usate come eccelente condimento per cereali o costituire semplicemente un piatto "di contorno".

INSALATA DI WAKAME

3 strisce di alga wakame, 1 cipolla, 100 gr di piselli freschi, 1 cetriolo, 1/2 limone, olio q.b., 1 cucchiaio di shoyu, sale.

Sciacquate rapidamente le alghe sotto acqua corrente e mettetele a bagno in acqua fredda dopo averle tagliate a pezzetti. Nel frattempo affettate la cipolla, mettetela poi in un piatto, versateci sopra il succo del limone e cospargetela di poco sale, lasciandola marinare per una decina di minuti. Sbucciate il cetriolo e tagliatelo a fette piuttosto sottili, spolveratelo con poco sale, lasciandolo quindi spurgare per dieci minuti circa. Occupatevi ora anche dei piselli: cuoceteli per circa cinque minuti in poca acqua leggermente salata e scolateli. Togliete poi le alghe dall'acqua e fatele rinvenire in una pentola nella quale avrete messo un poco d'olio: saltatele per qualche minuto su fuoco abbastanza vivace, mescolandole, e aggiungete quindi un poco d'acqua (potrebbe essere un po' di quella nella quale avete cotto i piselli), le cipolle senza il loro succo e i piselli. Cuocete a fuoco lento per una decina di minuti, a tegame coperto. Quando l'acqua si sarà asciugata, levate le verdure dal tegame, unitele al cetriolo scolato e condite con lo shoyu.

KOMBU BOLLITE

25 cm circa di alga kombu, acqua, 1 carota, 1 cipolla, 1 cucchiaio di shoyu, olio.

Lavate rapidamente le alghe sotto acqua corrente e lasciatele a bagno in acqua fredda per una decina di minuti. Poi tagliatele a pezzi di 3 cm circa e mettetele in un tegame, aggiungendo anche le altre verdure, precedentemente pulite e affettate piuttosto finemente. Coprite il tutto con l'acqua di ammollo delle alghe e lasciate bollire a fuoco molto basso sino all'evaporazione del liquido. A questo punto saltate il tutto per qualche minuto a fuoco allegro, dopo aver aggiunto un poco d'olio, e condite infine con lo shoyu.

KOMBU AL FORNO

20 cm circa di alga kombu, acqua, 2 carote, 2 cipolle, 1/2 testa di cavolo, sale, gomasio, olio.

Sciacquate molto rapidamente l'alga sotto acqua corrente e lasciatela a bagno in acqua fredda solamente un paio di minuti. Quindi scolatela, stendetela sul fondo di una teglia da forno leggermente unta d'olio e ricopritela quindi con le carote tagliate a pezzi triangolari non troppo grossi e le cipolle tagliate in quattro parti, salando leggermente. Aggiungete infine anche una mezza tazza d'acqua, coprite la teglia e lasciate in forno a 200 °C per circa 40 minuti (o sino a quando le verdure non diventino soffici). Spolverate di gomasio fuori dal forno.

MINESTRA DI KOMBU

1 foglia di alga kombu, 1 l di acqua, 2 porri, 1 cipolla, 2 cucchiai di farina di frumento, 3 cucchiai di shoyu, olio, sale.

Lavate rapidamente l'alga sotto acqua corrente fredda e, dopo averla tagliata a listarelle, mettetela in ammollo in un litro d'acqua per circa un'ora. Fatela quindi cuocere nella stessa acqua, a fiamma piuttosto moderata. Nel frattempo pulite la cipolla e i porri e tritateli prima di stufarli in una pentola con poco olio. Dopo circa un quarto d'ora di cottura a fuoco moderato, aggiungeteci l'alga e la sua acqua, amalgamando il tutto con la farina, preventivamente tostata e quindi diluita in mezza tazza d'acqua salata. Lasciate cuocere per un'ora e servite con crostini di pane dopo aver arricchito con lo shoyu.

CONDIMENTO DI DULSE

1 pugno d'alga dulse, acqua, 2 cipolle, 2 spicchi d'aglio, 3 foglie di salvia, 1 cucchiaino di succo di limone, un cucchiaio di shoyu, olio q.b.

Lavate le alghe sotto acqua corrente e lasciatele quindi a bagno in acqua fredda per una decina di minuti. Nel frattempo pulite le cipolle e affettatele molto sottilmente, mettendole poi in una pentola con dell'olio. Saltatele qualche minuto sino a quando diventeranno trasparenti e aggiungeteci allora l'aglio schiacciato. Dopo qualche istante unite le alghe scolate e aggiungete pure la loro acqua d'ammollo e la salvia. Quando bolle, lasciate cuocere a fuoco assai moderato per 5 minuti, sino a quando l'acqua si sia pressoché consumata. Togliete infine dal fuoco e condite con il succo di limone e lo shoyu.

HIZIKI CON FUNGHI

3 cucchiai di alga hiziki, acqua, 1 cipolla, 250 gr di funghi freschi, 1 cucchiaino di buccia d'arancia grattugiata, olio q.b., 1 cucchiaio di tamari, sale.

Mettete a bagno le alghe in acqua fredda per circa quindici minuti, quindi scolatele conservando l'acqua e tagliatele a pezzettini se lo preferite. Affettate poi la cipolla e saltatela in una pentola con poco olio, a fiamma non troppo alta, mescolando in modo da evitare bruciacchiature. Quando sarà diventata trasparente, aggiungeteci i funghi precedentemente lavati sotto acqua corrente, asciugati e tagliati a fette, lasciandoli cuocere a fuoco medio per qualche minuto. Unite quindi le alghe, un po' di sale, l'acqua dell'ammollo delle hiziki; coprite la pentola e continuate la cottura per una mezzoretta circa, a fuoco basso. Solo un paio di minuti prima della fine della cottura aggiungete anche il tamari e spolverate fuori dal fuoco con la buccia d'arancia.

INSALATA D'HIZIKI E MAIS

3 cucchiai d'alga hiziki, 2 carote, 1 cipolla, 1 pannocchia di mais, 4 ravanelli, 1 cucchiaio di agro di mele, 1 gambo di sedano, 2 cucchiaini di succo di limone, 1 cucchiaino di shoyu, acqua, olio q.b., sale.

Mettete le alghe in acqua fredda per almeno quindici minuti. Nel frattempo pulite le carote, tagliatele a dadini e cuocetele in un bicchiere d'acqua, con un pizzico di sale, per una decina di minuti, a fuoco lento. Quindi scolatele e, nella stessa acqua, fate cuocere per qualche minuto il sedano tagliato a fettine, in modo da ammorbidirlo un poco. Scolate anch'esso e, sempre nella stessa acqua, cuocete i chicchi della pannocchia dopo averli staccati dal suo torsolo, aggiungendo un po' d'acqua se si fosse consumata. Al termine della cottura, scolateli e lasciate che si raffreddino. Nel frattempo affettate sottilmente la cipolla e stufatela per qualche minuto in poco olio, in una padella nella quale aggiungerete anche le hiziki, che avrete precedentemente scolato. Dopo aver aggiunto l'agro di mele e l'acqua dell'ammollo delle alghe, coprite e continuate la cottura a fuoco lento per circa mezzora. Lasciate raffreddare e unite infine le verdure cotte in precedenza e i ravanelli tagliati a fettine, condite con olio, succo di limone e shoyu.

SALSA DI NORI PER CEREALI

3 fogli di alga nori, acqua, 1 cucchiaino di succo di limone, 1 cucchiaio d'olio (preferibilmente di girasole), 1 cucchiaio di shoyu, gomasio (facoltativo).

Mettete a bagno i fogli di alga in mezzo bicchiere di acqua fredda per cinque minuti, dopo aver tagliato ogni foglio in otto pezzi.

Metteteli in una padella con dell'olio e fateli saltare a fuoco vivace per 2-3 minuti. Unite quindi l'acqua dell'ammollo, coprite e cuocete per una decina di minuti a fuoco assai moderato. Dopo aver tolto dal fuoco aggiungete lo shoyu, il succo di limone, il gomasio e servite come condimento a un cereale cotto a parte.

ARAME BOLLITE CON VERDURE

40 gr circa di alga arame, acqua, 1 cipolla, 1 carota, olio q.b., 4 cucchiai di shoyu.

Sciacquate rapidamente le alghe sotto acqua corrente e poi mettetele a bagno in acqua fredda per cinque minuti. Se disponete di alghe arame intere, affettatele a pezzetti di 2-3 cm circa. Trascorso il tempo dell'ammollo, mettete dell'olio sul fondo di una pentola e scaldatelo dolcemente, quindi disponete a strati la cipolla affettata abbastanza sottilmente,la carota tagliata preferibilmente a fiammifero e le alghe. Aggiungete poi l'acqua dell'ammmollo di quest'ultime, in modo da coprire quasi del tutto lo strato superficiale, portate ad ebollizione e riducete quindi la fiamma, continuando la cottura per poco più di 60 minuti a pentola coperta. Aggiungete lo shoyu al momento di togliere dal fuoco e infine mescolate le verdure e le alghe assieme prima di servire come accompagnamento a un piatto di cereali. Nel caso vi fosse troppo liquido in eccesso, fatelo evaporare con qualche minuto di cottura a pentola scoperta e fiamma alta; dovrebbe peraltro rimanere una ragionevole rimanenza di "sughetto".

ARAME COME CONTORNO

50 gr circa di alga arame, acqua, 1 cipolla, 2 spicchi d'aglio, prezzemolo, un cucchiaino di shoyu, olio q.b., gomasio (facoltativo).

Sciacquate rapidamente le alghe sotto acqua corrente e lasciatele poi a bagno in acqua fredda per una decina di minuti. Nel frattempo affettate sottilmente la cipolla e saltatela in una padella con un poco d'olio, mescolando per circa cinque minuti a fuoco piuttosto basso. Unite quindi le alghe scolate e tagliate a pezzetti, aggiungendo anche la loro acqua dell'ammollo e facendo poi cuocere per una ventina di minuti, a pentola coperta e fiamma bassa. Alla fine della cottura aggiungete anche lo shoyu, l'aglio e il prezzemolo tritati e il gomasio.

ZUPPA DI MISO E NORI

2 carote, 2 cipolle, 1 porro, 1 grande foglia di verza, 1 foglio di alga nori, 2 cucchiai di miso, olio q.b., sale, prezzemolo.

Affettate sottilmente le cipolle e mettetele in una pentola con poco olio, nel quale le lascerete rinvenire per qualche minuto a fuoco molto moderato. Aggiungeteci quindi le carote pulite e tagliate a fettine sottili e, dopo qualche minuto, anche la verza pulita e tagliata a striscioline e il porro tagliato a fettine. Cuocete quindi a fuoco piuttosto basso per circa cinque minuti e aggiungete poi l'alga precedentemente lasciata a bagno per cinque minuti e quindi tagliata a lamelle, acqua (ne basterà un litro circa, ma si può variare a piacere e a seconda che si intenda servire la zuppa con o senza crostini di pane), aggiustate di sale, coprite la pentola e, dopo l'ebollizione, lasciate cuocere ancora per circa dieci minuti. Togliete infine dal fuoco, stemperate il miso in un po' del brodo di cottura e quindi versatelo nella zuppa spolverando con il prezzemolo tritato.

Uova e Formaggi

I FORMAGGI

Quanti tipi di formaggi ci sono? Mah, chi lo sa... Ce ne sono di latte di mucca, di capra, di pecora, misti; sono veramente tantissimi e definirli semplicemente grassi, magri, stagionati, semistagionati, freschi, spiega ben poco. Il modo più comune di consumarli è sicuramente quello "al naturale", accompagnandoli con l'immancabile pane o, ancor meglio, con delle buone verdure. Alcuni, in modo particolare il parmigiano, sono inoltre usatissimi nella preparazione di diverse ricette: arricchiscono pasticci, tortini, cereali. In qualche occasione particolare si possono comunque cucinare anche piatti a base prevalentemente di formaggio, preparando pietanze alquanto succulente, dai sofflè alle crêpe. Nelle ricette che seguono viene spesso consigliato l'uso di formaggi di capra. Questo soprattutto per il loro maggiore livello di digeribilità rispetto ai formaggi confezionati con latte bovino.

TORTINO DI RICOTTA

400 gr di ricotta, 180 gr di miglio, sale, olio, 650 cc di acqua, basilico.

Lavate il miglio con attenzione: sciacquatelo alcune volte in acqua fredda sino a quando non affiorino più impurità e l'acqua sia limpida. Lasciatelo poi scolare per benino. Mettetelo quindi in una pentola e tostatelo qualche minuto con un filo d'olio, tenendolo mescolato su una fiamma piuttosto allegra. Aggiungeteci quindi l'acqua (circa il doppio del volume del miglio) preventivamente riscaldata, del sale, portate a ebollizione e continuate poi la cottura a fuoco molto moderato e tegame coperto, sino a quando l'acqua sia assorbita. Saranno necessari circa 20 minuti di bollitura. A cottura ultimata spegnete la fiamma, e versate nella pentola la ricotta e il basilico sminuzzato, mescolando con cura. Coprite quindi e lasciate a riposo per circa un quarto d'ora. Oliate poi una teglia da forno e versateci il composto, che passerete infine in forno a fuoco medio per una ventina di minuti.

SOUFFLÈ DI FORMAGGI

200 gr di formaggio gruviera, 4 cucchiai di parmigiano grattugiato, 3 uova, sale. Per la besciamella: 130 gr di farina di frumento setacciata, 750 cc di acqua di cottura di qualche verdura (preferibilmente cavolfiori), timo, olio, sale.

Preparate la besciamella vegetale scaldando dell'olio in una pentola, incorporandovi quindi la farina e aggiungendo poi, poco alla volta, l'acqua di cottura delle verdure, insaporendo infine con un poco di timo e del sale. Toglietela poi dal fuoco, aggiungete il parmigiano e il gruviera grattugiati, i tuorli delle uova e, da ultime, le chiare montate a neve. Non vi resterà quindi che versare il composto in una teglia precedentemente unta d'olio e infornare per una mezzora a fuoco medio. Dopo aver tolto dal forno, lasciate riposare un po' prima di servire, in modo che il soufflè si rassodi un poco e non ustioni il palato.

CRÊPE AL FORMAGGIO

Per le crêpe: 120 gr di farina di frumento setacciata, 1 cucchiaio d'olio, 1 bicchiere di latte, 1 bicchiere d'acqua, sale.
Per la besciamella: 3 cucchiai di farina di frumento setacciata, 500 cc di acqua di cottura di qualche verdura (o acqua aromatizzata), sale, olio, timo, 60 gr di parmigiano grattugiato.
Per il ripieno: 125 gr di gruviera, qualche cucchiaio di parmigiano grattugiato.

Preparate l'impasto per le crêpe mescolando i vari ingredienti, poi coprite il composto e lasciatelo riposare per due o tre ore. Fate poi scaldare una padellina di poco più di 20 cm di diametro appena unta d'olio e versateci tanta pastella quanta ne occorre per coprire il fondo con uno strato molto sottile. Non appena il composto si rapprende, voltate la crêpe e lasciate sul fuoco ancora un minuto. Preparate poi la besciamella come indicato nella ricetta precedente e, quando sarà pronta, mescolatevi il parmigiano. Dividete quindi la besciamella in due recipienti; mentre il primo lo terrete da parte, nel secondo mettete anche il gruviera tagliato a dadini. Mettete poi un cucchiaio di quest'ultimo composto su ogni crêpe e arrotolatela. Oliate quindi molto leggermente una teglia da forno e ricopritene il fondo con una parte della besciamella tenuta da parte; disponete le crêpe, versandovi sopra ancora un po' di besciamella, spolverate con un leggero strato di parmigiano e mettete la teglia in forno caldo per una decina di minuti.

TORTINO DI FORMAGGI E MIGLIO

250 gr di formaggi vari (preferibilmente di capra), 180 gr di miglio, 700 cc di acqua, 6 mestoli di passato di verdure, timo, olio, sale.

Lavate il miglio con attenzione, scolatelo e tostatelo bene in poco olio. Aggiungete due volte il suo volume di acqua tiepida, salate e fate bollire per 20 minuti. Quando è cotto, spegnete la fiamma e aggiungeteci i vari formaggi tagliati a dadini e il timo. Coprite poi la pentola e lasciate riposare per un quarto d'ora circa. Versate quindi il tutto in una teglia unta d'olio, passate in forno per 10 minuti e poi lasciatelo raffreddare per qualche ora. Tagliatelo a quadretti al momento del pasto, disponetelo nei piatti e versatevi sopra il passato di verdure ben caldo.

ROBIOLE VERDI

2 robiole di mucca piuttosto grosse e molto fresche, acqua, 140 gr di spinaci, qualche foglia di insalata, 30 gr di erba cipollina, peperoncino in polvere, sale.

Lavate accuratamente gli spinaci e cuoceteli per appena tre minuti in pochissima acqua leggermente salata. Poi scolateli e tritateli molto finemente, lasciandoli quindi raffreddare. Sbattete nel frattempo i formaggi e, dopo averli resi molto cremosi, spalmateli sulle foglie d'insalata, spargendovi sopra gli spinaci tritati e spolverando con l'erba cipollina tritata e il peperoncino. Anche con altre verdure, è un ottimo piatto per la stagione calda.

SALSA DI FORMAGGI PER INSALATA

200 gr di formaggi vari, 2 yogurt, insalata verde, 1 cucchiaio d'agro di mele, sale, peperoncino (facoltativo).

Dopo aver privato i formaggi delle eventuali croste, tagliateli a dadini e metteteli quindi direttamente nel frullatore insieme con lo yogurt, l'agro di mele, del sale e un pizzico di peperoncino, riducendo il tutto a poltiglia. Lavate poi l'insalata e lasciatela sgocciolare per bene, magari asciugandola con uno strofinaccio pulito. Tagliate le foglie a pezzi, disponetele in un'insalatiera e, mescolando, versatevi sopra la salsa.

RICOTTA ALLE ARANCE

300 gr di ricotta fresca (preferibilmente di capra), 3 arance piuttosto grosse, 30 gr di uvetta passa, cannella.

Frullate la scorza di un'arancia con il succo di ambedue le arance, la cannella e l'uvetta precedentemente lavata e lasciata rinvenire per almeno un quarto d'ora in acqua tiepida. Frullate a parte la ricotta con un altro pizzico di cannella e servite infine in coppette, versandoci sopra il succo d'arancia frullato.

CREMA DI FORMAGGIO

50 gr di formaggio affumicato, 2 cucchiai di yogurt, 1 peperoncino in polvere, qualche pomodoro, 1 peperone verde.

Frullate il formaggio, lo yogurt, il peperoncino e il sale sino a ottenere un impasto omogeneo. Disponete quindi la crema ottenuta in un bel piatto di portata e guarnitela con i pomodori e il peperone tagliati a fette.

LE UOVA

Le uova, solitamente di gallina, sono purtroppo quasi sempre provenienti da grandi allevamenti in cui migliaia di animali vivono in spazi ridottissimi e in cui si somministrano grosse quantità di antibiotici mescolate ai mangimi, per limitare i rischi di trasmissione di malattie dovuti alla grossa concentrazione di animali, mentre appositi coloranti hanno il compito di rendere più rosso il tuorlo. Chi volesse consumare uova sane, dovrebbe perciò cercare di procurarsi prodotti provenienti da allevamenti ''domestici'', di piccole dimensioni. È comunque buona norma non eccedere nel loro uso, anche perché sono moltissimi i prodotti nei quali si cela la loro presenza e occorre inoltre consumarle freschissime, evitando di associarle ad alimenti che ne appesantiscano la digestione, come ad esempio, altri cibi proteici. L'uovo più digeribile è perciò quello ''à la coque'' o ''in camicia''. Ciò non toglie che, di tanto in tanto, si possano preparare le uova in modi più elaborati e gustosi.

UOVA CON PEPERONATA

4 uova, 2 peperoni gialli, 400 gr di pomodori maturi, basilico, sale.

Arrostite i peperoni interi al forno e nel frattempo pelate i pomodori dopo averli tuffati rapidamente in acqua bollente (lasciateceli sino a quando la buccia comincia a screpolarsi). Dopo averli pelati, tagliateli a pezzetti. Quando i peperoni sono pronti, toglieteli dal forno, pelateli dalla pellicola che li avvolge e tagliateli quindi a listarelle. Mettete poi i pomodori in una pentola e fateli cuocere a fuoco moderato per una decina di minuti, quindi salateli e unite anche i peperoni, lasciando sul fuoco ancora per alcuni minuti. A questo punto sgusciate le uova nella padella e mettete il tutto nel forno caldo sino a che l'albume si sia rappreso (se disponete di tegamini, provvedete a dividere la peperonata e sgusciate un uovo in ogni tegamino). Decorate con basilico fresco al momento di servire.

UOVA RIPIENE

4 uova, una decina di capperi sotto sale, un paio di cucchiaini di prezzemolo tritato, olio q.b., sale.

Fate bollire le uova per 8 minuti e freddatele poi sotto acqua corrente. Sbucciatele e tagliatele a metà, per il lungo. Togliete i tuorli, metteteli in un piatto, schiacciateli con una forchetta e incorporatevi i capperi precedentemente sciacquati e tritati, il prezzemolo, olio e un poco di sale. Con questo composto riempite le metà di uovo. Potrete a questo punto sbizzarrirvi con le decorazioni: olive, foglie di basilico fresco, fettine di pomodoro, lattuga, ecc. Non avrete che l'imbarazzo della scelta.

TIMBALLO DI UOVA

4 uova, 200 gr di funghi, unà decina di olive nere, 3 spicchi d'aglio, olio. Per la besciamella: circa 3 cucchiai di farina di frumento setacciata, un paio di cucchiai d'olio d'oliva o di mais, 1/2 l d'acqua di cottura di qualche verdura, timo, sale.

Lavate i funghi sotto acqua corrente e asciugateli in modo che non assorbano l'acqua. Tagliateli quindi a fettine e saltateli in padella con l'aglio e poco olio. Nel frattempo preparate le uova sode, sbucciatele e tagliatele poi a fettine, snocciolate le olive e sminuzzatele grossolanamente. Preparate quindi una besciamella vegetale, scaldando l'olio, incorporandovi la farina e, dopo averla fatta tostare leggermente, aggiungendo, poco alla volta, l'acqua calda, aromatizzando infine con del timo e aggiustando di sale. Quando la besciamella sarà pronta e i funghi sufficientemente insaporiti, mescolate il tutto con le olive e le uova e disponetelo in una teglia rotonda unta d'olio, che passerete in forno caldo per una decina di minuti.

STRACCIATELLA

4 uova, 6 mestoli di passato di verdure, 5 spicchi d'aglio, crostini di pane tostato, olio, gomasio, sale, shoyu.

È evidente che per allestire questo piatto dovrete esservi prima dedicati alla preparazione di una buona minestra di verdure, che avrete poi diligentemente passato. Fatto ciò, ne porterete a bollore sei mestoli con insieme l'aglio schiacciato e vi verserete dentro le uova già sbattute mescolando con cura. Lascerete quindi cuocere per appena due minuti; l'uovo verrà a galla rappreso. Aggiungete quindi il gomasio, un paio di cucchiai di shoyu e dell'olio e servite bollente nei piatti nei quali avrete predisposto i crostini di pane. Se lo si desidera si può insaporire con basilico o prezzemolo freschi tritati.

UOVA VERDI

4 uova, 2 spicchi d'aglio, 3 noci, 2 cucchiai di parmigiano grattugiato, prezzemolo e basilico, alcune foglie di lattuga, olio q.b., sale.

Cuocete le uova sode e tagliatele quindi nel senso della lunghezza. Schiacciate l'aglio e amalgamatelo in una terrina assieme al formaggio, alle noci sgusciate e tritate e alle erbe finemente tritate, che potrete usare con una certa abbondanza. Mescolate il tutto con un cucchiaio di legno in modo da rendere il composto cremoso. Aggiustate quindi di sale e infine coprite ciascuna metà di uova con la cremina ottenuta. Siccome, come ben si sa, anche l'occhio vuole la sua parte, servite le uova su foglie di lattuga, guarnendo eventualmente anche con pomodoro o carote a fettine.

UOVA AFFOGATE AL POMODORO

4 uova, 250 gr di pomodori maturi, 1 spicchio d'aglio, prezzemolo, sale, qualche cucchiaio di parmigiano grattugiato, olio.

Privatei i pomodori della buccia, dopo averli immersi in acqua bollente sino a quando cominciano a screpolarsi. Tagliateli poi a pezzettini. In una casseruola larga e piatta fate bollire dell'acqua leggermente salata e acidulata con un cucchiaio di aceto e, quando l'acqua bolle, togliete dal fuoco e versateci l'uovo rotto precedentemente sopra un piattino. Contate sino a venti e poi, aiutandovi con un cucchiaio, fate girare su se stesso l'uovo, lasciandolo nell'acqua calda ancora per due o tre minuti. Toglietelo quindi dalla casseruola e immergetelo in acqua fredda in modo da interromperne la cottura. L'operazione va fatta evidentemente per tutte e quattro le uova: si possono affogare tutte insieme o uno alla volta. In ogni caso, ottenute le uova affogate, scaldate un poco d'olio in una padella e mettetevi i pomodori, aggiungendo anche l'aglio tritato e un po' di sale. Dopo cinque minuti di cottura a fuoco moderato, aggiungete le uova affogate, e spolveratele con il parmigiano, possibilmente senza spargerlo sul pomodoro. Mettete infine in forno caldo per appena tre minuti e servite dopo aver decorato con prezzemolo tritato.

UOVA SPEZIATE

4 uova, 2 cipolle, 2 spicchi d'aglio, 250 gr di pomodoro, 1 cucchiaino di zenzero, 1 cucchiaino di polvere di coriandolo, 1 cucchiaino di peperoncino in polvere, 1 cucchiaino di cumino tritato, 1 cucchiaino di curry, sale, olio.

Preparate le uova sode, fatele raffreddare e tagliatele quindi a metà nel senso della lunghezza. Affettate nel frattempo una cipolla, tritate l'altra insieme con l'aglio e tagliate a pezzetti i pomodori dopo averli sbucciati. Scaldate quindi un po' d'olio in una padella e fatevi saltare la cipolla affettata sino a quando diventi trasparente e molto morbida. Togliete poi dal fuoco e aggiungeteci la rimanente cipolla tritata insieme con l'aglio, le varie spezie e del sale, rimettendo su fuoco basso per cinque minuti. Unite quindi i pomodori, coprite con un coperchio e lasciate cuocere lentamente sino a quando la salsa si sia raddensata. Solo allora aggiungete le uova e proseguite la cottura per trequattro minuti prima di portare in tavola.

POMODORI A SORPRESA

4 uova, 4 grossi pomodori, formaggio caprino fresco, olio, sale.

Lavate i pomodori, privateli della calotta e svuotateli dei semi. Spolverateli quindi di sale, disponeteli su una teglia da forno unta d'olio e, in ciascuno di essi, rompetevi un uovo. Aggiungeteci anche un poco di formaggio di capra fresco sminuzzato, ricopriteli con la calotta e metteteli in forno caldo, in modo che i pomodori possano cuocersi e le uova rapprendersi. Dopo 10-15 minuti di cottura togliete dal forno e servite caldo.

UOVA AL CURRY

4 uova, 1/2 cipolla, 1 spicchio d'aglio, 1 cucchiaio di polvere di curry, 250 gr di pomodoro, 1/2 cucchiaino di cumino tritato o pestato, sale, succo di limone, olio.

Preparate le uova sode, fatele raffreddare e, quando sono fredde, tagliatele a metà nel senso della lunghezza. Affettate molto sottilmente la cipolla e tritate l'aglio, mettendoli quindi in una padella con poco olio e appassendoli a fuoco molto moderato per 3-4 minuti. Aggiungete quindi la polvere di curry, mescolate e continuate la cottura per altri tre minuti circa, continuando a mescolare. Aggiungete quindi i pomodori precedentemente sbucciati e finemente tritati e un po' d'acqua, aggiustate di sale, unite anche del succo di limone (la quantità è a discrezione); ricordate comunque che il sapore del limone non dovrà essere assolutamente preponderante, ma costituire solamente un accenno. Continuate poi la cottura ancora per 5-8 minuti e aggiungete infine le uova, lasciando insaporire qualche attimo prima di servire. Potrà essere un buon accompagnamento per del riso cotto a parte.

UOVA ALLA SALVIA

4 uova, 30 gr di capperi sotto sale, alcune foglie di salvia, 3 spicchi d'aglio, 30 gr di mollica di pane inzuppata in succo di limone, sale.

Sciacquate rapidamente i capperi sotto acqua corrente e preparate un pesto con i capperi stessi, gli spicchi d'aglio, due foglie di salvia, il pane inzuppato e del sale. Amalgamate il tutto molto bene, passandolo eventualmente nel frullatore e mettete poi la salsa ottenuta sul fondo di un piatto. Preparate quindi le uova sode e, dopo averle lasciate raffreddare, tagliatele come più vi piace, a fettine, a pezzetti o in altri modi, e disponetele nel piatto, sopra alla salsa, spolverando infine con altra salvia tritata.

FRITTATA AI GERMOGLI DI SOIA

3 uova, 1/2 cipolla, un paio di funghi freschi, 3 cucchiai di germogli di soia verde, 1 cucchiaino di tamari, un paio di cucchiai d'acqua, olio.

Pulite e affettate molto sottilmente la cipolla e fate lo stesso anche con i funghi. Sbattete quindi le uova con l'acqua e aggiungeteci poi la cipolla, i funghi e i germogli di soia, insaporendo con il tamari e amalgamando bene il composto. Scaldate quindi l'olio in una teglia e cuocetevi il preparato per circa tre minuti da entrambi i lati, facendo bene attenzione al momento di girare la frittata. Perché i germogli possano conservare la loro naturale ricchezza nutrizionale, è importante non solo che siano molto freschi, ma che vengano cotti il meno possibile. Una cottura della frittata al forno è pur sempre sperimentabile, ricordando però che, di solito, nonostante venga usata una fiamma molto vispa, richiede tempi più lunghi.

FRITTATA AL FORNO

3 uova, 2 foglie di bietola, 1 zucchina, timo, olio, sale.

Lavate le verdure e tritatele molto finemente. Sbattete le uova in una terrina insieme con un poco di sale e un po' di timo e incorporatevi quindi le verdure. Preparate poi una teglia da forno unta d'olio, versatevi il composto e infornate per un quarto d'ora circa a fuoco medio.

FRITTATA DI ORTICHE

4 uova, 500 gr di punte di ortica, un paio di cucchiai di parmigiano grattugiato, olio, sale.

Raccogliete le punte di ortica (la primavera è sicuramente la stagione più adatta alla raccolta, quando le giovani piantine riprendono con vigore il ciclo vegetativo). Lavatele accuratamente, lasciatele quindi scolare dall'acqua in eccesso e fatele poi saltare qualche minuto in una padella appena unta d'olio, in modo da appassirle. Salatele e tenetele mescolate, in modo che non si bruciacchino. Nel frattempo sbattete a parte le uova e aggiungeteci il formaggio grattugiato. Quando vi sembrerà che le ortiche siano sufficientemente tenere, versate nella stessa padella le uova sbattute e proseguite la cottura sino a quando la frittata sarà ben rappresa.

FRITTATA DI CIME DI LUPPOLO

4 uova, 500 gr di cime di luppolo, 1 paio di cucchiai di pangrattato, olio, sale.

Il luppolo è quella pianta universalmente conosciuta per il suo impiego nella fabbricazione della birra, alla quale conferisce l'inconfondibile aroma amarognolo. Mentre nel caso della preparazione della birra vengono usate le infiorescenze femminili, che maturano nella tarda estate, nella preparazione della frittata vengono usate le cime, i germogli di questa pianta, che cresce spontaneamente lungo le siepi. In primavera dunque, raccogliete le tipiche cime ruvide della pianta, lavatele e lessatele in pochissima acqua salata. Quando saranno cotte, ma ancora "al dente", scolatele per benino e tritatele grossolanamente. Mescolateci quindi il formaggio grattugiato, un pizzico di sale e le uova sbattute, versando infine il composto in padella e cuocendo sino a quando la frittata sarà ben rappresa.

Piatti unici

Nella prima parte di questo libro si è già chiarita ampiamente l'utilità di un ritorno al consumo regolare e giornaliero del piatto unico. Eccone in sintesi i vantaggi principali:

- riduzione dell'apporto calorico, con induzione precoce del senso di sazietà;
- riduzione del consumo di alimenti (proteine e grassi) di origine animale;
- riduzione ed eliminazione delle incompatibilità digestive fra gli alimenti;
- riduzione dei costi per il bilancio familiare, ma anche per la ristorazione collettiva (ospedali, mense aziendali e scolastiche...).

Esistono, però, diversi "piatti unici", diversi perché contengono gli alimenti più vari, diversi per la stagione che più si adatta al loro consumo, diversi per l'impegno digestivo richiesto.

Anche noi siamo diversi: d'estate o d'inverno, riposati o stanchi, malati o in perfetta salute, arrabbiati o in pace con tutto il mondo... le capacità del nostro organismo di digerire il cibo sono quindi variabili. Se, ad esempio, facciamo una vita sedentaria, se siamo ammalati... preferiremo un piatto unico dalla composizione estremamente semplice: un cereale e verdure crude oppure un cibo proteico (uova, formaggio, noci...) e verdure crude.

Al contrario, piatti unici caratterizzati dalla presenza contemporanea di cereali e di una piccola interazione proteica saranno consumati saltuariamente, in condizioni di perfetto benessere fisico... e psicologico (ad esempio pasteggiando allegramente con gli amici più cari).

Quindi, più che applicare schematicamente qualche tabella sulle corrette combinazioni alimentari, è importante che ognuno, attraverso l'esperienza e la riflessione, riesca a valutare, volta per volta, le sue esigenze e le sue possibilità digestive.

CROSTONI CON PATATE E VERZE

3 patate, 1/2 verza, 3 spicchi di aglio, rosmarino, pane, acqua, olio, sale.

Lessare in acqua salata delle patate e delle verze. Scolarle e passarle in un tegame dove, in un cucchiaio d'olio soffriggono degli spicchi di aglio e un po' di rosmarino. Schiacciare le patate e far insaporire adagio adagio. Tostare delle fette di pane, strofinarle con aglio, bagnarle con l'acqua di cottura delle verdure e adagiarle in un piatto. Ricoprirle infine con le patate e le verze bollenti.

GNOCCHI

1 kg di patate, 200 gr circa di farina setacciata, sale, burro, salvia o pomodoro, parmigiano grattugiato.

Lessare le patate e, ancora calde, schiacciarle con l'apposito schiacciapatate, lavorarle con mano leggera incorporandovi farina fino a circa il 20 % del loro peso. Il segreto degli gnocchi morbidi sta nel confezionarli con patate (le "patate da gnocchi") che permettano di usare la minor quantità possibile di farina. Formare con questo impasto dei cilindri grossi un dito, tagliarli a pezzetti e dare agli gnocchi la loro forma caratteristica passandoli con l'indice sul rovescio della grattugia. Tuffarli nell'acqua bollente salata pochi per volta e, appena galleggiano, scolarli e condirli con burro e salvia oppure con salsa di pomodoro. In ogni caso si completa con parmigiano.

ACQUA COTTA 1

1 kg di cicoria, salsa di pomodoro, acqua, 1 spicchio d'aglio, olio, pane, sale.

Lessare della cicoria in poca acqua e scolarla. In una pentola riscaldare dell'olio con uno spicchio d'aglio, aggiungere qualche cucchiaio di salsa di pomodoro e unire la cicoria spezzettata. Lasciare insaporire qualche minuto aggiungendo un po' d'acqua bollente. Servire in piatti sul cui fondo sono stati preparati dei crostini di pane tostato.

ACQUA COTTA 2

2 cipolle, 2 pomodori, 1 gamba di sedano, 1 uovo per persona, olio, pane, sale.

Ancora un'"acqua cotta": queste zuppe, comuni in molte regioni, hanno spesso ingredienti diversi proprio perché è loro caratteristica utilizzare le verdure di stagione presenti sul posto.
In una pentola di coccio (meglio utilizzare quelle rivestite con smalti atossici) leggermente unta stufare delle cipolle affettate, del sedano e del pomodoro fresco. Dopo circa 30 minuti, unire alle verdure dell'acqua già calda, sale e qualche foglia di rosmarino tritata. Mentre la zuppa bolle (basteranno 5-6 minuti), sbattere le uova e versarle poi sopra delle fette di pane tostato che avrete preparato nei piatti. Coprire, infine, il pane e l'uovo sbattuto con la zuppa bollente e servire.

PANZANELLA

500 gr circa di pane (a fette) raffermo, 3 pomodori, 1 cetriolo, 1 cipolla, basilico, olio, aceto o limone, sale, pepe.

Mettere a mollo per mezz'ora in acqua fresca il pane raffermo. Strizzarlo per bene e deporlo in una capace terrina. Aggiungere pomodori a pezzetti, cetrioli affettati, cipolle bianche tagliate ad anelli e cospargere abbondantemente con foglie di basilico. Condire con olio, poco aceto o limone, sale e pepe. Mescolare a lungo, ma delicatamente. Prima di consumare questo piatto, è meglio farlo riposare qualche ora in ambiente fresco.

POLENTA E FAGIOLI

250 gr di fagioli, 250 gr di farina di mais, acqua, aglio, tamari, salvia, timo, santoreggia, 1 carota, 2 coste di sedano, 1 cipolla, 1 fungo secco ammollato.

Cucinate i fagioli con la carota, il sedano e la cipolla, che verranno schiacciati a fine cottura assieme a 1/3 dei fagioli. Preparate la polenta con cura e nel frattempo fate saltare l'aglio schiacciato, le erbe aromatiche e il fungo tagliato finemente nell'olio e tamari. Mescolate i fagioli con la polenta e gli aromi, servite in larghe ciotole.

POLENTA DI CASTAGNE

1 kg di farina di castagne, 1 l di acqua, sale.

Nel classico paiolo di rame porre acqua salata e, al bollore, gettare tutta d'un colpo la farina. Con un cucchiaio di legno o meglio una frusta, mescolare velocemente e senza interrompersi per evitare la formazione dei grumi. Far cuocere per tre quarti d'ora e versare quindi la polenta sul tagliere di legno. È ottima accompagnata da formaggi freschi.

TORTA DI BIETOLE

500 gr di bietole, 500 gr tra ortica, tarassaco, germogli di luppolo, 300 gr tra formaggio, ricotta fresca e ricotta stagionata, 3 uova, olio, noce moscata, sale, pepe.

Cuocere in poca acqua le bietole insieme con le erbe selvatiche (utili a insaporire la pietanza) strizzarle e legarle con olio, formaggio, ricotta fresca e stagionata, noce moscata, sale e pepe. Preparare una sfoglia impastando la farina con olio, sale e acqua e con una parte di questa foderare uno stampo rotondo da forno leggermente unto. Versare l'impasto di verdure e, prima di chiudere con la sfoglia rimanente, sgusciarvi sopra le uova crude. Bucherellare la superficie e cuocere in forno fino a che la sfoglia sia dorata.

PASTA CON UOVA E ZUCCHINE

320 gr di spaghetti, acqua, 4-5 zucchine, 2 uova, pecorino, basilico, aglio, olio, pepe, sale.

Affettare delle piccole zucchine e farle trifolare in una padella con un cucchiaio di olio, aglio tritato e sale. Quando sono ben morbide, aggiungere abbondante basilico spezzettato. Cuocere degli spaghetti e condirli con le zucchine, le uova sbattute e del pepe. Lasciarli qualche istante sul fuoco bassissimo, nella padella coperta, per far rapprendere leggermente le uova e, prima di servire, cospargere con pecorino grattugiato.

RISO CON L'UVETTA

320 gr di riso, una grossa manciata di uvetta, prezzemolo, aglio, vino bianco, parmigiano, olio, sale, zafferano.

Riscaldare in olio dell'aglio tritato, aggiungere dell'uvetta e bagnare con vino bianco secco e acqua calda. Unire del riso cotto a parte (far bollire a fuoco bassissimo, per 60 minuti una parte di riso e due parti di acqua) e far insaporire. Prima di servire, incorporare del parmigiano grattugiato e spolverare con prezzemolo tritato. Se gradito, è possibile aggiungere un pizzico di zafferano sciolto nell'acqua calda.

ZUPPIERA DI PANE E MOZZARELLA

400 gr di pane, 1 grossa mozzarella, parmigiano reggiano, 1 l circa di brodo vegetale, sale, noce moscata.

Di facilissima e rapida realizzazione, questa zuppa serve anche per riutilizzare gradevolmente qualche fetta di pane dimenticato e ormai un po' troppo dura. Riscaldare dolcemente del brodo vegetale (preparato senza legumi), assieme alla mozzarella tagliata a dadini, per qualche minuto, ma senza far bollire. Mettere le fette di pane (tostato se non è secco a sufficienza) in una zuppiera già riscaldata, cospargerle di parmigiano grattugiato, insaporire con noce moscata e sale. Versare il brodo caldo e la mozzarella sul pane e servire immediatamente.

TIMBALLO DI PANE E FORMAGGIO

500 gr di pane affettato, 500 gr di formaggi (fontina, asiago, emmental...), 2 cipolle, 2 pomodori, olio, vino bianco, sale, cannella, noce moscata, peperoncino.

Questo piatto, per la sua ricchezza di sapori e la sua bontà, può degnamente figurare sulla tavola anche in qualche occasione "importante". Prendere una teglia da forno e stendere sul fondo uno strato di cipolle, precedentemente sufate per 15 minuti con un cucchiaio di olio e una foglia d'alloro. Ricoprire le cipolle con uno strato di sottili fette di pane, proseguire con uno strato di formaggio affettato e concludere con fettine di pomodoro. Salare leggermente, insaporire con cannella e noce moscata e ricominciare, alternando i vari ingredienti fino a terminare con il pane. Bagnare con un bicchiere di vino e qualche goccia d'olio. Aggiungere un pizzico di peperoncino in polvere poco piccante. Infornare fino alla doratura della superficie. Far riposare 5 minuti prima di servire.

TEGLIA ESTIVA CON UOVA

2 melanzane, 2 zucchine, 3 peperoni gialli, rossi e verdi, 2 cipolle, 2 pomodori, olive, vino bianco, olio, basilico, 4 uova, sale.

Lavare e tagliare le verdure a piccoli pezzi. Metterle in una teglia con un bicchiere di vino bianco secco, il basilico e le olive snocciolate. Cuocere a fuoco lento, mescolando spesso. A fine cottura aggiungere l'olio e il sale. Preparare le uova in camicia: far bollire dell'acqua salata con qualche cucchiaio d'aceto bianco; rompere le uova (una alla volta) su un piattino e farle scivolare nell'acqua. Dopo 4 minuti le uova sono pronte: raccoglierle con un mestolo forato e appoggiarle sulle verdure. Servire con abbondante pane affettato e tostato. È un piatto estivo, buono sia caldo che tiepido ma gustoso anche freddo.

PIZZOCCHERI

400 gr di pizzoccheri, 2 patate, 1/2 verza, 3-4 foglie di coste o spinaci, 150 gr di formaggio fresco magro, parmigiano reggiano, olio o burro, salvia, acqua, aglio, sale.
Per i pizzoccheri: farina di grano saraceno, farina di frumento, acqua, sale.

Queste tipiche lasagne valtellinesi, preparate nel modo tradizionale, costituiscono un robusto piatto, adatto per essere consumato specialmente nella stagione fredda. Impastare la farina di grano saraceno con il 20 % di farina di frumento, acqua e sale. Ricavare una sfoglia (con il mattarello o l'apposita macchinetta) non troppo sottile e tagliarla a strisce larghe e corte. È anche possibile acquistare i pizzoccheri già pronti, come qualsiasi altra pasta.
Cuocere la pasta in abbondante acqua, assieme alle verdure; scolare il tutto e condire con burro o olio aromatizzati con abbondante salvia e qualche spicchio d'aglio tritato. Unire parmigiano grattugiato e formaggio fresco a dadini. Mescolare bene e servire.

TRENETTE COL PESTO

300 gr di trenette (tagliatelle molto sottili), acqua, 2 patate, 200 gr di fagiolini verdi, basilico, pinoli o noci, aglio, formaggio grana o pecorino, olio, sale.

Questo piatto notissimo, se cucinato come si usa ancora in Liguria diventa un eccellente piatto unico. Portare a bollore l'acqua salata per la pasta e gettarvi delle patate pelate e tagliate a rondelle e dei fagiolini verdi; dopo circa 10 minuti, aggiungere le trenette e cuocerle nel solito modo. Scolare e condire con il pesto, cioè una salsa ottenuta pestando in un mortaio di pietra basilico, aglio, pinoli o noci, formaggio grana o pecorino, sale e olio (è anche possibile usare un frullatore). Prima di condire, diluire la salsa con qualche cucchiaio dell'acqua di cottura della pasta.

CANEDERLI VEGETARIANI

500 gr di pane di segale o di frumento, farina di frumento e di grano saraceno, 2 uova, 1 cipolla, 1 porro, aglio, prezzemolo, salvia, cannella, noce moscata, brodo vegetale, burro o olio.

Affettare del buon pane un po' raffermo (il piatto, caratteristico del Trentino Alto Adige, è tradizionalmente preparato con pane di segale) e porlo in una terrina; tritare finissimamente la cipolla, il porro e l'aglio e mescolarli al pane bagnando il tutto con acqua o brodo vegetale tiepido. Aggiungere la cannella, la noce moscata e il prezzemolo e amalgamare al composto una o più uova (la proporzione è di 250-300 gr di pane per un uovo). Incorporare ora della farina di frumento e di grano saraceno leggermente tostate per migliorare la consistenza dell'impasto e ricavarne delle grosse palle del diametro di 4-5 cm. Cuocere i canederli in acqua bollente salata per 10 minuti, scolarli delicatamente con un mestolo forato e condirli con burro fuso o olio insaporiti con salvia.

POLENTA TARAGNA

250 gr tra farina di grano saraceno e farina di mais, 1 l di acqua, burro o olio, formaggio fresco, salvia, aglio, sale, peperoncino.

Cuocere, mescolando continuamente per almeno 40 minuti, una polenta ottenuta con farina di grano saraceno e qualche manciata di farina di mais. Spegnere il fuoco e amalgamare alla polenta del formaggio fresco a pezzetti, ma senza farlo sciogliere del tutto. Versare nei piatti e condire con burro fuso o olio insaporiti con salvia, aglio tritato e, per chi lo gradisce, peperoncino.

GNOCCHI DI SEMOLINO

250 gr di semola di grano duro o miglio, 1 litro d'acqua, 2-3 uova, burro, parmigiano, noce moscata, salvia, sale.

Oltre che con la semola di grano duro, questo piatto si può preparare anche con il miglio: il procedimento è il medesimo. Cuocere la semola per almeno 20 minuti in acqua bollente salata e aromatizzata con qualche foglia di salvia. Spento il fuoco, unire le uova e mescolare molto bene. Versare su un piano di marmo, ridurre con una spatola a uno spessore di un centimetro e lasciar raffreddare. Con un bicchiere dal bordo bagnato ricavare dei dischetti e disporli, leggermente sovrapposti, in una pirofila unta. Cospargere con burro fuso e parmigiano grattugiato aromatizzato con noce moscata. Far dorare in forno.

RAVIOLI DI RICOTTA E ZUCCA

1 kg di farina di frumento setacciata e farina di grano duro, 1-2 uova, acqua, 250 gr di ricotta, 250 gr di zucca già cotta, parmigiano, scorza di limone grattugiata, aglio, prezzemolo, salvia, noce moscata, burro o olio, sale.

Preparare la sfoglia impastando le uova, l'acqua, il sale e la farina di frumento, meglio se leggermente setacciata. Aggiungendo qualche manciata di farina di grano duro il risultato sarà migliore. Tirate la sfoglia e taglietela a piccoli riquadri con l'apposito attrezzo. Preparare il ripieno mescolando molto bene la ricotta, la zucca cotta al forno, il parmigiano grattugiato, l'aglio e il prezzemolo tritati, la noce moscata e un poco di scorza di limone grattugiata. Riempire con questo composto ogni riquadro e chiudere i bordi premendo con le mani. Lasciar riposare i ravioli per una giornata in luogo fresco. Cuocerli in acqua salata, scolarli e condirli con burro fuso o olio aromatizzati con salvia e cospargerli di parmigiano.

INSALATA DI RISO ESTIVA

300 gr di riso, verdure di stagione a piacere (peperoni, ravanelli, cetrioli, carote, cipolla...), 3 uova sode, olive nere, capperi, origano, basilico, prezzemolo, olio.

Questo piatto che va gustato a temperatura ambiente o, meglio, leggermente raffreddato, è semplicemente delizioso. Cuocere il riso a fuoco basso per 45 minuti (una parte di riso e due parti scarse di acqua) in modo che rimanga leggermente al dente. Sgranarlo in una terrina con una forchetta, unire un po' d'olio e lasciar raffreddare. Affettare sottilmente tutte le verdure, snocciolare le olive e mescolare il tutto al riso molto delicatamente, non dimenticando di aggiungere i capperi e gli altri aromi. Decorare con uova sode a spicchi, lasciar riposare ancora 30 minuti e servire.

POLENTA PASTICCIATA AL RAGÙ VEGETALE

Polenta di mais fredda (o di grano saraceno o di miglio o di semolino), cipolle, carote, sedano, rosmarino, parmigiano grattugiato, noce moscata, olio, burro, vino rosso.

Questa preparazione, ottima per riutilizzare una polentina gialla avanzata dal giorno prima, riesce altrettanto bene se la polenta è stata ottenuta con farine diverse da quella di mais: è indispensabile però che le polente siano del tutto fredde. Per il ragù vegetale affettare cipolla, carote e sedano (meglio il tipo rapa o "di Verona") e metterli in una teglia unta con olio. Aggiungere sale, rosmarino e un bicchiere di vino rosso. Far stufare a pentola coperta e a fuoco lento, rimestando di tanto in tanto, finché le verdure non siano morbide. Tagliare la polenta a fettine sottili e disporle a strati in una teglia da forno, cospargendo ogni strato con parmigiano, noce moscata, olio e qualche cucchiaiata di ragù. Finire gli strati con polenta, parmigiano e qualche fiocchetto di burro. Passare al forno per 30 minuti e servire.

ROTOLO DI VERDURE

Per la pasta: 250 gr di farina di frumento, 2 uova, 5 cucchiai di olio.
Per il ripieno: 150 gr di carote, 700 gr di spinaci, 100 gr di patate, 2 coste di sedano, 1 cipolla, salvia, rosmarino, 1 cucchiaio di aceto, il succo di 1/2 limone, 2 uova, grana grattugiato, sale.

Preparate la pasta lavorando la farina con le uova, l'olio e un po' d'acqua se servisse. Lessate le verdure separatamente e tagliatele grossolanamente quindi soffriggetele in padella con la cipolla affettata finemente. Fate raffreddare il tutto e passatelo al passaverdura e legate l'impasto con le uova e un po' di grana grattugiato. Tirate una sfoglia rettangolare di circa 1/2 cm di spessore, versatevi il composto e arrotolate come fosse un polpettone. Avvolgetelo in una garza chiudendo alle due estremità; legatelo ai manici di una teglia ovale e cuocetelo in acqua salata, cui avrete aggiunto un cucchiaio di aceto e il succo di limone, per un'ora a fiamma bassa. Lasciate raffreddare il rotolo di verdure e tagliatelo a fette, che disporrete su un piatto e condirete con tamari, un filo di olio e formaggio grattugiato.

PASTICCIO DI LASAGNE VERDI AL FORNO

Farina di frumento, farina di grano duro, uova, ortiche o spinaci, cipolla, carote, sedano, altre verdure a piacere, rosmarino, alloro, noce moscata, parmigiano grattugiato, vino bianco, brodo vegetale (facoltativo), olio, sale.

Preparare la sfoglia come nella ricetta dei ravioli di ricotta e zucca a pag. 345, impastando assieme agli altri ingredienti anche delle ortiche o degli spinaci lessati, ben strizzati e finemente tritati (attenzione a non aggiungere troppa acqua alla sfoglia: l'impasto dovrà comunque risultare molto sodo). Tirare la sfoglia e ricavare delle strisce larghe 10 centimetri e lunghe 20. Cuocere le verdure tagliate a pezzetti in un tegame leggermente unto unendo anche gli aromi; stufare bene, aiutandosi anche con un bicchiere di vino bianco. Preparare la besciamella mettendo in un pentolino 3-4 cucchiai di farina di frumento e poco olio. Riscaldare senza friggere e mescolare. Aggiungere poco per volta acqua calda o brodo vegetale (attenzione al formarsi dei grumi: mescolare bene e con una certa decisione) fino a ottenere una crema densa. Continuare la cottura per altri 10 minuti. Salare e aromatizzare con noce moscata. Ungere una teglia da forno; disporvi uno strato di lasagne (cotte in acqua salata, poche alla volta, e poi scolate), uno strato di verdure stufate, uno di besciamella e uno di parmigiano grattugiato. Ripetere gli strati in questo ordine, terminando con uno strato di lasagne e uno di besciamella. Infornare per almeno 30 minuti.

Il pane e i piatti a base di pane

Forse nessun altro cibo è, come il pane, carico di significati. Cibo sano, naturale, primario, fondamentale, il pane è simbolo di nutrimento essenziale, sia fisico che spirituale: si spezza, infatti, il pane fragrante sulla tavola, ma si spezza anche il pane della scienza.
Il buon pane integrale, confezionato con farine biologiche e macinate a pietra, lievitato naturalmente e cotto in grosse forme rotonde è ricco di molti elementi nutritivi, sprigiona un odore gradevolissimo ed è di facile conservazione. Noi lo mangiamo, a fette, solitamente accompagnato da verdure e da cibi proteici. Tuttavia, anche quando è diventato durissimo e apparentemente immangiabile, il pane può essere usato come ingrediente preziosissimo per prelibati e digeribilissimi piatti. Si vedano, a questo proposito, sia alcune delle ricette che seguono, sia il capitoletto "I piatti unici".

Come fare il pane: ricetta-base

Premesso che nessun libro sul pane, per quanto preciso ed analitico, vi potrà mai aiutare più che la pratica, diamo di seguito un paio di consigli circa la fase dell'impastamento. Questa operazione è, forse, la più delicata e, per quanto sembri strano, il pane "sente" la sicurezza della mano che lo sta lavorando. L'importanza della manipolazione risiede nel fatto che, attraverso essa, si libera il glutine della farina che conferirà elasticità alla massa, attraverso la distribuzione dell'acqua e l'inglobamento di ossigeno. L'impastamento dev'essere quindi lento, moderato ma spedito nello stesso tempo, in modo da consentire alle molecole filiformi del glutine di disporsi parallele tra di loro conferendo al pane, in tal modo, la caratteristica struttura spugnosa e alveolare, favorevole a una buona digestione e assimilazione. Durante questa operazione la pasta va tesa, stirata,

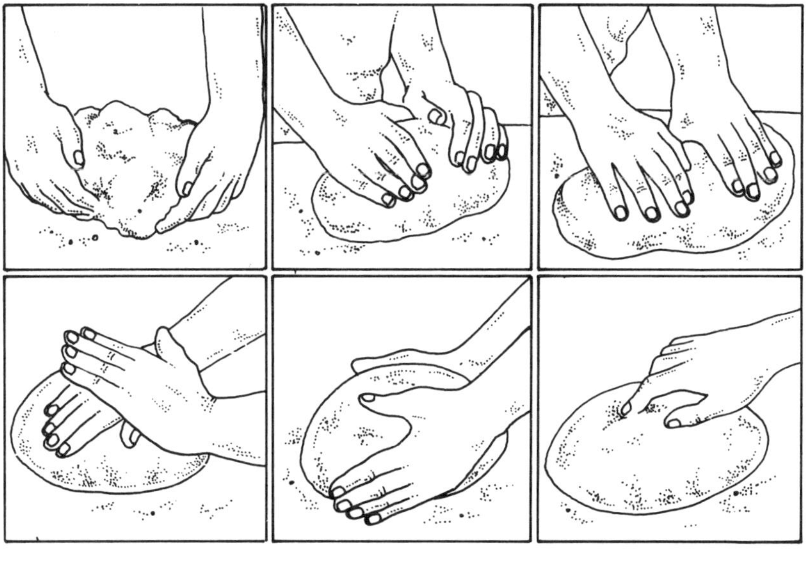

Alcuni esempi di movimenti delle mani durante la fase d'impastamento. L'ultima immagine mostra la verifica della «risposta» della pasta ben lavorata alla pressione del dito.

rigirata più volte (per permettere una perfetta ossigenazione), rivoltata su sé stessa e, una volta lasciata cadere, dovrà "soffiare" in modo che venga espulsa l'aria amalgamata durante l'azione dell'impastamento. Il tutto, quando sarete sufficientemente pratici, non durerà più di 5-10 minuti.

Preparazione del lievito naturale

Si impastino 200 gr di farina, possibilmente macinata di recente (in ogni caso non più vecchia di 3-4 mesi) con un po' d'acqua fresca e si aggiungano, volendo, un cucchiaino di olio e uno di miele (fig. 1). Si manipoli l'impasto finché non abbia raggiunto una consistenza tale da non risultare appiccicoso (fig. 2). Data al composto la forma di una palla, lo si riponga in una ciotola, che andrà coperta con un panno pulito e costantemente inumidito (questo accorgimento permetterà di evitare la formazione di una crosta), per un tempo di 48 ore (fig. 3). Passato questo periodo, si aggiungano 3-4 cucchiai di acqua tiepida (meglio se bollita) e tanta farina quanta ne sarà necessaria per ottenere una nuova pagnotta che abbia la stessa morbida consistenza della precedente (fig. 4). Si ripeta il primo procedimento, vale a dire: la si riponga in una ciotola, eventualmente più grande in quanto maggiore sarà il volume del secondo impasto, e la si tenga coperta, per altre 48 ore, con un canovaccio tiepido e, soprattutto, al riparo dalle correnti d'aria. Infatti la temperatura stabile (attorno ai 18-20 °C) è una delle condizioni da soddisfare con maggior attenzione, in quanto sbalzi anche minimi potrebbero compromettere il buon esito dell'operazione. A questo punto è pronto il «ceppo» di pasta sul quale ci si «attaccherà» con l'aggiunta di ingredienti freschi (nuova farina, acqua e sale) per iniziare a preparare il proprio buon pane.
Passate le 48 ore, si aggiungano alla pagnottella 300 gr di acqua tiepida e 600 gr di farina. Lavorato il nuovo impasto, lo si faccia gonfiare, in una terrina per

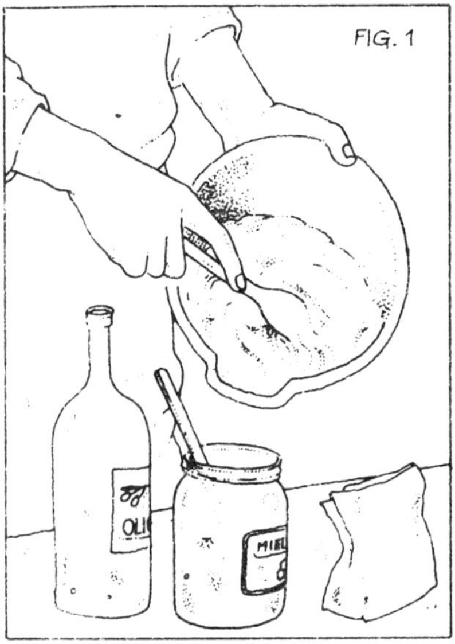

FIG. 1

FIG. 2

FIG 3

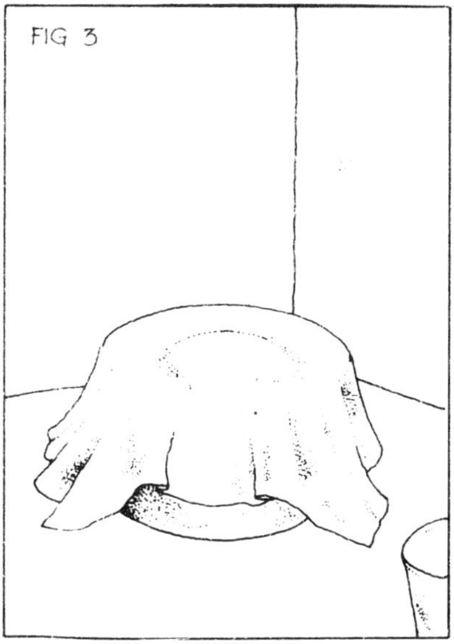

FIG 4

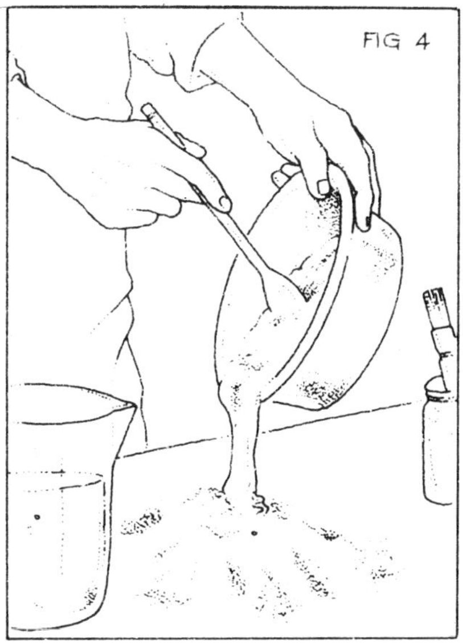

4 ore circa sempre coperto da un panno umido. Si sciolgano, nel frattempo, due cucchiai di sale in mezzo litro d'acqua tiepida e si incorporino poi alla pasta tenuta a riposo unitamente a due chili di farina fresca aggiunta poco alla volta. Ottenuto, attraverso una lavorazione di circa un quarto d'ora, un composto omogeneo, si divida la massa finale in due pezzature da chilo si faccia riposare per altre due ore dopodichè si introduca in forno, nel frattempo portato a 200-220 °C. Questo sistema di panificazione, oltretutto, consentirà di non acquistare più lievito. Infatti, per tenere in vita la pasta-madre basterà fare il pane almeno una volta alla settimana. Sarà sufficiente staccare dal blocco di pasta finale, prima di introdurre in forno, un pezzo grosso all'incirca quanto un pugno: esso costituirà la «base» per la panificazione successiva. Si dovrà conservare in un contenitore a chiusura ermetica (ad esempio un barattolo di vetro) in un luogo fresco e poco luminoso fino a nuovo uso. Bisognerà solo tener presente che la sua durata difficilmente potrà superare la settimana. Col passare dei giorni, infatti, perderà di potenza fermentativa e si degraderà progressivamente.

La cottura

Si crei, nel forno, un ambiente leggermente umido per meglio accogliere il pane, inserendo una ciotola piena d'acqua.
Si introduca il pane nel forno portato a 200-220 °C.
Si prosegua la cottura per circa un'ora, avendo cura di abbassare la temperatura, dopo 20-30 minuti, a 180 °C. Durante la prima mezz'ora si consiglia di evitare di aprire il forno, in quanto eventuali correnti d'aria potrebbero far "sgonfiare" il pane. L'avvenuta cottura si potrà verificare o inserendo la lama di un coltello nella forma: essa, una volta estratta, dovrà risultare perfettamente asciutta; oppure battendo con le nocche il fondo del pane: ne dovrà derivare un suono secco e legnoso, mentre un rumore sordo e felpato rivelerà la non avvenuta cottura.

PANE DI GRANO SARACENO

350 gr di farina di grano saraceno, 150 gr di farina di frumento, 25 gr di lievito secco o di birra, olio, sale, 1 tuorlo d'uovo.

Mischiate fra loro le due farine, su di una spianatoia, e impastatele con una pastella lievitata ottenuta sciogliendo il lievito in poca acqua tiepida, unitamente a qualche cucchiaio di farina, e lasciata «levare» per 20 minuti circa. Aggiunto, poi, un cucchiaio di olio, si lavori nuovamente l'impasto e lo si ponga poi in uno stampo unto con dell'olio. Dopo 25 minuti di cottura a 250 °C circa, si spennelli la superficie del pane con un tuorlo d'uovo sbattuto assieme ad un po' d'acqua e si rimetta in forno, nel frattempo portato a 200 °C, per altri 15 minuti circa.

PANE DI MIGLIO

250 gr di farina di miglio, 150 gr di farina di frumento, 50 gr di farina di mais, 100 gr di miele, 2 uova, poco latte, 25 gr di lievito secco o di birra, 1 stecca di vaniglia, sale, olio.

Mischiate e setacciate le tre diverse farine, aggiungete un pizzico di sale, il miele e le uova, quindi incorporate il lievito, in precedenza fatto sciogliere in un po' di latte tiepido. S'impasti bene e si faccia riposare, in un luogo tiepido, per un'ora circa. Unta la superficie di uno stampo da forno, vi si ripongano delle piccole pagnotte ottenute dalla massa e leggermente schiacciate al centro. Si pennellino le stesse con latte appena tiepido precedentemente aromatizzato con la vaniglia. Si metta in forno caldo (250 °C) a cuocere per mezz'ora circa.

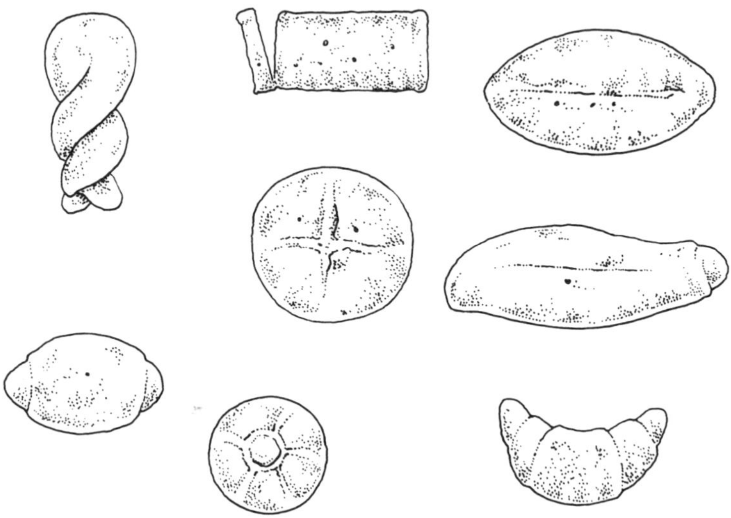

PANE AZIMO D'ORZO

300 gr di farina d'orzo, 600 gr di farina di frumento, 1 cucchiaio di semi di sesamo, 4 cucchiai di olio, sale.

Si definisce azimo, il pane non lievitato, che in passato veniva usato dagli ebrei durante la Pasqua e nei riti cristiani per celebrare l'eucarestia. Tostata la farina d'orzo in un cucchiaio d'olio, si aggiunga la farina di frumento, il sale, il sesamo e l'olio restante, finché non ne risulti un insieme oleoso. S'incorpori acqua tiepida e si lavori fino a ottenere un impasto morbido.

Si riponga in uno stampo oliato e si faccia riposare per un'intera notte. Si inforni, quindi, in forno già caldo (intorno ai 200 °C) per 20 minuti circa, poi si abbassi la temperatura e si faccia proseguire la cottura per altri 45-50 minuti.

PANE AZIMO AI CINQUE CEREALI

600 gr di farina di frumento, 100 gr per tipo di farina di orzo, di segale, di avena e di riso, acqua q.b., sale.

Mescolate le cinque farine, aggiungete sale e acqua in quantità tale da ottenere un impasto morbido ma consistente. Unto e spolverato di farina uno stampo da forno, vi si riponga la pasta e si inforni a media temperatura per un'ora circa. Questo tipo di pane, poco adatto a chi non è in grado di sopportare dei carichi sostenuti di fibra, è dotato di un elevato potere salutare e nutritivo.

PANE DI SOIA

300 gr di farina di frumento, 100 gr di farina di soia, 20 gr di lievito secco o di birra, 2 cucchiai di olio, sale, acqua q.b. .

Sciolto il lievito in poca acqua, lo si aggiunga alle due farine miscelate ed all'olio impastando con l'aiuto di altra acqua fino a ottenere una pasta soffice. Si faccia riposare il composto per 2 ore circa, meglio se ricoperto con un telo umido. Si inforni la pagnotta direttamente sulla piastra da forno a 220 °C lasciandovela per un tempo di 50-60 minuti. Ne risulterà un pane molto proteico e leggero, il cui uso sarà in particolare consigliabile a chi pratica sport, alle donne in gravidanza e alle persone sottoposte a stress.

PANE AL CUMINO

1 kg di farina di frumento, 50 gr di lievito secco o di birra, 2 cucchiai di semi di cumino, 2 cucchiai di olio, 1 albume d'uovo, acqua q.b., sale.

Si lavori qualche cucchiaio di farina con il lievito fatto sciogliere in un po' d'acqua tiepida e si faccia lievitare la pastella per 20 minuti circa. Si unisca, quindi, il resto della farina, il sale, un cucchiaio di semi di cumino pestati e si impasti fino a ottenere la giusta consistenza. Formata una palla, la si avvolga in un canovaccio e la si metta a riposare, in un angolo tiepido, per circa un'ora. Unta una teglia da forno, vi si riponga la pasta, ne si cosparga la superficie col resto del cumino e s'inforni in forno già caldo (200 °C circa) per 20 minuti. Estratto il pane, si facciano pennellature con albume mischiato all'olio e si rimetta in forno per altri 20 minuti a 250 °C.

PANE AI SEMI DI LINO

250 gr di farina di frumento, 250 gr di farina di segale, 25 gr di lievito secco o di birra, 2 cucchiai di olio, 2 cucchiai di semi di lino, sale, acqua q.b.

Sciolto il lievito in acqua tiepida, lo si unisca, col sale e i semi di lino, alla miscela di farine sopra una spianatoia. Si lavori la massa e la si lasci riposare, al riparo da correnti, in una terrina coperta da un telo, per 2-3 ore. Si reimpasti, quindi, velocemente il composto e lo si adagi in uno stampo unto e infarinato. Si ricopra nuovamente con un canovaccio e lo si rifaccia lievitare per un'ora. Si inforni per 40 minuti in forno già caldo e si lasci cuocere a 230 °C. Un quarto d'ora prima della fine della cottura si pennelli la superficie con acqua tiepida.

PANE AI GERMOGLI DI GRANO

1 kg di farina, 50 gr di lievito, acqua q.b., 2-3 tazze di germogli di grano.

Impastate il pane secondo la ricetta-base. Una volta fermentato si aggiungano i germogli (interi o frullati) di grano e si metta in forno l'impasto non prima di averlo adagiato in uno stampo. Si lasci cuocere per 2-3 ore a 120 °C.

PANE ALLA BIRRA

250 gr di farina di frumento, 250 gr di farina di frumento tipo 0, 33 dl di buona birra chiara, 30 gr di lievito secco o di birra, 40 gr di miele, 1 uovo, 50 gr di olio, sale.

Si mescolino assieme le farine, l'olio, il sale e l'uovo. Si sciolga, quindi, il lievito e il miele nella birra e si unisca il liquido così ottenuto alle farine. Si lavori il tutto per 10 minuti circa dopodiché si faccia riposare l'impasto, coperto da uno strofinaccio umido, in luogo riparato per 40 minuti. Si ripeta, di seguito, la manipolazione e si rifaccia lievitare, seguendo le modalità precedenti, per altri 20 minuti. Posta la massa in un stampo oliato, si inforni a 200 °C per un tempo di cottura di 50-60 minuti circa.

PANE ALLA SALVIA

400 gr di farina di frumento, 20 gr di lievito secco o di birra, acqua, 2 cucchiai di olio, 1 mazzetto di salvia fresca, 1 pizzico di paprica dolce, sale.

Ottenuto l'impasto di farina, lievito e acqua pronto per essere infornato, lo si lavori con le foglie di salvia, precedentemente fatte rosolare in padella a fuoco basso, per 10 minuti circa, assieme all'olio e alla paprica. Si facciano pennellature sul pane al quale si avrà dato la forma voluta, prima di infornare a 200 °C circa per 30-35 minuti.

PANE ALLE OLIVE

400 gr di farina di frumento, 20 gr di lievito secco o di birra, 2 cucchiai di olio, 1 cucchiaio di capperi, 200 gr di olive nere snocciolate, sale.

Sempre partendo dall'impasto-base, lo si stenda, con l'aiuto di un mattarello, fino ad ottenere una sfoglia alta 1 cm circa. Sulla superficie si cospargano i capperi e le olive, dopodiché si arrotoli su sé stessa la pasta, a mo di bastone e la si sistemi a spirale in una tortiera unta, prima di fare pennellature con acqua e olio e di infornare per 30 minuti circa in forno già caldo (180-200 °C).

PANINI ALLE NOCI

300 gr di farina di frumento, 600 gr di latte, 4 uova, la scorza grattugiata di 1 limone, 300 gr di miele, 400 gr di gherigli di noce, 25 gr di lievito secco o di birra, sale.

Mescolati tutti gli ingredienti, si proceda, a lavorarli per bene fino a ottenere un impasto omogeneo, dal quale si staccheranno dei pezzi per confezionare panini cui si farà completare la lievitazione attraverso un riposo di 30 minuti circa. Indi si infornino in forno ben caldo (attorno ai 200 °C) e si prosegua la cottura per 40 minuti circa.

PANINI AL LATTE E MIELE

1 kg di farina di frumento, latte tiepido q.b., 50 gr di lievito secco o di birra, 6 cucchiai di miele, 4 cucchiai di olio, sale.

Sciolto il lievito in acqua tiepida, si aggiunga un po' di farina e si riponga la pastella a riposare per mezz'ora circa in luogo riparato. S'incorporino, di seguito, la restante farina, il latte, il sale e l'olio e si amalgami per bene il tutto prima di lasciarlo lievitare, avvolto in un telo umido, per un'ora circa. Si facciano, poi, dei panini di circa 150 gr l'uno e si introducano in forno già caldo (200 °C circa) lasciandoli cuocere per 50 minuti circa.

FLAT BROED NORVEGESE

500 gr di farina di segale, 1,4 kg di patate, olio.

Una volta bollite e schiacciate le patate, s'impastino, ancor calde, con la farina fino a ottenere un impasto uniforme. Il giorno dopo si lavori nuovamente la pasta, eventualmente aggiungendo ancora un po' di farina e la si stenda col mattarello ricavandone dei dischi sottili che si metteranno a cuocere, a fuoco lento, in una padella dal fondo largo leggermente unto. Si rivoltino più volte, finché non siano perfettamente secchi e si lascino raffreddare su alcuni fogli di carta assorbente. Si otterranno dei «biscotti» molto saporiti a metà strada fra i cracker e le focacce.

PANE ALLA GRECA

350 gr di farina di frumento, acqua tiepida q.b., 25 gr di lievito secco o di birra, sale, 2 cucchiai di olio.

Ottenuto l'impasto nel modo che si conosce, lo si faccia riposare per un'ora, passata la quale si lavoreranno pezzi grossi all'incirca come un uovo fino a ottenere dei dischetti alti circa mezzo centimetro che lascerete riposare fra due teli infarinati per 20-30 minuti. Si mettano, quindi, in forno a 220 °C sulla piastra leggermente unta non prima, però, di averne pennellato la superficie con acqua fredda. Si prosegua la cottura per 10 minuti e, una volta estratti, si tengano avvolti in un panno per conservarne la morbidezza.

CRACKER AI SEMI DI LINO

80 gr di farina di frumento, 400 gr di fiocchi d'avena, 50 gr di fiocchi d'orzo, 4 cucchiaini di semi di lino macinati, 2 cucchiai di cumino in polvere, 2 cucchiai di olio, 20 gr di lievito secco o di birra, acqua tiepida q.b.

Mescolati fra loro tutti gli ingredienti, lavorarli aggiungendo acqua tiepida fino ad ottenere un impasto morbido. Fatto riposare il composto per un'ora, lo si stenda in maniera sottile e uniforme sulla piastra oliata del forno, quindi si tagli la sfoglia con un coltello dando le forme desiderate (rotonde, quadrate, triangolari ecc.). Si metta in forno caldo e si faccia cuocere per 20 minuti circa a 250 °C. Qualche minuto prima di estrarli, si pennelli la loro superficie con dell'olio. Questi cracker, se tenuti in barattoli a chiusura ermetica, si conservano molto a lungo.

CHAPATI

500 gr di farina di frumento, 1 cucchiaino di sale, acqua tiepida q.b.

Impastare tra loro gli ingredienti per una decina di minuti. La consistenza raggiunta dovrà essere tale da non risultare appiccicosa. Si formino delle palline grosse all'incirca quanto un uovo e le si appiattiscano con un mattarello. Si mettano a cuocere su una piastra liscia o in una larga padella asciutta e ben calda avendo cura di girare la sfoglia ogni 30-40 secondi per 4-5 volte. A fine cottura passare ogni singola piada per qualche istante sulla fiamma viva.

PURI

400 gr di farina di frumento, 3 cucchiai di olio, l'olio occorrente per la cottura, acqua tiepida q.b.

Si mescoli l'olio con la farina e si incorpori l'acqua un po' per volta. Si impasti il tutto per 10-15 minuti, indi si copra la pasta con un canovaccio umido e la si riponga per una mezz'ora a riposo. Ricavate dal composto dei dischetti del diametro di 5 cm cadauno e spianateli con il mattarello. Si mettano a cuocere le piade ottenute per qualche minuto in olio ben caldo. Una volta tolte dal fuoco si pongano ad asciugare su alcuni fogli di carta assorbente

RIUTILIZZARE IL PANE

Quelle che seguono sono delle semplici ricette il cui ingrediente-base è il pane raffermo. Esse costituivano, nei tempi andati, i pranzi più frequenti della tradizione contadina, tradizione, purtroppo, spesso dimenticata e sommersa dallo sfrenato consumismo della società moderna che non ammette, com'è sua logica, riutilizzo alcuno.

PANATA

10 cucchiai di pangrattato, 1 l di brodo vegetale, 2-3 cucchiai di olio, 2 uova, 2 cucchiai di parmigiano o pecorino grattugiato, sale.

Si versi nel brodo vegetale il pane grattugiato e lo si lasci in ammollo per 15-20 minuti. Si aggiunga, quindi, l'olio e si porti a dolce bollore per una decina di minuti. Trascorso tale tempo, si versi la minestra in una terrina sul fondo della quale, in precedenza, si avrà avuto cura di sbattere le uova unitamente al parmigiano (o pecorino) e a un pizzico di sale. Si mescoli bene il tutto prima di servire e si consumi questo piatto ben caldo.

PANCOTTO

300-400 gr di pane raffermo,, 300 gr di acqua, 2-3 spicchi di aglio, odori a piacere, olio, sale, 1 l di acqua, parmigiano grattugiato, 2 uova.

Si lasci in ammollo in acqua tiepida, il pane raffermo spezzato grossolanamente. Trascorsa mezzora, si aggiunga la restante acqua, aglio finemente tritato, qualche «odore» (una foglia di alloro, un rametto di rosmarino o un po' di salvia andranno benissimo), un filo di olio e sale quanto basta. Si faccia sobbollire per mezzora avendo l'avvertenza di mescolare spesso per evitare che la minestra attacchi o che si formino dei grumi. Verso fine cottura, si aggiunga il parmigiano grattugiato e, a piacere, le uova sbattute. Questa pietanza dev'essere consumata ben calda.

GNOCCHI DI PANE

500 gr di pane raffermo, latte, farina di avena, 3 uova, olio, parmigiano grattugiato, sale.

Si lasci in ammollo nel latte il pane, quindi lo si strizzi e lo si amalgami con un pugno di farina d'avena, le uova intere e un pizzico di sale. Ottenuto un impasto il più possibile omogeneo, staccarne dei pezzetti che si modelleranno a bastoncino. Si passino poi i pezzetti di pasta alla grattugia in modo da conferire loro la forma di gnocchi e tuffateli poi in abbondante acqua salata bollente. Una volta tornati a galla, si scolino e si condiscano con olio e formaggio o con altro sugo a piacere precedentemente preparato.

PALLINE DI PANE E FORMAGGIO IN BRODO

Pangrattato e formaggio dolce grattugiato in parti uguali, 1 cucchiaio di olio, 1 uovo, noce moscata, sale, brodo vegetale.

Amalgamare con cura, e in parti uguali, il pangrattato e il formaggio assieme con l'olio, l'uovo intero, noce moscata e sale, fino a ottenere un composto sodo e omogeneo. Si ricavino delle palline che si metteranno a cuocere, per 10 minuti circa, in brodo di verdure bollente.

PAPPA AL POMODORO

400 gr di pane raffermo, 300 gr di pomodori maturi, acqua o brodo vegetale, 2 spicchi di aglio, sedano, basilico, 4 cucchiai di olio, parmigiano, sale, pepe.

Si unisca ai pomodori sbucciati il pane rotto grossolanamente e il basilico, l'aglio ed il sedano ben tritati e mescolati tra loro. Messo il tutto sul fuoco con sale, pepe, acqua (o brodo vegetale) in quantità tale da dare all'impasto la consistenza di una minestra cremosa; si serva dopo circa 30 minuti di cottura, arricchendo con un'abbondante spruzzata di parmigiano grattugiato.

ZUPPA GRATINATA

5-6 fette di pane raffermo, 100 gr di fontina, 4 cucchiai di olio, 3 cipolle, 4 cucchiai di parmigiano grattugiato, 1 l di brodo vegetale, noce moscata, sale, pepe.

S'indorino le cipolle, finemente affettate, in olio caldo. Le si copra, quindi, con il brodo bollente aggiungendo sale, pepe e noce moscata grattugiata. Si dispongano sul fondo di ogni piatto le fette di pane, la fontina tagliata sottile e il parmigiano e si copra il tutto col brodo e le cipolle. Prima di servire si mettano in forno i piatti, a calore moderato, per 10-15 minuti.

TORTA DI PANE E NOCI

500 gr di pane raffermo, 1/2 l di latte, 2 uova, 200 gr di miele, 500 gr di gherigli di noci, 1 bicchiere di panna, 1 bicchiere di nocino.

Ammorbidire il pane nel latte al quale si sarà aggiunto il nocino. Dopo 40 minuti di macerazione, si aggiungano le uova e il miele mescolando bene il composto ottenuto. A quest'impasto omogeneo si incorporino le noci che nel frattempo avrete frullato assieme alla panna. Unta e spolverata di pangrattato una tortiera, vi si riponga l'impasto e lo si inforni per 30 minuti circa a 200 °C.

TORTA DI PANE VECCHIO

300 gr di pane raffermo, 1 l di latte, 1 cucchiaio di semi di anice, 3 mele, 3 uova, 2 cucchiai di olio, 200 gr di miele, 25 gr di lievito secco o di birra, 50 gr di gherigli di noce, 50 gr di pinoli, 100 gr di uvetta sultanina, qualche chiodo di garofano.

Si ammorbidisca l'uvetta in un po' d'acqua e nel frattempo, si scaldi, senza però portare a ebollizione, il latte nel quale, precedentemente, si sarà messo a bagno il pane a pezzetti. A parte si portino a bollore, in un po' d'acqua, le mele sbucciate e affettate ed i chiodi di garofano. A questo miscuglio si aggiunga il latte col pane e i semi di anice. Separatamente si mescolino bene tra loro l'olio, il miele, i tuorli d'uovo e gli albumi degli stessi montati a neve. Si versi il tutto nella terrina contenente il pane inzuppato nel latte mescolando con cura. Si aggiungano, alla fine, i pinoli e le noci pestati, l'uvetta sgocciolata e infarinata e il lievito disciolto. Unto uno stampo da forno e successivamente spolverato di pangrattato, vi si versi l'impasto e lo si introduca in forno già ben caldo prolungando la cottura per 1 ora circa.

FRITTELLE DI PANE

400 gr di pane raffermo, 3/4 l di latte, 2 uova, 20 gr di pinoli, 20 gr di nocciole, 40 gr di uvetta sultanina, 1 bicchierino di cognac.

Inzuppato il pane nel latte, lo si strizzi impastandolo con le uova, il cognac, la frutta secca ben sminuzzata e l'uvetta precedentemente lasciata ammorbidire in poca acqua tiepida. Si versi il composto, che dovrà avere la consistenza di una pastella, a cucchiaiate in olio ben caldo, e si facciano friggere le frittele su ambedue i lati. Tolte dal fuoco, si lascino sgocciolare su carta assorbente. Volendo, ma non è indispensabile, si spolveri la superficie delle frittelle con zucchero di canna.

BUDINO DI PANE

500 gr di pane raffermo, 1/2 l di latte, 50 gr di uvetta sultanina, 2 cucchiai di miele o altrettanti di malto d'orzo, 1 uovo.

Si ammorbidisca il pane, grossolanamente fatto a pezzi, nel latte bollente, lasciandolo per mezz'ora circa. Separatamente si lasci riposare l'uvetta in poca acqua (o latte) caldi. La si unisca, quindi, al pane, aggiungendovi, inoltre, l'uovo intero e il dolcificante (miele o malto) prescelto. Amalgamato per bene l'impasto, lo si versi in uno stampo previamente oliato e infarinato e si inforni per 30 minuti a 200 °C.

FOCACCIA DI FORMAGGIO

300 gr di farina di frumento, 80 gr di gruviera, 80 gr di parmigiano reggiano (un unico pezzo), 40 gr di pecorino (un unico pezzo), 20 gr di lievito di birra, 2 uova, olio, sale, acqua q.b. .

Impastare circa un etto della farina con il lievito sciolto in mezzo bicchiere di acqua tiepida. Otterrete così un panetto morbido che porrete in una terrina infarinata, praticandogli un'incisione a croce in superficie e che lascerete lievitare coperto, in luogo tiepido per mezz'ora circa.
Grattugiate 50 gr di parmigiano e quasi la metà del gruviera; tagliate tutto il resto del formaggio a dadini.
Sbattete le uova e mescolatevi il formaggio grattugiato e quello tagliato a dadini.
Versate la rimanente farina a fontana sul tavolo, al centro unite un pizzico di sale, una cucchiaiata d'olio e 1/2 bicchiere d'acqua e sbattete in modo da bagnare la farina al centro; aggiungete il panetto lievitato e la miscela di uova e formaggio. Lavorate energicamente la pasta finché si stacca dal tavolo. Mettetela quindi in una terrina infarinata, copritela e fatela lievitare fino a quando non si sarà ben gonfiata. Versate l'impasto in una teglia leggermente unta d'olio e stendetelo aiutandovi con la pressione delle dita fino ad ottenere una sfoglia di un paio di centimetri di spessore. Condite la superficie della focaccia con un filo di olio, bucherellatela e mettete poi in forno a 190 °C per 30 minuti.

ERBAZZONE

Per la pasta: 300 gr di farina, 4 cucchiai di olio, sale, acqua.
Per il ripieno: 1 kg di bietole o spinaci, 2 spicchi di aglio, una manciata di prezzemolo, 1 uovo, 50 gr di parmigiano grattugiato, olio, sale.

Per preparare il ripieno, lessate le bietole (o gli spinaci) in pochissima acqua, sgocciolate bene e strizzate tra le mani. Fatele insaporire poi in una padella con un po' di olio e aglio; toglietele dal fuoco e unite il prezzemolo tritato. Incorporate il formaggio, l'uovo e aggiustate di sale.
Preparate la pasta impastando la farina con l'olio, un grosso pizzico di sale e acqua tiepida sufficiente a ottenere un impasto di media consistenza. Con i 2/3 dell'impasto tirate una sfoglia dello spessore di pochi millimetri, mantenendo la spianatoia sempre infarinata.
Ungete una teglia dai bordi molto bassi (ideali quelle per la pizza) e disponetevi la sfoglia in modo che fuoriesca dai bordi. Versate il ripieno e ricoprite con un disco di sfoglia ottenuto dalla rimanente pasta. Ripiegate verso l'interno i lembi della pasta sottostante, pizzicando poi i bordi con le dita e punzecchiando la superficie di tutta la pasta con le punte di una forchetta. Infornate a 180 °C per circa 1 ora e servite questa specialità emiliana appena sfornata.

LA PIZZA
(ricetta-base)

La pizza può costituire un ottimo primo piatto o anche un piatto unico ed è sempre, comunque, una piacevole variante al menù quotidiano. Solitamente si confeziona con la pasta del pane, alla quale viene incorporata una dose supplementare di olio e lievito in modo da ottenere una pasta più soffice e gustosa. Trascorso il tempo di lievitazione, la pasta va nuovamente lavorata con energia, poi stesa con spessore sottile, direttamente sulla piastra da forno o in una teglia ben unta. La pasta dovrà assumere uno spessore uniforme, lasciando però una corona più alta ai bordi in modo da contenere la farcitura.
Gli ingredienti di base per farcire qualsiasi tipo di pizza sono pomodoro, formaggio, olio ed erbe aromatiche, ma con fantasia e gusto è possibile ottenere moltissime varianti.
La pizza andrà poi messa in forno precedentemente riscaldato, collocata al centro in modo che possa usufruire uniformemente del calore e cotta a temperatura elevata (220 °C). Una volta completata la cottura la pizza andrà tolta dal forno, fatta scivolare su un tagliere o un piatto e servita caldissima.
Per salvaguardare l'aroma e nel rispetto delle tradizioni dietetiche, l'olio va aggiunto crudo a fine cottura.

PIZZA ALLA NAPOLETANA

Per la pasta: 300 gr di farina di frumento, 20 gr di lievito di birra, 3 cucchiai di olio, sale, acqua q.b. .
Per la copertura: 300 gr di filetti di pomodoro, 100 gr di formaggio tenero (mozzarella o taleggio), origano, sale.

Lavorato l'impasto, lo si lasci riposare per un'ora, coperto con un telo, in un angolo riparato della casa. Nel frattempo portate il forno a 220 °C. Stendete l'impasto con un mattarello fino a ottenere un disco dello spessore di un centrimetro, che adagerete sul fondo, appena oleato, di uno stampo da forno (o addirittura sulla piastra).
Spargete sulla superficie della pasta i pomodori e il formaggio a pezzetti, spolverate di sale e origano e infornate per 30 minuti. Gustose varianti si possono ottenere aggiungendo capperi e olive nere snocciolate.

PIZZA CON RICOTTA E ORTICHE

Per la pasta: stesse dosi della pizza alla napoletana.
Per la copertura: 600 gr di ortiche, 200 gr di ricotta, 50 gr di mozzarella, 1 pomodoro, 10 olive nere snocciolate, sale, origano, semi di finocchio.

Cuocete per un attimo in pochissima acqua bollente le ortiche, quindi scolatele e strizzatele. Amalgamatele alla ricotta, salate e stendete sulla pasta che avrete già confezionato e disposto, come di consueto, sulla piastra da forno o in una teglia appena oleata. Coprite l'impasto con il pomodoro a pezzetti, le olive, la mozzarella e l'origano. Spolverate con i semi di finocchio prima di infornare per 30 minuti in forno previamente portato a 220 °C.
Variate liberamente gli aromi da impiegare, studiando di volta in volta le combinazioni che più vi aggradano (ad esempio, sostituendo l'origano con timo, maggiorana o santoreggia e i semi di finocchio con cumino, aneto, sesamo o peperoncino in polvere).

PIZZA RUSTICA

Per la pasta: valgono le dosi della pizza alla napoletana.
Per la copertura: 400 gr di cipolle, 200 gr di zucchine, 150 gr di pecorino, 4 cucchiai di salsa di pomodoro, sale.

Imbiondite le cipolle, finemente affettate, assieme agli zucchini tagliati a rondelle in una padella appena oleata. Fate intiepidire le verdure, distribuitele uniformemente sull'impasto e guarnite con pecorino a scagliette. Salate e infornate in forno già caldo a 220 °C. Dopo 20 minuti estraete, aggiungete a cucchiaiate la salsa di pomodoro e un filo di olio. Rimettete in forno e fate continuare la cottura per altri 10 minuti.

PIZZA AI FUNGHI

Per l'impasto: valgono le dosi della pizza alla napoletana.
Per la copertura: 400 gr di funghi, 3 spicchi di aglio, prezzemolo, 200 gr di filetti di pomodoro, 150 gr di parmigiano, 3 cucchiaiate di olio, un pizzico di sale.

Puliti e lavati i funghi, affettateli e cuoceteli, con l'aglio sminuzzato, in una larga padella oleata. A fine cottura aggiungete un battuto di prezzemolo e versate il tutto sull'impasto predisposto in una teglia da forno. Coprite il tutto in successione con i filetti di pomodoro, il grana grattugiato e un filo di olio. Infornate in forno già caldo (220 °C) per circa 30 minuti.

PIZZA CON LE CIPOLLE

Per la pasta: valgono le dosi della pizza alla napoletana.
Per la copertura: 500 gr di cipolle, 3 cucchiai di olio, sale, timo.

Lavorate l'impasto e lasciatelo riposare per un'ora, coperto con un telo, in un luogo riparato. Fate soffriggere per qualche minuto nell'olio, a fuoco vivace, le cipolle pulite e affettate; abbassate quindi la fiamma e stufatele finché non diventano trasparenti.

Stendete l'impasto in una teglia leggermente unta, ricoprendola con le cipolle e insaporite spolverando con un trito di timo o santoreggia o origano. Mettete quindi in forno precedentemente scaldato a 220 °C per 30 minuti circa.

PIZZA AGLI AZUKI

Per la pasta: valgono le stesse dosi della pizza napoletana.
Per la copertura: 200 gr di azuki lessati, 2 cucchiai di olio, timo, noce moscata.

Dopo aver preparato e messo a riposare l'impasto, riducete a una purea gli azuki lessati, che passerete per qualche minuto in padella con olio, timo e noce moscata.

Stendete la pasta in una teglia leggermente unta e versateci sopra la purea di azuki. Infornate a 220 °C e cuocete per 30 minuti circa. Servite calda.

Dolci e dessert

LO ZUCCHERO

Nella pasticceria tradizionale lo zucchero fa sicuramente la parte del leone ed infatti è sinonimo di "dolce". Si accompagna ad alcuni altri ingredienti pressochè irrinunciabili e sacri: la farina bianca, anzitutto, poi il burro (o grassi di altro tipo), le uova, il latte. Tutto questo, ovviamente, quando ci si occupa di pasticceria casalinga, perchè se soltanto si rivolge l'attenzione a quella industriale il quadro cambia e si complica di molto. Fanno cioè la loro comparsa ingredienti come i coloranti, gli addensanti di vario tipo, i conservanti, gli aromi più o meno "naturali", gli edulcoranti sintetici ecc., al consumo dei quali sono legati rischi per la salute sin troppo noti. Vediâmo invece brevemente come sia possibile affrontare nella maniera più "naturale" possibile la preparazione casalinga dei dolci, torte o creme che siano, in modo da non dover privarsi di questa piccola "gioia della vita".
Si può rilevare anzitutto come lo zucchero comunemente usato, quello "bianco che più bianco non si può", non sia che uno dei tanti zuccheri dai quali è possibile ricavare la dolcificazione degli alimenti (viene peraltro usato per dolcificare anche molti prodotti non alimentari: dai dentifrici ai medicinali). Gli zuccheri sono infatti diffusissimi in natura, soprattutto nel regno vegetale dove, grazie al processo della fotosintesi clorofilliana, si formano il glucosio, il fruttosio, il saccarosio, l'amido, e questi sono soltanto alcuni degli zuccheri più comuni che si trovano nei rami delle piante, nei bulbi e si accumulano in corrispondenza dei semi e delle radici.
Lo zucchero bianco non è che la sostanza estratta dalla barbabietola da zucchero attraverso vari e complessi procedimenti nei quali vengono usate sino ad una trentina di sostanze chimiche per ottenerne la decolorazione, la purificazione, la cristallizzazione ecc., che consentono di avere un prodotto "purissimo", il saccarosio, privato pressoché di tutte le altre sostanze e dall'elevato potere dolcificante. Se in natura infatti gli zuccheri sono associati a varie altre componenti, alla fine del processo di raffinazione dello zucchero bianco, si ha un prodotto talmente raffinato da risultare del tutto impoverito. Lo stesso si può dire per lo zucchero di canna, con una piccola riserva: esso almeno conserva tracce di qualche componente minerale.
Per questi motivi, oltre che per altri cui accenneremo tra breve, vari autori definiscono lo zucchero "il nostro nemico più dolce". Il suo comportamento nell'organismo è stato paragonato a quello di una violenta fiammata che lascia il camino irreparabilmente annerito, e c'è chi, tra gli effetti del suo consumo, annovera il cosiddetto "colpo di frusta", ovvero una situazione di "down" che segue alla "sferzata metabolica" innescata dalla sua assunzione. La sua "purezza" fa sì che agisca nell'organismo come un vero e proprio predatore, che si accaparra tutte le sostanze che gli mancano ma di cui ha bisogno per il suo catabolismo: sostanze vitali, bioelementi catalitici, minerali organici, tanto che c'è chi afferma radicalmente che "è lo zucchero che ci mangia, mentre crediamo di poter fare il contrario". Nonostante sia facilmente digeribile (o, anzi proprio per questo), esso affatica grandemente gli organi digestivi, sottoposti, per l'appunto, a sferzate violente di "energia" (a proposito della quale si parla assai opportunamente di "calorie nude"), inibisce l'azione della vitamina B, altera soprattutto la fissazione del calcio (con cui si combina facilmente), danneggia il sistema cardiocircolatorio, squilibra il tasso lipidico e glucidico del sangue, con conseguenze spesso rovinose.
Lo zucchero è comparso sulla tavola come alimento in tempi relativamente recenti, ma ha fatto rapidamente molta strada. Se nel 1846 a Parigi se ne consumavano in media appena 3,6 kg pro-capite l'anno, attualmente negli Stati Uniti il consumo è di circa 40 kg e in italia di 30 kg circa a persona.

IL MIELE

Sino a un paio di secoli fa, il miele e la frutta erano gli unici alimenti usati per dolcificare. Il primo, considerato anche oggi alla stregua di un medicinale (non va perciò consumato in quantità eccessiva), è uno degli alimenti più antichi dell'umanità. Oltre a una percentuale d'acqua, contiene un centinaio di sostanze diverse, tra cui vari zuccheri, protidi, acidi organici, sostanze minerali ed oligoelementi, vitamine, enzimi ed ormoni. Di solito, purtroppo, soprattutto nella grande distribuzione, si trova comunemente in vendita il miele pastorizzato, liquido, facilmente miscelabile (e perciò, adulterabile) e immagazzinabile, ma impoverito di enzimi e vitamine contenuti nel miele grezzo. Quest'ultimo si presta egregiamente a trovare impiego nella preparazione di dolci, ma si deve ricordare che alcune delle sue proprietà vanno perdute allorquando viene riscaldato (come succede nella pastorizzazione) e che dev'essere aggiunto ai dolci possibilmente quando non hanno una temperatura superiore ai 40 °C circa.

LA FRUTTA

La frutta è una fonte inesauribile di sapore dolce. Si può usare fresca, secca o in succo (in modo particolare uva e mele). La frutta secca è allo stesso tempo un ottimo dolcificante e un eccellente ingrediente del dolce. Oltre all'uvetta, che viene usata nella preparazione di molti dolci, si possono usare prugne, cachi, fichi, datteri. È ovviamente opportuno accertarsi sempre che si tratti di prodotti non trattati con pesticidi, anticrittogamici, conservanti chimici, nè prima nè dopo il raccolto.

IL MALTO

Si definisce "malto" un cereale che sia stato sottoposto ad un inizio di germinazione in seguito al quale il contenuto dei chicchi del cereale stesso diventi solubile e possa quindi essere estratto con particolari procedimenti. Il malto si usa comunemente nella preparazione della birra e di altre bevande, ma può trovare impiego nella preparazione dei dolci.

Il malto di mais, di orzo e di riso, in modo particolare, possono sostituire lo zucchero bianco; sono ricchissimi di maltosio e fruttosio, zuccheri complessi, mentre il saccarosio vi è contenuto in una percentuale molto bassa. Contengono inoltre una certa quantità di sali minerali. Data la loro composizione, vengono assorbiti lentamente e quindi meglio metabolizzati dal nostro organismo, che non deve inoltre subire le "aggressioni" che accompagnano l'ingestione di zucchero raffinato (saccarosio) e che vengono ormai pressoché unanimamente ritenute responsabili di alcune delle cosiddette "malattie del benessere".

LE FARINE

Nella preparazione dei dolci viene comunemente usata farina di grano raffinata, bianca, che è frutto di un complesso procedimento di lavorazione cui i chicchi vengono sottoposti. La farina tipo "00" è attualmente la più diffusa nei paesi industrializzati, insieme con quella tipo"0". La prima ha un tasso di estrazione che si aggira intorno al 50 %, la seconda intorno al 72 %. Ciò significa che il 30-50 % del chicco di grano viene eliminato e impiegato per l'alimentazione del bestiame o per ottenere vari sottoprodotti"dietetici" e persino "cosmetici". Le moderne tecniche di macinazione con rulli di acciaio ad alta velocità permettono infatti di ottenere una vasta gamma di prodotti, che sono il risultato della separazione delle varie componenti della cariosside e si può dire che più il cereale è raffinato e più risulta impoverito delle sue qualità. Al diminuire della resa percentuale di farina a partire da una certa quantità di frumento, corrisponde l'aumento della componente amidacea nei confronti di quella rappresentata da proteine, lipidi, vitamine, sali minerali. La farina bianca ha insomma sicuramente un alto valore energetico, ma scarso valore nutritivo, senza contare la mole di sofisticazioni e di "accortezze" prese dai commercianti per preservare i semi e le farine provenienti, tra l'altro, da coltivazioni quasi sempre non certo "pulite". Nella preparazione dei dolci "naturali" si preferirà perciò farina macinata a pietra (magari con un mulinetto casalingo) e poco raffinata, "integrale" o poco setacciata al momento dell'uso, proveniente da cereali coltivati con metodi che escludano il più possibile il ricorso a prodotti di sintesi chimica. Potrà essere inoltre usata farina ottenuta da vari cereali; avena, orzo, riso, miglio, segale, mais e persino grano saraceno ben si prestano ad essere impiegati sia sotto forma di farine che di fiocchi e sono molto adatti nella preparazione di budini e creme.

IL BURRO E GLI ALTRI GRASSI

Il burro trova di solito largo impiego nella preparazione dei dolci casalinghi. Ottenuto da creme ricavate dal latte vaccino per affioramento (tecnica sempre più rara) o per centrifugazione, è costituito da una percentuale di acqua e dall'80 % circa di grassi, il 70 % dei quali sono di tipo "saturo". Proteine, zuccheri, vitamine, sali minerali sono invece presenti in quantità molto ridotte. La rilevante presenza di grassi lo rende un alimento poco equilibrato e non lo può sicuramente far ritenere un "alimento-base"; l'altissimo contenuto di acidi grassi di tipo"saturo", non tanto facilmente digeribili, determina inoltre conseguenze che consigliano una certa cautela nel suo uso, soprattutto a chi soffre di disturbi di fegato, ipertensione, arteriosclerosi e ipercolesterolemia. Anche i moderni processi di lavorazione, con i quali si ottiene un prodotto con caratteristiche costanti di odore, sapore, colore e nei quali viene a volte usata la panna avanzata dalla lavorazione dei formaggi, aggiungendo sostanze che hanno il compito di rendere commerciabile un prodotto troppo impoverito anche se ben confezionato, non depongono certo a suo favore. È consigliabile perciò ridimensionarne l'uso. Nella preparazione dei dolci potrà essere sostituito con olio extra vergine di oliva ottenuto da spremitura a freddo, che ha grande valore nutritivo ed essendo ricco di acidi grassi "monoinsaturi" non modifica il tasso di colesterolo nel sangue ed è perciò indifferente nei confronti dell'arteriosclerosi.

Anche gli oli di semi, ricchi di acidi grassi polinsaturi, sono adatti a sostituire il burro, purchè provenienti da lavorazioni "a freddo". I più adatti sono quelli di mais e di girasole. Presentano peraltro l'inconveniente, se sottoposti ad elevate temperature, di subire la decomposizione degli acidi grassi che contengono. È, tra l'altro, falsa l'opinione che siano "più leggeri": sviluppano circa 930 calorie per 100 grammi, contro le 901 calorie per 100 grammi dell'olio di oliva. Anche il "tahin" o burro di sesamo si presta a sostituire egregiamente il burro. Ottenuto dalla macinazione dei semi di sesamo leggermente tostati con l'aggiunta di una piccola percentuale di sale, è molto ricco di sostanze grasse, composte per l'85 % circa di acidi grassi insaturi, di proteine e di elementi minerali. La famosa margarina è invece un prodotto decisamente sconsigliabile. Secondo la legge può essere infatti fabbricata con qualunque tipo di grasso, sia di origine animale che vegetale, ad eccezione del burro e del grasso di maiale. Per rendere solidi grassi che non lo sarebbero, come gli oli di semi, viene solitamente usato un processo detto di idrogenazione, con il quale si riesce ad ottenere la solidificazione del prodotto. Questo provoca la formazione di grassi con struttura chimica particolare, detti trans-saturi, estranei alla composizione del nostro organismo e la cui nocività non è stata ancora esclusa. La legge prevede inoltre anche la possibilità di aggiunta di emulsionanti e conservanti per facilitare la conservazione del prodotto.

LE UOVA

Le uova, solitamente di gallina, entrano come ingrediente essenziale nella preparazione di ogni dolce casalingo che si rispetti. Generalmente vengono prodotte da megallevamenti in cui è in uso un largo impiego di antibiotici e coloranti per i tuorli. Le proteine del tuorlo sono ad altro valore biologico, specialmente se consumate insieme con l'albume; vi sono contenuti molti minerali, una discreta quantità di vitamine e grassi, costituiti da colesterolo, acidi grassi insaturi e, in minor misura, saturi. La digeribilità dell'uovo dipende molto dal metodo di cottura e dagli alimenti che gli vengono associati nella digestione. È comunque molto importante consumarlo quando è freschissimo, senza eccedere nel consumo: una persona adulta non dovrebbe assumerne più di 3-4 la settimana e i bambini, al di sopra di un anno di vita, non dovrebbero consumarne più di uno alla settimana. Tanto più che, non dobbiamo scordarlo, sono moltissimi i prodotti nei quali si cela la presenza delle uova. Sarà essenziale comunque cercare di procurarsi uova provenienti da allevamenti di piccole dimensioni, con condizioni di vita e di allevamento delle galline decisamente migliori e più affidabili. Nella preparazione dei dolci si potrà in ogni caso ridurre le dosi di uova normalmente impiegate.

LATTE

Unico tra i mammiferi, l'uomo continua a cibarsi di latte anche dopo il primo periodo di vita, utilizzando prevalentemente latte vaccino. Ricco di proteine, zuccheri, grassi, sali minerali, vitamine ed enzimi, il latte di mucca non è tuttavia quell'alimento "completo" che si sente spesso decantare ed è inoltre un alimento, per vari motivi, non facilmente digeribile. Risulta indigesto in popolazioni che non l'hanno acquisito come abitudine alimentare, e il suo consumo può essere accompagnato da vari disturbi digestivi anche presso popolazioni che da lungo tempo lo hanno inserito nella dieta abituale (nei bambini cui sia stato som-

ministrato troppo precocemente o in adulti che denuncino insufficienza di un enzima necessario alla digestione del lattosio).
Il latte vaccino peraltro ha una composizione piuttosto differente dal latte umano e non potrebbe essere altrimenti: ogni specie produce un latte con caratteristiche adatte allo sviluppo dei propri piccoli. Il latte di mucca vanta un più elevato contenuto proteico e minerale e si consideri inoltre che il vitello ha nello stomaco un apposito scomparto che secerne il caglio, che permette di cagliare e digerire il latte. Nel latte di donna prevalgono inoltre gli acidi grassi insaturi, mentre in quello vaccino sono maggioritari quelli saturi.
Queste ed altre considerazioni consigliano perciò un certo ridimensionamento del suo consumo. Qualora si volesse consumarlo è comunque opportuno preferire latte intero pastorizzato, che abbia subíto un trattamento termico abbastanza "blando", nel quale siano stati distrutti i germi patogeni, ma in cui siano stati preservati gli importanti batteri non patogeni. Nella preparazione dei dolci l'impiego del latte può essere comunque ridotto e, dove se ne presenti l'opportunità, può essere sostituito con il latte di soia, preferibilmente preparato in casa.

LA LIEVITAZIONE

Per quanto riguarda la lievitazione, nei dolci "naturali" si farà il più possibile ricorso a quella "indiretta" o naturale con pastella acida o, in subordine, al lievito "di birra" alimentare secco, cercando di escludere le polveri lievitanti chimiche a lievitazione superaccelerata (che, nonostante gli strepitosi risultati apparenti, destano più di una perplessità).
Esistono in commercio anche dei lieviti secchi di produzione affidabile e di facile uso ai quali ci si può egregiamente rivolgere.

I MOLTEPLICI PROCESSI CHE SI VERIFICANO DURANTE LA LIEVITAZIONE

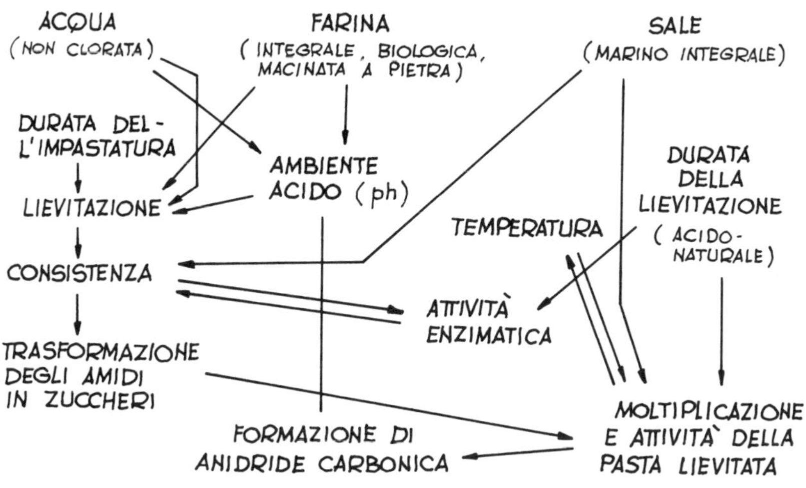

DOLCI AL CUCCHIAIO

BUDINO ALL'ORZO CON FRUTTA SECCA

3 tazze d'acqua, 3 tazze di succo di mela, una tazza di caffè d'orzo piuttosto forte, 3 cucchiai di fiocchi di agar-agar (o una barretta), 150 gr tra mandorle e nocciole, 50 gr di uvetta, cannella, un pizzico di sale.

Fate bollire per qualche minuto l'agar-agar nell'acqua, assieme al succo di mela e a un pizzico di sale. Unite poi anche il caffè d'orzo, prolungate la cottura ancora per 10 minuti circa e versate quindi il tutto in un recipiente, lasciando raffreddare. Abbrustolite intanto le mandorle e le nocciole in una padella mescolando per evitare che si bruciacchino e tritatele quindi finemente (o frullatele). Quando il budino si sarà in parte rappreso potrete aggiungere la frutta secca tritata, mescolare e riporre in frigorifero per una mezz'ora circa prima di servire.

BUDINO DI ALBICOCCHE

500 gr di albicocche ben mature, due cucchiai di agar-agar in fiocchi (o una barretta), 30 gr di nocciole, due cucchiai di malto d'orzo, due tazze d'acqua, un pizzico di sale, due cucchiai di pinoli.

Lavate le albicocche, privatele del nocciolo e tagliatele quindi a pezzi. Mettetele poi in una pentola con l'acqua, il malto, l'agar-agar, un pizzico di sale e fatele bollire per una decina di minuti a fuoco lento. Nel frattempo abbrustolite le nocciole e tritatele poi molto finemente. Versate il budino in coppette e spargetevi sopra le nocciole tritate, guarnendo con i pinoli e lasciando raffreddare per bene prima di servire. Se proprio volete strafare, potrete decorare ogni coppetta con una mezza albicocca fresca.

BUDINO DI CASTAGNE

750 gr di farina di castagne, un cucchiaio di kuzu, 100 gr di uvetta sultanina, un cucchiaio di miele, la buccia di un'arancia grattugiata, un litro d'acqua, un pizzico di sale, pinoli (facoltativi).

Frullate l'uvetta con una tazza d'acqua tolta dal litro complessivo che serve alla preparazione del budino. Mescolate poi tutti gli ingredienti, sciogliendo il kuzu in un poco d'acqua intiepidita prima di unirlo all'impasto. Mettete quindi il tutto a cuocere in una pentola a fuoco molto lento e con la protezione di una (o piú) retine. Mescolate sino a quando comincia a bollire, poi coprite con un coperchio e fate cuocere lentissimamente per circa un'ora, accertandovi di tanto in tanto che la farina non si attacchi al fondo della pentola. Servite infine caldo in coppette, magari guarnendo con pinoli, o lasciate raffreddare e servite freddo il giorno dopo.

BUDINO DI MIGLIO

100 gr di fiocchi di miglio, 200 gr di frutta fresca di stagione a piacere, 100 gr di yogurt, mezzo bicchiere di succo di mirtillo, mezzo bicchiere di succo di mela, un pizzico di sale, pinoli.

Tostate i fiocchi mescolandoli con un cucchiaio di legno in una padella e, quando emanano il tipico profumo, toglieteli dal fuoco e lasciateli raffreddare. Aggiungeteci quindi la frutta pulita e tagliata a dadini, il succo di mirtilli e una quantità d'acqua che sia sufficiente a coprire il tutto. Fate quindi cuocere per un quarto d'ora circa, a fuoco molto lento, aggiungendo ancora una piccola quantità d'acqua se vi sembrasse necessario. Togliete infine dal fuoco, aggiungete lo yogurt e il succo di mela, versate in coppette, guarnite con pinoli e lasciate raffreddare per bene prima di servire.

BUDINO DI RISO 1

1 litro di latte di soia, 100 gr di ricotta, 100 gr di miele, un pizzico di sale, la scorza di un limone grattugiata, sei cucchiai di semolino di riso, un tuorlo d'uovo, 100 gr di frutta secca tra fichi, mandorle, nocciole, pinoli, marmellata di ciliege (facoltativa).

Mettete in pentola il latte con il sale e la buccia di limone grattugiata, tenetelo mescolato e, quando è ben caldo, versateci il semolino a pioggia, cercando di evitare la formazione di grumi e girate abbastanza frequentemente per una decina di minuti circa, proteggendo la pentola con una retina. Levate quindi dal fuoco e aggiungete la ricotta che avrete preventivamente mescolato al miele. Aggiungete anche il tuorlo d'uovo dopo averlo sbattuto rapidamente e lasciate quindi raffreddare il tutto, prima all'aperto e poi in frigorifero, dopo aver versato in coppette ed aver decorato con la frutta secca tritata e (eventualmente) mescolata alla marmellata di ciliege. Trascorsa qualche ora, potrete servirlo freddo.

BUDINO DI RISO 2

100 gr di farina di riso, quattro tazze d'acqua, 50 gr di uvetta sultanina, un cucchiaio di farina di noce di cocco, due cucchiai di mandorle tritate, un cucchiaio di miele, un cucchiaio di malto di riso, un pezzetto di vaniglia, un pizzico di sale, confettura di frutta (facoltativa).

Cuocete la farina nell'acqua per qualche minuto a fuoco molto moderato e mescolando abbastanza frequentemente per evitare che si attacchi al fondo della pentola. Nel frattempo tenete l'uvetta a bagno in poca acqua tiepida dopo averla lavata. Togliete quindi la farina dal fuoco, salate leggermente, aggiungete l'uvetta, la farina di noce di cocco, le mandorle tritate, il malto e la vaniglia e fate nuovamente cuocere per circa mezz'ora, possibilmente a bagnomaria. Trascorso questo tempo, lasciate intiepidire, aggiungete quindi il miele, mescolate e versate in coppette, guarnendo eventualmente con la composta di frutta. Servite freddo.

BUDINO DI SEMOLA DI GRANO

100 gr di semola di grano, 100 gr di uvetta sultanina, 50 gr di mandorle sgusciate, due mele, cannella, pinoli, olio, un pizzico di sale.

Lavate e lasciate in ammollo l'uvetta. Nel frattempo tostate la semola in pochissimo olio (ne basterà mezzo cucchiaio) e unitevi quindi mezzo litro d'acqua o poco più. Salate leggermente e lasciate sobbollire a fuoco molto lento, mescolando per dieci minuti circa. Aggiungete quindi la mela tagliata a fettine, l'uvetta, le mandorle tritate e cuocete ancora per un altro quarto d'ora. Spolverate infine con un po' di cannella e, dopo aver bagnato uno stampo, versatevi il budino e lasciatelo raffreddare, guarnendo con pinoli al momento di servirlo, quando lo capovolgerete su un piatto di portata.

BUDINO DI UVETTA AL CAFFÈ D'ORZO

1/2 litro di caffè d'orzo, 50 gr di uvetta sultanina, la buccia grattugiata di un limone, un pezzetto di vaniglia (mezzo stecca circa), tre cucchiai di amido di mais (maizena), un cucchiaio di miele, pinoli.

Frullate l'uvetta con un po' di caffè d'orzo e sciogliete l'amido di mais nel caffè freddo. Aggiungete quindi la vaniglia e la buccia di limone grattugiata e mettete sul fuoco ad addensare, facendo poi bollire molto lentamente (non dimenticate di infilare una retina sotto la pentola) per cinque minuti, mescolando continuamente. Togliete quindi dal fuoco, lasciate intiepidire ed aggiungete il miele. Versate infine in coppette, guarnite con dei pinoli e servite freddo.

BUDINO DI ZUCCA 1

500 gr di zucca gialla, 150 gr di farina di frumento, 3/4 di litro di latte (o metà latte e metà acqua), quattro arance, un uovo, 100 gr di miele.

Lessate la zucca e riducete in crema la polpa. Stemperate quindi la farina nel latte e cuocetela poi molto lentamente sinché si addensa, non dimenticando di mescolare per evitare che si formino grumi o che attacchi al fondo della pentola. Lasciatela poi intiepidire e mescolatela alla crema di zucca, al succo delle quattro arance e alla loro buccia sminuzzata molto finemente (è ovvio che dovrà necessariamente trattarsi di arance provenienti da coltivazioni "affidabili", non trattate con prodotti come il difenile). Mescolatevi anche l'uovo sbattuto molto rapidamente e cuocete ancora qualche minuto. Aggiungete il miele dopo aver tolto dal fuoco e poco prima di versare in uno stampo bagnato che terrete quindi al freddo. La buona riuscita di questo dolcetto dipende soprattutto dalla zucca: procuratevene una dolce e matura.

BUDINO DI ZUCCA 2

500 gr di zucca gialla, una tazza di farina di frumento, la buccia grattugiata di un limone, 50 gr di uvetta sultanina, mezza stecca di vaniglia, due cucchiai di sciroppo di malto di riso, un pizzico di sale, pinoli o mandorle (facoltativi).

Pulite la zucca, tagliatela a pezzi e cuocetela, preferibilmente a vapore, con la vaniglia e la buccia grattugiata del limone.
Quando vi sembrerà cotta e morbida al punto giusto, passatela con un passaverdure o frullatela, aiutandovi con un poco d'acqua di cottura. Aggiungete quindi al passato l'uvetta precedentemente lavata e lasciata in ammollo durante il tempo di cottura della zucca, il sale, il malto e la farina di frumento tostata e mettete sul fuoco a cuocere per una ventina di minuti circa, durante i quali non dimenticherete di mescolare di tanto in tanto (mantenete comunque una fiamma molto moderata). Versate infine in coppette e guarnite a piacere con pinoli o mandorle tritate abbrustolite leggermente.

CASTAGNE IN CREMA DI RISO

300 gr di castagne secche, 250 gr di fiocchi di riso, 1/2 litro di latte di soia, un pezzetto di stecca di vaniglia, un cucchiaio di miele, un cucchiaio di malto di riso (o due), sale, pinoli, marmellata di fichi.

Dopo averle lavate, lasciate le castagne secche in ammollo per una notte e cuocetele poi per circa 45 minuti in acqua leggermente salata. Quindi scolatele e, finché sono tiepide, mescolateci un cucchiaio di miele. Nel frattempo avrete preparato anche una crema, mettendo a scaldare il latte e versandoci quindi i fiocchi di riso e la vaniglia, lasciando cuocere per un quarto d'ora circa, a fuoco molto lento e con una retina di protezione infilata sotto la pentola. A fine cottura aggiungete il malto di riso e servite le castagne tiepide con sopra un cucchiaio di crema, qualche pinolo abbrustolito e un tocco di marmellata di fichi.

CREMA ALLA VANIGLIA

Una tazza di succo di mela, una tazza di mandorle sgusciate, due tazze di latte di soia, due cucchiai di fiocchi di agar-agar (o una barretta), tre cucchiai di malto d'orzo, un pizzico di sale, un cucchiaino di cannella, un cucchiaino di foglie di menta secca, un baccello di vaniglia.

Mettete a bollire per cinque minuti il succo di mela nel quale avrete sciolto l'agar-agar. Poi mescolate il latte di soia caldo con le mandorle leggermente tostate e finemente tritate e aggiungete tutti gli altri ingredienti (le foglie di menta dovranno essere, anch'esse, finemente tritate). Mettete sul fuoco unendo a quest'"intruglio" anche il succo di mela nel quale avevate bollito l'agar-agar e cuocete per qualche minuto molto lentamente. Togliete infine dal fuoco e fate raffreddare in frigorifero dopo aver versato in coppette. Avrete una crema decisamente rinfrescante!

CANEDERLI DOLCI

500 gr di patate, 125 gr di farina di frumento per dolci (setacciata), 30 gr di semolino, un uovo, 750 gr di albicocche, 40 gr di burro, 70 gr di pangrattato, miele q.b., cannella in polvere, un pizzico di sale, olio di mais, farina di noce di cocco q.b..

Lessate le patate con la buccia e fatele poi asciugare qualche istante in forno caldo dopo averle scolate. Quindi sbucciatele ancora calde, schiacciatele o, meglio, passatele con l'apposito schiacciapatate e lasciatele raffreddare un poco. Mescolate quindi il passato con il burro, il semolino, il sale, l'uovo e versate poi la farina sul composto, lavorando l'impasto sino a ottenere una pasta liscia (in caso di necessità potete aggiungere ancora un po' di farina). Lasciate quindi riposare per una mezz'oretta e nel frattempo infarinate il piano di lavoro, sul quale stenderete poi la pasta a uno spessore di mezzo centimetro circa, ritagliando dei quadratini della grandezza di circa 7×7 cm. Aprite con cautela le albicocche e, senza dividerle a metà, sostituite il nocciolo con un cucchiaino di miele, avvolgendole poi nel quadratino di pasta. Lessate quindi in acqua salata bollente a fuoco lentissimo e mitigato da una retina frangifiamma per circa dieci minuti. Nel frattempo rosolate il pangrattato nell'olio, girando in continuazione. Sgocciolate infine le albicocche cotte, rivoltatele nel pangrattato e cospargetele di farina di cocco e cannella.

CREMA D'ARANCIA

Due cucchiai di farina di frumento da dolci (setacciata), due cucchiai di malto di riso o d'orzo, un'arancia, un uovo, un cucchiaino di succo di limone, un pizzico di sale, pinoli.

Tostate leggermente la farina sinché emana il tipico profumo di noccioline, lasciatela quindi raffreddare e mescolatela con il malto. Aggiungeteci poi il succo dell'arancia e la buccia grattugiata e cuocete il tutto a bagnomaria per una ventina di minuti su un fuoco moderato, mescolando. Nel frattempo sbattete l'uovo e aggiungeteci il succo di limone e un pizzico di sale, unendoli infine agli altri ingredienti e facendo ancora cuocere per cinque minuti circa, mescolando in continuazione. Dopo aver tolto dal fuoco e versato in coppette, potrete eventualmente decorare con pinoli.

CREMA DI CASTAGNE E MELE

300 gr di mele pulite (sbucciate e private del torsolo), 300 gr di castagne private della buccia esterna, 100 gr di uvetta sultanina, un pizzico di sale, pinoli (facoltativi).

Lavate e lasciate in ammollo l'uvetta in acqua tiepida. Nel frattempo bollite in acqua le castagne per mezz'ora circa, con un pizzico di sale, dopo averle private della buccia esterna. Quando saranno cotte, privatele anche della seconda buccia. Sbucciate e affettate le mele, privandole del torsolo, e cuocetele a parte, assieme all'uvetta, a fuoco molto lento (non dovrebbe essere necessario aggiungere acqua). Lasciate quindi raffreddare sia le castagne che le mele e poi frullatele insieme (se l'impasto vi sembrasse troppo "secco", ammorbiditelo con un po' d'acqua). Servite in coppette, guarnendo eventualmente con pinoli.

CREMA DI CUSCUS CON PERE

80 gr di cuscus, due pere, 50 gr di mandorle, due bicchieri di succo di mela, un cucchiaio di miele, un cucchiaio di farina di carrube, un pizzico di sale.

Sbucciate le pere e tagliatele a dadini, cuocendole poi per circa dieci minuti a fuoco lento, aggiungendo eventualmente dell'acqua. Aggiungete poi il cuscus e il succo di mela e cuocete ancora per cinque minuti circa, a pentola coperta, lasciando poi gonfiare a fuoco spento (è evidente che dovrete usare cuscus del tipo precotto). Nel frattempo tritate le mandorle e unitele quindi al cuscus insieme al miele, mescolando delicatamente. Versate poi in coppette, spolverate con la farina di carrube e lasciate raffreddare per almeno un'ora prima di servire.

CREMA DI FIOCCHI D'AVENA

100 gr di fiocchi d'avena, due tuorli d'uovo, due cucchiai di tahin, due cucchiai di miele, cannella, un pizzico di sale.

Mettete a bagno i fiocchi in un litro d'acqua circa e lasciateli una notte intera. Al mattino mescolate molto bene i tuorli con il tahin, la cannella e un pizzico di sale (potete eventualmente anche frullarli) e uniteli ai fiocchi. Mettete quindi tutto sul fuoco, aggiungete eventualmente poca acqua e lasciate sobbollire molto lentamente per venti minuti circa, a pentola coperta, con una retina frangifiamma di protezione, mescolando di tanto in tanto. Lasciate poi intiepidire e solo allora aggiungete il miele; mescolate con cura prima di versare in coppette nelle quali lascerete raffreddare prima di servire.

CREMA DI FRAGOLE

Tre tazze di fragole, tre tazze di succo di mela, una tazza d'acqua, due cucchiai di tahin, due cucchiai di fiocchi di agar-agar (o una barretta), tre cucchiai di arrow-root, vaniglia naturale.

Portate a ebollizione due tazze di succo di mela e una tazza d'acqua, nelle quali avrete messo i fiocchi di agar-agar e la vaniglia e cuocete a fuoco lento sinché i fiocchi non si siano sciolti (dovrebbero bastare cinque minuti circa). Nel frattempo mescolate il tahin con dell'acqua tiepida in modo da scioglierlo e renderlo cremoso e aggiungetelo alla miscela che avete lasciato sul fuoco, alla quale aggiungerete anche le fragole schiacciate e l'arrow-root che avrete preventivamente sciolto in una tazza di succo di mela. Mescolate la crema bollente per qualche istante e toglietela poi dal fuoco, facendola raffreddare prima di servire.

CREMA DI LAMPONI

Una tazza di lamponi, una tazza di yogurt, una tazza di latte, due cucchiai di miele, semi di anice.

Passate i lamponi al passatutto dopo averli delicatamente puliti e frullatene quindi la polpa dopo averla messa in un frullatore assieme agli altri ingredienti (è sufficiente 1/4 di cucchiaino di semi di anice). Lo stesso procedimento può essere usato per ottenere una crema con altra frutta selvatica (che si può peraltro agevolmente anche acquistare): more, mirtilli, ribes ecc.

CREMA DI MIGLIO

80 gr di miglio, 1/2 litro di latte (o di latte di soia), quattro fichi ben maturi, due cucchiai di miele, un limone, cannella, un pizzico di sale, due noci.

Lavate, asciugate e infine tostate il miglio molto leggermente. Poi macinatelo in modo da ottenere una farina. Portate quindi il latte a bollore, mescolando perché non attacchi ai bordi della pentola e versateci la farina rigirando energicamente in modo da evitare la formazione di spiacevoli grumi. Aggiungete anche un pizzico di sale, la cannella e i fichi sbucciati e tritati grossolanamente. Cuocete a fuoco moderato, con una retina frangifiamma, per un quarto d'ora circa. Quando il miglio sarà ben cotto, lasciatelo intiepidire fuori dal fuoco e aggiungeteci quindi il succo di limone e il miele. Mescolate per bene, versate in coppette, decorate con mezzo gheriglio di noce ciascuna di esse e lasciate raffreddare prima di servire.

CREMA DI MAIS

150 gr di fiocchi di mais, una decina di albicocche secche, 1/4 di litro di acqua e 1/4 di latte, un cucchiaio di mandorle tritate, due cucchiai di uvetta sultanina, una tazza di infuso all'anice, cannella, un pizzico di sale.

Lasciate gonfiare l'uvetta e le albicocche nell'acqua per tutta una notte dopo averle lavate. Al mattino mescolate in una pentola il latte, l'acqua (la stessa dell'ammollo), i fiocchi, un pizzico di sale, la cannella, l'uvetta e le albicocche, tenendone da parte cinque. Fate bollire per dieci minuti, mescolando, poi togliete dal fuoco, frullate il tutto e aggiungete le mandorle tritate. Mescolate e versate la crema in coppette che decorerete con un'albicocca.

CREMA DI RISO ALLA FRUTTA

70 gr di farina di riso, 1/4 di litro di latte di soia, 1/4 di litro d'acqua, 100 gr di uvetta sultanina, un pezzetto di vaniglia naturale, pinoli, un pizzico di sale, marmellata di ciliege o frutta fresca (facoltativa).

Lavate l'uvetta e lasciatela gonfiare in acqua tiepida. Mettete quindi in una pentola il latte di soia, l'acqua, la vaniglia, il sale, la farina e l'uvetta ammorbidita, mescolando bene con la frusta in modo da evitare la formazione di grumi. Fate poi cuocere per una ventina di minuti, mescolando abbastanza frequentemente e toglietela quindi dal fuoco. Lasciatela intiepidire e quindi frullatela, versandola infine in coppette che decorerete con marmellata di ciliege (o di altra frutta, o anche frutta fresca) e pinoli.

CREMA DI RISO AL LATTE

80 gr di sbramato di risone, 1/2 litro di latte di soia (o di latte vaccino), 1/4 di litro d'acqua, un cucchiaio di miele, mezzo baccello di vaniglia naturale, 30 gr di uvetta sultanina, un uovo, una manciatina di fiocchi di riso (q.b.), la buccia grattugiata di mezzo limone, marmellata o frutta cotta, un pizzico di sale.

Versate il latte e l'acqua in una casseruola con la vaniglia, mettete sul fuoco e, quando è intiepidito, aggiungetevi il riso precedentemente lavato e macinato grossolanamente e l'uvetta. Portate a ebollizione, salate leggermente, quindi lasciate cuocere a fuoco lento per circa un'ora e mezza. Terminata la cottura, aggiungete dei fiocchi di riso, quanto basta per far assorbire il liquido in eccesso. Lasciate quindi raffreddare, togliete la vaniglia e incorporate il miele, il tuorlo d'uovo, l'albume montato a neve e la buccia di limone grattugiata, mescolando delicatamente. A questo punto, rimettete il tutto sul fuoco e fate addensare, evitando però di portare a ebollizione. Versate infine in coppette, lasciate raffreddare e, prima di servire, guarnite con marmellata o frutta cotta.

CREMA D'ORZO

1/2 litro di caffè d'orzo, quattro cucchiai di semola di grano duro, quattro cucchiai di fiocchi d'avena, un cucchiaio di farina di carrube, 50 gr di uvetta sultanina, un cucchiaio di miele, pinoli, marmellata di ciliege (facoltativa).

Versate la semola, i fiocchi, l'uvetta lavata, lasciata precedentemente gonfiare in poca acqua tiepida, e la farina di carrube nel caffè d'orzo bollente. Lasciate cuocere a fuoco molto moderato per un quarto d'ora circa, poi spegnete e lasciate intiepidire prima di aggiungere anche il miele, mescolandolo alla crema. Versate infine in coppette, guarnite con pinoli e, volendo, con una cucchiaiata di marmellata di ciliege. Servite freddo.

CREMA DI PRUGNE

200 gr di prugne secche, 500 gr di yogurt, 50 gr di mandorle, due cucchiai di miele, cannella, pinoli, un pizzico di sale.

Lasciate ammorbidire in acqua le prugne per un'intera notte e al mattino, quando si saranno gonfiate, cuocetele per una ventina di minuti circa, a fuoco lento, con un pizzico di sale. Non dovrebbe essere necessario aggiungere altra acqua oltre a quella che hanno assorbito durante la notte. Lasciatele quindi raffreddare, poi snocciolatele e frullatele (o semplicemente passatele al passaverdure). Mescolate al purè ottenuto il miele e lo yogurt, versate in coppette, spolverate di cannella e decorate con le mandorle precedentemente tritate e dei pinoli.

CREMA DI ZUCCA

350 gr di zucca dolce, 100 gr di uvetta sultanina, tre cucchiai di miele, due cucchiai di mandorle tritate.

Pulite e tagliate la zucca a pezzi e cuocetela a vapore. Riducetela poi in purè aggiungendo eventualmente un po' d'acqua di cottura, quindi lasciatela raffreddare. Mescolatevi l'uvetta precedentemente, messa a gonfiare in acqua tiepida e il miele, versate in coppette e coprite con le mandorle tritate.

DOLCE DI COCCO

250 gr di fiocchi di riso, 1/2 litro di latte di soia, 1/2 litro di latte vaccino, quattro cucchiai di miele (o di malto di riso), 180 gr di farina di noce di cocco, 100 gr di albicocche o pesche secche, un pezzetto di vaniglia naturale, pinoli, cannella.

Fate cuocere a fuoco lento i fiocchi di riso nel latte, aggiungendo anche la vaniglia e poca cannella. Mescolate abbastanza frequentemente e dopo una decina di minuti circa di cottura, aggiungete anche la farina di noce di cocco e, dopo averla mescolata alla crema, togliete dal fuoco e lasciate intiepidire. Incorporatevi allora il miele o il malto e versate in coppette, decorando con pezzi di albicocca e pinoli e lasciando raffreddare del tutto prima di servire.

CREPE ALLE CASTAGNE

Per le crepe: 200 gr di farina di frumento setacciata (per dolci), tre tazze di succo di mela addolcito con malto d'orzo, olio di mais, un pizzico di sale.
Per il ripieno: 700 gr di castagne, cinque mele, un cucchiaio di miele, la buccia di un'arancia grattugiata, acqua q.b. .

Mescolate la farina con il sale e aggiungete poi il succo di mela addolcito, lavorando l'impasto sino ad ottenere una pastella piuttosto liquida (attenzione ai grumi!). Lasciatela quindi riposare per due ore circa. Scaldate poi una padella adatta (di quelle basse), possibilmente di ferro, ungetela con poco olio e cominciate a preparare le crepe versando un mestolo di pastella e muovendo la padella, così da distribuirla in modo uniforme. Cuocetela quindi a fuoco medio sinché non si stacchi con facilità e giratela quindi dall'altra parte, aiutandovi con una spatola di legno o con un secco movimento del polso, in modo da farla magistralmente saltare (operazione, questa, consigliata solo a chi ha già un po' di dimestichezza ...). Lasciate quindi cuocere anche questa parte per qualche minuto e poi levatela e stendetela su un piatto sul quale avrete posto una carta assorbente o una salvietta di cotone. Copritela in modo che conservi il calore e continuate a fare le altre crepe, aggiungendo via via un poco d'olio nella padella.
Nel frattempo fate cuocere le castagne in acqua per 40 minuti circa. Poi pulitele, privandole delle due bucce. Sbucciate quindi anche le mele, tagliatele a dadini e cuocetele con la buccia d'arancia grattugiata e, eventualmente vi sembrasse necessario, poca acqua per evitare che attacchino al fondo della pentola (proteggetele comunque con una retina frangifiamma). A cottura ultimata, aggiungete le castagne ridotte in purè, passate il tutto nel passaverdure (o frullate) e rimettete sul fuoco per qualche istante. Lasciate poi intiepidire e, solo allora, incorporatevi il miele. Non vi resterà infine che riempire ogni crepe con un po' del ripieno e servirle calde.

FLAN AL LIMONE

3 cucchiai di farina di castagne, 2 tazze di succo d'uva, un uovo, 4 cucchiai di succo di limone, la buccia grattugiata di un limone, sale.

Abbrustolite la farina mescolandola continuamente in una pentola su fuoco abbastanza vivace, sino a che non diventi leggermente dorata e non emani il caratteristico e gradevole profumo. Lasciatela quindi raffreddare. Nel frattempo separate il tuorlo dall'albume dell'uovo e sbattete con una forchetta il tuorlo. Diluite quindi la farina raffreddata con qualche cucchiaio di succo d'uva e mescolate sino a renderla cremosa e senza grumi. Aggiungete poi il tuorlo d'uovo sbattuto e il succo rimanente e fate cuocere per cinque minuti circa a fiamma moderata, mescolando continuamente. Passate quindi a montare a neve l'albume con un pizzico di sale e aggiungetelo alla crema con il succo e la buccia grattugiata del limone, mescolando delicatamente e versando infine nelle coppette.

DOLCE DI RICOTTA

250 gr di ricotta, 50 gr di fiocchi di grano saraceno, 100 gr di uvetta, due mele, un pizzico di sale.

Lavate l'uvetta e lasciatela in ammollo in acqua per un notte con un pizzico di sale. Al mattino amalgamate la ricotta con l'uvetta (compresa l'acqua dell'ammollo), i fiocchi di saraceno e le mele tagliate a dadini (ed eventualmente sbucciate, se non gradite la buccia). Riponete poi in frigorifero e servite ben freddo, magari con dei biscottini che avrete preparato a parte.

FLAN ALL'ORZO

3 cucchiai di farina di mais, 2 tazze di succo di mela, un uovo, 2 cucchiai di succo di limone, la buccia grattugiata di un limone, 3 cucchiai di caffè d'orzo piuttosto forte, un pizzico di sale, pinoli.

Seguite lo stesso procedimento descritto nella ricetta del "Flan al limone", ma aggiungete anche il caffè d'orzo assieme al succo e alla buccia di limone e decorate con pinoli.

GELATINA DI FRAGOLE

300 gr di fragole, 50 gr di uvetta sultanina, due cucchiai di fiocchi di agar-agar (o una barretta), mezzo litro di succo d'uva, mezzo litro di infuso alla menta, un pezzetto di baccello di vaniglia naturale, pinoli.

Preparate un infuso alla menta molto leggero. Pulite nel frattempo le fragole e cuocetele poi con mezzo bicchiere dell'infuso stesso, in una pentola con l'uvetta precedentemente lavata e lasciata rinvenire in acqua tiepida. Mantenete una fiamma molto moderata e togliete dal fuoco quando l'acqua si sarà asciugata. A parte, portate poi a ebollizione l'agar-agar con il succo d'uva, l'infuso rimanente e la vaniglia e fate bollire per una decina di minuti a fuoco lento (se usate l'agar-agar in barra, abbiate cura di lavarlo preventivamente e poi strizzarlo prima dell'uso). Versate quindi le fragole nelle coppette e copritele con il succo cotto assieme all'alga, lasciando poi raffreddare a temperatura ambiente e, successivamente, in frigorifero. Volendo, potrete decorare con pinoli.

GELATINA DI FRUTTA

1 kg di frutta mista di stagione a piacere, un paio di cucchiai di miele, due cucchiai di fiocchi di agar-agar o una barra, la buccia grattugiata di un limone.

Pulite la frutta e tagliatela a pezzetti, facendola poi cuocere per mezz'ora circa a fuoco lento, in una pentola coperta e protetta da una retina frangifiamma, in modo che non vi sia bisogno di aggiungere acqua. Una decina di minuti prima di togliere dal fuoco aggiungete l'agar-agar e, a cottura conclusa, lasciate intiepidire e incorporate quindi il miele e la buccia di limone. Versate infine in coppette e servite ben freddo.

GELATO DI FRAGOLE

300 gr di fragole, 100 gr di uvetta passa, 100 gr di pinoli, tre tuorli d'uovo, un cucchiaino di tahin.

Lasciate rinvenire l'uvetta in acqua tiepida dopo averla lavata, poi pulite con delicatezza le fragole e quindi mescolate semplicemente tutti gli ingredienti e infine frullateli. Abbiate però l'accortezza di stemperare prima il tahin in pochissima acqua tiepida. Versate quindi in coppette e mettete nella parte alta del frigorifero per una notte prima di servire.

GELATO DI MANDORLE

50 gr di mandorle sgusciate, 100 gr di miele, 1/4 di litro di latte, 1/4 di litro di panna da cucina.

Tostate le mandorle leggermente e privatele quindi della pellicina che le riveste. Quindi tritatele molto finemente, o addirittura frullatele. Versate il latte in un pentolino, unitevi le mandorle e mettete sul fuoco tenendo ben mescolato sino al momento dell'ebollizione; togliete quindi dal fuoco e lasciate raffreddare. Rimettete poi sul fuoco assieme alla panna, scaldando lentamente e tenendo mescolato sino al manifestarsi delle prime bollicine: fate bollire soltanto un paio di minuti e lasciate quindi raffreddare fuori del fuoco. Quando è tiepido amalgamatevi il miele e solo allora versatelo in uno stampo o in coppette e mettete in congelatore per qualche ora. Riducetelo poi in pezzi non troppo grossi e mettete nel frullatore per ottenere una "crema-gelato".

KANTEN

Tre mele, mezzo litro di succo di mela, mezzo litro d'acqua, sei cucchiai di fiocchi di agar-agar, un pizzico di sale, pinoli.

Mettete in una pentola il succo di mela e l'acqua con un pizzico di sale e l'agar-agar e portate a ebollizione. Abbassate quindi la fiamma e cuocete a fuoco molto lento per dieci minuti circa. Nel frattempo pulite e affettate sottilmente le mele e aggiungetele al liquido facendo cuocere il tutto ancora per cinque minuti. Mescolate di tanto in tanto e versate infine in uno stampo, decorando con pinoli leggermente abbrustoliti e lasciando quindi raffreddare sino a che la gelatina sia ben formata (potrete mettere in frigo quando non è più calda). Il kanten si può fare con molta altra frutta, tra cui: pere, pesche, lamponi, fragole, mirtilli ecc.

LAMPONI CON FIOCCHI DI RISO

400 gr di lamponi freschi (preferibilmente di bosco), due bicchieri di latte fresco, un cucchiaio di miele, 50 gr di fiocchi di riso.

Pulite molto delicatamente i lamponi (attenzione, perché è un frutto molto "sensibile") e metteteli in una terrina. Versateci sopra il latte freddo nel quale avrete disciolto il miele e i fiocchi. Mescolate delicatamente e lasciate infine in frigorifero per una mezz'ora circa prima di servire in coppette. Al posto del latte potrete eventualmente usare dello yogurt.

MAIS DOLCE CON FRUTTA

50 gr di farina di mais, una pera, una mela, 50 gr di uvetta passita, 50 gr di nocciole sgusciate, pinoli, un pizzico di sale.

Tostate leggermente la farina in un tegame, mescolandola continuamente per un paio di minuti. Aggiungetevi quindi tre tazze di acqua bollente, mescolando rapidamente e facendo attenzione a non scottarvi con gli schizzi d'acqua che potrebbero uscire dal tegame. Dopo aver aggiunto un pizzichino di sale, portate a ebollizione non smettendo di mescolare, aggiungete anche la frutta precedentemente lavata e tagliata a sottili fettine e l'uvetta (anch'essa già lavata). Continuate poi la cottura a fuoco assai blando, per mezz'oretta circa, proteggendo il tegame con una retina frangifiamma. Versate quindi in coppette e decorate con le nocciole e i pinoli leggermente abbrustoliti e tritati grossolanamente. Lasciate infine raffreddare prima di servire.

MELONE AL CURRY

Due piccoli meloni maturi, un cucchiaio di curry in polvere, due cucchiai di miele, infuso alla menta.

Private i meloni di una calotta e poi scavateli con l'apposito cucchiaio, in modo da toglierne la polpa sottoforma di palline, senza però rompere la buccia. Disponete quindi la polpa in una terrina e mescolate al curry, lasciando poi macerare per un'ora circa in frigorifero. Riempite infine gli "involucri" di melone con le palline, coprite con le calotte e servite fresco, dopo aver bagnato l'interno con l'infuso freddo nel quale avrete sciolto il miele.

MÜESLI DI MIGLIO ALLE PERE

120 gr di fiocchi di miglio (16 cucchiai circa), 500 gr di yogurt intero, 400 gr di pere, quattro cucchiai di uvetta, tre cucchiai di miele, il succo di mezzo limone.

Sbucciate le pere e grattugiatele grossolanamente in una terrina nella quale avrete già messo lo yogurt. Aggiungete poi l'uvetta precedentemente lavata e lasciata in ammollo per una mezz'oretta circa, il miele, il succo di limone e, infine, i fiocchi. Rigirate il tutto e attendete una decina di minuti prima di servire. È adattissimo per una buona colazione, ma si presta anche per una sana merendina.

PALLINE DI SEMOLINO E COCCO

170 gr di semolino di grano, un litro di latte, tre cucchiai di miele, 50 gr di mandorle, 50 gr di uvetta passa, 70 gr di farina di noce di cocco, un pizzico di sale.

Mettete il latte sul fuoco, mescolandolo continuamente e, al momento dell'ebollizione, versateci a pioggia il semolino e uniteci anche l'uvetta e il sale facendo quindi cuocere per un quarto d'ora circa, mescolando continuamente a fuoco molto basso. Poco prima di togliere dal fuoco, aggiungete anche la farina di cocco, lasciandone da parte qualche cucchiaio. Lasciate quindi raffreddare e aggiungete il miele e le mandorle tritate. Lavorate poi l'impasto in modo da ottenere delle palline della dimensione di una grossa noce, che passerete infine su un piatto nel quale avrete versato la farina di cocco lasciata da parte e mettete in frigo. Una simpatica variante si può ottenere semplicemente passando le palline in qualche cucchiaio di farina di carrube.

PERE ALLA CREMA DI RISO

Una tazza di sbramato di risone cotto, una tazza e mezza di succo di mela, due pere, 50 gr di mandorle, pinoli.

Dopo aver cotto il riso, rimettetelo nuovamente sul fuoco assieme al succo di mela e alle mandorle preventivamente tostate e tritate. Lasciatelo cuocere a fuoco molto lento e pentola coperta, sinché non diventi cremoso. Poi pulite e tagliate a metà le pere, privandole del torsolo, disponetene metà in ogni coppetta e versateci sopra la crema di riso dopo averla frullata. Decorate infine con pinoli leggermente abbrustoliti.

SEGALE DOLCE

100 gr di farricello di segale, infuso di anice stellato, tre cucchiai di miele, 70 gr di panna da cucina, 50 gr di pinoli, un pizzico di sale, frutta di stagione a piacere.

Preparate poco più di un litro d'infuso di anice stellato e lasciatelo intiepidire. Nel frattempo tostate leggermente il farricello e allungatelo con l'infuso tiepido e leggermente salato. Mettete poi sul fuoco e lasciate cuocere lentamente a pentola coperta e protetta da una retina frangifiamma. A cottura ultimata attendete che il composto sia tiepido e incorporatevi quindi il miele e la panna. Disponete poi sul fondo delle coppette della frutta di stagione tagliata a pezzetti (susine, pesche, albicocche sono la frutta più indicata) e versateci sopra la crema, decorando infine con pinoli. Se per caso fosse difficoltoso reperire il farricello, non perdetevi d'animo; lavate semplicemente la segale in chicchi, poi lasciatela asciugare per bene, tostatela leggermente e infine macinatela con un mulinetto manuale o un macinacaffè. Il risultato sarà ottimo anche in questo caso.

SORBETTO DI FRUTTA FRESCA

Due bicchieri di frutta mista di stagione (ad esempio, due pesche, due susine, due albicocche), due cucchiai di fiocchi di agar-agar, un cucchiaio di tahin, un bicchiere di succo d'uva, un cucchiaio di miele, due foglie di menta.

Lasciate a bagno l'agar-agar nel succo d'uva per una decina di minuti. Mettete poi sul fuoco e portate a ebollizione. Aggiungete la frutta tagliata a dadini e lasciate cuocere a fuoco lento per un quarto d'ora circa. Mescolate nel frattempo il tahin con il miele, stemperatelo con poca acqua tiepida e aggiungetelo al composto dopo averlo tolto dal fuoco e lasciato intiepidire. Frullate poi il tutto dopo aver aggiunto le due foglie di menta fresca e versate infine in coppette prima di lasciar raffreddare a temperatura ambiente e, successivamente, in frigorifero.

SORBETTO DI LIMONE

150 gr di miele (possibilmente al limone), quattro limoni di coltivazione ecologica, un albume, acqua.

Sciogliete il miele in 200 gr di acqua tiepida, mescolando con un cucchiaio di legno e, quando il tutto è raffreddato, aggiungete il succo dei quattro limoni e la buccia grattugiata di uno solo di essi. Mettete quindi in un contenitore e lasciate congelare nell'apposito vano del frigorifero (o nel freezer). Toglietelo poi dal contenitore, riducete a pezzi l'impasto gelato e mettetelo nel frullatore, dove lo frullerete a bassa velocità, aggiungendo infine un albume montato a neve e lasciando quindi congelare nuovamente per una mezzoretta circa.

SOUFFLÉ DI PESCHE

Tre pesche, tre cucchiai di fiocchi di agar-agar, quattro tazze di succo d'uva, due cucchiai di succo di mela, due cucchiai di malto d'orzo, quattro cucchiai di kuzu, una tazza di fragole, tre cucchiaini di succo di limone, 50 gr di nocciole sgusciate, un pizzico di sale.

Lasciate a bagno l'agar-agar con il succo d'uva per una decina di minuti. Mettetela poi sul fuoco, portate a bollore e cuocete quindi a fuoco lento per un'altra decina di minuti. Nel frattempo diluite il malto d'orzo con il succo di mela e aggiungetevi poi il kuzu, mescolando per benino in modo da evitare la formazione di grumi e tagliate a fettine le pesche. Aggiungete tutti questi ingredienti all'agar-agar e unitevi anche le fragole grossolanamente schiacciate, il succo di limone, le nocciole precedentemente tostate e tritate, un pizzichino di sale. Lasciate cuocere a fuoco molto moderato sinché non cominci ad addensare. A quel punto potrete togliere dal fuoco e versare in uno stampo inumidito con acqua fredda, lasciando poi raffreddare a temperatura ambiente. Al momento di servire, rovesciatelo su un piatto di portata.

DOLCI AL FORNO

BISCOTTI AL SESAMO

50 gr di farina di castagne, 150 gr di farina di frumento, 100 gr di fiocchi di avena, 150 gr di semi di sesamo, due cucchiai di olio, due cucchiai di burro di nocciole, una tazza di succo di uva, cannella, un pizzico di sale.

Lavate anzitutto i semi di sesamo e lasciateli accuratamente asciugare. Tostate quindi la farina di castagne molto leggermente in una padella, sino a quando comincia a emanare il tipico e gradevole profumo di noccioline. Lasciatela raffreddare e nel frattempo mescolate il succo d'uva, il burro di nocciole, la cannella e l'olio sino ad ottenere un composto cremoso. In un'altra padella tostate i semi di sesamo sinché cominciano a scoppiettare e uniteli, insieme alla farina di castagne, il sale e i fiocchi d'avena, al composto precedentemente preparato. Quando avrete ottenuto un impasto morbido, aggiungendo dell'altro succo d'uva se necessario, mettetelo in frigo e lasciatelo riposare per circa un'ora, coperto con una ciotola. Stendete poi una sfoglia alta circa mezzo centimetro e tagliatela a quadratini (o secondo la forma che più vi piace) che metterete a cuocere su una piastra leggermente unta d'olio - il forno deve essere ben caldo e i biscotti dovrebbero diventare dorati in quindici-venti minuti circa. Potrete conservarli anche per una settimana, purché mantenuti in luogo asciutto e possibilmente in una scatola chiusa.

BISCOTTI DI AVENA

100 gr di farina di grano duro, 200 gr di fiocchi d'avena, due mele, 50 gr di uvetta, due cucchiai d'olio, 50 gr di semi di sesamo, un cucchiaio di semi di anice, latte q.b., un pizzico di sale.

Lavate l'uvetta e mettetela a gonfiare insieme ai fiocchi nel latte, in modo che quest'ultimo li copra. Quando saranno ammorbiditi, mescolateli alla farina, al sale e all'olio. Grattugiate le mele sbucciate e aggiungetele agli altri ingredienti, insieme ai semi di sesamo che avrete preventivamente lavato, asciugato e tostato e ai semi di anice. L'impasto deve risultare morbido. Lasciatelo riposare per una mezz'ora circa e nel frattempo riscaldate il forno in modo che la teglia sulla quale verserete l'impasto risulti ben calda. Con l'aiuto di un cucchiaio formate dei biscotti che lascerete cuocere in forno a temperatura abbastanza alta (200 °C circa) per quindici minuti. I fiocchi e le mele faranno in modo che i biscotti rimangano comunque morbidi.

BISCOTTI SECCHI AL LIMONE

400 gr di farina di frumento, tre cucchiai di malto d'orzo, un cucchiaio di miele, due cucchiai d'olio, il succo di un limone, succo di mela q.b., vaniglia, un pizzico di sale.

Disponete la farina "a fontana" dopo averla mescolata con il sale. Sciogliete il malto d'orzo con un poco di succo di mela e versatelo, insieme agli altri ingredienti, nel centro della "fontana". Lavorate l'impasto sino a che acquista una consistenza liscia ed elastica come il lobo dell'orecchio. Dopo averlo fatto riposare per un'ora, stendete una sfoglia alta 2-3 mm, che taglierete con degli stampini o come più vi aggrada. Disponete i biscotti in una teglia ben calda e leggermente unta d'olio e lasciateli in forno (200 °C circa) finchè diventano ben dorati. Conservateli possibilmente in una scatola di latta.

CASTAGNACCIO

300 gr di farina di castagne, 50 gr d'uvetta, 30 gr di pinoli, qualche cucchiaio di olio, acqua (circa quattro tazze), rosmarino, sale, pane grattugiato.

Lavate e lasciate ammorbidire in acqua intiepidita l'uvetta per mezz'ora circa. Nel frattempo impastate in una terrina la farina con l'acqua, in modo da ottenere un impasto che stenti a staccarsi dal cucchiaio di legno del quale vi sarete serviti per mescolarlo. Aggiungete quindi i pinoli, l'uvetta, un pizzico di sale e un po' di foglie di rosmarino. Amalgamate il tutto con l'olio e versate in una teglia leggermente unta e spolverata con un poco di pane grattugiato, infornando a forno medio per circa 40 minuti. Il castagnaccio sarà pronto quando sopra si formerà una crosta scura che tenderà a screpolarsi. C'è anche chi aggiunge all'impasto altri ingredienti, come un po' di farina integrale di frumento, una mela tagliata a piccoli dadini, pane integrale raffermo fatto rinvenire preventivamente in acqua tiepida e strizzato, farina di carrube, semi di finocchio ecc.

CROSTATA
(ricetta-base)

Tra i vari metodi possibili per preparare la pasta per crostata, abbiamo scelto di presentare due diverse ricette che riportiamo di seguito. Prima vogliamo però ricordare alcune regole fondamentali. È importante anzitutto lavorare l'impasto molto rapidamente, maneggiandolo il meno possibile e utilizzare inoltre un piano di lavoro e degli utensili freddi. La pasta va quindi cotta a forno già caldo (acceso da almeno dieci minuti), portando poi la temperatura a 250 °C circa. A volte la crostata si cuoce "a bianco" cioè senza ripieno, portandola a cottura parziale. Questo vale quando il ripieno, che si aggiungerà poi, richiede una cottura più breve; si procederà invece a cottura completa della pasta quando il ripieno non richiede cottura.

PASTA BRISÉE 1

300 gr di farina di frumento per dolci, 80 gr di burro, un cucchiaio di miele, mezzo bicchiere d'acqua circa, un pizzico di sale.

Usando il burro si ottiene una pasta per crostate più friabile. Cominciate con il tagliare il burro a pezzettini con un coltello, senza lavorarlo con le mani. Disponete poi la farina con il sale in una terrina e al centro di questa versate i pezzetti di burro e il miele. Con una spatola di legno cominciate a mescolare rapidamente, versando poca acqua per volta, sino a ottenere un impasto morbido ma non troppo molle. Formate poi una palla con le mani, cospargetela di farina e lasciatela riposare in frigo per mezzora circa. Riprendete poi la pasta e allargatela, schiacciandola tra i palmi delle mani. Piegate in quattro la sfoglia così ottenuta e spianatela di nuovo, questa volta con il mattarello, su un piano di lavoro leggermente infarinato. Mettetela poi in una teglia unta di burro e leggermente infarinata e ponete in forno caldo, cuocendo a 250 °C circa.

PASTA BRISÉE 2

300 gr di farina di frumento per dolci, tre cucchiai d'olio, succo di mela o succo d'uva q.b., un pizzico di sale.

Questo tipo di crostata ha l'inconveniente di risultare meno friabile e più secca della precedente, ma l'impasto si può usare anche per la preparazione di dolci nei quali può essere impiegata come sfoglia sottile (ad esempio nel caso dello "strudel"). Impastate con le mani la farina assieme all'olio e al sale, aiutandovi con il succo di frutta, sino ad ottenere un impasto morbido ma non molle, lavorandolo lo stretto indispensabile per amalgamare gli ingredienti. Lasciate riposare quindi per un'oretta e, trascorso questo tempo, procedete come nella ricetta precedente, disponendo infine l'impasto in una teglia da forno unta d'olio e leggermente infarinata.

CROSTATA DI FRUTTA FRESCA

Pasta brisée n. 1, una pesca, due albicocche, due prugne, ribes o mirtilli, da una a due tazze di succo di mela, quattro cucchiai di fiocchi di agar-agar.

Preparate la pasta brisée n. 1, infornatela e, dopo averla tolta dal forno, decoratela con la frutta che nel frattempo avrete pulito e tagliato a fettine sottili e che cospargete sulla pasta a spirale insieme a dei mirtilli o a poco ribes (anche l'occhio vuole la sua parte). Preparate poi una gelatina sciogliendo l'agar-agar in due dita di succo di mela e mettetelo quindi sul fuoco insieme al rimanente succo già caldo. Sobbollite per alcuni minuti e quindi spegnete. Lasciatelo riposare un po' e infine versatelo sulla crostata: raffreddando solidifica.

CROSTATA DI COMPOSTA DI FRUTTA

Pasta brisée n. 1, marmellata di frutta a piacere.

Preparate la pasta brisée, stendetela poi in una teglia da forno, conservandone un pezzetto. Versateci sopra la marmellata e quindi, con la pasta tenuta da parte, preparate delle striscioline con le quali comporre una sorta di "reticolato" che disporrete sopra alla marmellata. Mettete infine a cuocere in forno caldo. Nel preparare la crostata con la composta di frutta è importante tirare la pasta in modo di poter disporre di un piccolo "margine" ai bordi, che servirà per contenere la marmellata (andrà "ripiegato" dopo aver versato la composta sulla pasta).

CROSTATA D'AVENA

300 gr di farina di frumento, 50 gr di fiocchi d'avena, quattro cucchiai d'olio di mais, 1 dl di latte, cannella in polvere, due cucchiai di miele, marmellata q.b., un pizzico di sale.

Questa crostata ricalca solo parzialmente il procedimento consigliato per la preparazione della "pasta brisée". Cominciate dunque con il lavorare la farina con l'olio e, a parte, imbevete i fiocchi d'avena nel latte e lasciateli riposare un quarto d'ora circa. Mescolateli quindi alla farina, unendo anche la cannella e il miele. Lavorate solo qualche istante e lasciate poi riposare per un'ora a temperatura ambiente. Trascorso questo tempo, impastate di nuovo piuttosto rapidamente e aggiungete del latte se la consistenza fosse troppo "soda". Stendete quindi l'impasto in una teglia precedentemente unta d'olio e cosparsa di farina, lasciando un piccolo bordo ai lati e coprite quindi con la marmellata. Infornate poi a forno caldo e mantenete una temperatura attorno ai 200 °C o più per 45-60 minuti circa. Lasciate infine raffreddare fuori dal forno.

CROSTATA DI MELE

300 gr di farina integrale di frumento, tre mele, tre cucchiai di malto di riso o di mais, tre cucchiai di olio di mais, la buccia di un limone grattugiata, il succo di un limone, conserva di albicocche q.b., un pizzico di sale.

Fate un impasto unendo farina, sale, olio, sciroppo di malto, buccia di limone grattugiata, aiutandovi con acqua fredda in modo da ottenere un composto abbastanza morbido. Lasciate poi riposare la pasta per un'ora circa e, passato questo tempo, stendetela su un piano da lavoro, tirandola con il mattarello sinché avrà uno spessore di un centimetro circa. Oliate quindi una teglia da forno e stendetevi la pasta cospargendola poi con la marmellata di albicocche, sopra alla quale disporrete le mele tagliate a sottili fettine, che avrete precedentemente lasciato riposare in una terrina per una decina di minuti insieme al succo del limone. Non vi resterà infine che infornare a 200 °C circa per 40 minuti.

CROCCANTI DI SESAMO

220 gr di semi di sesamo, 100 gr di uvetta passa, farina di frumento setacciata q.b., due cucchiai d'olio, due cucchiai di miele, la buccia grattugiata di un'arancia, acqua.

Mescolate l'olio con il miele e sbatteteli poi piuttosto energicamente in una mezza tazza d'acqua. Versate poi in una terrina e mescolatevi la buccia d'arancia grattugiata, i semi di sesamo precedentemente lavati e poi tostati, l'uvetta lavata e lasciata rinvenire per almeno mezz'ora in acqua tiepida. Aggiungete quindi poco alla volta abbastanza farina, in modo da ottenere una pasta abbastanza morbida, ma non molle. Oliate quindi una teglia da forno e versateci la pasta dello spessore di circa due centimetri, mettendo poi in forno caldo e lasciando cuocere per circa venti minuti o, comunque, sinché assume un colore dorato. Togliete quindi dal forno, lasciate raffreddare e tagliate poi a quadratini di circa 3 per 3 centimetri e rimettete infine a cuocere ancora in forno per qualche minuto, in modo da renderli croccanti.

CROCCANTI DI MANDORLE

400 gr di farina di frumento setacciata, un cucchiaio d'olio, due uova, tre cucchiai di miele, 200 gr di mandorle sbucciate, 50 gr di lievito naturale o secco, latte q.b. .

Lavorate le uova con il miele, aggiungendo l'olio, un pizzico di sale e la farina incorporata con l'aiuto di un poco di latte se necessario. Nel caso abbiate in serbo del lievito naturale (pastella acida), prendetene un pezzetto (50 gr circa) e aggiungetelo quindi all'impasto. In caso contrario, potete usare del lievito secco, che scioglierete in poca acqua tiepida per quindici minuti. Lasciate quindi riposare il composto per un'ora e poi rilavoratelo incorporandovi anche le mandorle tritate grossolanamente. Ungete d'olio una teglia da forno, versatevi l'impasto (che non superi l'altezza di circa un centimetro e mezzo) e infornate in forno caldo, lasciando cuocere sinché assume un bel colore dorato (dopo circa una ventina di minuti). Togliete quindi dal forno, lasciate raffreddare e tagliate poi a quadratini di circa 2 per 2 centimetri che rimetterete infine a cuocere in forno ancora per qualche minuto, in modo da renderli ben croccanti. Conservateli poi in una scatola di latta.

CROSTINI AL SUCCO D'UVA

150 gr di fiocchi d'avena, 50 gr di farina di frumento per dolci, due mele, 50 gr tra mandorle e nocciole, il succo di un limone, un uovo, un bicchiere di succo d'uva, due cucchiai di miele, un pizzico di sale.

Grattugiate le mele e, a parte, sbattete l'uovo con il miele, cui aggiungerete poi il succo di limone, il succo d'uva, i fiocchi d'avena e, da ultimo, le mele grattugiate. Dopo aver mescolato il tutto, lasciatelo riposare per un'ora circa. Unitevi quindi la farina e la frutta secca (mandorle e nocciole) tritata. Ungete una teglia da forno, versateci l'impasto e infornatelo per una mezz'oretta, a temperatura media. Poi lasciatelo raffreddare e solo allora dividetelo in quadratini di circa tre per tre centimetri, che metterete quindi nuovamente in forno a cuocere ancora per qualche minuto, in modo da ottenere una leggera tostatura da entrambi le parti (girerete infatti i quadratini per far sì che la tostatura possa essere uniforme).

DOLCE DI FICHI

500 gr di fichi secchi, 50 gr di uvetta sultanina, tre cucchiai di fiocchi di frumento, cinque cucchiai di farina di frumento setacciata, 100 gr di noci, 100 gr di mandorle, due cucchiai d'olio, cannella, zenzero, la buccia grattugiata di un limone, un pizzico di sale.

Tagliate i fichi a fettine e cuoceteli a fuoco lento per 20 minuti circa con l'uvetta, in una quantità d'acqua sufficiente appena a coprirli; a fine cottura la frutta dovrebbe aver assorbito tutta l'acqua, ma se ne avanza potrete conservarla perché è un ottimo dolcificante per qualsiasi altro dolce. Nel frattempo tritate noci e mandorle, grattugiate la buccia di limone e un po' di zenzero (mezzo cucchiaino circa) e mescolateli quindi alla frutta cotta, insieme alla farina, i fiocchi, la cannella, un pizzico di sale. Se l'impasto risultasse troppo secco, potrete ammorbidirlo con l'eventuale acqua di cottura della frutta secca. Verserete infine il composto in una teglia unta d'olio e spolverata di farina e cuocerete in forno a 200 °C circa per 45-60 minuti.

DOLCE DI FIOCCHI D'AVENA

150 gr di fiocchi d'avena, tre mele, due cucchiai di uvetta passa, due cucchiai di miele, un pizzico di cannella, infuso di anice stellato, olio, un pizzico di sale.

Preparate anzitutto un infuso di anice stellato (circa un litro), nel quale cuocerete a fuoco lento i fiocchi, con un pizzico di sale. Sarà sufficiente una cottura di cinque minuti circa, in modo che si rassodino, dopo di che potrete lasciarli gonfiare a fuoco spento. Nel frattempo sbucciate (se lo ritenete necessario) e affettate le mele e lasciate in ammollo l'uvetta in acqua tiepida dopo averla lavata. Mescolate quindi questi ingredienti ai fiocchi, aggiungendo anche la cannella e il miele e versate il tutto in una teglia precedentemente unta d'olio, infornando infine per mezz'ora circa a 180 °C. Servite freddo.

DOLCINI DI FRUTTA E NOCI

150 gr di sbramato di risone, sei cucchiai di farina di frumento, un uovo, tre cucchiai di miele, 70 gr di noci sgusciate, tre cucchiai di semi di sesamo, 50 gr di uvetta passa, due mele, sale.

Lavate, scolate e cuocete il riso con una quantità d'acqua più elevata del normale, in modo che possa diventare molto morbido quando ha assorbito tutta l'acqua di cottura (potrete raddoppiare la dose di acqua solitamente necessaria: quattro parti di acqua per una di riso). Salatelo leggermente al momento dell'ebollizione e proseguite la cottura a fuoco lento e pentola coperta. Quando è cotto, lasciatelo riposare a fuoco spento e poi sciogliete il miele in poca acqua tiepida, impastandolo quindi con il riso e la farina, in modo da ottenere una pastella piuttosto spessa. Unitevi poi le noci tritate, i semi di sesamo, l'uvetta precedentemente lavata e lasciata rinvenire in acqua tiepida, le mele tagliate a dadini molto sottili e l'uovo. Dopo aver mescolato per bene, mettete l'impasto con un cucchiaio in stampini da forno o direttamente sulla piastra (in tal caso unta con poco olio) e cuocete in forno a temperatura media sinché i dolcetti saranno dorati.

FAGOTTINI DI MELE

Per la pasta: 250 gr di farina di frumento, un uovo, due cucchiai di olio, mezzo bicchiere d'acqua, un pizzico di sale.
Per il ripieno: 1,5 kg di mele, 50 gr di uva passa, 20 gr di pinoli, 25 gr di noci sgusciate, un cucchiaio di miele, la buccia grattugiata di un limone, 150 gr di biscotti secchi, mezzo bicchiere di succo di mela, mezzo cucchiaio di sciroppo di malto d'orzo, cannella.

Setacciate la farina, mescolatela con il sale e disponetela quindi a fontana. Mettete nell'incavo centrale l'uovo e l'olio e incominciate a impastare aggiungendo poco a poco acqua quanto basta per dare alla pasta la giusta consistenza. Lavoratela vigorosamente finché sarà liscia ed elastica e formate una palla, che ungerete con un po' d'olio e lascerete riposare per mezz'ora circa. Nel frattempo mettete in ammollo l'uvetta dopo averla lavata, sbucciate le mele, tagliatele a fettine e tritate le noci. Versate tutti questi ingredienti in una terrina, aggiungeteci il miele, la cannella, i pinoli e la buccia di limone grattugiata, mescolate bene e lasciate macerare. Trascorso il tempo necessario, spianate la sfoglia con il mattarello, in modo che diventi piuttosto sottile. Tagliatela quindi in quadrati di dieci centimetri circa di lato. Aiutandovi con un cucchiaio, disponete su questi quadrati dei mucchietti di ripieno, sbriciolando sopra a ciascuno un po' di biscotti. Inumidite con acqua i bordi della pasta, quindi chiudete i fagottini congiungendo i quattro angoli. Infornate a forno caldo (200 °C circa) e a metà cottura (dopo mezz'ora) spennellateli con il malto d'orzo diluito nel succo di mela. Potrete servirli caldi, ma preferibilmente freddi.

FOCACCIA INTRECCIATA

500 gr di farina di frumento, 80 gr di burro, 30 gr di lievito di birra, un uovo, due cucchiai di miele, 100 gr di uvetta passa, 1/4 di litro di infuso di anice, un pizzico di sale.

Disponete la farina "a fontana" e nell'incavo centrale fate sciogliere il lievito con un poco d'acqua tiepida, impastandolo con poca farina e un cucchiaio di miele. Lasciate quindi riposare questo "nocciolo" nell'incavo per mezz'ora circa, dopo di che aggiungete l'uovo, il burro sciolto e l'uvetta precedentemente lavata e ammorbidita in acqua. Impastate poi con tutta la farina, aiutandovi con l'infuso di anice che aggiungerete poco alla volta. Quando tutto sarà stato amalgamato per bene, formate una palla, spolveratela di farina e lasciatela riposare per circa due ore in un luogo tiepido e lontano da correnti d'aria. Dividete poi la pasta in sei parti e, aiutandovi con le mani, fate sei grossi "salsicciotti" e intrecciateli tra loro formando due grosse trecce. Mettete infine in forno caldo (200-220 °C) per un'ora.

MELE AL FORNO

Quattro mele, due cucchiai di uvetta passa, la buccia grattugiata di un limone, due cucchiai di sciroppo di malto di riso, alcune foglie di menta, qualche biscotto secco, due cucchiai di mandorle tritate, the mu q.b., un pizzico di sale.

Lavate e lasciate ammorbidire l'uvetta in poca acqua tiepida. Nel frattempo togliete il torsolo alle mele e amalgamate le mandorle tritate con i biscotti, anch'essi grossolanamente tritati. Aggiungete le foglie di menta, la buccia di limone e, infine, l'uvetta. Con l'impasto ottenuto riempite le mele, disponetele su una teglia in cui avrete precedentemente versato poco the mu mescolato con il malto, salate leggermente e infornate a circa 180 °C per mezz'ora.

PANE DI FRUTTA SECCA E SPEZIE

500 gr di farina di frumento, 50 gr di lievito di birra, 150 gr tra mandorle, nocciole e pinoli, 250 gr tra fichi, albicocche e datteri secchi, due cucchiai di semi di anice, cannella, zenzero, alcuni chiodi di garofano, un cucchiaio di miele, olio.

Stemperate il lievito in poca acqua tiepida e impastatelo quindi alla farina, unendo poi anche le nocciole, le mandorle e i pinoli leggermente tostati e tritati, la frutta secca precedentemente lasciata ammorbidire in acqua e quindi tagliata a pezzetti, i semi di anice, le spezie (grattugiate la cannella e lo zenzero al momento dell'uso). Unite infine anche il miele e lasciate riposare l'impasto per almeno un'ora in una terrina coperta da un panno umido, tenuta in un luogo tiepido e lontano da correnti d'aria. Trascorso questo tempo, lavorate nuovamente l'impasto e mettetelo poi in uno stampo unto d'olio che lascerete in forno a temperatura piuttosto alta (250 °C circa) per un'ora e mezza.

PALLINE DI CASTAGNE

120 gr di farina di riso dolce, 60 gr di farina di castagne, tre cucchiai di malto d'orzo, un cucchiaio di miele, mezza tazza di succo di mela, un pezzetto di stecca di vaniglia, un cucchiaio di tahin, cinque noci, marmellata di castagne o di ciliege, un pizzico di sale, olio, un cucchiaio di panna da cucina (facoltativo).

In un tegame tostate la farina di riso dolce sinché non cominci a dorare leggermente (se non riuscite a procurarvela potrete usare quella di sbramato di riso normale, anche se il risultato un po' cambierà). In un altro tegame tostate anche la farina di castagne. Lasciate quindi che intiepidiscano e poi mescolatele, aggiungendo anche la vaniglia grattugiata, il miele, il malto d'orzo, il tahin, il sale ed, eventualmente, la panna. Aggiungete anche il succo di mela e impastate. È consigliabile aggiungere il succo poco per volta, in modo da poter controllare la consistenza dell'impasto. Prendetene poi una piccola quantità, fatene una pallina grossa quanto una noce, poi apritela leggermente e guarnitela con un po' di marmellata, quindi richiudetela e mettetela in una teglia da forno leggermente unta d'olio. Schiacciatela appena per accomodarla e metteteci sopra un pezzetto di noce. Continuate così sino ad esaurire tutta la pasta (dovreste riuscire a formare circa venti palline). Cuocete infine in forno a fuoco medio per poco piú di venti minuti.

STRUDEL DI MELE

Per la pasta: 250 gr di farina di frumento, un uovo, due cucchiai d'olio, mezzo bicchiere d'acqua, un pizzico di sale.
Per il ripieno: 2 kg di mele, 150 gr di biscotti secchi, 50 gr di uvetta passa, 50 gr di pinoli, un cucchiaio di miele, la buccia grattugiata di un limone, cannella, mezzo bicchiere di succo di mela, mezzo cucchiaio di sciroppo di malto d'orzo.

Mescolate la farina con il sale e disponetela quindi "a fontana". Con l'aiuto di una mano sola, mescolatela con l'uovo, il sale e l'olio, mentre con l'altra mano aggiungete poco a poco acqua quanto basta per dare alla pasta la giusta consistenza. Lavoratela almeno dieci minuti, finché sarà liscia ed elastica. Formate allora una palla, ungetela con un poco d'olio e lasciatela riposare per mezz'ora circa. Nel frattempo mettete in ammollo l'uvetta dopo averla lavata, sbucciate le mele, tagliatele a fettine e tritate le noci. Versate tutti questi ingredienti in una terrina, aggiungeteci il miele, la cannella, i pinoli e la scorza di limone grattugiata, mescolate bene e lasciate macerare. Stendete poi con il mattarello la pasta sopra un canovaccio infarinato e cercate di tirare una sfoglia molto sottile (si dice che dovrebbe risultare sottile quanto un foglio di carta). Cospargete due terzi della sfoglia con i biscotti sbriciolati e quindi versatevi sopra l'impasto lasciato precedentemente macerare. Cominciate ora ad arrotolare la sfoglia, alzando il canovaccio dal lato con il ripieno, in modo che alla fine rimanga sopra la parte di sfoglia non riempita di frutta. Aiutandovi ancora con il canovaccio, ponete quindi lo strudel sulla teglia del forno unta d'olio e infarinata e infornate a 220 °C. Dopo circa mezz'ora di cottura, spennellate la sfoglia con il malto d'orzo diluito nel succo di mela e lasciate poi cuocere ancora per 15-20 minuti.

POLENTA DOLCE

200 gr di farina di mais, 100 gr di uvetta passa, 100 gr di noci sgusciate, due cucchiai di miele, un pizzico di sale.

Mettete sul fuoco dell'acqua e, quando bolle, versateci la farina a pioggia mescolando rapidamente per evitare la formazione di grumi. Salate leggermente e continuate la cottura come se si trattasse di una normale polenta piuttosto morbida, cuocendo per circa 40 minuti: il massimo, ovviamente, è poter prepararla con il fuoco a legna, come ogni polenta che si rispetti. Togliete poi dal fuoco e unite l'uvetta che avrete precedentemente lavato e lasciato rinvenire in poca acqua tiepida, le noci tritate e il miele, rimestando per bene. Versate quindi il composto in una teglia unta d'olio e cuocete al forno a media temperatura, per una decina di minuti.

STRUDEL DI PAPAVERO

Per la pasta: come per lo strudel alle noci.

Per il ripieno: 300 gr di semi di papavero, tre cucchiai di miele, due bicchieri di latte, la buccia di un limone grattugiata, cannella in polvere.

Preparate la pasta come indicato nella ricetta precedente e fate lo stesso anche per la preparazione del ripieno, mescolando gli ingredienti dopo aver macinato i semi di papavero, mettendo sul fuoco e lasciando appena bollire. Arrotolato lo strudel, mettetelo infine in forno a calore moderato per un'ora circa.

TORTA D'AVENA ALL'ANICE

300 gr di fiocchi d'avena, 100 gr di uvetta passa, 100 gr tra nocciole noci e mandorle sgusciate, due cucchiai di miele, la buccia di un'arancia, il succo di mezza arancia, un cucchiaio di tahin, 1/4 di litro di infuso di anice stellato, olio, un pizzico di sale.

Preparate un infuso di anice e, quando è tiepido, mettetevi in ammollo i fiocchi e l'uvetta lavata. Nel frattempo tritate noci, nocciole e mandorle, grattugiate la buccia d'arancia, spremetene il succo e sciogliete in poca acqua tiepida il tahin. Aggiungete tutti questi ingredienti, il sale e il miele insieme all'uvetta e ai fiocchi ammorbiditi. Versate quindi il composto in una teglia unta d'olio e leggermente infarinata e lasciate cuocere in forno caldo per un'ora circa, sino a quando la torta sarà dorata. Se, passato questo tempo, risultasse ancora troppo morbida, prolungate la cottura a fuoco lento per dieci minuti.

TORTA D'AVENA AL COCCO

250 gr di fiocchi d'avena, 120 gr di farina di frumento setacciata, mezzo cucchiaio scarso di polvere di cannella, 150 gr di farina di cocco, 120 gr di malto di mais, 75 cc d'olio di mais, un pizzico di sale, 15 prugne o albicocche secche.

Mescolate il malto con l'olio e pochissima acqua e poi versatelo in una terrina nella quale avrete predisposto gli altri ingredienti. Mescolate e amalgamate per bene, in modo da evitare che si formino dei grumi e cercando di far sì che i fiocchi assorbano il liquido in modo uniforme. Se occorresse, nell'impasto si può eventualmente aggiungere dell'acqua. Dopo aver impastato accuratamente, ungete una teglia con dell'olio e versateci metà dell'impasto, pressandolo con una palettina. Potrete guarnire con una crema di prugne preparata lasciando cuocere delle prugne secche per 20-25 minuti, in poca acqua, a fuoco lento, sinché diventino morbide, dopo di che potrete frullarle. Lo stesso procedimento potrete usarlo con delle albicocche secche. Dopo aver guarnito, potrete ricoprire con un altro strato di impasto, pressare con la solita paletta e mettere in forno a 180 °C per circa 35 minuti, sino a doratura, spennellando con malto diluito in acqua poco prima di togliere dal forno.

STRUDEL DI NOCI

Per la pasta: 500 gr di farina di frumento, 80 gr di burro, 30 gr di lievito di birra, un uovo, un cucchiaio di miele, latte q.b., un pizzico di sale.
Per il ripieno: 250 gr di noci macinate, 150 gr di miele, tre o quattro cucchiai di latte, la buccia grattugiata di un limone.

Cominciate con il distribuire il burro a pezzettini sulla farina e a battere poi con un coltello a lama larga, sinché burro e farina siano ben amalgamati. Mettete quindi questo miscuglio in una terrina. In un paio di cucchiai di latte intiepidito sciogliete il lievito e, unito a poco sale, aggiungetelo quindi alla farina insieme all'uovo, al miele e al latte rimanente. Sbattete piuttosto energicamente l'impasto sinché si staccherà dal bordo della terrina e comincerà a formare delle bolle d'aria. A quel punto coprite con un canovaccio e lasciate lievitare in un luogo caldo e protetto da correnti d'aria per un paio d'ore. Nel frattempo dedicatevi alla preparazione del ripieno: dopo aver tritato le noci, mettete tutti gli ingredienti in una pentola, tranne il miele, e portate ad ebollizione. Togliete poi il recipiente dal fuoco, lasciate intiepidire e solo allora aggiungete anche il miele, lasciando quindi raffreddare del tutto. Stendete la pasta lievitata su un piano di lavoro infarinato e tiratela in modo che abbia uno spessore di circa un centimetro, versateci sopra il ripieno e quindi arrotolatela, ponendola poi sulla teglia da forno precedentemente unta con olio o burro. Coprite di nuovo e lasciate ancora lievitare, mettendola infine in forno a calore moderato per un'ora circa.

TORTA DI CAROTE

300 gr di carote, 250 gr di nocciole (o mandorle) sgusciate, sei cucchiai di pangrattato, due cucchiai di miele, un cucchiaio di uvetta passa e uno di pinoli, tre uova, la buccia grattugiata di un limone, cannella, due cucchiai di farina di carrube, un pizzico di sale, olio.

In una terrina sbattete i tuorli d'uovo con un cucchiaio di miele e aggiungete quindi il pangrattato con le carote grattugiate, le nocciole tritate, l'uvetta precedentemente lasciata in ammollo, i pinoli, la buccia di limone grattugiata, la cannella e il sale. Amalgamate bene il tutto, quindi montate a neve gli albumi. Inglobateli delicatamente al resto del composto. Ungete con dell'olio uno stampo, spolveratelo di pangrattato, versateci l'impasto e infornate a 200 °C circa per 50 minuti. Nel frattempo preparate una glassa sciogliendo in poca acqua tiepida il miele rimasto e la farina di carrube, togliete la torta dal forno a cottura pressoché ultimata, stendetevi sopra la glassa e rimettete in forno a media temperatura ancora per dieci minuti circa.

TORTA DI CASTAGNE

100 gr di farina di frumento, 100 gr di fiocchi d'avena, quattro cucchiai d'olio di mais, una tazza e mezza di castagne secche, quattro mele di grossezza media, 200 gr di infuso di semi di finocchio, due cucchiai di malto di riso, un pizzico di sale.

Lasciate le castagne in ammollo nell'acqua per una notte intera e cucinatele poi con una tazza d'acqua per 40 minuti circa. Nel frattempo preparate l'infuso di finocchio e con qualche cucchiaio di questo stemperate il malto di riso. Mescolate quindi la farina con i fiocchi d'avena, il sale e l'olio, unite anche il malto e lavorate questi ingredienti aiutandovi con l'infuso. Lasciate quindi riposare l'impasto in frigorifero per un'ora circa e intanto pulite le mele e tagliatele a pezzettini, cuocendole quindi a fuoco molto lento, con una retina frangifiamma di protezione, sino a quando saranno cotte e cremose. Frullate quindi le castagne e unitele alla crema di mele. Togliete la pasta dal frigo, disponetela in una teglia unta d'olio e infarinata, stendetevi sopra la crema e infornate a 250 °C per 40 minuti circa.

TORTA ALLE MANDORLE

Per la pasta: 300 gr di farina di frumento, 80 gr di burro, cannella, vaniglia naturale, mezzo bicchiere d'acqua, un pizzico di sale.
Per il ripieno: 200 gr di mandorle sgusciate, una mela, due cucchiai di miele, due cucchiai di succo di mela.

Preparate un impasto seguendo la ricetta della pasta brisée 1, aggiungendo anche un pizzico di cannella e di vaniglia, ma non il miele. Mentre la pasta riposa in frigo, frullate le mandorle e la mela e stemperate il miele nel succo di mela. Mescolate poi questi ingredienti in modo da ottenere una crema, aggiungendo del succo di mela se risultasse troppo densa. Disponete la pasta brisée in una teglia unta d'olio e infarinata e tiratela in modo di poter disporre di un piccolo "margine" ai bordi, a mo' di scodella. Infornate e lasciate cuocere per mezz'ora circa. Togliete poi dal forno e stendetevi sopra la crema, quindi lasciate cuocere per una ventina di minuti circa a fuoco medio.

TORTA DI NOCI

400 gr di farina di frumento, 100 gr di farina di mais, due cucchiai di malto di riso, una tazza di infuso di anice dolcificato con un cucchiaino di miele, 30 gr di lievito di birra, un uovo, mezza stecca di vaniglia, 250 gr di noci sgusciate, 100 gr di uvetta passa, due cucchiai di olio, un pizzico di sale.

Sbriciolate il lievito di birra, quindi scioglietelo con un po' di acqua tiepida e formate una pastella incorporandovi un cucchiaio di farina, che lascerete riposare per mezz'ora circa. Nel frattempo mettete in ammollo l'uvetta lavata, tritate le noci e sminuzzate la vaniglia. Sbattete in una terrina l'uovo, il malto e l'olio e incorporatevi quindi la farina aiutandovi con l'infuso di anice. Lavorate l'impasto per un po' e aggiungete la pastella lievitata, amalgamando per bene. Unite poi gli altri ingredienti, aggiungendo se necessario altro infuso tiepido o acqua in modo che l'impasto risulti consistente ma cremoso, versate in una teglia unta d'olio e infarinata e mettete a lievitare per due ore circa (finché raddoppia il suo volume). Cuocete infine a forno caldo (200 °C circa) per 45 minuti.

TORTA DI PANE AL LATTE

350 gr di pane raffermo, un litro di latte, 2 uova, un cucchiaio d'olio, 100 gr di uvetta passa, 2 cucchiai di miele, un cucchiaio di farina di carrube, cannella, 5 noci.

Tagliate a dadini il pane e mettetelo in ammollo nel latte caldo insieme all'uvetta lavata. Sbattete in una terrina il miele con le uova, l'olio e la farina di carrube. Quando il pane sarà ammorbidito e raffreddato, unitelo agli altri ingredienti, mescolate, spolverate con la cannella e quindi versate in uno stampo unto d'olio e infarinato. Decorate con i gherigli di noce divisi a metà e infornate per circa un'ora a 200-220 °C.

TORTA DI PRUGNE

200 gr di farina di frumento, 200 gr di prugne secche, un cucchiaio di malto d'orzo, un uovo, 3 cucchiai di olio di girasole, un cucchiaino di vaniglia grattugiata, sale.

Lasciate le prugne in ammollo in acqua tiepida per un'intera notte e quindi scolatele conservando l'acqua, snocciolatele e tritatele grossolanamente. In una terrina impastate la farina con un pizzico di sale, l'uovo, il malto, l'olio, la vaniglia e l'acqua delle prugne quanto basta per ottenere un impasto liscio e morbido. Incorporate infine le prugne e versate il composto in una teglia unta d'olio e infarinata. Fate cuocere in forno a 200 °C per 45 minuti circa e prima di togliere la torta dalla teglia lasciatela raffreddare bene.

TORTA DI RICOTTA

300 gr di farina di frumento per dolci, 80 gr di burro, due cucchiai di miele, 200 gr di ricotta, 100 gr di pinoli, 100 gr di uvetta passa, un uovo, la buccia grattugiata di un limone, vaniglia, un pizzico di sale, un cucchiaio d'olio.

Con la farina, il burro, un cucchiaio di miele, l'acqua, un pizzico di sale preparate una pasta brisée secondo la ricetta n. 1 e lasciatela riposare in frigo per la solita mezzora. Nel frattempo preparate una crema versando in una terrina la ricotta, l'uvetta lavata e precedentemente ammorbidita in acqua tiepida, 50 gr di pinoli, mezzo cucchiaio di miele, un poco di vaniglia grattugiata. Aggiungete circa un bicchiere d'acqua (o, preferibilmente, meno) e frullate il tutto in modo da ottenere una crema piuttosto densa. Versate in un piatto i pinoli rimanenti con l'uovo, il mezzo cucchiaio di miele rimasto, l'olio e il limone grattugiato. Mescolate molto bene e unite quindi alla crema preparata precedentemente. Disponete quindi la pasta brisée, lasciando dei "margini" rialzati sui bordi, in una teglia unta d'olio e infarinata e versateci sopra la crema di ricotta, infornando infine a temperatura media per un'ora circa. Servite la torta fredda.

TORTA DI RISO 1

140 gr di sbramato di risone, due cucchiai di farina di frumento, un uovo, 80 gr di uvetta passa, 150 gr di noci sgusciate, due cucchiai di miele, la scorza grattugiata di un limone, un pizzico di cannella, un cucchiaio di tahin, the mu q.b., due cucchiai di pangrattato, un pizzico di sale, olio.

Lavate e scolate il riso, mettetelo a cuocere e procedete come nella ricetta precedente sostituendo, per quanto riguarda l'impasto, la mela con le noci sgusciate e tritate e l'infuso di anice con del the mu. Questo the si prepara bollendo per cinque minuti in un litro d'acqua una bustina che contenga la miscela di erbe che lo compone (e che può essere riutilizzata per un the successivo, diminuendo la dose d'acqua e prolungando il tempo di cottura).

TORTA DI RISO 2

140 gr di sbramato di risone, 2 cucchiai di farina di frumento, un uovo, 80 gr di uvetta passa, una mela, 2 cucchiai di miele, la scorza grattugiata di un limone, un pizzico di cannella, un cucchiaio di tahin, infuso di anice stellato q.b., un pizzico di sale, 2 cucchiai di pangrattato, olio.

Lavate il riso, scolatelo e mettetelo a cuocere in acqua fredda pari a circa sei volte il suo volume. Portate a ebollizione, salate leggermente, coprite la pentola con un coperchio e proseguite la cottura sino a completo assorbimento dell'acqua, mantenendo una cottura a fiamma molto moderata. Sbattete poi l'uovo con il tahin e il miele, aggiungete la farina, la cannella, la scorza di limone e l'uvetta precedentemente lavata e lasciata in ammollo, quindi incorporate il riso cotto, aiutandovi con l'infuso di anice, in modo da ottenere un impasto morbido ma consistente. Versatelo quindi in uno stampo unto d'olio e spolverato di pangrattato e infornate a 200 °C per mezz'ora circa, portando poi la temperatura a 250 °C per un'altra mezz'ora.

TORTA DI ZUCCA

500 gr di zucca, 120 gr di farina di frumento, due cucchiai di miele, 50 gr di burro, la buccia grattugiata di un limone, due uova, un bicchiere di latte, un pizzico di sale, acqua.

Private la zucca della scorza, tagliatela a tocchetti, mettetela in una casseruola, copritela con il latte e altrettanta acqua, aromatizzatela con la scorza di limone e fatela cuocere a fuoco lento sinché diventa tenera. Scolatela conservando il liquido di cottura e quindi frullatela. In una terrina impastate la farina con il sale, il miele, il burro tagliato a pezzetti, i tuorli d'uovo, aggiungendo, se necessario, il liquido di cottura della zucca. Unite poi il frullato di zucca e, infine, incorporate delicatamente gli albumi montati a neve. Versate il tutto in uno stampo unto d'olio e infarinato e fate cuocere a forno caldo per una mezz'ora circa.

TORTA DI ZUCCA E MELE

300 gr di farina di frumento, 80 gr di burro, un cucchiaio di miele, mezzo bicchiere d'acqua circa, un pizzico di sale, 400 gr di zucca, tre mele, 50 gr di uvetta passa, un pizzico di cannella.

Preparate la pasta brisée n. 1 con la farina, il burro, il miele, l'acqua, il sale e lasciatela riposare in frigo. Nel frattempo togliete la buccia alla zucca, tagliatela a cubetti, sbucciate le mele e tagliatele a fettine e mettete il tutto in una pentola con acqua quanto basta a coprirne appena il fondo. Cuocete a pentola coperta e fuoco lento sinché la zucca diventa morbida, poi passate il tutto nel frullatore, unendo anche l'uvetta precedentemente lavata e lasciata in ammollo. Stendete poi la pasta della torta in una teglia unta d'olio e leggermente infarinata e cuocetela parzialmente al forno (200 °C per mezz'ora circa). Toglietela quindi dal forno e stendete la crema frullata sulla sua superficie. Infornate infine di nuovo a 150 °C per 25-30 minuti ancora, fino a che la crema non diventi bruno-dorata.

ZELTEN 1

500 gr di uvetta passa, 500 gr di fichi secchi, 200 gr di pere secche, 200 gr di datteri, 250 gr di noci, 150 gr di pinoli, 100 gr di scorza di cedro candita, 100 gr di scorza d'arancia candita, il succo e la scorza di un limone e di un'arancia, un cucchiaino di cannella grattugiata, 250 gr di pasta per pane di segale, mandorle per decorare, poco miele, burro q.b. .

Il "zelten" è un tipico dolce natalizio che viene preparato in casa in Sud-Tirolo e nel Trentino. È una specie di panforte a base di frutta secca e si usa prepararlo con un certo anticipo per poi conservarlo al fresco. Lavate l'uvetta e lasciatela quindi rinvenire in acqua intiepidita. Nel frattempo tagliate a pezzetti la frutta secca e la frutta candita e a piccoli dadini le noci. Mettete poi il tutto in una capace terrina, aggiungete il succo e la scorza dell'arancia e del limone, l'uvetta e mescolate. Dopo aver coperto con un coperchio, lasciate riposare per tutta una notte. Al mattino mescolate il composto con la pasta del pane di segale. Per ottenere questa pasta ci si rivolge di solito ad un fornaio ma la si può preparare anche in casa. Procedete in questo modo: mescolate 150 gr di farina di segale e 100 gr di farina di frumento, del sale e un cucchiaino di semi di finocchio o di anice. Disponete quindi il tutto "a fontana" su un piano di lavoro e, nell'incavo, sbriciolate e sciogliete 10 gr di lievito di birra con un po' di acqua tiepida e un cucchiaino di miele con un po' di farina in modo da ottenere una pastella lievitante che lascerete poi riposare per una mezz'ora e quindi impastate questo "nocciolo" con il resto della farina, aggiungendo latte q.b. per ottenere un composto liscio ed elastico. Lasciate lievitare per un paio d'ore in luogo tiepido e lontano da correnti d'aria. Torniamo ora alla preparazione del "zelten": dopo aver mescolato la pasta del pane di segale all'impasto di frutta secca, formate dei panetti di forma ovale e piuttosto piatti, disponeteli sulla teglia del forno precedentemente imburrata, spennellateli con acqua in cui avrete disciolto poco miele e cuocete in forno ben caldo per un'ora circa, spennellando ancora di tanto in tanto. Dopo aver decorato con le mandorle tritate grossolanamente, lasciate raffreddare bene (almeno 36 ore) e conservate quindi i panetti in luogo fresco e protetto.

ZELTEN 2

200 gr di farina di frumento, 50 gr di uvetta passa, 100 gr di fichi secchi, 50 gr di pinoli, 100 gr tra noci e nocciole sgusciate, un uovo, due tazzine di latte circa, due cucchiai di miele, 60 gr di burro, vaniglia naturale, 20 gr di lievito di birra, 50 gr di scorza d'arancia candita, cinque noci e dieci mandorle per guarnire.

Lavate l'uvetta passa e mettetela a rinvenire per un paio d'ore in acqua tiepida insieme ai fichi tagliati a pezzettini. In una terrina disponete la farina "a fontana" dopo averla mescolata con poco sale. Nell'incavo sciogliete 20 gr di lievito con un poco d'acqua tiepida e un cucchiaino di miele, impastando con un po' di farina in modo da ottenere una pastella lievitante. Lasciate quindi riposare per una mezz'ora circa. Aggiungete poi il burro tagliato a pezzetti, il miele, l'uovo e impastate con il resto della farina aggiungendo il latte fino a che l'impasto risulti cremoso e piuttosto molle. Incorporate quindi l'uvetta, i fichi secchi, i pinoli, le noci e le nocciole tritate, la scorza di arancia candita e tagliata a pezzetti e lasciate quindi lievitare per un paio d'ore in luogo tiepido e lontano da correnti d'aria. Nel frattempo gettate le mandorle in acqua bollente sinché la pellicola che le riveste non si stacchi facilmente. Insieme ai gherigli di noce tagliati a metà le cospargerete sull'impasto, dopo che lo avrete versato in una teglia rotonda, unta d'olio e infarinata, che metterete in forno caldo (200-220 °C) lasciando cuocere per un'ora circa. Dopo aver tolto dal forno, lascerete riposare in un luogo fresco. Questo è il "zelten" che si usa preparare in Trentino. Normalmente non si prepara mai un "zelten" per volta: si usa fare un impasto sufficiente per ottenerne almeno quattro che, come anche nel caso del "zelten" sud-tirolese, verranno consumati durante le festività natalizie. In tal caso è necessario moltiplicare le dosi degli ingredienti qui suggeriti per la preparazione di un solo "zelten".

Le tisane
per i disturbi legati all'alimentazione

AEROFAGIA

Ricetta n. 1

Arancio, foglie, 1 cucchiaio; camomilla, fiori, 1 cucchiaio; coriandolo, semi, 1 cucchiaio; limone, bucce, 1 cucchiaio, 1 l di acqua.

Mettere tutta la miscela in un litro di acqua bollente, lasciare in infusione 15 minuti e poi filtrare. Prenderne una tazzina dopo i pasti.

Ricetta n. 2

Cumino, semi, 1 pugno; anice, semi, 1 pugno; finocchio, semi, 1 pugno; carvi, semi, 1 pugno; acqua.

Mettere un cucchiaio da minestra della miscela in una tazza d'acqua bollente e lasciare in infusione per 10 minuti. Bere una tazza calda di infuso dopo ogni pasto.

ALITOSI

Ricetta n. 1

Liquirizia, radice, 25 cucchiai; finocchio, semi, 12 cucchiai; anice, semi, 12 cucchiai; 1 l vino bianco secco.

Far macerare l'intera miscela in un litro di vino bianco secco per 10 giorni. Trascorso questo periodo filtrate e prendetene 1 cucchiaio prima dei pasti e 2 dopo ogni pasto.

Ricetta n. 2

Salvia, una presa; menta, una presa; lavanda, una presa; 1 bicchiere d'acqua.

Mescolare, triturare e mettere tutta la miscela in infusione per 10 minuti in 1 bicchiere d'acqua bollente. Utilizzate per gargarismi.

BEVANDE CALDE CHE AIUTANO LA DIGESTIONE

Melo, buccia del frutto, 1 pugno; arancio dolce, scorza del frutto, 1 pugno; acqua.

Mettere un cucchiaio di miscela in una tazza d'acqua bollente. Lasciare in infusione 10 minuti e poi filtrare. Bere una tazza dopo i pasti.

BRUCIORI ALLO STOMACO E ACIDITÀ

Ricetta n. 1

Melissa, foglie; acqua.

Mettere in infusione per 5 minuti un cucchiaino da caffè di foglie di melissa in una tazza di acqua bollente. Berne una tazza ben calda dopo ogni pasto lentamente.

Ricetta n. 2

Stellina odorosa, acqua.

Mettere un cucchiaio da minestra di stellina in una tazza d'acqua bollente e lasciare in infusione per 10 minuti. Prendere una tazza dell'infuso 3 volte al giorno. Questa tisana è particolarmente indicata per bruciori allo stomaco al mattino e a stomaco vuoto.

CRAMPI ALLO STOMACO

Ricetta n. 1
Tiglio, fiori, 2 cucchiai; anice, semi, 1 cucchiaio; valeriana, radice, 1 cucchiaio; acqua.

Dopo aver ben mescolato la miscela, mettetene un cucchiaio in 1 tazza d'acqua bollente, lasciate in infusione per 10 minuti e filtrate. Uso: 3 tazzine al giorno.

COLITE

Ricetta n. 1
Mirtillo, bacche, 3 cucchiai; 1 l di acqua.

Mettere 3 cucchiai da minestra di bacche in un litro d'acqua, bollire per 5 minuti e lasciare in infusione 10 minuti, poi filtrare. Berne 3-4 tazze al giorno tra i pasti.

Ricetta n. 2
Rosmarino, 1 pugno; menta, 1 pugno; lavanda, 1 pugno; acqua.

Mettere un cucchiaio da minestra della miscela per ogni tazza d'acqua bollente. Lasciare in infusione 5 minuti e poi filtrare. Prendere una tazza di tisana molto calda due volte al giorno, un'ora dopo i pasti per tre settimane al mese. La tisana è un buon sedativo del tubo digerente.

DIARREA

Ricetta n. 1
Melissa, foglie, 1 cucchiaio; lampone, foglie, 1 cucchiaio; finocchio, semi, 1 cucchiaio; piantaggine, foglie, 1 cucchiaio; rosa, petali, 1 cucchiaio, 1/4 l di acqua.

Mettere tutta la miscela in 1/4 di litro di acqua bollente, lasciare in infusione per 20 minuti e poi filtrare. Prenderne un cucchiaio ogni ora.

Ricetta n. 2
Rovo, foglie, 10 cucchiai; 1 l di acqua.

Far bollire per 10 minuti 10 cucchiai di foglie in un litro d'acqua e poi filtrare. Prenderne tre o quattro tazze al giorno dolcificando con miele.

DIGESTIONE DIFFICILE E LENTA

Ricettta n. 1
Camomilla, fiore, 2 cucchiai; salvia, foglie, 1 cucchiaio; arancio, foglie, 1 cucchiaio; basilico, erba, 2 cucchiai; 1 l di acqua.

Lasciare in infusione per 20 minuti in un litro di acqua bollente, successivamente filtrare. Berne un bicchiere dopo i pasti.

Ricetta n. 2
Anice, semi, 3 cucchiai; finocchio, semi, 2 cucchiai; menta, foglie, 2 cucchiai; rabarbaro, rizoma, 2 cucchiai; genziana, radice spezzettata, 1 cucchiaio; acqua.

Frantumare, sminuzzare e miscelare le essenze. Mettere un cucchiaio di miscela in una tazza di acqua bollente. Lasciare in infusione 10-15 minuti e poi filtrare. Bere una tazza di tisana lontano dai pasti al mattino e alla sera.

Ricetta n. 3
Lavanda, 1 pugno; melissa, 1 pugno; menta, 1 pugno; timo, 1 pugno; acqua

Mettere un cucchiaio da minestra della miscela in una tazza di acqua bollente e lasciare in infusione 10 minuti. Berne una tazza mezz'ora dopo i pasti.

FAME INSAZIABILE (bulimia)

Valeriana, radice, 2 cucchiai; ginestra, fiori, 2 cucchiai; tarassaco, radice, 2 cucchiai; prugnolo, foglie, 4 cucchiai; acqua.

Preparare l'infuso versando un bicchiere d'acqua bollente su un cucchiaio da dessert di tale miscela, far riposare per 20 minuti e filtrare. Bevetene una tazza prima dei pasti principali.

GASTRITE

Ricetta n. 1
Basilico, 2 cucchiai; 1 l d'acqua.

Lasciate in infusione in un litro di acqua bollente per 15 minuti e poi filtrate. Berne una tazza dopo i pasti.

Ricetta n. 2
Genepi, sommità fiorite, 1 cucchiaio; acqua.

Mettere in infusione in una tazza d'acqua bollente per 5 minuti e poi filtrare. Berne una tazza dopo i pasti principali.

Ricetta n. 3
Maggiorana, foglie e sommità fiorite, 3 cucchiai, 1 l d'acqua.

Lasciare in infusione per 10 minuti in un litro d'acqua bollente e poi filtrare. Berne una o due tazze fra i pasti.

INAPPETENZA (mancanza di appetito)

Ricetta n. 1
Angelica, radici, 1 pugno; 1 l d'acqua.

Lasciare in infusione per 10 minuti in un litro di acqua bollente un pugno di radici di angelica e poi filtrare. Berne 2-5 bicchieri durante la giornata.

Ricetta n. 2
Angelica, radici, 2 cucchiai; camomilla romana, fiori, 2 cucchiai; 1 l d'acqua.

Lasciare in infusione tutta la miscela per 30 minuti in un litro di acqua bollente. Prendere una tazza senza dolcificanti mezz'ora prima dei pasti.

INDIGESTIONE

Ricetta n. 1
Genzianella, 1 cucchiaino, acqua.

Preparate un infuso in una tazza d'acqua bollente con la dose indicata di genzianella, lasciandovela per 20 minuti. Bevete il preparato, dopo averlo filtrato, quando è ancora molto caldo.

Ricetta n. 2
Salvia, 3 cucchiai e 1/2; 1 l d'acqua.

Fatela bollire per 2 minuti in un litro d'acqua e poi filtrate. Bevetene 3 tazze nell'arco della giornata.

MAL DI TESTA DA CATTIVA DIGESTIONE

Ricetta n. 1
Camomilla, fiori, 1 cucchiaio; sambuco, fiori, 1 cucchiaio; alchemilla, fiore, 1 cucchiaio e 1/2; arancio amaro, scorze, 1 cucchiaio; 1/2 l d'acqua.

Aggiungere a mezzo litro d'acqua bollente tutta la miscela e lasciare in infusione per mezz'ora, poi filtrare. Prenderne due o tre tazze al giorno prima dei pasti.

Ricetta n. 2
Menta piperita, foglie, 4 cucchiai; rabarbaro, radice, 3 cucchiai; carciofo, foglie, 3 cucchiai; fragola, corteccia, 2 cucchiai; boldo, foglie, 2 cucchiai; acqua.

Mettere un cucchiaio di miscela in 1/4 di litro di acqua bollente. Lasciare in infusione per 10 minuti e poi filtrare. Berne una tazza dopo ogni pasto.

METEORISMO
(gonfiore dopo i pasti)

Ricetta n. 1
Angelica, radice, un cucchiaino; acqua.

Lasciare in infusione per 15 minuti in una tazza da thè di acqua bollente e poi filtrare. Bere 3 o 4 tazzine di infuso molto caldo dopo i pasti principali.

Ricetta n. 2
Maggiorana, 1 cucchiaino; acqua.

Mettere un cucchiaino da caffè di maggiorana in una tazza d'acqua bollente e lasciare in infusione 10 minuti. Prenderne una tazza molto calda lentamente e a piccoli sorsi subito dopo il pasto.

SINGHIOZZO

Ricetta n. 1
Anice, semi, 5 cucchiai; acqua.

Lasciare in infusione per 30 minuti in una tazza da thè e poi filtrare. Berne una tazzina dopo ogni pasto principale.

Ricetta n. 2
Finocchio, semi, 1 cucchiaio e 1/2; vino bianco.

Fateli macerare in un bicchiere di vino bianco per otto giorni, poi filtrateli. Bevetene un cucchiaino prima dei pasti e due dopo.

SONNOLENZA POMERIDIANA

Ricetta n. 1
Gramigna, rizoma, 2 cucchiai e 1/2; cicoria, radice, 1 cucchiaio e 1/2; liquirizia, radice, 1 cucchiaio; 1 l d'acqua.

Mettere tutta la miscela in un litro d'acqua e far bollire per uno o due minuti. Filtrare e berne due o tre bicchierini al giorno.

Ricetta n. 2
Rosmarino, rametti e foglie, 3 cucchiai; asparago, radice, 3 cucchiai; carciofo, foglie, 3 cucchiai; centaurea minore, sommità fiorite, 3 cucchiai; liquirizia, radice, 2 cucchiai; rabarbaro, rizoma, 1 cucchiaio; acqua.

Mettere un cucchiaino di miscela frantumata in una tazza d'acqua bollente. Lasciare in infusione per 5 minuti e poi filtrate. Berne una o due tazze al giorno dopo i pasti.

STITICHEZZA

Ricetta n. 1
Malva, fiori, 1 cucchiaino; cicoria, foglie, 1 cucchiaio; sena, foglie, 1 cucchiaino; rabarbaro, rizoma spezzettato, 1 cucchiaio; tiglio, fiori, 2 cucchiai; acqua.

Frantumare e miscelare il tutto. Lasciare in infusione 1 cucchiaio di tale miscela in una tazza di acqua bollente, fate riposare il preparato per 10 minuti e poi filtrare. Berne una tazza al mattino e una alla sera.

Ricetta n. 2
Serpillo, erba, 1 cucchiaio; fragola, corteccia, 1 cucchiaio; melissa, foglie, 1 cucchiaino; genziana, radice, 1 cucchiaino; rabarbaro, rizoma, 2 cucchiaini; 1 l d'acqua.

Mettere tutta la miscela in un litro d'acqua e far bollire per 10 minuti. Filtrare e bere una tazzina del decotto alla sera.

Ricetta n. 3
Fragola, 1 cucchiaio; 1/4 di l d'acqua.

Far bollire in 1/4 di litro di acqua e poi far macerare per 4 ore. Per rendere più accettabile il sapore, aggiungete, a piacere, un pò di liquirizia e miele. Berne una tazza prima di coricarsi.

Ricetta n. 4
Saponaria, foglie e fusto, 6 cucchiai; 1 l d'acqua.

Fate bollire in un litro d'acqua la dose di droga indicata, per 20 minuti e poi filtrate. Bevetene 3 tazze al dì. Attenzione a non superare le dosi indicate.

Ricetta n. 5
Un fico secco; 1 l d'acqua.

Bollite tale frutto, tritato accuratamente, in un litro d'acqua. Filtrate comprimendo con forza la poltiglia. Bevetene 3-4 tazze al giorno.

VOMITO

Ricetta n. 1
Menta piperita, 3 cucchiai; maggiorana, 2 cucchiai; angelica, 2 cucchiai; melissa, 2 cucchiai; acqua.

Lasciare in infusione un cucchiaio da minestra di miscela per 5 minuti in una ciotola di acqua bollente e poi filtrare. Berne durante la giornata alcuni cucchiai.

Ricetta n. 2
Arancio amaro, foglie, 1 cucchiaio; 1 l d'acqua.

Lasciate in infusione per 15 minuti in un litro d'acqua bollente e poi filtrate. Berne a tazzine finchè il disturbo non sarà passato.

Ricetta n. 3
Camomilla, fiori, 3 cucchiai; menta, fiore, 2 cucchiai; valeriana, radice, 5 cucchiai; acqua.

Mettere un cucchiaino di miscela in una ciotola d'acqua bollente; far riposare per 20 minuti e poi filtrare. Berne un cucchiaio ogni 15-20 minuti.

BIBLIOGRAFIA

AA.VV., *Alimentazione: una scienza,* Clesav Edizioni, Milano, 1983.

Ass. Naturista Bolognese, *Naturalmente,* AAM-Stampa Alternativa, Roma, 1981.

O. Alabaster, *Alimentazione e cancro,* Ferro Edizioni, Milano, 1986

C. Aubert, *Un altro piatto,* Sperling & Kupferr, Milano, 1981.

P. Berni, *Germogli,* La Casa Verde Editrice, Verona,1986.

K. Bircher, *Il libro della salute,* Sperling e Kupfer, Milano, 1979.

Centro di medicina tradizionale, *Mangiare la foglia,* UNICOPLI, Milano, 1977.

Centro vegetariano dell'AVI di Ragusa, *Ricettario della pace,* Catania, 1985.

Coop. Il Canestro, *Il fornelletto,* Ed. Il Canestro, Roma, 1986.

L. Costacurta, *La nuova dietetica,* Edizioni di medicina naturale, Conegliano, 1982

E. Djalma Vitali, La nutrizione, Editori riuniti, Roma, 1980.

A. Donzelli - B. Parravicini, *La Dieta per bambini,* Casa Editrice MEB, Padoba, 1985.

Gruppo di controinformazione alimentare, *ABC per l'educazione alimentare,* Clesa Edizioni, Savelli, Roma, 1978.

Gruppo di controinformazione alimetare, *La chimica nel piatto,* Centro di documentazione, Pistoia, 1979.

Gruppo di controinformazione alimentare e di indagine sugli alimenti, *Controinformazione alimentare,* Savelli, Roma, 1978.

S. Mambrini, *Star bene mangiando,* Edizioni aratro, Mantova, 1985.

D. Merien, *Le compatibilità alimentari,* Michele Manca Editore, 1983.

A. Morricone - V. Pedicino, *Dizionario dietetico degli alimenti,* Garzanti-Vallardi Editore, Milano, 1986.

W. Pedrotti, *Il riso in cucina (ricette),* La Casa Verde Editrice, Verona, 1985.

W. Pedrotti, *La cucina vegetariana (ricette),* La Casa Verde Editrice, Verona, 1985.

W. Pedrotti, *La pasta in cucina (ricette),* La Casa Verde Editrice, Verona, 1986.

T. Pilon, *Sei ciò che mangi,* Stimmgraf Ed. Verona, 1986.

L. Pradella, *Dolce vita,* Stampa alternativa, Roma, 1986.

M. Rigandier, *330 Ricette vegetariane,* Musumeci, Aosta, 1987.

E. Rocchi, *Il medico in cucina,* La Grafica, Trento, 1985.

H.M. Shelton, *Digiunare per rinnovare la vita,* Edizioni Paoline, Roma, 1984.

H.M. Shelton, *Le combinazioni alimentari fattore di salute,* Michele Manca Editore, Genova, 1976.

N. Valerio, *L'alimentazione naturale,* Mondadori, Milano, 1980.

J. Valnet, *Cura delle malattie con le essenze delle piante,* Martello-Giunti Editore, Firenze, 1976.

J. Valnet, *Cura delle malattie con ortaggi, frutta e cereali,* Martello-Giunti Editore, Firenze, 1985.

T. Valpiana, *Alimentazione naturale del bambino,* Edizioni Red./Studio Redazionale, Como, 1987.

M. Weber, *I cereali,* Musumeci, Aosta, 1982.

S. Zucchetti, *Dentro il cibo,* Smog e dintorni, S. Lucia del Piave (TV), 1985.

J. Yudkin, *Puro, bianco, ma nocivo,* Edizioni Vitalità, Torino.

INDICE GENERALE

Elenco alfabetico delle Ricette

Come traccia per la ricerca delle ricette delle tisane deve venir considerato il nome del disturbo che curano

A

B

C

D

E

F

G

H

K

I

L

M

N

O

P

R

S

T

U

V

Y

Z

Finito di stampare nel mese di marzo 1999
dalle Grafiche BUSTI S.r.l. - Colognola ai Colli (VR)
per conto della Casa Editrice DEMETRA S.r.l.